The Future of Success
勝者の代償

ニューエコノミーの深淵と未来

ロバート・B・ライシュ……清家 篤・訳

東洋経済新報社

Original Title
THE FUTURE OF SUCCESS
by Robert B. Reich

Japanese translation published by arrangement with Alfred A Knopf, a division of Random House, Inc. through The English Agency (Japan) Ltd.

謝辞

本書の草稿を読んで有益なコメントを下さった何人かの同僚と友人（そしてこの両方の範疇に属する多くの方々）に感謝したい。とりわけ、キャサリン・G・エイブラハム、ジョン・D・ドナヒュー、ジャネット・ジール、クラウディア・ゴルディン、クリストファー・ジェンクス、ローレンス・カッツ、アラン・クルーガー、リサ・リンチ、マーサ・ミノウ、キャサリン・ニューマン、リチャード・パーカー、ロバート・パットマン、マイケル・サンデル、ジュリア・スクーア、ジャック・ションコフ、バーバラ・ダフォー・ホワイトヘッド、そしてラルフ・ホワイトヘッドが、私にとって有用な洞察を示してくれたことに感謝したいと思う。また、エミリー・アクセルロッド、ダグラス・ドウォーキン、ジョン・ヘイルマン、ジョン・アイザックソン、レイフ・サガリン、そして私の勇猛な編集者であるジョナサン・シーガルが下さった、この本全般を読みやすくするためのすばらしい改善案にも感謝したい。何人かの学生が、はっきりしない情報をぎりぎりまで正確なものにするためのチェック作業を手助けしてくれた。とくに、ブランダイス大学ヘラー大学院の学生である、ロブリン・アンダーソン-ブリガム、ローレン・ブラウン、ジュリア・ジッテルマン、ヴァレリー・ライター、ジョン・リピット、デビー・オズノウィッツ、スーザン・シャンツ、そしてアンドリュー・ソカッチの労を多としたい。私の助手のマリー・デル・グロッソが、いつも明るく頑張ってくれていることにもとくに感謝したい。研究が、ネイサン・カミングス財団と国家政策センターからの助成金で可能になったことについてもありがたいことと思っている。最後に、しかし最も大きな感謝を、この本のすべてのページに関して私と議論や討論をしてくれたコミュニティの指導者にして私の子どもの母親であり、そして三〇年にわたって私のパートナーであってくれるだけでなく、献身的な教師にして学者でもあるクレア・ダルトンに献げたい。この本になんらかの価値があるとすれば、それはすべてここにあげた人たちのおかげであり、そしてこの本にある欠点のすべては私の責任に帰すべきものである。

目次

謝辞——iii
序章——3
PART1 ■ ニューワーク——15
第1章 すばらしい取引の時代——17
本当に欲しいもの——21
いかなる所からでも——28
最高の品質を最も安い価格で——34

第2章 技術革新の精神——41

ネオ・ラッダイト（新・機械打ち壊し）運動の誤り——41
より良く、速く、安くすることの必要性——45
技術革新（イノベーション）の論理——49
ブランドの新しい役割——55
信用の脆さについての注意書き——61
大と小——64
粘着性を必死に追い求める——66
究極の粘着性——70
復習——技術革新か、さもなくば死か——77

第3章 変人と精神分析家——81

変人たち——84
精神分析家——88
企業家精神全体——91
情報の仲介から知識の仲介へ——96

相互学習——99
誠実性と市場性に関する注意書き——104

第4章 忠誠心の消滅——111

不忠実の新論理——117
その帰結——122
私たち（アメリカ人）が海外でしていること——128
忠誠が報われるとき——131
忠誠が異常に——133
何に対する忠誠心か——135
誰に対しての責任か——137

第5章 雇用の終焉——143

雇用の起源——145
雇用のルール——151
雇用の次に来るもの——157

完全な一回り？——168
復習——新しい働き方とは何か——171
PART2 ■■ ニューライフ——175
第6章 人々を一生懸命働かせるもの——177
問題とは？——179
確かに、それは問題である——187
世帯所得の維持——191
「干し草」を作るということ——192
スピードの維持——196
より多くのお金を稼ぐ——200
一生懸命に働き生活を豊かにする——207
第7章 自分を売り込む——211

個人的な人脈がさらに重要になる理由――212
人脈の活用――216
政治的な人脈――218
人脈を持たないもの――223
名を揚げること――225
競技に身を投じる――232
勝者がすべてを得るのではない理由――243
市場指向の男女――246

第8章 ものすごく縮んでいく家族――253

家族の大きな変化――その一――256
家族の大きな変化――その二――258
大圧縮――263
考えられているほどの道徳的危機ではない――267
外注される家族――273
最後に家族に残されたもの――278

第9章 気配りへの支払い――281
なぜ人とのふれあいが大切なのか――282
もっと気配りを買うか買わないか――287
甘やかされるための支払い――293
気配りの介護か養護の介護か――298
新たな格差――303

第10章 商品としてのコミュニティ――311
新しい集団――313
選別メカニズム――316
居住地による選別――318
学校による選別――321
大学による選別――326
リスクによる選別――328
求愛動作としてのリーダーシップ――334
セールスマンとしての行政統治――336

復習――選別されたコミュニティ――342

PART3 ■■■選択――345

第11章 個人の選択――347

とにかく本当に欲しいものは何？――348
復習――大きな変化――352
自己認識――359
時間の管理――363
簡素化――367

第12章 社会の選択――375

大きな選択――376
工業化時代における大きな選択――379
ニューエコノミーの大きな選択――383

新しい社会的バランス——388
三つの会話——398
注——403
訳者あとがき——447

勝者の代償

ニューエコノミーの深淵と未来

序章

数年前、私はある仕事に熱中していた。私はその仕事に中毒していたわけではない。「中毒」というと、非合理な執着で、ややマゾヒスティックで自分ではどうしようもないという響きがある。そうではなくて私の問題は、その仕事が好きなためにやめられなかったということなのだ。大統領の内閣の一員であることは、私がかつて経験したどの仕事よりもすばらしいものだった。朝はオフィスに着くのが待ちきれず、夜にはしぶしぶオフィスを後にしたが、家にいるときでさえも、心の一部で仕事のことを考えていた。

驚くことではないが、私の生活の残りすべての部分は干しぶどうのようにしなびてしまっていた。家族とふれあうことはなく、妻や二人の息子との時間もほとんどなくなっていた。旧友との交流も途絶え、自分自身と向き合うことさえ、仕事上で必要とされない限り、なくなり始めていた。ある晩、私は息子に就寝時間までには戻れないという電話をかけた。すでに連続して五回も「おやすみ」タイムに間に合っていなかったが、サムという年下の息子が「わかった」といった。でもそのかわり、私が帰ってきたら、どんなに遅くてもかまわないから起こしてくれるようにとせがんだ。私は帰りはとても遅くなるので、明日の朝「おはよう」を言いにいくよ、と答えた。しかし息子は「お願いだから起こしてほしい」と言い張った。理由を尋ねると、息子はただ、私が家にいるかどうかを知りたいのだと言う。そのとき私に何が起こったかを、今でも正確に語ることはできない。しかし私はそのときはっきりと、その仕事から離れなければいけない、ということを悟ったのだ。

私が辞意を表明した後、たくさんの手紙を受け取った。ほとんどが共感してくれるものであったが、中には怒りの手紙もあった。それらは私の辞職が非常によくないメッセージを発しているという抗議の手紙であった。つまり、バランスの取れた生活と、大きな権限を持つ仕事とは両立しないことを示しているのだ、と。出世コースに乗って働く多くの女性たちは、彼女たちが働いていくために非常に多くのものを犠牲にしていると考える文化と闘っているが、私がしたことは、彼女たちが言うには、本質的にその文化と同じことを主張しているというのだ。また、私にとってはこの仕事を辞め、別の同レベルの収入を得る仕事を探すことは容易で、新しい仕事は残りの人生に余裕さえ与えてくれるかもしれないが、自分たちには選択の余地がないという抗議もあった。彼らは長時間働かなければ、家賃も払えず、食卓に食べ物を並べることもできない。私は彼らのような人々にも、悪いメッセージを伝えてしまったというのだ。さらに別の人は、私が徳の高いことをしたとうぬぼれてはいけないと、くってかかった。一生懸命に働くことはよいことであり、家族と時間を過ごすために重要な職務を捨て去るのはよくないことなのだ、というのである。

私は、自分のキャリア選択が象徴的な重みを持っていることを予期すべきだったに違いない。私はなんといっても労働長官だったのだから。実際、自分の行動が他人にどのような人生を過ごすべきかというメッセージを発することになるかなどまったく考慮していなかったし、私の選択がうぬぼれであったとは思いもよらなかった。しかしそのときまで、意識せずに自分の思いとは異なる選択をしていたことこそが問題であったのだ。息子に起こしてくれと頼まれたことが、そのことに気づかせ、明示的な選択をさせてくれるきっかけとなったのだ。

この経験は、私が成人してからの生活のほとんどを労働と経済の問題を研究することに費やしていたにもかかわらず、気づいていなかったたくさんのことに気づかせてくれた。そのことは、ほとんどの人が経験する有給労働と労働以外の生活との間のあつれきである。男性も女性も、これから人生に船出する若者も、そしてすでに経験を積んだ中高年も、ときにははっきりと、そして多くの場合は微妙に、さまざまな形でこれを経験するのだ。そして私はこれらの小さな個人的なドラマと、世界経済に起こっている大きなスケールの変化を一緒に考えてみたいと思うようになった。この本はその成果である。

私は生計を立てることと、人生を豊かにすること、そしてその両者を両立することが、見た目だけでなく実際にもいかに難しいかということについて書こうとしている。新興経済（エマージングエコノミー）の目もくらむようなすばらしさについては、これまでにも膨大なページと大海のごとき量のインクを使って、詳細に述べられてきた。しかしそれが人間としてのわれわれにどんな意味を持つのかとか、われわれはどんな種類の人生を送りたいのかという選択についての議論はほとんどされてこなかった。この繁栄する時代の最も深い憂いは、家族の崩壊、コミュニティの分解、自分自身の誠実性を守ることの難しさである。これらの憂いは新興経済のもたらす莫大な恩恵、すなわち富、技術革新、新しいチャンスや選択肢と比べても小さなものではない。

私のここでの目的は、「スローダウンせよ、そして人生を取り戻せ」といった訓戒ではなく、もっと広い議論を提起することである。有給労働と個人の生活のよりよいバランスを求める闘いをあくまでも個人の問題だとしてとらえる見方は、世の中を一変させつつある大きなトレンドを無視することになる。これは一個人の選択や、単なる個人のバランスの問題ではないのだ。それは仕事や仕事への報酬のあり方はどんなもので、またどうあるべきかということだ。これはバランスの取れた社会についての問いなのである。

パラドックスの核心は、次のことだ。つまりわれわれのほとんどが、われわれやわれわれの両親が四半世紀前に稼いでいたよりももっと多くの収入を得、物質的により恵まれた生活をしているということである。それはちょうど現在のニューエコノミーを実現させているマイクロチップやパソコン、インターネットなどの技術が発展しだしたころからのことである。したがって、労働はより軽くなり、有給労働以外の部分の私生活を充実させることは容易になりこそすれ難しくなることはないはずだ、と考えるのが自然である。しかし実態はどうかというと、以前と比べてわれわれはより長く、より熱狂的に働くようになっており、仕事以外の人生のために使える時間やエネルギーはしぼんでしまっている。

なぜ、そうなってしまうのか。もしわれわれが収入のために働くことが、われわれを豊かにさせるのであるならば、どうしてわれわれの個人的な生活は貧しくなってしまうのか。なぜ、われわれは有給労働の外側の生活を豊かにするほうへ、物質的な利益をより多く配分することができないのだろうか。イギリスの経済学者、ジョン・メイナード・ケインズは、大恐慌の最も暗い時代であった一九三〇年に、今後一〇〇年以内にイギリスは経済的に八倍豊かになり、人々は週に一五時間労働するだけですむようになるだろうと楽観的に判断したものである。人々の物質的な必要性は満たされ、人々はお金を愛することをあたかも半ば犯罪的で半ば病的な性癖のように考えるほど、豊かさは回復するだろうとも述べている。二〇三〇年には、ほとんどの人々が物質的にはるかに豊かになるということに関しては、ケインズはおそらく正しいだろう。しかし人々の労働が短くなるという点に関しては、少なくともイギリスがアメリカと同じ道をたどり、われわれがその道を進みつづけていく限り、正しくはないだろう。そしてこの傾向はこれからも続きそうだ。

もちろん、すべての人が四半世紀前よりも豊かになったわけではない。全く豊かにならなかった人もいる。そして多くの人は、今でも生計を立てるためだけに長時間労働を強いられている。しかしこれとは違った奇妙な現象もみられる。より裕福になればなるほど、より長い時間働くようになり、たとえ仕事をしていないときでも、仕事が頭を離れない、という現象だ。モーレツ労働は経済的に恵まれた生活をもたらすこともあるし、そうでないこともある。しかし、経済的に恵まれた生活は必ずモーレツな働き方とともにあるように思われる。

統計を見てみよう。アメリカでは大卒者は平均して高卒者より七〇～八〇%多く稼ぐ。それは二五年前の大卒者のプレミアムの二倍にあたる。したがって大卒者は高卒者ほどには一生懸命働かなくてもよいと感じるようになるはずだ、と思われるかもしれない。しかしそれはもちろん間違っている。より長く働いているのは大卒者なのだ。また大卒者であることの賃金プレミアムが二倍になったので、大卒者自身、二五年、三〇年前に比べて金銭的に豊かになることについて、以前ほど関心を示さなくなった、と思われるかもしれない。しかしそれも誤解である。いくつかの調査によれば、大卒者はかつてないほど金銭的な成功に関心を持っているのである。(注1)

いったい、何が起きたのだろうか。大卒者がより貪欲になって、よりお金に憑かれだしたのだろうか。そうかもしれないが、そのように考える正当な理由があるとは思えない。われわれの国民性は、わずか数十年で変わってしまうものだろうか。そんなことはあまりありそうもない。人間の性質はそんなに急には変わらないものだ。

典型的なアメリカ人は、典型的なヨーロッパの人々よりも、年間約三五〇時間多く働く。これは、かの勤勉なことで有名な日本人よりも長い。アメリカ人は収入を犠牲にしてでも、労働時間をできるだけ減らすことのほうを好むと思われているかもしれない。しかし賃金が少なくなっても労働時間が少なくなるほうがよいと考えるアメリカ人はわずか八%のみである。これはドイツ人の三八%、日本人の三〇%、イギリス人の三〇%よりもはるかに低い。

われわれは他の先進国の人にはない、ワーカホリックの遺伝子を持っているのだろうか。またはアメリカでは仕事はより充足感のある楽しいものなのであろうか。どちらも疑わしいようである。われわれは、数十年前は、それほど一生懸命には働いていなかった。それなのになぜ私たちは、一生懸命に働き始めたのだろうか。

アメリカ人はスローダウンするべきだとの声が、いっせいに高まるのが聞こえる。それにもかかわらず、われわれの多くは、逆にスピードアップしている。われわれはかつてないほど家族を大切にしなければならないと叫んでいる。それなのになぜ私たちの家族は衰退し、家族のきずなはぼろぼろになってしまったのか。子どもの数が減り、あるいは子どもを持たない人が増加し、結婚も減少し、一時的な同棲が増え、食事の用意をしたり悩みを聞いたり相談相手になったり、あるいは子どもの世話をしたりする家族機能の下請けビジネスがますます増殖している。また私たちはコミュニティの美点についてかつてないほど情熱的に語っている。それにもかかわらず、私たちのコミュニティは、似たような所得の人々の集団に分裂している。富む者は壁で囲われ、ゲートで遮断され、貧しい者は孤立し無視されている。

われわれは集団的偽善を行っているのだろうか。それとも集団の妄想か。おそらくどちらでもないだろう。ほとんどのアメリカ人は真にバランスの取れた生活を、心から探し求めている。問題は、生計を立てることと人生を豊かにすることのバランスを、うまく取るのがますます難しくなっていることなのだ。ニューエコノミーの論理は、働くことにもっと注意を注ぎ、個人の生活への気配りを少なくすることを求めているのである。

私の論点を簡潔に言おう。新興経済はこれまでにない機会——常に拡大しつづけるすばらしい取引の選択、すばらしい製品、より良い投資、この経済にマッチした才能と技術を持つ人々に対するよりすばらしい仕事——を提供している。人類史上、これだけ多くの人々が大量に、簡単に経済的機会にアクセスできたことはない。

テクノロジーが、その原動力である。コミュニケーション・輸送・情報プロセスの分野で、一九八〇年代、九〇年代に勢いを得た新しい技術は、目もくらむようなスピードで疾走している。テクノロジーはどこからでも簡単により良い取引を見つけ、実現し、産業構造をより良いものに転換することを可能にしている。これらのテクノロジーは売り手の間での激しい競争を引き起こし、それがまたさらなる技術革新のものすごい波を引き起こしている。生き残るために、すべての組織はコスト削減、付加価値作り、新製品の創造といった、抜本的で絶え間ない改革をしつづけなければならない。この激動の結果が、高生産性、すなわちあらゆる意味での、より良い、より速い、そしてより安い製品とサービスを生み出しているのである。

経済的には、これらすべてがわれわれにとって申し分のない利益であることは明らかだ。しかし私たちの人生における経済以外の部分、すなわち堅実な関係、継続性、安定性に依存するような部分に関しては、実は大きな問題を含んでいるのである。ここで問題となるのは、よこしまな企業や貪欲な資本家による、極悪非道の陰謀やずるがしこい策略といったものではない。それは単純明快な論理の問題なのである。

買い手としての私たちにとって、より良い製品やサービスを求める選択が簡単になればなるほど、売り手としての私たちは消費者をつなぎとめ、顧客を維持し、機会をとらえ、契約を取るために、ますます激しく闘わなければならなくなる。この結果、私たちの生活はますます狂乱状態となる。

顧客や投資家の反応によって技術革新やビジネス機会の変化がより速く生じるようになるので、経済の動きもますます速くなり、人々は翌年、いや翌月に彼らがどんな仕事をしているか、彼らがどこにいるかを、確信できなくなる。この結果、私たちの生活はますます予測がつかなくなってくる。

より良い製品とサービスを提供する競争が激しくなればなるほど、それを実現することができる洞察力とアイデアを持つ人々への需要が増してくる。もちろんそのような人々への需要は供給より速く増えるので、彼らの所得は押し上げられる。しかし同様の競争が、ハードウェアやソフトウェアによって、あるいはまた世界中のどこかの労働者によって、より速くより安くできるようになる単純作業を行っている人々の賃金を押し下げているのだ。結果として、収入格差は着実に拡大していく。

最後に、こうして選択肢が増え選択が容易になればなるほど、同じように高い教育を受け豊かで健康に恵まれた人々が同一居住地域内、同一職業内、学校や大学の同窓会、そして同一保険制度に加入しているグループ内で結合することも容易になってくる。彼らは、よりゆっくりとしか変化できない人々、貧しい人々、病弱な人々、あるいはその他のハンディを負っている人々といった、助けを必要としている人々を、自分たちとは別の人として排除するようになりやすい。その結果、われわれの社会はよりバラバラなものになっていく。

要するに、ニューエコノミーの報酬は、より荒々しく、保障の弱い、経済的に格差の大きな、社会的に階層化された生活という代償とともにもたらされているのだ。買い手がより簡単により良い取引相手に切り換えることができるので、われわれの多くは買い手を満足させるために、より一生懸命働く以外にない。収入の予測がつかないために、機を逸しないうちにすべてのチャンスにとびつこうとすることになる。さらに大きな富を得るか、それとも貧しくなるか、すばらしく魅力的なコミュニティの仲間に入れるか、それから外されるかという勝負において、私たちは勝者の仲間に入り、さらに子どもたちにもそれが保証されるよう、できることはなんでもするだろう。

これらすべての理由のために、私たちの多くはこういった傾向が始まった数十年前よりも、またこれらの傾向がまだそれほどには進んでいない他の先進国の人々よりも、より一生懸命に、またより熱狂的に働いているのである。

それは払う価値のある代償かもしれない。すばらしい取引があらゆる方法で私たちに利益を与えていることは確かだからだ。しかしもしその代償が仮に今日受け入れられるものであっても、その代償が大きくなりつづけるとしたら、はたして未来永劫にわたって価値があるものといえるのだろうか。

ニューエコノミーが歓迎されるべきものであることは否定できない。アメリカの資本主義は世界中で大勝利を収め、それにはもっともな理由がある。新しい技術によって仕事が奪われ、多くの人々が貧しくなるので新技術導入を阻止すべきだという「ネオ・ラッダイト（新・機械打ち壊し）運動」は間違っているし、バカげてさえいる。障壁を設けて、貿易と移民を減らすという、孤立主義者や対人恐怖症は見当違いだし、しばしば危険でさえある。世界的な企業と国際的な資本家が、われわれに対して共謀しているという偏執症気味なポピュリストは思い違いをしているし、それはおそらく幻覚である。われわれ多くのアメリカ人は、ニューエコノミーから非常な恩恵を受けている。新しい発明、より安い価格、激しい競争の利益を享受しているのだ。消費者としての私たちは、このすばらしい取引から利益を得ており、また投資者としての利益も大きく増やしている。われわれはニューエコノミーを先に進めているのだ。

しかし、ニューエコノミーがすばらしいのと同様に、われわれはそれによって生活の一部を失っていることも確かである。家庭生活の一部、友人関係、地域社会、そして自分自身を――。これらの損失は私たちの享受している利益と並行的に発生するものである。重要な点は、それらが同じコインの表裏であるということだ。ニューエコノミーが加速すればするほど、利益も損失も大きなものになる。競争がますます熾烈になっていくシステムの中で競うために常に一生懸命働いたり、システムの中で自分自身を高く売り込まなければならないので、すべての人がセルフプロモーターになったり、こうしたシステムによって、財力や教育、健康による人々の選別化はより容易になったりする。こうした現象は外的な力によってではなく内発的に自らの力で進んでいくのだ。こうしたシステムにより多くの人が参加すればするほど、彼らはより不安定な状況に置かれるようになり、そしてどんな人にとってもこれとは異なる道を選択することは困難になってくる。

これらの傾向とその意味するところについては、後に詳しく述べることにしよう。この本のPART1ではニューワークについて述べ、新しい技術がどのように仕事の体系と仕事への報酬のあり方を変えるのかを説明する。PART2はニューライフについてであり、ニューワークがわれわれ自身、われわれの家族、そしてわれわれの社会にもたらす帰結について考える。PART3はこのすべてが意味する個人と社会の選択について考える。

私がこれから議論していくトレンドは実に強力なものではあるが、しかしそれらは絶対に反転しえないというものではないし、少なくとも変えられないものではない。私たちはもし望むなら、成功の基準を見直すことはできる。人生の価値は富と同義語でないということは間違いない。つまり私たちの社会の質は国民総生産とは違うものであるはずだ。私たちはもし望めば、より十全でバランスのある生活を選ぶことができるし、よりバランスのよい社会を作ることもできる。問題は、私たちが本当にそれを望むのか、である。

PART 1

ニューワーク

PART 1

第1章

すばらしい取引の時代

われわれは「すばらしい取引の時代」に入っている。そこでは選択はほぼ無制限であり、より良いものへの取り替えが容易である。これが、ニューエコノミーの第一の原則だ。それを理解することが、われわれのこれ以外の生活に何が起こっているかを理解するための、最初のステップなのである。その他すべてのことは、この結果として生じているにすぎない。

より良い取引を望まない人がいるだろうか。怠惰か、正気でないか、または生まれたときから自己満足してしまっている者でなければ、(追加コストなしで得られるような) 明らかに良い、あるいは(同品質で) 明らかに安い製品を見過ごしてしまうことはない。より高リターンへの投資、より報酬のよい仕事、より快適なコミュニティを求めることについても同様である。それは自分自身や家族が求めているものなのだ。

そしてそれは資本主義の求めるものでもある。資本主義は、人々が最高の取引を推し進める場合にのみきちんと機能する。さもなければ、生産者は技術革新や投資をせず、無駄なことにお金や努力を費やしてしまうことになる。何百万もの人々が、絶えず何かより良いものを求めることで、市場はすべてのプレーヤーを鍛錬しているのだ。誰もが、他の誰かを満足させるために、全力を尽くさなければならない。すべての資源はその最良の用途に投入され、人々は一生懸命に働き、経済は将来に向けて急上昇する。

これが、長い間アメリカのやり方であったが、それは今や急速に世界的なやり方になってきている。アメリカは、より良い取引を求めてそれまで住んでいた土地を去り、古い方法を捨てた人々によって建国された。彼らはたどり着いたところでよい取引ができなければ、それができるところに着くまで移動しつづけた。それ以降も移民は絶え間なくやって来た。もともと居た場所を立ち去るという自由は権利章典には明確には載っていないが、それは明らかにわれわれアメリカ人にとって最も大切なものの一つである。(注1)

われわれは今なお、移動している。「あなたは、どこの出身ですか?」というのは、ますます答えるのが難しい問いになった。毎年、一七%のアメリカ人が、住居を変えている。すでに小学校二年生までに、アメリカ人の子どもの約四〇%が複数の学校に通った経験を持っている。また毎年、約三〇%の家族は別の州へ引っ越していて、約二〇%の労働者は、仕事を変えている。(注2)さらに毎年という頻度ではないにしろ、配偶者やパートナーを変える人の数も増えている。多くの人々が美容整形をし、豊胸手術を受け、性機能の再活性治療を受けている。人々は自らを改造中であるか、さもなければ再出発中である。「定住」というまさしくその考え、すなわち腰をすえる、落ち着く、セカンドベストに安住するということは、アメリカの国民気質に反するものなのだ。

海外に行くと、私は常にこう聞かれる。なぜ、あなたたちアメリカ人はすでに持っているもので満足しないのか、と。私は、それが遺伝子によるもの、おそらく水の違いだと答える。アメリカの歴史家フレデリック・ジャクソン・ターナーは、アメリカのフロンティアを「過去の呪縛からの大いなる脱却」とみなし、そしてそのフロンティアが一九世紀の最後の一〇年間でとうとうなくなってしまうことがアメリカン・スピリッツ向上の制約となってしまうことを残念がった。(注3) しかしターナーは、かろうじて自動車を知るくらいまでは長生きしたが、サンベルトや、その郊外の発展、テレビやサイバースペースは予想だにしなかった。アメリカ人はじっとしていられないのだ。

われわれは、前進することについて語るのをけっしてやめない。「西に行け、若者よ」と駆りたてたのはホラス・グリーリーという、一世紀半前の『ニューヨーク・トリビューン』誌の編集者である。(注4) 一世代前には、大志を抱いている人というのは「てきぱき動く」ものといわれ、それは最高の賛辞だった。「前のめりである」ことは尊敬されるべきことである。彼や彼女は機会が向こうから戸をたたいてくれるのを待ってはいない。野心的なことを行うのに躊躇を示せば、それがどんなに軽率なことであっても必ず誰かが「やれ!」ということは確かだ(私は一瞬バンジージャンプをやろうとしたときのことを思い出す。私の頭の中の判断をつかさどる部分がすぐに思い直したので助かったのだが、しばしの沈黙の間、知らない人が叫んでいたこの「やれ!」という言葉があまりにも大きかったので、私はあやうくロープなしでその絶壁から落ちるところであった)。やるべき時に「やらない」というのは、道徳的な弱さ、積極性と勇気の欠如を示している。ホレイショー・アルジァーの人気小説の主人公は、とにかく前のめりに進んでいった。そして貧乏から金持ちになったのだ。

より良い取引を追い求めることはアメリカで始まったのではないし、アメリカ文化特有のものでもない。ここアメリカではそれがちょっと極端だ、というだけだ。人類はこれまでの歴史のほとんどの期間において、まわりが深い森、砂漠、広いサバンナ、ほとんど通れない山、または危険でミステリアスな土地に囲まれている小さな村に住んで暮らしてきた。旅は危険で、情報は少なかった。多くの人々は、生まれた村で死んだ。現代の西洋文明の歴史――一五世紀に始まった探検と領土拡大と発明の大波――はより良い取引のあくなき追求として理解することもできるのである。

好奇心と貪欲さが入り混じったものによって動機づけられ、西洋の資本主義は成長し拡大してきた。そうした歴史のステップは、それぞれ歴史書の有名な章を構成している。「大航海時代」から、「帝国主義の時代」、「第一次産業革命の時代」へ、そして二〇世紀初頭から始まる「大量生産の時代」へと続く大河ドラマである。しかし、それらの章は単純化されすぎている。歴史は、けっしてこんなにきちんと連続しているものではないし、またこれらのタイトルが連想させるほど、無害なものでもなかった。混乱と揺り戻し、反動と流血の抑圧の時期があったのだ。間違いなく言えるのは、より良いものが欲しいと思う人々の中で、それを得るために自由に使える最高のツールを持った人々が、欲しいものを手に入れたということである。歴史が勝利者によって書かれるとすれば、それは最大の野心家の手になるものである。

世界は今、もう一つのすばらしい時代の幕開けの真っただ中にある。つまり、「すばらしい取引の時代」である。それは数十年前にアメリカで始まって、それ以来ずっと勢いを増しつづけている。そしてそれは今、急速に加速しようとしている。それは、技術と想像力にもとづいている。インターネット、通信衛星、光ファイバー、（原子ほどの大きさもない回路によって）飛躍的に伸びた演算能力、（光ファイバーのネットワークや通信衛星を通じて、家庭やオフィスに大量の速いデジタル・データを送る）ブロードバンドの飛躍的な拡大、人間の遺伝子マップ、そして遺伝子や分子さえ選択し結合しうる手段、などが結びつくことによって、ほとんど無限の選択と可能性を秘めた巨大で同時的な世界市場をわれわれは手に入れたのである。

より良いものを見つけ、すぐそれに取り替えることは、今日、人類史上のどの時期よりも簡単になっており、数年のうちに、それはさらに容易なものとなるだろう。われわれは真に欲しいと思うものを即座に、どこからでも、お金さえ出せば手に入れられるようになりつつあるのだ。

本当に欲しいもの

最近まで、本当に欲しいものを手に入れるための最大の困難は、他にはないものを作るための特別なコストであった。私は四フィート一〇インチの身長で、しかし一〇歳の少年よりは明らかに大きいウエストサイズである。このことはもし私が最低限、見苦しくない服を着るためには、着るものはすべて特注で作らなければならないことを意味する。しかしこれは仕方のないことだ、とこれまではあきらめていた。しかし最近、自分のサイズを入力することで、自分が欲しいシャツとズボン（生地やスタイルとともに）を選べる衣料メーカーのウェブサイトを発見した。そして数日以内に、その衣服は自宅の玄関先に届くのである。初めて注文したとき、私のありそうもない寸法を受けた先方が、自分たちが間違ったと思って、それらを変更するのではないかと思った（これは以前、実際にあったことだ)。しかし、届いたシャツとズボンは私のサイズにピッタリ合うものだった。そこで私は気づいたのだ。つまりちゃんと指示どおりのものが届いたのは、私が洋服屋と取引したのではなく、独自に判断を下すことのないコンピュータとやり取りをしたからなのだ、と。

産業化以前、職人は注文されたものはほとんど何でも作ったが、それは高価なものであった。それから大量生産の時代がやってきた。電気によって動く巨大な機械、大きな布を織ることのできる大織機、何万ものマッチやタバコや釘を吐き出す機械、石油・砂糖・アルコール・化学製品などを蒸留し、精製する巨大なタンク、鋼を作るための巨大な溶鉱炉、自動車部品を生産している巨大な金型と成型機械、そして広大なアセンブリーライン(流れ作業の組み立てライン)といったものである。生産規模が拡大するにつれて、各製品の生産コストは急速に下がっていった。

しかし大量生産の論理は、均一性を必要としていた。大量生産時代の初めごろ、アメリカで生産された靴は「まっすぐ」と呼ばれていた。それらは左右の区別がつかなかったからだ。ヘンリー・フォードのアセンブリーラインは、自動車の生産コストを下げることで大衆も自動車を買えるようにしたが、それは自動車の選択肢を狭めることによって可能となったのだ。「だれでも、欲しい色の車を手に入れることができる。ただしその色が黒であるならば」というのが、彼一流の商品提供法だった。

利益を確実にするためには、大量生産者は前もって大規模な投資をし、そして同一品目がどのくらい、いくらで売れるかを予測しなければならなかった。正確な予測は高収益をもたらし、不正確な予測は倒産を意味した。市場を安定させることで、予測確率を向上させることが、二〇世紀の経営管理の核心となっていった。これに関する本質的なルールは次の四つである。(1)資材納入業者が不意に価格をつり上げたりライバル企業が新製品を出して追いついてきたりするのを防ぐために、生産業者は他の生産業者を買収したり合併したりする。その結果、それぞれの産業にはほんの数社しか残らなくなり、それ以降は生産計画などについて非公式な談合が可能になる。二〇世紀中ごろになると、経済学者たちは自動車メーカーのビッグスリーや五大主要鉄鋼メーカーといった「寡占」について恐れと少なからぬ嫌悪を持って語るようになった。(2)寡占が発達しなかったところでは、規制当局が価格と品質基準を設定した。こうした規制当局にとって、無責任な業者や不安定なサービス供給から消費者を保護することと、産業を安定化させ過当競争を防止するというもう一つの役割とは何ら矛盾するものではなかった。(3)山猫ストライキ（正式の手続きを経ていない現場レベルでのストライキ）や作業中断を避けるために、生産業者はしぶしぶながら最終的には労働組合を受け入れた。二〇世紀の半ばまでに、アメリカの労働者の約四〇%が労働組合に組織化されるようになっていた。多くの場合、労働組合は産業別に組織されたので、組合に組織化されることで個々の企業が他企業と比べて競争上不利になるということはなかった。したがってその賃金や付加給付の上昇は、その産業の作る製品の価格上昇という形で消費者にうまく転嫁された。(4)最後に、消費者が計画していただけの品目を買わないというリスクを減らすために、生産業者は大衆を説得するキャンペーンに乗り出した。マディソン街の広告業界は鈴の声高らかに花開き、そして二〇世紀半ばにはアメリカの発明の記念碑ともいえる、三〇秒のテレビ・コマーシャルが出現した。このようにして、アメリカの消費者、そして最終的には世界の消費者は、大量生産可能な欲望対象に引き寄せられていったのだ。エドセルの自動車や新しいコークの例にみられるように、大衆への説得は必ずしも常に成功するわけではなかったが、しかしそ

うしたささいな失敗は、全体としての大衆説得の有効性を損なうものではなかった。(注5)

大量生産される製品のための巨大で安定的な市場を確保しようとするすべての努力は、結果として消費者がより多くのより安いものを手に入れることを可能にした。それは好循環であった。大量生産は大衆マーケティングを生み出し、さらに大規模な消費の欲求を刺激した。そしてそれは大量生産のシステムをさらに大規模なものにした。ただし規模の効率を最大限に得るために、製品の選択肢は著しく制限され、毎年ほとんど変わりばえのしない製品が作られた。それは活況のために支払うべきささいな代価であった。

今日の新興経済はこれとははっきりと異なっている。私はこれまでさまざまなところで、この一九七〇年代に始まって以来加速しつづけている変化、すなわち大量から高品質へ、標準化から特注化への変化が、鉄鋼、プラスティック、化学、電気通信、輸送、金融、娯楽、その他のさまざまな産業で財とサービスを急速に改善させていることを詳述してきた。(注6) デジタル・テクノロジーのおかげで、売り手は買い手の特別注文に応じつつ同時にコストも削減できるようになった。すべての商品について、大規模で安定的な市場を確保する必要はなくなったのである。

どのようにして私がオーダーメイドのシャツとスラックスをとても安い値段で手に入れることができたのか。それは、プログラム可能なロボット、数値的に制御された機械装置、コンピュータ化された発送システム、そしてインターネットのおかげだった。単一のことを繰り返すことしかできない古い機械やアセンブリーラインと異なり、これらの新しいシステムは、たちどころにある種類のものを作ったかと思えばすぐにまた別種のものを作ることができる。私の注文はコンピュータに直接入り、そしてそれはデジタル信号となって生地を選択し、私の仕様で裁断し、たちまちそれを合わせて縫製してくれる機械に送られる。そして完成品が私に送られてくる。ここで人間の行った仕事は、ロボットにプログラムをインプットしたこと、ソフトウェアを設計したこと、ウェブサイトを活用して、それをビジネスにしたことだ。もはや手仕事で裁縫作業をする人というのは、衛生状態のよくないところで第三世界並みの賃金で働くようなごく少数の人たちだけになってしまうのではないかと思う。

新しい世界的市場は、一人ひとりの買い手と、彼らのニーズに合致するカスタムメイドの売り手を直接に結びつけており、その間にある多くの障壁を取り除いてくれる。オーダーメイドは常識になりつつある。すでにカスタムメイドのコンピュータ、個人向けの毎日の（あるいは毎時の）ニュース配信、そして車などを特注することが可能である。一九九九年のクリスマスに、ノードストローム・ドットコムは、数百万のスタイルが選べる靴を提供し、個別顧客仕様に仕立てた。私の友人の建築業者は、必要なドアと窓を特注しているが、注文を受けた製材所は友人の厳密な仕様に従って、レーザー機械で材木をきっちりと裁断してくれる。「オンデマンド印刷」によって、出版社のコンピュータ・データベースに保存されている絶版本を手に入れることができるようになるのもそう先のことではないだろう。特注の家電製品、個人向けの音楽、オーダーメイドのビタミン剤やあなたの遺伝子に合う薬というのも、まもなく実現するだろう。

大規模生産の利益は今なお重要であるが、しかしかつてほど重要ではない。同一の、変わらないものを大量に作るということから、世の中の流れは離れつつある。実際、顧客が何か新しくユニークなものを切望する時代に、大規模生産は危険でさえあるのだ。数種類の商品の生産・販売に専念しているような企業は、競争上、危険にさらされているといえる。製品の「在庫可能期限」は、絶えず短くなっている。新しいソフトウェアは、古いソフトウェアを常に陳腐化する。いわゆる「キラー・アプリケーション」といわれるもの、すなわち根本的に新しいアイデア、製品、ビジネス手法は、あらゆる産業において競争条件を警告なしに突然変えてしまうのである。

確かに、企業は、遠距離通信・エンターテイメント・インターネット・金融の巨大なビヒモス（巨獣）に結合されて一体化し、小売店の市場規模は縮小しつづけている。しかし、ほとんどの場合、この種の集中の利益は、生産規模という点で生じるわけではない。それはマーケティングとブランドという点で利益をもたらすものであり、これは私が次の章で扱う問題である。大規模で安定した市場は、低コストの生産にとってもはや必要条件ではない。何かを一定量だけ売ることを目的としている企業は今やほとんどない。これは、企業が安定した材料供給と予測可能な大規模市場に、以前ほど依存しなくなったということを意味している。そして、寡占によって支配される産業も減った。今や、競争力の強さは、ライバル会社よりも良く、速く、安くあることだ。大衆マーケティングと宣伝は、たとえば平均的ではないサイズの中年男性のような個別の顧客に向けられるピンポイントのマーケティングに道を譲りつつある。ネットワーク・テレビの視聴者は少なくなり、大衆誌は読者を失いつつある。

もはや成功するのに大きな生産規模を必要としないので、すばしこいビジネスはすぐに新市場に参入してくる。ミュージシャンは、間に入っていた大レコード会社をはさまずに、ウェブ上で直接個々のリスナーと結びつくことができる。アンティークや古物商品の売り手は、インターネット・オークションを通じて買い手を見つけられる。インターネット・トレーダーは証券取引所やブローカーを回避して、もし彼らが望むならば、一日二四時間世界中の人々とオンラインで売買することもできる。あらゆる好みについての雑誌が存在し、毎日新しく三誌くらい創刊されている。そこには注文設計によるこの世に一つしかない製品が、ずらっと並んでいる。ウェールズや東部ケンタッキー、または一八世紀韓国の音楽とか、クレアという名前の出てくるルネッサンスの愛の詩とかいったごく特注のものだ。私は最近、見てくれの良いモデルの写真で飾られている、ウェブサイトのことを記事で読んだ。彼女たちは、最も高い入札者に卵子を競売にかけて売っているそうである（合衆国連邦法では、人間の器官を売買することを禁止しているが、少なくとも今のところは卵子は規制対象になっていない）。

マイクロビジネスが、サイトを立ち上げるためにウェブ・デザイナーを雇い、そしてインターネットのプロバイダーに毎月の料金を支払ってサイトを確保する。そして注文や料金請求のためのソフトウェアを借りる。さらに商品の輸送と配達の契約を行い、クレジットカード取引ができるように、安全なサーバーラインを借りてそれらを銀行に管理させる。もし、必要ならば、それらのビジネスは世界中にある専門的な人材の宝庫の戸をたたくこともできる。彼らはインターネット上で、顧客を見つけるだけでなく、これらすべてのサービスをも見つけ出すことができるのである。

規制障壁は、広範囲にわたって消滅しつつある。急成長のビジネスや先端的な技術革新者たちが市場に参入したがっており、しかも彼らは規制障壁を崩すかあるいは飛び超えるだけの十分な経済的強さを持ってきているからだ。積極的な割引をするエアライン、革新的な銀行や金融機関、そして、起業家的な長距離通信ケーブルや無線会社などはみな、利益を得るための機会が何であるかをよく知っている。古い障壁は、崩れつつあるのだ。

もちろん、すべての大規模な商品ビジネスが消滅し、またそれらを支えるすべてのルーチンワーク（定型労働）が消えていくことになるといっているわけではない。私のいいたいのは、変化の方向についてである。新しいコミュニケーション、輸送、情報テクノロジーの主要な効果の一つは、競争条件を変えるということだ。単なる生産規模による優位性は減り、すばやく製品やサービスを改善することができる生産者、そして新しい発明でさらに顧客を喜ばせることのできるような生産者が報われる。買い手が本当に欲しいものが、ものすごく手に入れやすくなってきているのである。

いかなる所からでも

距離は、かつては二番目に重要な制約であった。人々が利用する物の多くは近くで生産された物であり、もし人里離れて暮らしていれば、大部分のことは自分たちでしなければならなかった。一八世紀にアダム・スミスが観察したように、「スコットランドの、不毛なハイランド地方周辺にちらばった孤立した家々や小さい村では、農夫はみな肉屋であり、パン屋であり、自分の家族のために醸造もしなければならなかった」のである。(注7) 一九世紀半ばになっても、大部分の経済はまだ地域的なものであった。地域間相互の連絡は難しかった。ニューヨークから送られる手紙は、一〇日後にやっとシカゴに到着したのである。

その後、蒸気エンジン、鉄道（と冷蔵車両）、電報などの、近代産業の時代がやってきた。食物は腐ることなく、より長い距離を届けられるようになったし、メッセージを数分で国中に送ることができるようになった。大量の材料が何千マイルも離れている所から運ばれて生産の中心地に集められ、そこで加工され、熔解され、折り曲げられ、そしてボルトで固定された。そしてそれらが結合されて最終製品となり各地に発送されるようになった。

二〇世紀には、貨物船、巨大トラックが行き交う州間ハイウェイ、鉄道サイズのコンテナを輸送しうるジャンボジェット、海外電信、そして、最終的には光ファイバー・ケーブル、大陸から大陸へ電子信号を中継する通信衛星が加わった。巨大な工場は労働力が安くて、輸送に適当な場所であれば、どこにでも建てることができるようになった。家族経営の店はデパートに、続いて大チェーン店、さらに巨大なディスカウント店、「スーパー・ストア」にとって代わられ、さらに、華やかなカタログから選んでフリーダイヤルで注文すれば、商品はユナイテッド・パーセル・サービスか、フェデラル・エクスプレスによって翌日には玄関口に届くようになった。

世界的な市場の出現によって、距離それ自体が消えゆく途上にあるといえる。これまでのモノ中心の経済は、世界中どこへでもほとんどコストなしで移動できるサービス中心の経済へと変わりつつある。より多くの市場価値が、ほとんど通信衛星で中継されるか、光ファイバー・ケーブルを通じるだけで光速で移動する。一九八四年、新しいコンピュータのコストのおよそ八〇%はハードウェアで、二〇%がソフトウェアであった。現在、この比率は逆転し、その差はなおも広がり続けている。結局、ハードウェアもまた消滅するほかなく、それはどこからでもダウンロードやアップグレードできるソフトウェアとほとんど変わらない価値のマイクロチップに取って代わられるだろう。

私がシャツとズボンを注文したとき、その注文の真の価値は、注文内容を正しくデジタル信号に変え、そして一連の作業がすばやく、正確に行われているかを確認するために全工程をモニターし、最終的にすばやく私の手元に品物を届けてくれるという、システムそのものにあったのだ。二〇世紀の前半に、より安い労働力を求めてニューイングランドから南部に移り、さらに労働力が安い東南アジアへ移っていったアパレル産業は、いまやデザインやマーケティング、ソフトウェア・システムへと大きく変えられ、それを担うデザイナー、マーケッター、そしてソフトウェア・エンジニアなどはどこに住んでいようとかまわない。最終的に販売される衣服の価格のうち、縫製や裁断といった定型労働への対価はほんの少しであり、大部分は無形のサービスの価格なのだ。(注8)

すべて離れたところからクリックするだけで済むようになると、地元で買い物する必要は減ってくる。地域経済はすぐになくなるわけではないが、インターネットは着実にそれらをむしばんでいくだろう。本の選択は、かつては地元の書店の在庫か、取り寄せのみに限定されていたが、より選択肢が多く、ディスカウントもあり、かつすばやく取り寄せができる巨大チェーン店が現れた。それから、アマゾン・ドット・コムのようなインターネット商店が現れ、たとえ書店から一〇〇マイル離れたところに住んでいたとしても、出版された本なら何でもほんの数日のうちに手に入れることができるようになった。今や、「電子ブック」は筆者から読者のコンピュータに直接届く。そのうちウェブサイトから本の目次が自分の電子ブック装置にダウンロードされるようになるだろう。

薬の処方をしてくれる地元の薬剤師や、あるいはその処方箋を書いてくれる地元の医者でさえ、もはや必要なくなるだろう。ウェブ上の医者は、より安い値段でアドバイスを与えてくれるだろう（ただし彼らはあなたのクレジットカードの信用情報ほどにはあなたの健康状態に興味を持っていないかもしれないけれども）。そして仮にウェブ上の医者の協力が得られなくても、処方箋なしでホルモン剤、ステロイド、媚薬をはじめどんな錠剤でも、心や身体が欲求するままに世界中のいたるところから手に入れることができる（こうした予測には食品医薬品管理局（ＦＤＡ）や反抗的なティーンエイジャーを持つ両親も身震いせざるをえないだろう）。

フィルムとビデオは、編集室から直接インターネットを経由して、家庭のスクリーンに届くようになるだろうし、実際すでにこの方法でフィルムは映画館に届けられ始めている。教育的な講義、セミナー、教科書、資料、テストなどはいたるところにあるラーニング・センターから発信され、どんなところに住んでいる学生にも届くだろう。

地元の自動車ディーラーや修理工場の整備士を利用しなくてもよくなるだろう。すでに最新型自動車の価値の多くは、ドライバーがなにげなくアクセルを踏み込んだり、ハンドルを切ったりするとき、どれくらいその指示に従うのがベストかを判断する小さい電子部品の中にある。残りは、頭脳を持たないプラスチックと鉄にすぎない。数年のうちに、技術者はこれらの車の小さい頭脳を、ちょうど今、電話会社の技術者が離れた場所から個人の家の電話回線を調整してくれているように、どこからでも修復することができるようになる。車の頭脳をアップグレードして馬力を上げたり、燃費をよくしたり、あるいは全体のパフォーマンスを高めるのに、わざわざカーショップに行ってその頭脳を取り替えることさえいらなくなる。インターネット上で新しい機能のメニューを見つけ、欲しいものをクリックすれば、機能上は新しい車が、即座に出来上がる。それはもとの古い車のままのように見えるかもしれないが、アップグレードされた頭脳によって性能は高まっているのである。そうした性能アップは、どこからでも、非常に小さいコストで届けられる。

やがて、冷蔵庫なども同様に、故障が生じれば、小さい電気発信音を出して自ら助けを求め、それに応じてオンラインで修理されるようになるだろう。コンピュータ・システムもまた、インターネットを通じて修理され、再構成され、そしてアップグレードされるようになるだろう。あなたの胸から発する小さい心電図波の情報も、オンライン・ドクターによってチェックされることになるだろう。

かつて、人々は同じ町や市の中でお互いにお金を貸し借りしていた。ジェームズ・スチュアートが映画『素晴らしき哉、人生！』の場面で、銀行に取り付けに集まったパニック状態の預金者に説明したように、預金は銀行にあるのではなく、他の人の住宅や、商売のために融資されていたのだ。「お金は、ここにない！　あなたのお金はジョーの家、あなたがたの家の隣にあるのだ」と。そのときはそうだった。しかし現在、ベッドフォード・フォールズの住人は、彼らの資産を、最も低リスクで最も高いリターンを得ようと世界中を跳ね回る世界的巨大資本に投資している。近年、金融証券の世界的取引額は、先進国の経済成長率よりも高い成長率を示している。最も高い利益は、間違いなくこれらの資金が次に暴れ回るところからやってくるのである。

貿易障壁はこの数十年の間に崩れつつあるが、より大きな流れは、実物商品の取引が目に見えない商品の取引に比べてずっと少なくなってきているということだ。国際貿易のより大きい部分が、ビデオ、音楽、映画、テレビ番組、ニュース、デザイン、ソフトウェアそれにビジネス・サービス（経営コンサルタント、マーケティング、金融、法務、エンジニアリングなど）の形で行われている。もはやそれらは、彼らのクライアント（依頼人）の近くに位置する必要はない。（注9）二〇世紀の終わりには、一ドルの価値を持つ輸出入品の重さは、平均して三〇年前の約三〇％にまで軽くなっており[注10]、その重さはさらに軽くなりつつある。

技術変化とグローバリゼーションは別々のトレンドのように聞こえるかもしれないが、それらは一つの同じトレンドになりつつある。世界貿易や金融は、デジタル信号をたちどころに伝えることのできる技術進歩に依存している。すべてのことをより良く、より速く、より安くするために世界中で巻き起こされている競争によって、技術のほうもまた進歩していく。英語および広範に利用されているソフトウェア標準は、あまりにも多くの新技術がそれに依存しているので、世界的なコミュニケーションをする際の普遍的なシステムとなってきている。

経済先進国の人々は、三次元の形のあるものよりも、重量のない無形のものに投資するようになっており、これは一部の人たちには漠然とした不安感をもたらしているようだが、この流れはそうした不安をヨソに着実に進行しつつある。経済先進国に住んでいる人々の多くにとっては、食物、衣類、住居とその他生活に必要なものを得ることに、大きな困難はない。先進国の人々にとってより価値があり、そのため熱心にお金を支出するのは、より心理的な領域である。すなわちそれは速度、便利さ、娯楽、知的刺激、幸福感、そして、金銭的な保証などである。これらをもう十分得ているという人はめったにいない。富めば富むほど、ますますそうした欲求は強くなるからである。

私の隣人は、彼女の家のガレージの頂上に立てたパラボラアンテナで一五〇〇のテレビ・チャンネルを受信しているそうだ。その一五〇〇チャンネルをどう使っているのかは知らない。それらを、少し見ようとするだけでも、数日かかってしまうだろう。番組のスケジュールを見るだけで一日の大半が終わってしまいそうだ。いずれにせよ、彼女は、それでもなおそれを手に入れてうれしそうである。本書執筆時点で、二八〇万のウェブサイトがあり、それらの合計は八億ページにのぼる。最も洗練された検索エンジンでさえ、それらの一六%しか調べられない。(注11)読者がこれを読む頃には、サイトの数は三倍になっているかもしれない。この大海をサーフィンしようとする人は、誰しも溺れるリスクのあることを覚悟しなければならないだろう。それでも、私の下の息子や彼の一〇代の友人は、毎日数時間、ウェブサイトを探索することに費やしている。音楽をダウンロードし、ビデオ・クリップの取引をし、そして他の人と終わるともないチャットを長々と楽しんでいる。これらの操作はすべて同時に行われており、もっと単純な操作に慣れ親しんだ三〇歳以上の世代にはもはや理解できないほどのスピードですばやく切り替えられている。

最高の品質を最も安い価格で

これもまた消えつつある三番目の古い制約は、どこでより良い取引を得られるかということに関する情報の制約である。比較してモノを買うということは、以前は大変なことであった。一九五〇年代の初め、私は暑い夏の土曜日の午後、ニューヨークのピークスキルの辺りを、両親の後をだらだらと歩いていたのを覚えている。両親は一台の自家用車を買うのに可能な限り最高の取引を求めて、自動車ディーラーを次から次へと渡り歩いていたのだ。そしていつでもほぼ決定しそうになるたびに、父はそれがよりベストの価格であるかどうかを確かめるために「もう一つだけ」競合ディーラーと照合したいといった。午後の終わりには、両親もどうしてよいかわからなくなって、疲れ果て、私は頭痛になった。「メーカー希望」価格が、交渉のスタートの価格で、ディーラーが「すみませんけどこれがわれわれの出せる、最も安い価格です」というのは、最終的な提案の中間点にすぎないということを誰もが知っていた。家庭電器製品、工具、シーツやタオルなどの、それほど高価でない商品については、特売を知らせる地元新聞広告に頼ることができるが、それらだって「限られた時間」の「限られた供給」でしかなかった。大きなディスカウント・ショップは、他のどこで買っても「これ以下の価格はない」と誓うが、その約束を守らせるためには、他にもっと安い店はないかどうか常に注意しつづけなければならなかった。

商品の質を比べることはもっと大変だった。大量生産と寡占のおかげで、大きな値札のついた商品は、多くの点で似ていた。しかし、商品はたいてい異なる飾り、付属品、オプションを伴っていた。自動車ディーラーの販売広告にある価格は、ほとんど何の付属品も付いていない車体だけの価格である、というのはよく知られていたことだ。バミューダの「豪華」リゾートでの五泊「休暇パッケージツアー」が期待したようなものでないことはしばしばあった。フライトは旧式のDC-9で、途中で二回燃料を供給しなければならず、しかもリゾートホテルは一九四八年に最後の内装替えをしたきりで、ベッドスプリングは飛び出している、といった具合である。もっと最近では、パンフレットでヘルスケアの天国のように見えたHMO（会員制の民間医療保険プランの一つ。保険会社の系列医療機関や契約医師のもとでだけ医療サービスを受けられる仕組みで、治療だけでなく健康診断など予防医療もカバーされる。医師には患者人数に対する定額払いがなされるので、医師はなるべく会員がコストのかかる病気にならないよう予防に努め、無駄な医療をしないなど、医療費高騰を避けられるというメリットがある。ただ他方で、患者に医療サービスを多く施すほど医師は損をするので、手抜き医療を招きやすいともいわれている）は、入会してみれば天国どころではないことがわかった。ベッドの傍らでの医者の態度は、カウンター越しに料理を注文するようなお手軽な飯屋のコックのようであり、あなたが差し迫った終焉の徴候を示すまで、専門医に診せたりはしないのだ。

それほど入念な買い手でなくても、いくつかの店を比べてみることぐらいはできる。通常は地元の新聞やイエローページの電話案内に載っている広告、それに隣人や友人からの情報などだ。またよく知られている全国ブランド品ならば、それほど間違いはないということもわかっている。しかし、もしもっと混み入った、あるいは特殊な、あるいは人の好みと気質によって良し悪しの判断の分かれそうな製品やサービスを探そうとすれば、その範囲は自分自身で詳しく調べることができ、直接に情報を得ることができるような家の近くに限られた。

ごく最近まで、大学への進学を考える高校三年生のほとんどは地元の大学か、より野心的であったとしてもせいぜい州立大学への進学しか視野に入れていなかった。奨学金の資格を得られるかもしれない高校生でさえ、世界最高水準のアイビーリーグの壁は、危険を冒してまで行くにはあまりにも高かったのである。高校生たち自身もまた彼らの両親も、世界最高水準の大学に行くことがどんなに有利なことであるかを十分に知らなかったのだ。同じことは、病院の選択にも当てはまる。たとえ心臓のバイパス手術を必要とするような場合でも、近くの病院か、せいぜい同一地域内の病院を選ぶのが普通であった。これは、弁護士、住宅ローン融資、そして自動車ディーラーの選択にも当てはまる。

しかしこうしたことはすべて、新しい通信手段、交通手段、そして情報通信技術によってわかりやすい比較が可能になったことにより、大きく変わりつつある。インターネットを通じて、買い手は広範囲にわたる商品やサービスの価格と質に関する情報を、どこからでも入手できるようになり始めている。今や、大学、病院、企業法務、銀行や車のディーラーは、ときには全国的に、ときには国際的規模にわたる広い範囲で顧客を争うようになった。この状況はまるで、あらゆる製品とサービスを提供する売り手すべてが、価格、品質に関するすべての情報が直ちにあらゆる買い手にとって明らかになるような世界的市場の中で、突然お互い隣同士に置かれたようなものである。自らのウェブサイトを持ち、商品とサービスをオンラインで提供し、オンライン・オークションに参加し、さまざまなポータルサイトに情報を提供する売り手が市場に多く現れれば現れるほど、そのようにしない売り手はさらに孤立し、軽んじられるようになる。市場に参加するか、さもなくば消えるか、である。そしてもし参入するのならば、激しい競争への覚悟ができていなければならない。

ウェブ上で車のローンや住宅ローンについて交渉することもできる。学生の中には、彼ら（または彼らの両親）が、どの大学が授業料に関して最も良い条件を提示してくれたかを基準にして、最終的に大学を選択したのだと教えてくれた者もいる。交渉はインターネット上で簡単に行われたそうだ。企業は、その納入業者がウェブ上のオークションで互いに競争入札することを要求するようになっている。ネットによる在庫一掃は、夏のガレージセールと同じくらい、いたるところで見られるようになっている。売り手は、そうしないと投げ捨ててしまう以外はないような在庫商品について思いきった値引き価格で提供し始めている。空席を残したままで出発しそうな航空機、配送の帰りでほとんど空のコンテナを積んだトラック、一日の終わりにまだ空室のあるホテル、まだ広告時間が埋まっていないまま放送することになりそうなラジオ局、定員を満たさないままで新学期が始まりそうな大学、といったケースである。

便利な格付けや評価が競い合うように提供されている。たとえば保険会社なら保険料と給付について、大学なら授業料と卒業生の就職状況について、病院であればそこで成功した手術の数や種類、死亡率や費用について、弁護士事務所であれば負けた訴訟と勝った訴訟の比率や和解金額の平均、弁護士の時間当たりの料金について、さらに特定の技術を持つ人々の賃金について、そして無数の新しい回路、分子、遺伝子の価格と品質についてなどである。

いつか、われわれは自分の個人用ロボットを持つようになるだろう。それはちょうど新聞などを取って来てくれるゴールデンレトリバーの電子版のようなもので、サイバースペースに行って最良の取引を取って来てくれるようにプログラムされている。そしてわれわれ自身が開かれた市場で労働サービスを売るようになればなるほど、世界市場はわれわれの経歴、技能、そしてこれまでの実績などの情報を労働サービスの買い手に流すことになるだろう。われわれはこのようにして取引し、また取引されるようになるのだ。

まさしく欲しいものを、最高の品質と最も安い価格でどこからでも得られるといった、びっくりするような取引や交渉機会を、かつては夢想だにできなかった。もちろんまだわれわれはそこまではいっていないし、完全にそこまでいくことはないかもしれない。しかし方向は間違いなくそちらへ向かっており、しかも変化のスピードは加速しつつある。それは新技術が選択の幅を広げ、何かを別のさらに良いものに切り替えるのを容易にしているからだ。選択肢が増え、切り替えが容易になればなるほど、売り手同士の競争は強まる。そしてこれが、もっとすばらしい取引を提供しなければならないという、さらなる大きな圧力を売り手にかけることになる。その結果、選択肢はさらに広がり、改善されつづける。取引はより良くなり、機会は拡大し、可能性は無限であるように思える。こうした好循環によってわれわれ買い手は大きな利益を得る。

これが、物語のすべてであれば、めでたしめでたしとなって、ここでもうこの本は終わりとなるはずだ。しかし、人生にはすばらしい取引を得ること以上に大切なこともある。われわれは、買い手や投資家だけでいられるわけではない。われわれのほとんどはまた、生活のために働かなければならない。しかもわれわれは自分自身の拠りどころとなり、そこから人生の幸せを得る大切なもの、つまり家族や友人や地域コミュニティなどとの関係をも持っているのだ。新興経済は、われわれの生活のこういった側面をも変えつつある。そしてわれわれの職業生活とそれ以外の生活部分は、すべての面においてより良い方向に変えられてはいない。すばらしい取引には落とし穴がある。ここにわれわれの時代のジレンマは存在するのである。

PART 1

第2章 技術革新の精神

新しい技術はすべての買い手にとっての幅広い選択肢と、良いものへのより容易なアクセスを可能にする一方で、すべての売り手をより不安定なものにする。大部分の人々は、不安定さよりも安定さを好むが、不安定さは経済にとっては悪いことではない。それは、ニューエコノミーのもう一つの重要な原理である技術革新を刺激するからである。これを理解することが、仕事以外の人生に何が起こりつつあるかを理解するための次のステップとなる。

ネオ・ラッダイト（新・機械打ち壊し）運動の誤り

まず最初に、神話に躍らされないことが必要だ。将来を注視する人々は、不安定を失業と混同し、技術進歩が最終的には仕事を消滅させてしまうのではないかと気をもんでいる。(注1) だが彼らは、機械織機が機織職人の仕事を奪うからといって機械織機を打ち壊そうとした一九世紀初頭のイギリスにおけるラッダイト（機械打ち壊し）運動家たちと同じように間違っている。新技術は、確かに人々に転職や仕事のやり方を変えることを強いるが、新技術が仕事の総量を減らすことはない。人々の欲しいものにも、またそのために人々が喜んで支払うお金の額にも、必然的な制限はない。また何ができるか、あるいは何がもっとうまくできるかを見出しうる人間の知性と想像力にも際限はない。

社会がより豊かになり、科学技術によってさまざまなものがより手頃で、手に入れやすくなってくると、人々は単に生きていくのに必要な食物や衣類や住まい以外の部分、つまり無限に広がる飽くなき欲求のために、個人所得のより大きな部分を費やすようになる。人々はこれらの飽くなき要求をいくら実現しても、さらにもっと欲しがるだろう。とくに、これからますます成長し、雇用機会が増えそうなのは、次のような領域である。

健康――人はどんなに体調が良く、またどんなに長生きをしていても、常にもっと体調良く、もっと長生きしたいと思うものである。体調を良くし、寿命を延ばすためのアドバイスや医薬品、健康器具、治療、運動などの需要に限りはない。

娯楽――人々はすでにどんなに人生を楽しんでいても、より多くの面白いこと、スリル、驚き、サスペンス、快感、興奮、そして美しさを楽しみたいと願っている。それゆえに、娯楽に対する需要にも制限はない。それは映画、ビデオ、演劇公演、音楽、スポーツイベント、旅行、物語を楽しんだり、ハンググライダーやバンジージャンプのような命懸けの経験をする、あるいは三歳の子どもとテーマパークで遊ぶといったことである。

他人に対する魅力――どんなに素敵な人でも、たいていの人々はもっと他人をひきつけたいと思う。その結果、ファッショナブルな衣服、化粧品、口臭予防剤、歯科矯正、お腹を引っ込めること、日焼けクリーム、ヘアカラー、ダイエット、そしてよりセクシーに、魅力的に、説得的になり、あるいはよりエキサイティングになるためのありとあらゆるアドバイス、といったものへの無限の市場が存在する。

知的刺激――あまりおもしろくない正式な学校生活を何年も送ることで精神的なダメージを受けているにもかかわらず、ほとんどの人間の頭脳は、まだまだ刺激されたいと切望している。したがってニュース、情報、解説、歴史叙述、物事の道理についての洞察といったものへの欲求に限界はない。

ふれあい――世捨て人や人間嫌いを別にして、人間は他者と関わりたいという、飽くなき欲求を持つ社会的な動物である。それゆえに、より速く、容易に、安く、そして便利に関わりあうことのできる手段についての市場は無限にあるし、またちやほやされたり、世話をしてもらったり、マッサージをしてもらったり、そして性的に喜ばせてもらったりすることについての市場も同様である。

家族の幸福――人はもともと自分に最も似ている遺伝子を持つ者に対して利他的になるように生まれついている。家族は争うこともあるけれども、ほとんどの人々は、子どもや最も近い親族について、その幸福や健康を際限なく願うものだ。それゆえに、育児・介護、教育、励まし、あるいはその他の愛する者の幸福を保証するのに役立つようなモノとサービスに対する需要もまた膨大なものになる。

金銭的な保証――お金は幸福をもたらさない。しかし、お金は前述したような幸せをもたらしうるいかなるものをも、得させてくれる手段である。その結果、貯蓄のリターンを最大にするような資金運用のためのアドバイスや投資計画、そしてまた万が一のリスクに備えるための保険についても、ほとんど無限の市場がある。

空腹や睡眠、そして野心でさえ「満足」することがあるのに対して、前述のような欲求は、「満足」するということがない。なぜならこれらの欲求に対する満足感は、他人よりもたくさんそれを得るということには依存しないからである（他人に対して魅力的になりたいという欲求だけはその例外となりうる）。それらは相対的なポジションとは無関係に達成される。そして、これらの欲求を満たしてくれるものは、希少資源ではなく良いアイデアであるから、ある人の喜びが増えたからといって、その分だけ他の人の喜びが減るわけでもない。

前述の七つの領域は、これから多くの労働力が、製品やサービスやアドバイスを作り出し分配するであろう成長の速い市場の代表である。それらの仕事とは、コンピュータ・ソフトウェア、エンジニアリング・デザイン、ウェブページ、金融サービス、統計分析、作曲、映画の脚本、広告などの分野にかかわるものとなろう。技術の進歩はそうした仕事すべてにおいて、知恵を絞る人たちの仕事をより良いものにし、またより速くすることで、彼らに想像力を働かせるゆとりをより大きく与えるものである。

前述の欲求に対して増えるであろうもう一つの労働分野は、対個人サービスという形のものである。そうした仕事には、レクリエーションの専門家、エアロビクス・インストラクター、個人トレーナー、マッサージ・セラピスト、旅行ガイド、導師、個人コーチ、教師、運転手、ウエイター、などと現在は呼ばれているような、人の体と心を満足させる仕事が含まれる。さらに、幼児や子ども、病人や精神障害者、そしてますます増加する高齢者の世話をする仕事も含まれる。二〇二〇年くらいになると、何百万というベビーブーマー世代が本当に年寄りになり、個人的介助を必要とするようになる。ベビーブーマー世代は、おとなしくはしていないだろう。医学的な施設が組み込まれたクラブ・メッズ（地中海クラブ）と考えてもらえばよいような「メッド・メッズ（地中海医療サービス）」が出現するに違いない。午前中にスキューバダイビングをし、午後には非常用酸素を吸引する、といったクラブだ。

ニューワークがこれまでの仕事と最も違うことは、すべてをより良く、速く、安く行うことへの圧力が急激に高まっていることである。それではどのくらい良く、速く、安くすればよいのか。そこには必然的な限界はない。かつては乗り越えられないと考えられていた科学的な障壁でさえ、今では乗り越えられるようになっているのである。

より良く、速く、安くすることの必要性

二〇世紀の大部分を支配した経済システムのもとでは、生産者と売り手はかなり楽に生きていくことができた。規模の経済性と安定した市場（そしてそれらに対応した寡占と規制）は、荒れ狂う競争から大企業を保護してくれたし、小さな地元の小売店は、同じ地域内の他の店やサービスとのみ競争していればよかった。

人間と同じように、企業にとっても快適な状態というのは、一生懸命に働こうという動機を弱めやすい。古い工業経済（オールドエコノミー）というのは、多くの場合、激しい事業熱を燃え上がらせ

るようなものではなかった。大企業は、特許権を得るようなそこそこの発明を生み出すことのできる研究開発部門は持っていた。しかしそこでは、大きなブレークスルーはまれであって、またそのような状態でよいと考えられていた。あまりに大きな変化は、計画の適応力を脅かし、システムを不安定にすると考えられたからである。技術革新のほとんどは、基本的な部分よりはむしろ表面的なデザインについてのものであった。自動車の後部フィンは十分に改善されたが、サスペンションとエンジンの品質は、徐々にしか改良されなかった。食器洗い洗剤や台所器具の「新改良品」は、常識で予測できる範囲内でしか現れず、それらは特に目新しいものでもまた抜本的に改善されたものでもなかった。

二〇世紀の半ばまでは、売り手はコスト削減にあけくれることもなかった。労働組合によって産業別賃金交渉が行われたため、賃金上昇は同じ産業のすべての企業に同じように及んだので、企業の競争条件を変えることもなかった。企業は賃金コストの増加を製品価格を引き上げることで消費者に容易に転嫁できた。生産者は、資材納入業者を搾りあげてコスト削減に励むこともしなかった。大規模生産における効率は長期契約と安定的な取引関係によってはじめて円滑に維持されるので、取引業者を替えることはその効率性を脅かすことになったのだ。

従業員や取引業者と協調関係を保ちつづけた結果、賃金や価格は連続的に急上昇するようになった。価格上昇は生活費を引き上げ、それは労働者のさらなる賃上げ要求を喚起した。政府は時折、賃金や価格の上限を公的に設定したり、一定範囲以内に賃金や価格を抑えるよう産業界や組合のリーダーを「説得」したりして、賃金と価格を直接コントロールしようとしたが、たいした効果は得られなかった。結局、最終的に連邦準備制度理事会が政策金利を上げて経済を冷やし、不況に突入させるまで、インフレは収まらなかったのである。
新興経済は、これとは明らかに対照的である。先に述べたように、買い手にとって生産規模、距離または情報による制約はより少なくなっている。世界中のほとんどいたるところから得られる製品とサービスの選択が拡大し、価格と品質についてより良い比較データが入手できるため、買い手は、より簡単に良いものに切り替えることができるようになった。買い手がより良い取引に簡単に切り替えることができれば、売り手にとって買い手をひきつけ、維持するのはますます難しくなる。
研究者たちの中には、このところの技術革新と生産性の急上昇は、ほとんど新技術によってのみ可能になったものであると考えているものもいる。しかし彼らは売り手がなぜ技術革新を迫られているとより強く感じるようになっているのか、という部分の説明をはしょってしまっている。コミュニケーション、輸送、情報の新技術は、より良い何かを見つけてそれに切り替える力を買い手に与えている。これは逆に、売り手にとっては、より良いモノを生産しなければいけないという圧力となる。競争に勝ち抜き、成功を収めるためには、売り手は競争相手よりも常に速くコストを削減し、付加価値を高めなければならない。売り手は単に良い製品やサービスを提供するだけでなく、競争相手よりも速く良い製品とサービスを生み出せるよう全体的な流れをよくするために、彼らの組織を常に改善しなければならないのである。(注2)
このことは、失業率の低い時期にさえ、なぜかつてほどインフレが脅威ではなくなっているのかの説明にもなる。売り手は競争に勝ち残るため、大幅なコスト削減や価格低下のための新しい方法を常に考え出していかなければならない。それはまた、一九七〇年代の経済停滞期の後に、生産性(労働投入一単位あたりの生産）がなぜ上昇しているかについての手がかりを与えてもくれる。企業にとって、より少ない投入でより多くの産出を生まなければならないという圧力は高まりつづけたのである。★より激しい競争は、非営利団体にも広がっている。最も古い慣習が残っていそうなところ、たとえば多くの保守的な大学、病院、博物館、慈善団体でさえ、今や経済の他の部分に影響を与えているものと同じ圧力につき動かされて、技術革新を迫られている。利用者、後援者、寄付提供者たちは、どの機関を選択するかについてのより広い選択肢、それらの機関の業績についてのより良い情報、そしてより満足の得られる機関への切り替えの可能性を多く持つようになっている。それで非営利団体もまた、より良く、速く、安くならなければならなくなっているのである。

★生産性は一九七〇年代は年一％の上昇率と元気がなく、一九八〇年代にいくぶん増加した後、一九九〇～九五年にかけては一・五％、一九九六～二〇〇〇年には約三％と加速した。そしてこれらの公式統計でさえ、最近の生産性の上昇幅を過小評価しているかもしれない。生産性上昇は、年々の生産物がほぼ同じである工業経済においては簡単に計測できた。それはある年から翌年にかけて、労働一単位当たりどのくらい多く生産されたかを数え上げればよかった。しかし現在では、非常に多くの新しい製品が、より良く、速く、安くなるといったように前年のものより性能がアップしていて、そのような単純な計算では、どのくらい追加的な価値を買い手が得ているかを表しきれないからである。その一方で、近年の生産性上昇はいくぶん誇張されているともいえるかもしれない。なぜならば、これから見ていくように、大部分のアメリカ人は長時間働いており、特に管理職や専門職、クリエイティブな仕事に就いている労働者は、自宅にいたり旅行中でも仕事をしているからだ。仕事時間単位ごとの生産性の計算において、生産性データにこれらの残業時間が含まれていないという点で、情報にバイアスがあるのである。

技術革新（イノベーション）の論理

このダイナミズムを理解するためには、ジョセフ・アロイス・シュンペーターの思索に立ち戻ることが有益である。シュンペーターは経済学の教授であり、オーストリアのグラーツ大学、ボン大学、最後はハーバード大学で教鞭を執り、第一次世界大戦後には、オーストリアの大蔵大臣も務めた。シュンペーターは行くところどこでも、ドラマティックな、つまり貴族的で、ロマンチックで、はつらつとした印象を与えた（後年、彼は常に偉大な恋人、偉大な騎手、そして偉大な経済学者になりたいという三つの願いを持っていた、と語っている）[注3]。シュンペーターは一九一二年初版の著書『経済発展の理論』（塩野谷祐一ほか訳、岩波書店、一九八〇年）において、企業家が中心的な役割を演じる世界を描いた。

ほとんどの経済学者はまだ、需要と供給がどのように均衡に達するか、そして希少な資源がどうすれば最も能率的に配分されるかについて考えることに集中している。需要と供給のアンバランスは、経済学者の完全競争モデルを成り立たなくするような例外、つまり洪水、伝染病、政治力のような外部的な力に起因する例外的なケースに限られると考えられている。しかし、シュンペーターは健全な経済はけっして一定の均衡状態にとどまりはしないと考えた。それは、技術革新と変化によって連続的に打ち壊されるものだと考えたのである。技術革新が最も起きやすいのは、彼の考えによれば、消費者が喜んで余計にお金を支払おうとするものへの一時的独占という形で企業家の勇敢な努力が報われるときであるが、それはしかしそのとき限りのものである。企業家は新たな競争による脅威を感じない限り、革新しつづける誘因をもたない。したがって経済はそのような企業家精神に富む暴風と圧力によって作られた「創造的破壊の疾風」なしに進歩することはできない。

二〇世紀が進むにつれて、大規模生産が近代の経済を支配するようになると、シュンペーターは企業家精神の前途を案じるようになった。彼はビジネスとはあらゆる面で、変化よりも安定性に重点を置くものだ、と見ていた。彼は大量生産と大規模なマーケティングの利益に注目したり、それらを評価しようとはしなかったのである。しかしその代わり、シュンペーターは、大規模な企業を動かしている、活気のない管理職やリスクを取らず書類ばかりこねくり回している人々について詳しく述べた。彼は、資本主義が官僚的な社会主義のよどんだ沼地に沈んでしまうという、悲観的な予測をしたのである。(注4)

しかし二一世紀のはじめ、シュンペーターの恐ろしい予言は、誤っていたことが証明された。われわれは、急速にネオ・シュンペーター世界に移行しつつある。

このことを頭のなかで実験してみよう。いまあなたがXをYドルで売るとしよう。そしてほかの誰よりも、速く、安くXを作る方法を知っているとしよう。おそらく他の誰も、Xの市場があることさえ知らず、あなたがそれを売る最初の人となる。すばらしい取引を提供しているので、買い手は群れをなして集まり、たくさんのお金を稼ぎ始める。シュンペーターはあなたを誇りに思うだろう。

しかしこの取引の買い手が多くなれば、この取引について他の売り手も気づくようになる。競争相手となりうる他の売り手は、あなたがいくらポケットに入れたかを必ずしも正確には知ることはできないかもしれないが、おそらくそれを推測することはできるだろう。Xの生産のために投入された労働を含むすべての生産要素に、いくら支払われたかを知ることはできるからだ。情報は安くすぐに手に入り、これはこれからますますそうなってくる。すぐに、買い手に同じ取引を提供する競争相手が追いついてきて、あなたの利益の一部を奪い去ってしまうだろう。そしてそれから競争相手が次々と参入してきて、利益はほとんどなくなってしまう。

特許または著作権で、新しく発明されたXを保護することはできる。「知的所有権」のためのこれらの法的な保護は、三次元の財産を盗まれるのを妨ぐことと似ている。しかし、知的所有権の保護は、新興経済においては限られた効果しかもたない。Xを生産し買い手から好意的な反応を得ることですでに、あなたは、Xの市場があることを競争相手に明らかにしてしまっているのだ。そして、まさにこの市場が存在するという情報こそ、多くの場合、他のどんな情報よりも有益である。こうした競争相手の一人は、あなたが思っているよりもずっと早く知的所有権を侵害することなく少し安いコストでXという商品を作ったり、Xというサービスを行ったりする方法を見つけ出すだろう（おそらく競争相手はあなたの作ったXについて「リバース・エンジニアリング」を行う。つまり、それをバラバラに分解し、次にそれを特許に触れない方法で組み立て直す。あるいはXがソフトウェアやレシピあるいは芸術的な図案などであれば、著作権を回避するような表現方法を工夫するだろう）。おそらく、その競争相手はあなたの法的な抗議をすべてあっさりと無視し、訴えられるものならやってみろといどみかかってくるだろう。彼は、あなたより資金力があって、長い法廷闘争に耐えることができるかもしれない。たとえあなたにも資金があるとしても、必ず勝てるという保証はない。アイデア泥棒は、車泥棒のようには、確実に立証することができないからである。裁判所は、誰が、いつ、何を発明したかに関する訴訟で、しだいに身動きが取れなくなってきている。(注5)（カルバン・クラインは、ラルフ・ローレンの「ロマンス」というフレグランスが、自社のベストセラーのコロン「エタニティ」を侵害していると主張している。しかし、正確に芳香とは何であって、またそれは所有できるようなものなのだろうか。香りは、雰囲気やイメージ、そしてスタイルでもある。関連するこれらの要素からどうやって香りだけを抽出し、それを資産価値に転換するのだろうか）。

こうして、利益は萎んでいく。さてそこで、あなたには三つの選択肢がある。⑴コストを減らして、XをYドルより安く提供する方法を考える。⑵同じコストでより良いXを生産する方法を考える。⑶これまでに培ったあらゆる専門知識を駆使して、まったく新しい製品Zをまたいち早く作る、の三つである。この新製品Zは、買い手にとって、かつて好まれたXよりもさらに好ましいものであり、追加的な支払いをしてもよいと考える何かである。これらの戦略のいくつか、またはすべてによって、しばらくの間は再びリードを取り戻せるであろう。そしてどのやり方が最もよく機能するか、前もって知る方法はないのだから、この三つは、すべてを試みてみるべきである。ただしここで忘れてはならないことがある。それは、それらすべてに費用がかかり、リスクもあるということだ。

最初の戦略であるコスト削減は、最もリスクが少ないが、短期的には費用がかかる。作業をより効率的にする方法を見つけるために、コストを支払わなければならないからである。たとえば経営コンサルタントを雇ったとしよう。彼は、より少ない作業手順と労働力でより多くの成果が上げられるような新しいソフトウェアをインストールすること、下請けを使うことでより安くできるものはなんでもアウトソーシングすること、残っている従業員の賃金をカットすること――おそらく彼らには、代わりに利益配分か株の割当てを買うオプションが与えられる——といったアドバイスをしてくれる。そこでこのコンサルタントのアドバイスを受け入れることにして、彼への報酬料を支払う段になる。このときあなたは、経営コンサルタントになっておくべきだったと気づくだろう。

製品改良という第二の戦略は、研究開発のための、そしてマーケティングのためのお金を必要とする。それはより危険な戦略である。なぜならあなたが新しく改善されているとみなしているXを顧客のほうでもそうだと認めるかどうかは保証の限りではないからだ。製品改良ということでいえば、あのコカ・コーラでさえ、苦労している。しかし少なくとも、顧客がXを好んでいることはわかっているので、Xより速く、強力で、軽く、風味があって、少しきれいであれば、顧客から良い反応が得られるだろうということについてはいくらかの自信が持てる。

完全に新しい製品Zを創り出す第三の戦略は、三つの中で最もコストがかかりまた危険である。さらなる基本研究を必要とし、しかも最終的には何の価値も生み出さないかもしれない。Zはxとまったく異なるので、それについての市場があることさえ確かではない。他方、もしその賭けに成功すれば、Zから得られる金銭的利益は、三つの中で最も高いものとなる。競争相手が、自らのバージョンのZを生産する方法を見つけるまでの長期間、自分だけのZ市場を持つことができるだろう。

うまくすれば、これらの戦略のうち少なくとも一つは、他に再び追いつき、追い越すためにかかったコストを取り戻すくらいまで利益を回復させてくれるだろう。しかし、ここに悪い知らせがある。私はみなさんを落胆させたくなかったので、いままで言わずにいたのだ。それは、あなたはけっしてのんびりできる地点には到達しえない、ということだ。たとえ成功したとしても、その成功は一時的なものであって、競争相手がすばやく後に続くことは間違いない。かつての工業社会においては、生産者は大規模生産に制約されていたので、競争もより制限されたものであった。しかし、ライバルの動きが速い現在、苦労なしにビジネスを維持することはできない。しばらくの間は、すばらしい利益を得るかもしれないが、生き残るためにはその利益のほとんどを前述した三つの戦略に戻って投資する必要がある。

このゲーム――コスト削減、価値の付加、発明――をうまくこなしたら、パートナーや投資家をひきつけることができるだろう。あなたをとても裕福にしてくれるような公開株式の発行でさえ可能であるかもしれないが、そこまでは期待しないほうが賢明だ。もっとありそうなのは、新しいパートナーか投資家が、より多くの、あるいはより広範な技術革新に賭けることができるだけの現金を提供してくれるといったことだ。賭けることのできる賭けの数が多くなればなるほど、当たらなかった他の賭けのコストをすべてカバーし、ライバルが追いついたときに一歩前に出ることを可能にしてくれるような当たりをもたらしてくれる賭けの数も多くなる。

しかしそうした追加的な資本をもってしても、競走を終わらせることはできない。これこそシュンペーターの望んだ状況である。すべての生産者と売り手はびくびくしながら走っている――賭けをしながら、あくせく働きながら、後ろを見ながら――。インテルの多弁な会長である、アンドリュー・グローブは、ニューエコノミーにおいては偏執狂のみが生き残るのだという有名な警句を発している。彼は、執念深さと強迫観念についても付け加えるべきだったかもしれない。生産者は疲れきってしまうかもしれないが、その絶え間ない努力のおかげで、経済は技術革新で満ちあふれることになる。消費者の暮らし向きははるかに良くなっているのである。

ブランドの新しい役割

たとえ最も安いYドルで、最高のXを提供していても、まだ安心はできない。それは、市場にはあまりにも雑音が多いからだ。雑音とは、良いポジションを得ようと動き回る多くの競争者であり、空きスペースを求めて争う多くの製品やサービスであり、注目を競っている多くのメッセージや勧誘である。顧客はあなたをまったく見つけることができないかもしれない。あなたは、何千万という他の売り手が、顧客の関心を自分のほうにひこうとしている、巨大な世界市場の中で、わずか一ブースを占めているにすぎないのだ。何百万ものウェブページがあり、衛星放送によって利用できる一五〇〇のテレビチャネルがあり、さらに緊急メッセージ、電子メール、ファックス、携帯電話、ビデオ、個人専用メールなどが行き交い、特別注文の可能性がほぼ無限に広がり、そしてこうしたすべての情報がますます多くブロードバンドを通じて流れるようになる。こうした喧騒のまっただなかで、顧客にどうやって気づいてもらったらいいだろうか。つまりインターネット上でビジネスを行うときに、どのようにして顧客の注目をひきつけ、取引に結びつければいいのか、ということである。

潜在的な顧客もまた、まったく逆の意味で同じ問題を抱えている。彼らは強引な売り込み、コマーシャル、勧誘、選択、視覚的混乱、雑音といったさまざまな情報に圧倒されている。新興経済は、もし顧客が欲しいものさえ見つけることができるならば、それを手に入れる強力なパワーを与えてくれる。しかし彼らにとって選択肢が増えるほどその混乱も増す。彼らは、探しているものがどこで見つかるかについての信頼できる案内役を必要としている。

あなたにとっても顧客にとっても口コミは確かに役に立つ。あなたとの取引に満足した顧客は、そのすばらしい取引について、彼女の親友や従兄に話し、そのようにしてその会話が、他の商機につながっていくだろう。インターネット上のおしゃべりが、強力な「うわさ」を生み出し、特定の映画やCDに関してたちどころに需要を作り出すこともある。しかし、「うわさ話」はとりわけ信頼できるものではない。そのうえ、話がこのように広がる頃には、競争相手もまた動き始めているだろう。消費者が知っているようなことなら、競争相手は何でも同じくらい早く知ることができるはずだ。

あなたが生産しようとするものの大規模な市場はありそうにもないので、大規模マーケティングは能率が悪い。もちろんダイレクト・マーケティングという方法もある。——*X*や*Z*を買いそうな人々がいそうな場所での広告、または過去に類似した製品またはサービスを買った人々に関するコンピュータ・リストによる電話セールスといったことである。しかし、これもまた顧客を見つけるのに費用のかかる方法である。依然として、興味を持つとは考えられないたくさんの人々に無駄な営業をすることになるし、また関心を持っている多くの人々を取り逃がしてしまうことにもなる。

顧客を見つけ出すための——そして、あなたを探している顧客のための——最高の方法は、信頼できるという評判を持っている有名ブランドと結びつくことである。信頼できるブランドは、ニューエコノミーというジャングルの中で、消費者にとっての頼りになるガイドになっている。消費者が探し出したもののために支払う金額の一部がブランドの利益となる。

有名なブランド（ポータルサイト（ネットへの入り口）とウェブサイトを含む）は、その評判が高いので、背後に大きい組織を持つように見えるかもしれない。しかし、ニューエコノミーにおいて高い評判を得るのに多くの実物資産や従業員を抱えている必要はなく、資産や従業員はほとんどなくてもかまわない。古い工業社会において、大企業は、大規模生産システムを支配し、規模の経済性に依存して力を得ていた。しかしニューエコノミーにおいては、ビジネスは信頼の経済性に依存しているのである。経済的な価値は、所有する資産や、管理している従業員からではなく、買い手との間に確立した信用の領域から生まれる。新しいタイプの「大」企業が、支配し増やしつづける必要のある唯一のものは、その最も価値ある資産、すなわち顧客に最高の買物をさせるという評判である。より多くの買い手がそれに頼り、良い買い物をしたと喜ぶようになれば、最高の取引を提供するという評判は高まる。そしてそれは次々とより多くの買い手をひきつけることになる。

「最大の」企業とは、信用の経済性を、最大限に享受しているブランドであり、それが大きな利益と高い市場価値を生み出す。本書執筆時点で、ゼネラル・モーターズ——今でも主として規模の経済性に基づく会社——の従業員一人当たり企業価値は、一〇万ドル未満である。しかし、マイクロソフト（これは信頼の経済性に依存するブランド・ポータルに急速になりつつある）での従業員一人当たり企業価値は、一二〇〇万ドル以上ある。ヤフー——これこそは純粋なブランド・ポータルであるが——の従業員一人当たり企業価値は二二〇〇万ドル以上である。(注6) 多くの「ドット・コム」企業は、投資家がその成長に限りはないと考えていたころほどの価値を今や持ってはいないけれども、このビジネスの先端企業については、従業員一人当たりの市場評価は上がりつづけそうである。

ディズニーは、ファミリー・エンタテイメントの、信頼しうるガイドである。そのブランド・ポータルは顧客を、家族との休暇、フィルム、ビデオ、本、音楽、スポーツのイベント、家庭行事などへとオンラインを通じて導いてくれる。ディズニーが直接雇用する人々と、直接管理している資産は、これらの提供物の一部分にしか関与しておらず、そして、その関与部分は将来にはもっと減少するだろう。大部分の「ディズニー」製品とサービスは、独立に生産されるようになる。ディズニーは、高品質のファミリー・エンタテイメントであると認めたもの、そしてさらにそのブランド価値を高めてくれると認めたものを前もって選びとるだろう。そのうえでそれぞれの売上について、低率の手数料（またはライセンス料かマークアップ）を得ることになるだろう。これをもしうまくやれば、ディズニーブランド・ポータルは、それ自身の規模の経済性に依存することなしに、より大きな信用の経済性を生みつづけることができるだろう。

デルは、コンピュータのブランド・ポータルになっている。そしてそのフランチャイズを他のオフィス設備や遠距離通信装置、その他買い手の仕事能率を高めるようなあらゆるものを扱うビジネスへと、簡単に広げることができた。デルは、直接にはコンピュータのどの部分をも作ってはいない。それは、その増大する顧客データベースを、拡大する供給者データベースにインターネット上でつなげているだけだ。デルの下請け業者らは、そこで注文に従ってパソコンを組み立てる。デルは、顧客を――その視線を――ひきつけ、品質を管理しているだけである。それによってデルはそれぞれの売上についての手数料を得ているのである。

今日の映画はほとんど、作品の営業と配給のために、「大」ハリウッド・スタジオと契約する小さな企業家グループによって製作されている。本書執筆時点では、ＣＢＳを買収したバイアコムはニッケルオデオンを所有している。ニッケルオデオンは人気のある子ども向け番組であるラグラッツというアニメを作っている。しかし、それらを実際に作っているのは、ニッケルオデオンと契約しているアニメ作家の小さな独立プロダクションである。ラグラッツの映画、本、ウェブサイト、その他のさまざまな表現物についても同様である。その他のエンタテイメント製品のほとんどもまた、こうした独立プロダクションによって作られている。ロサンゼルス地域にあるおよそ七〇〇〇ものエンタテイメント企業の九〇%以上は一〇人足らずの従業員数である。(注7)

やがてレコード会社はものを製造したり、販売したりするようなビジネスではなくなるだろう。配管を通して水が流れるようにインターネットを通して音楽が流れるような時代における、レコード会社の強みは何だろうか。もし生き残ろうとすれば、ワーナーミュージック、EMI、ソニーのような巨大ブランドは、すばらしいレコーディング・アーティストを探し出し、彼らを顧客に売り込むことで、音楽を愛好する顧客の最良のガイドとなる、ということに特化しなければならないだろう。

あらゆる大ブランドは、適切な売り手と適切な買い手を電子的に接続させるウェブサイトかポータルになりつつある。ヤフーは、インターネット・コンテンツへの主要なゲートである。チャールズ・シュワブは金銭的なサービスについての、アマゾン・ドット・コムは本と音楽(そしておそらく将来的には、容易に包装し、配達できる、あらゆる知的刺激物やエンタテイメント製品)についてのゲートである。その他の、かつてモノを作っていた「巨大」ビジネスも仲介ブランドに変わりつつある。IBMでもモノの販売は少なくなっている。IBMのビジネスのより多くは、アドバイスと技術支援の提供に向けられており、その多くがインターネットの上で行われているからだ。シスコシステムズの契約企業は、直接その顧客から注文をとり、データ・ネットワーク機器を発送しているが、シスコシステムズの従業員はその流れを見ることさえない。

ハーバード大学は、学ぶための優れた世界的ブランド・ポータルになりつつある。それは、マクドナルドが迫ってきてはいるけれども、コカ・コーラに次いで世界で最も広く認められたブランドである。ハーバードは、その名門の特権を、広範囲にわたる研究所、施設、エグゼクティブ・プログラム、シャツ、帽子、枕カバー、動物の剝製、健康プラン、病院グループ、雑誌、ジャーナルと出版業に授けている。しかしハーバードは、これらの商品とサービスを作り出す人々の、ほんの一部分を直接雇っているだけで、残りの仕事については特許使用料や手数料を得ている。

数年前、私はハーバード大学から出版された本を書き、今でもときどき、その売上から、ささやかな印税を受け取っている。また、私はしばしば『ハーバード・ビジネス・レビュー』に記事を書き、それについて原稿料も受け取っている。この意味において、私はハーバード・ブランドの下で、私のサービスの一部を今でも売っているのだ。ハーバードは、私の努力に対してお金を払ってくれる人たちからの収入の大部分を受け取り、その残りを私にくれる。その額は確かに多くないし、かつてハーバードの教授として勤めたときのように安定的に得られるわけでもないが、しかし、それにもかかわらず、私はやはりハーバードから利益を得ている。

内国歳入庁（国税庁）はまだそれを十分に把握していないけれど、主要な非営利団体が、広範囲にわたって利益を上げる企業のブランド・ポータルになるにつれて、非営利団体と営利団体の区別はなくなりつつある。非営利の美術館や博物館などは、営利目的の売店やレストランなどを持っているだけでなく、オンラインのギフトショップを展開し、営利目的のメーカーによって作られた装飾品などを宣伝している。また彼らは、営利企業のために部屋やギャラリーを貸し出し、利益目的で売られる製品に、彼らの信頼の名前を使うことを許可している。ハーバードは、ハーバード・ドット・コムとして、良い位置を占めている。すなわちインターネットを通じた、広範囲にわたる教育サービスの主要なブランド・ポータルとなっており、世界中から供給される教育サービスを集めて(それらのいくつかは利益目的である)、信頼できるガイドとしてハーバード・ブランドにアクセスしてきた世界中の人々に、それを販売している。(注8)いくつかの非営利ブランドは、彼らが本当に売っているものを明らかにするために、非営利のマントを脱ぎ捨てている。ニューヨーク証券取引所(設立以来、非営利団体であった)は、営利目的企業として生まれ変わった。現実的にはそれ以外に選択の余地がなかったのだ。電子市場が、顧客をそこから引き離していっているからである。ニューヨーク証券取引所が競争に生き残るための唯一の方法は、そのブランドを利益を生み出すポータルに変えて、自ら電子市場になることなのである。

信用の脆さについての注意書き

オールドエコノミーにおいて、ブランドは特定の製品またはサービスを意味した。誰でも、アイボリーという商品は石鹸で、ディズニーというのは特定の種類の映画製作者だと理解していた。ブランドの目的は、消費者に特定の、他と識別可能なものを買う気にさせることであった。有名なブランド名を持つ会社は、その製品ラインを広げたかもしれないが、買い手は依然として特定の商品またはサービスを識別する手段としてブランドを利用してきた。けれども、新興経済においては、選択と喧騒と混乱の満ちあふれる中で、買い手はしばしば自分でも何が欲しいのかわからなくなってしまうことがあり、そのときは欲しいものを発見する手段として、ブランド・ポータルを用いる。主要なブランド・ポータルは、特定の製品を意味するのではなく、むしろ問題解決を意味するのである。ディズニーは、もはや一種のアニメ映画ではない。それは、膨大なプロバイダー群から入手することのできる良いファミリー・エンタテイメントのためのガイドである。

こうしたブランド・ポータルは、売り手ではなく買い手の代理人の役割を果たしつづける場合にのみ、信頼できるものという評価を維持することができる。彼らは、双方の代理人にはなりえない。ブランド・ポータルが悪い取引や、たとえ良いものであっても、どこか他で見つけられるものより明らかに劣っている取引に買い手を導くことがあれば、買い手は、そのブランド・ポータル全体に対する信頼を失うだろう。そしてそのブランド・ポータルへの信頼の喪失は、買い手がそこにアクセスしなくなるという意味で、それに依存する他のすべての売り手に損害を与えるだろう。当然、あらゆる売り手は、できるだけよく知られたブランド・ポータルとリンクしたがるが、ブランド・ポータルのほうの持続的な価値は、実際に商品を顧客に届ける売り手の質次第である。それが、すばらしいものへのすばらしいガイドではなくなったとき、ブランドの価値は劣化する。

ブランド・ポータルは、もちろん、独自の製品やサービスを宣伝したり、販売促進したりするかもしれない。けれども、買い手の信用を維持したいならば、ブランド・ポータルは販売促進とアドバイスを区別しなければならない。もしアマゾン・ドット・コムが、ある本を「間違いなくすばらしい」

とか、「われわれも読んでいるもの」と顧客に伝えるときに、それらの本の出版社が、そのようなほめ言葉のお返しに、アマゾン・ドット・コムに相当な報酬を支払っていたことがわかれば、買い手はアマゾン・ドット・コムが推薦する他のすべての本について、懐疑的になるだろう。もしアルタビスタの検索エンジンが検索結果の最上位に特定のウェブサイトを置く代わりにそのサイトからお金をもらったりしたら、検索の質に対する、買い手の信頼を打ち壊すことになるだろう。「信頼の健康ネットワーク」と広告されているdrkoop.comが、お金をもらって特定の病院や保健センターを推薦していたとすれば、drkoop.comへアクセスした人たちは、ヘルスケアに関する最善のアドバイスを受け取っていたかどうか、疑問に思うはずだ。ハーバード・ブランドさえ、もしお金を払う売り手によってそのブランドが利用されていると買い手が疑うようになれば、その名声のいくらかを失うだろう。ブランドの価値を保護しようと努力しているハーバードの弁護士たちは、ハーバード・ビールやハーバード食品などを仮に作ってみたところで、それがハーバードのイメージを輝かせるものではないということをよく知っているので、そうはさせないのである。

また取り扱う領域をあまりにも広げてしまうと、買い手はそれが何のための信頼ブランドだったのかわからなくなってしまうので、ブランド・ポータルはその存在基盤を失ってしまうだろう。ディズニーは、ファミリー・エンタテイメントに関して信頼できるブランドだという評判を確立することはできるけれども、それはビールやソフトドリンクには通じない。アマゾン・ドット・コムは、その信頼性を音楽とビデオにまで広げることは可能かもしれないが、それをビタミン剤や歯ブラシにまで拡大するのは、おそらく容易ではないだろう。家庭のファイナンシャル・プランナーとしてマイクロソフトを信用する人はほとんどいない（もっとも金融ソフトの供給源としてのマイクロソフトは信頼するだろうけれども）。

大と小

私が述べているこれらの動き、すなわち小さな企業家的売り手にとって信頼しうる大きなブランド・ポータルと結びつくことが競争上必要であるということと、その一方で大きなブランド・ポータルが、物作りから買い手のためのワンストップ・サービスを提供するエージェントへ転換しつつあることは、現代経済においてパラドックスのように見えるものを説明してくれる。すなわち「ニッチ」ビジネスの急増と合併・統合のうねりの同時進行である。

実際、この二つのトレンドは、完全に補完的である。小さい企業家的グループは引きつづき、より少ないYドルで、より良いXを生産する方法を発見し、そして新しいZを発明する。これらの小さい企業群は、シュンペーター的技術革新プロセスのまっただなかにある。一方、大きなブランド・ポータルは、製品とサービスのますます込み入った複雑な茂みの中から顧客が最適なものを見つけ出せるよう手助けする便利なワンストップ・ガイダンスを提供している。生き残り、かつ成長するために、ブランド・ポータルもまた、顧客を最良の取引へと導くより良い方法を磨かなければならない。

近年の合併ブームは、一八八五～一九一〇年に起こった合併ブームとは根本的に異なっている。それはゼネラル・モーターズ、ゼネラル・エレクトリック、AT&T、USスティールのような巨大企業を生み出し、またアメリカ以外でもドイツのシーメンスのような巨大企業を生んだ。それらの合併の目的は市場を安定化させ、生産規模の経済性を得ることであった。現在の合併の主な目的は、世界的なブランドを市場に出すことである。今日のメディア、遠距離通信、そして巨大金融機関の成功は、より便利で、よく知られ、信頼しうるブランド・ポータルを提供するというところにある。これはより良いワンストップ・アクセスと品質保証を買い手に与える一方、企業家的な売り手に、買い手のニーズに関するより多くの情報を与えるということである。合併の主目的がもし特定の製品を作るための、規模の経済性を得ることにあるとすれば、合併は成功しないだろうし、おそらく悲惨な結果となるかもしれない。今や速度と利口さが、生産よりずっと重要である。この点で巨大な官僚的組織は、小規模の企業家的なビジネスに太刀打ちできるとは思えない。

新たに出現した関係は、共生である。企業家的なグループは、すばらしい製品を作ることに特化する。そして比較的少数の大ブランドが（必ずしも多くの実物資産を所有し、多くの人々を雇っている必要はないが）、信頼しうる消費者アドバイザーとして機能する。もちろん、企業家的グループが、優れた製品によって非常に有名になり大ブランドとの関係が逆転する可能性もある。ESPN（スポーツ・ネットワーク）は、以前はケーブル会社に、そのスポーツニュースを流してもらうためにお金を払っていた。しかし現在はケーブル会社がESPNにお金を払っている。ESPNは、実質的にそれ自身が、ブランド・ポータルになってしまった。けれども、ほとんどの場合にはこの二種類の企業群は互いに補完しあうだろう。すなわち第一の企業が内容（コンテンツ）を提供し、第二の企業が顧客の注目をひきつける。この同盟こそが、ニューエコノミーの制度的基盤となる。

粘着性を必死に追い求める

たとえ顧客をそのときひきつけていても、売り手としてのあなたの挑戦は終わっていない。その顧客をあなたの下にとどめておかなければならないからだ。彼女はすぐにあなたを捨て去ることができる。――クリックし、サーフし、道草を食い、あちこち歩き回られたあげく、切り替えられてあなたは過去の人となる。彼女があなたに依存しているよりも、ずっとあなたは彼女に依存しているのである。あなたにとって新しい顧客を獲得するためのコストは、彼女にとって新しい売り手を見つけるためのコストよりもずっと大きいからである。叙情詩人オスカー・ハマースタインは、現代のどんなビジネス戦略家よりも、簡潔にそれを表現した。「一度彼女をつかまえたら、けっして彼女を逃してはならない」と。いかに彼女が、あなたから離れないようにするかを考えなければならない。

あなたへの「粘着性」を強化するいくつかのテクニックがある。最も単純なのは、価格を下げつづける一方で、提供する製品やサービスの価値を高めることであり、そうすれば顧客は他の売り手に切り替えるいかなる理由も持たないであろう。慎重に競争相手をモニターすることだ。彼らがコストを削減したり、品質を改善したりする新しい方法を見つけたり、より良い何かを発明したら、すぐに同じことをするべきである。そのうえで、顧客をよい気持ちにさせ、喜ばせ、そしてびっくりするような気配りをすることだ。また彼女があなたに忠実でいるならば、浮気をしないことに特別なごほうびをあげることも大切である。一九五〇年代には常連客たちは、S&Hグリーン・スタンプを際限なくもらえるという形で優待され、彼らが従順にそれを小冊子の薄い四角いページになめて貼り、十分な数がたまると、トースターやじゅうたん拭きなどに交換することができた。けれども、売り手が浮気をしない客に対して報いる方法に関して、インターネットはより多くの選択の自由を与えてくれる。他の売り手、たとえば航空会社、レンタカー会社、ホテル、劇場などとデータを共有することによって、買い手に対してより広範囲にわたる割引を与えることができる。忠実なハーバードの同窓生（これを常連寄贈者と読む）は、特別旅行、セミナー、そしてよろよろの教授陣を訪問できるといった形で報いられる。メトロポリタン博物館の忠実なメンバーは、次回の印象派やアンティークの展示会をいち早く試見できるという特別事前招待で、そして忠実なホテル客は、登録デスクに並ぶ代わりに、接客係によるＶＩＰのチェックインによって報いられる。

顧客に自分自身について、より多くの詳細な情報を提供してもらうように勧めることで、彼女のニーズによりかなったおあつらえの製品やサービスを提供することもできる。彼女がより多くのデータを与えてくれて、あなたが彼女のニーズにより合わせることができれば、両者の関係はより親密になり、いかなる競争相手もそこに割り込むことが困難になるだろう。今では、私の洋服屋（「私の」は究極の粘着性を示すことに注意）は私の頭のサイズ、首、胸、ウエストから足の長さまで、そして私のお気に入りの生地、好みの色、型とスタイルの趣味、さらには私が以前どこで買い物をしたか、私の仕事、私の好きな余暇活動まで知っている。あらゆる取引を通じてこの会社のソフトウェアは、私についてのより多くを「学び」、次回には私のニーズによりよく反応し、それだけでなく私の次のニーズを予測することさえできる。私は忠誠心や好意からではなく、私の仕立てへの要望すべてに私の洋服屋がますますよく合致した反応を示してくれることによって、その洋服屋に縛りつけられるのである。

英国航空は、得意客を好みの飲物と新聞で歓迎するが、それはその客が以前の旅で選択したものに基づいている。あるオンラインの花屋は、顧客が過去に花で祝った誕生日や記念日のリストを持っていて、その日が再び迫ってくると、電子メールで知らせてくれる。彼らは顧客が最後にどんなアレンジメントの花を購入したかも覚えていて、マウスをクリックするだけで新しいアレンジの花を発送してくれる。また、あるホテル・チェーンは、客がその施設の一つでゴルフをしたのを覚えていて、彼が次に部屋を予約する時は、ゴルフの時間を予約したいかどうかを、自動的に尋ねるようになっている。

こうしたいわゆる「知的エージェント」ソフトウェアは、取引関係を強固にしてくれる。アマゾン・ドット・コムは、常連顧客の以前の注文を分析して彼らが好むであろう他の本や音楽について、それぞれの顧客に特注の「おすすめ」をウェブサイトに出すことで彼らを歓迎する。データをどんどん増やすことによって、エージェントは、その扱っている範囲のアイテム全体に関するより深い選好を推測することができる。もしある顧客が、特定の種類の音楽、食物、本の好みを示してくれれば、そのエージェントは、たとえばその顧客が同じように好むだろう映画が何であるかを連想することができる。それは、まず音楽、食物、本について彼女が選んだのと同じ好みを持つ他の人々を見つけ出し、次にこれらの人が、どんな映画を楽しんだかに注目すれば、それらの映画を彼女もまた楽しむだろうと推測できるからである。あなたの顧客は、彼女がそうありたいと思っているほどユニークではない。彼女と同じ好みを持つもう一人の個人は、サイバーランドのどこかに存在するのである。エージェントが、彼女についてのデータを集めれば集めるほど、彼女のテイスト・クローン（好みを同一にする人物）を見つけやすくなっていくのである。

大きなブランドは、そのようなデータを集めるうえでは最適である。顧客データベースは、大ブランドにとってのもう一つの有益な資産であり、これが常連顧客を最も満足させてくれそうな売り手にリンクする手がかりを提供してくれる。またもしプライバシーについて心配する顧客がいるならば、市場は少なくとも部分的にはそれに反応するだろう。つまり、個人データを特定の目的のためだけに使ってもらいたいと思うような買い手は、彼らのそうした希望を考慮したブランド・ポータルにひきつけられるだろう。そして、そうしたデータの誤った使用の危険性に敏感なブランド・ポータルは、他のブランド・ポータルに対して競争上優位になるはずだ。★★

もちろん、粘着性は売り手にとって良い一方、顧客にとっては必ずしも良いとは限らない。買い手としての顧客は、自分自身についての情報を与えた結果、自分のニーズや好みにより良く合致した商品やサービスを得ることができるけれども、そのような粘着性は、他の売り手に乗り換えることをより難しくするからだ。売り手の立場からは、言うまでもなくまさにそれが狙いである。もし競争相手が顧客について同じくらい多くの情報を持っていれば、彼らは、もっとよい取引を提供してしまうかもしれないからだ。こうした中で結局のところ最終的に起こりそうな事態は、買い手が自らの個人データの商用的価値に気づくということである。彼らは、自分の情報をミー・ドット・コムというデータバンクを作って「保管」し、最高の取引を得させてくれる売り手にだけデータをダウンロードさせるという選択権を確保するだろう。新興経済は、消費者に彼らが手放すはずのない権力を与え、市場におけるビジネス競争が消費者にそれを保証するのである。

★★　私が言いたいのは、プライバシーを守る法律や規則が不必要ということではない。ただ競争の力というのは、プライバシーについて顧客が関心を持っていれば、売り手は、それに対応しようという動機を与えられるということである。もちろん、市場がそういう働きをするために、買い手は、どのくらい個人的な情報が利用されているかについて、知っている必要があるが、彼らは常にそれについて知っているとは思えない。

究極の粘着性

他のすべての方法が失敗したとしても、消費者の忠誠を誘うための最終的なテクニックがある。とても広く使われるようになった結果、あらゆる売り手は、それを使う以外ほとんど選択の余地がないという、相互連結のシステムを作ることだ。そうすれば、アクセスを望む買い手はみな、そのシステムを通じて買う以外、ほとんど選択の余地がなくなる。究極の粘着システムは、言語と同様である。もし多くの人々がある言語を使っているならば、効率的に意思疎通するためにはそこにいる人はみな同じ言語を使わなければならない。英語は、世界初の統一的言語になりつつある。あまりにも多くの買い手と売り手が英語を使っているので、世界中のその他の買い手と売り手も、世界市場にとどまるためには英語を使わなければならないからである。究極の粘着システムが自然言語と異なるのは、それらを用いたり、そこで広告するための料金を請求できる民間企業によって所有されているということだ。

当初、アメリカ・オンライン（AOL）は、料金を支払った人々だけに内容（ニュースやエンタテイメントなど）が利用できる、閉じたシステムを作ろうとしていた。しかしAOLの購入者は、AOLの中身よりも、AOLのチャットルームを通じて彼ら自身のコンテンツを簡単に伝えられることと、「インスタント・メッセージ」システム――電子メール・ユーザーに友人もオンラインでチャットできる状態だということを知らせるシステム――のほうに関心を持っていることが、明らかになった。それでAOLは戦略を変え、閉じたシステムをインターネットに接続して固定月額料金による無制限のアクセスを提供することにした。まもなく、AOLのシステムは、オンライン・コミュニケーションの標準になった。そして、多くの人々がそれを使えば使うほど、さらにその標準化の度合いも強まったのである。粘着性は、消費者がいっせいに別の電子コミュニケーション・システム――たとえそれがより優れているかもしれなくても――へ切り替えることは容易でないという、単純な現実から生じている。

それは、市場と同様である。どんな場所でも、十分な買い手と売り手がそこに集まるならば、他の買い手と売り手も、効率的な取引をするためにはやはりそこに行かなければならない。この太古からあるプロセス――それは、自然の港、川の分岐、山の峠などに町をつくり、そして特定のものを売買するための専門地区（株や債券のウォールストリート、ダイヤモンドのアムステルダム、豚脇腹肉のシカゴなど）を作った――はサイバースペースでも同じように働いている。記念品、景品、屋根裏部屋のがらくたなどをめぐって買い手と売り手が十分な人数だけe港（イー・ベイ）の電子オークション市場に集まるとき、そこが良い取引を見つけるための最高の場所となるので、そうしたものを取引したい他の人たちもそこへ引き寄せられる。他の何千ものウェブサイトも、株式、車、家、セックス、その他のものの売買のための専門市場となるべくしのぎを削っている。

しかし究極の粘着システムでさえその粘着性には限度がある。競争相手はより良い、またはより安いコミュニケーション手段を提供することによって、顧客を「引き離し」にかかるだろう。その中にはタダで接続を提供するものも出てくるだろう。一九九九年夏に、ヤフーとマイクロソフトは、AOLで人気がある「インスタント・メッセージ」と連結できるソフトウェアを配布した。したがって、すべてのヤフーとマイクロソフトのユーザーは、料金を支払うことなくAOLシステムへアクセスできるようになり、消費者のAOLへの粘着力を著しく低下させた。AOL経営者は、ヤフーとマイクロソフトが自社の資産を侵害していると主張して訴訟をほのめかしたけれども、最終的にはAOLが折れた。ヤフーやマイクロソフトのような資金力豊富な相手と裁判をするのはとてもお金がかかるし、しかもそれだけではなくAOLの顧客の多くがヤフーとマイクロソフトに連結することを望んだからである。

また、仮にもし競争相手が、顧客を引き離さないとしても、政府がそうするかもしれない。過度の粘着性は、技術革新を阻害するかもしれないからである。このためアメリカや他のほとんどの資本主義国の法律の下では、ブランドが一般用語の一部になるくらい広く用いられるようになると、そのブランド名の所有者は、そのブランド名をもはや排他的な登録商標とは主張できなくなるようになっている。さもないと、その競争相手がそれを表現する言葉を持たないので、そのブランドがずっと私的に独占されて競争相手が競争的な製品を提供するのを妨げてしまうからである。「アスピリン」は以前、登録商標であったが、消費者が一種の鎮痛剤の一般名称として用いるようになったため、それはついに社会の共通語となった。それでどんな競争者も、自社ブランドのアスピリンを売ることができるようになった。

アメリカの独占禁止行政は、ある市場の単なる規模や占有率よりもむしろ、過度の粘着性を排除することに政策の軸足を移しつつある。経済があまりにも急速に変わっているので、規模や市場の占有は相互連結的なシステムの所有よりも、危険が少ないと見られている。これについての格好のケースがある。本書執筆時点でマイクロソフトはほとんどすべてのコンピュータに入っている基本的なＯＳであるウインドウズを所有している。ウインドウズを売るとき、マイクロソフトはブラウザやｅメールサーバーのような他社の製品を無料で付けている。一九九八年に、司法省はマイクロソフトを独占で訴えたが、マイクロソフトはこれに異議を唱えた。確かに、消費者にとって単独のＯＳ標準は、多くの異なる互換性のない標準よりも便利だ、という主張はそのとおりである。そして、さらに、ブラウザやサーバー、その他のソフトウェアを無料で提供することのどこが悪いのだろうか。マイクロソフト社は、消費者がこの取引でとても得をしていると主張している。

問題は、マイクロソフトのウインドウズがあまりに普及したため、コンピュータ、ブラウザおよび他のソフトウェアの買い手と売り手は、もし、他のものと連結しようとすると、マイクロソフトと契約する以外、ほとんど選択肢がなくなってしまったということである。これは、他のＯＳを使用する新製品を効果的にブロックする力を、マイクロソフトに与えた。そしてこれはおそらく――これこそ真の懸念であったのだが——競争相手による技術革新を妨げる力をも、マイクロソフトに与えたのである。連邦裁はそのように判断したのだ。

なぜそうなのかを考えるために、一世紀前にエレクトロソフトという会社が電気プラグとソケットのデザインで特許を取った、と考えてみよう。そのデザインは垂直に配置された四つの突起を持つものとしよう。それはおそらく、最も効果的なデザインとはいえそうにないが、とにかくエレクトロソフトはこの電気器具の新市場に最初に参入し、かつ最大の企業となったので、四つの垂直突起のデザインは標準となった。まもなく、すべての家庭は壁にエレクトロソフトのソケットを設置し、すべての電気器具メーカーはエレクトロソフトのプラグを使わなければならなくなった。

均一な標準の持つ利点は明らかである。もし二つの突起のあるもの、五つの突起のあるもの、水平に並んだもの、対角線に並んだものといった異なる種類のソケットとプラグがあったなら、世の中は大混乱となっただろう。住宅は、それらのすべてを備えていなければならないことになる。製造業者は全種類を作らなければならないだろうし、小売業者は全種類を仕入れなければならない。消費者は、プラグとソケットを合わせるのが難しいので、新しい電気トースターやランプを買うという気持ちさえ萎えてしまうかもしれない。エレクトロソフトの垂直な四つの突起という標準は、こうした混乱すべてを回避して未発達な電気機器産業を後押しすることに貢献した。これによって電気器具の販売は急上昇する。

エレクトロソフトが特許を持っているので、電気器具メーカーと建設業者は、新しいプラグやソケットを作ったり、設置したりするたびに特許権使用料を払わなければならない。その収入はうなぎ上りに増加し、エレクトロソフトは、アメリカで最も高収益を上げる会社の一つになる。そしてその社長の純資産は、残りのアメリカの全家計の総純資産にほぼ等しい水準にまで急上昇する。しかしそれをうらやましがってはならない。なぜならエレクトロソフトは、われわれすべての生活をより簡単にしてくれるものを発明した代価を得ているのだから。シュンペーターならこれを是とするだろう。

さてそこで、エレクトロソフトがプラグとソケットとともに、自社の電器製品を市場に提供し始め、その新しい製品の価格を極端に安くするために、その巨大な利益を用いると仮定しよう。エレクトロソフトのプラグやソケットを買うことで、トースターやランプが無料で提供されるということさえある。その結果、他のトースターとランプの製造業者は、駆逐されてしまう。そして、未来の電器製品の潜在的な発明者も、発明を試みようとさえしなくなる。彼らはそんな得にもならないことなどするものか、と考える。そんなことをしても（彼らがその発明をエレクトロソフトに売り、そうでなければ得られたであろうものの一部を回収するのでなければ）金は一銭も入らない。

数年もしないうちに、競争相手はまったくいなくなり、エレクトロソフトのトースターとランプの価格は上がり始めることになる。買い手には、より高い価格を払う以外、選択肢がない。それだけではなく新しい発明もそんなにはたくさん出てこない。冷蔵庫と電気ストーブは二世紀の間登場しないし、それが登場したときには、それを買うにはちょっとした財産が必要なほど高価なものになる。ここから得られる教訓は明らかである。最初は便利な標準であったものが、結局最後には、技術革新の障壁となることがあるのだ。

それゆえここにトレードオフ（二律背反）が発生する。一般標準システムとしてのウインドウズの

OSシステムは、マイクロソフトがタダでおまけにつけているeメールソフトやインターネットブラウザといった「器具」と同様に、買い手に利益を与えてくれるものである。けれども、彼らが競争相手を駆逐してしまうと、それは長い目で見れば利益とはならないだろう。さらにもし、そのことによって、そうでなければもっと良くもっと安いソフトウェアを生み出すかもしれない将来の企業家のやる気をなくさせるとしたら、マイクロソフトの戦略の持つ社会的・経済的マイナスはさらに大きなものとなる。つまり、音声認識装置、ビデオ・メール、三次元のインターネット、その他のまだ想像もできないようなものが生まれなくなってしまう。

このトレードオフは新しい問題ではない。急速な技術変化の時代にはいつでも、人々が新発明をできるだけうまく使い活用することを助けるような商売の機会やニーズが生まれるものである。一八八〇年代初頭に、まず白熱電球が発明され、次いで電球とソケットが一七五の異なるサイズで供給された。お互いにフィットすることを前提に作られたホースのねじ山、ボルト、その他の工業用部品もほぼ同程度に多様であった。ボルティモアの一部がすでに火災に包まれたときになってやっと市の当局者は、ほとんどどの消火栓とホースもお互いにマッチしないことに気づいたが、そのときにはもう遅かった。

共通の標準が必要であったのだ。しかし、一企業がそれらを設定したというよりはむしろ、その標準は現れ出た新しい産業が一体となって設定したものであり、すべての参加者はその標準を自由に利用できるようになった。白熱灯とソケットの基準は、一八八四年に現れ、二つの突起プラグとソケットの基準がすぐその後に続いた。工業用ネジのネジ山の基準は、二〇世紀最初の一〇年間で開発された（この部分はボルティモアにとっては少し遅かったが）。一九二〇年代初頭に商務長官だったハーバート・フーバーは、あらゆる種類の工業標準を無償で行き渡らせることを急がせるために、国家基準局を創設した。それは、フーバーの最もすばらしい業績であった（数年後に、ウォールストリートで恐慌が発生した時に大統領であったという不運のために、彼はそれ以外のことではほとんど覚えられていない）。均一的な標準は、多くの技術革新や競争と一体となって、いま家庭に満ちあふれ、ビジネスに役立っている発明品の絶え間ない流れを生み出したのである。

技術変化を遅くするような粘着性は行き過ぎであるといえる。それゆえに、法律や規制によってその発生を防止することは、重要である。もちろん独占禁止法令がなくても、競合する言語（ジャバのような）またはＯＳ（リナックスのような）が十分な支持者たちを得るならば、マイクロソフトはその高度な粘着的ポジションを失うだろう。しかし同時に、基本標準となったウインドウズのような製品は、その標準の上を走るアプリケーション・ソフトを売る企業以外にも使用許可を与えなければならないというルールや、あるいはそれを誰もが無料で使えるようにしたりするようなルールを作ることもまた、非合理とはいえない。(注9) それは、ちょうどアスピリンのように、われわれの一般言語の一部になってしまっているからである。

復習――技術革新か、さもなくば死か

簡単に要約しておこう。ニューエコノミーの第一の法則は、選択が広がっているということ、そして、買い手が取引相手を替えてより有利な取引を得ることがこれまでよりもずっと簡単になっている

ということである。第二の法則は、そのような選択の幅と切り替えの容易さが、すべての売り手をより不安定にし、そのポジションを競争者に対してより脆弱なものにしているということである。そしてこれが技術革新に拍車をかける。

アメリカ経済は、安定した大規模生産から、速いスピードで技術革新しつづけるシステムへと移行している。巨大ブランドは、顧客を最高の取引を提供する売り手へと導いている。その競争相手は相手ブランドから買い手を引き離し、さらに良い取引を提供できるようにと力を尽くしている。政府は、政策の中心を粘着性の行き過ぎ防止に向けている。相互連結のための民間の標準や手順が新しいアイデアの創出を阻むほどまでに一般化されてしまっているのだ。

勝利を得るのは、信頼できるブランドという仲介者を通して、より安い価格でより高い価値を最も速く提供する競争者である。けれどもその「勝利」は一時的なものであって、競争はけっして終わらない。リードしている者も、追随者に転落することを恐れて革新的であることをやめることはない。結果は、大規模生産の時代がシュンペーターを企業家精神についてシニカルにさせる以前に彼が心に描いていた理想像によく似ている。われわれはより良い製品とサービスをもたらす技術革新の炸裂を目撃しつつあるのだ。生産性は上がっているし、インフレーションは収まっている。買い手は、より安い値段とより良い価値を享受している。

もちろんこの傾向をあまり誇張しすぎてもいけない。大規模生産が今もなお優勢であるような経済部門もまだ多く残っている。生産規模の効率性はけっして完全に消えることはないだろう。しかし技術革新が最も急速に起きているのは、技術が最も広い選択と、より良い取引相手に切り替えるための最も簡単な手段を顧客に与えるようなところである。それはエンタテイメント、金融、ニューメディア、ソフトウェア、インターネットに基づく情報通信などの分野である。これらが経済の最も急速に発展している部門であるのはけっして偶然ではない。しかし他の部門もまた変化している。小売部門の多くは、インターネットによって、変えられようとしている。自動車、化学製品そして鉄鋼のような古い重工業も、大量生産からより特注化（カスタマイズ）された製品にビジネスの比重を移しつつあり、またウェブによるB2B（企業間）オークションで納入業者を選定するようになっている。他方、建設、医療、出版、教育（高等教育を含む）などの分野は、技術革新の最先端からはまだかなり遠い。

また読者は、私が長期の傾向について話していることと、景気の拡大や株式市場からくる利益を混同してはならない。本書執筆時点でアメリカの経済は遡ってデータの及ぶ範囲において歴史上、最も長い景気拡大を経験しつつあり、株式相場は今もなお高い。しかし読者が本書を読む頃には、景気拡大は終わり、株式市場はドシンとつぶれる形に相場を修正しているかもしれない。けれども、これまでのページで議論してきたような基本的構造変化は景気状況にかかわらず持続しそうである。それは基本的に技術革新に依存するものであり、需要と供給の全体レベルや投資家の意欲といったものにはそれほど依存しないからである。

技術というものが宿命になる程度にまで、技術革新の精神は、最終的にはアメリカ経済全体に、そして世界中の他の地域の経済に及んでいくだろう。これは、より有利な取引を追求するあらゆる買い手にとって、明らかに朗報である。けれども、これから本書で見ていくように、それがわれわれの人生の他の部分においてもどの程度朗報であるかはそれほど明らかではない。そしてわれわれの作り上げた技術がその動きを先導してはいるのだが、われわれの運命はもはやわれわれのコントロールできないものになっているのである。

PART 1

第3章

変人と精神分析家

最近、私はニューヨークで小さい会社に勤めている私の元の学生から、電子メールを受け取った。彼女は、インターネット上で同時に何千もの人々が参加できるゲームを考案中だという。「私は、日に六時間を新しいアイデアを思いつくために費やし、残りの一二時間はそれを売ることに費やしています」と彼女は書いてきた。「すてきでしょう！ このままいけばストック・オプションで、私は三年で億万長者になります！ お元気で！」

おそらく私の元の学生は、三年後にがっかりすることになるかもしれない。しかし経済にとって技術革新の重要性が高まっているために、彼女のような創造的で革新的な人々の需要が拡大しているのは疑う余地のないところだ。最も大きな需要を生む最も想像力に富んだ可能性を考え出してくれるような人々を抱える企業が、少なくとも競争相手が追いつくまでは最高の利益を上げることになる。彼らのブランド・ポータルが最大の信用をもたらす。それらは「最高の粘着性」となるだろう。そして、そうした企業に対して最も大きな貢献をする人々がどこでも、最も儲かり、かつ最も面白い仕事をしている（または射止める）のである。

創造的革新者への需要は、彼らの供給を上回りつづけている。買い手が簡単により良い取引に切り替えるので、競争はより広範にかつ激しくなっている。技術革新はますます多くの場所、多くの製品、多くの組織で起こっており、どこにおいても、競争相手との間に技術革新競争を必然的に生み出している。言い換えると、創造的革新者の供給は、彼らへのさらなる需要を刺激しているのである。需要の拡大に供給が追いつかないため、彼らの経済的報酬は軒並み上昇している。(注1)私の元の学生、そして彼女と似たような二〇代、三〇代の人々が、いまその直接的な受益者となっている。

今日の技術革新者たちは新しい情報テクノロジー、特にコンピュータを使うことにとりわけ熟達しているという、一般的な誤認がある。私は以前、一様に高い教育を受けていて、系統だった思考によって問題を識別し解決するような仕事に従事する最上級の労働者を「シンボリック・アナリスト」という語を用いて表現したために、このような見方を生み出すもとを作ってしまったかもしれない。新技術が抽象的理論と高速解析の両方を含み、またパソコンの出現時期と高学歴者の所得が低学歴者の所得に比べて急速に高まり出したのがほぼ同時期であったため、コンピュータや関連技術が現在の状況を説明する、という理論的推論となったものと思われる。さらに新技術に対応するようなある種の分析技能を身につけることが、将来のために最も良い準備であるということを強調した教育があったようにも思う。しかしこうした考えは間違っていたし、また現に間違っている。

実際、ニューエコノミーにおいて、最も高く評価されている人々の多くは、とりたててコンピュータや他の情報技術の利用に熟達しているわけではない。彼らの価値は、計算力や複雑な問題を解く能力ともあまり関係はない。彼らを「知識労働者」と呼ぶこともはや適切ではない。特定のいかなる知識群も、今やソフトウェアにいとも簡単に記録されうるからである。これらの人々が経済に加える実際の価値は、彼らの創造力に由来する。つまり、特定の媒体（ソフトウェア、金融、法律、エンタテイメント、音楽、物理学など）でできることは何で、特定の市場でできることは何か、そしてこれら媒体と市場とを結びつけるために、最も良い仕事のやり方はどういうものか、ということについての彼らの洞察力に由来しているのである。彼らは創造的労働者なのである。

私の元の学生は、特定の専門的技術知識を持っているわけではない。彼女の専攻は人文である。しかし彼女は多人数で一緒にプレイできる巨大なゲームをするために、どのようにして人々がサイバースペースにリンクされたいと思っているかについて、とても良いアイデアが湧いてくるらしい。彼女の価値は、デジタル・テクノロジーについての知識よりはむしろ、彼女の想像力と市場に対する洞察力によって決まるのである。

新しい情報技術は重要であるけれども、その効果は間接的なものである。それらは良いアイデアを拡張してくれるものなのだ。新技術は想像力の価値を、組織のネットワークを通じてすぐに広げることによって、そして最終的にはそれを消費者へと広げていくことによって、増加させるのである。そしてこれまで述べたように、技術は消費者により多くの選択肢を与え、売り手の技術革新へのプレッシャーを高める。すばらしいアイデアは、その領域における新しい通貨である。そして情報技術はより効率的に通貨を流通させる銀行なのである。（注2）

創造的な人の中には、生来の才能ゆえに他の人より創造的な人もおり、多分そのうち創造的洞察力と何らかの形でリンクした遺伝子が見つかるかもしれない。けれども創造力の多くは家庭や生まれた環境と関係している。子育ては重要だ。後で私は、乳幼児期の世話に十分手をかけられたか、そうでないかが長期的にどんな影響をもたらすかについて、証拠を示したいと思っている。また私は、子どもが育ったコミュニティの影響についても、現時点でわかっているいくつかの証拠を提示したいと考えている。確かに、教育は重要である。しかし現在もなおほとんどの学校が、ベルトコンベアに乗っている未完成の部品のように子どもを扱い、そこで教師たちが流れていく部品である生徒をたたき、折り曲げて一定の型に成形していくような古い工業モデルに従う体制になっている。これは不幸なことである。しかしそれにもかかわらず正規の教育は、少なくともわれわれのほとんどに読むことと、したがってそれによって大量の知識に接するすべを教えてくれる。そこではまた歴史や議論の仕方や実験の方法などについても学ぶことができ、それらはすべて新しいアイデアの追求に役立つものだ。さらにまたわれわれの中には、自分の内面や外部環境の可能性について心と目を見開かせてくれるすばらしい教師によって触発されるという幸運に恵まれる者もいる。高等教育はさらに多くのものを発見するための道具をわれわれに与えてくれる。そして、後でより詳しく説明するように良い大学はまた、われわれを、われわれのアイデアを活用し、われわれのエネルギーを利潤を生むように方向づけてくれる人々と結びつけてくれる。学校教育年数の長い人はそれの短い人に比べて、収入が増加しつづけるということは否定できないところである。

変人たち

技術革新の中核には、才能と世の中を見通す力という、異なる方向性を持った二つの明確な個性がある。第一は、アーティストや発明者、デザイナー、エンジニア、金融のエキスパート、変人、科学者、作家またはミュージシャンたちの個性であり、要するに彼らは、ある特定の媒体において新しい可能性を見つける能力を持ち、そしてその可能性を深め、発展させることを喜びとするような人たちである。媒体は、コンピュータ・ソフトウェアや金融の場合といった、非常に技術的なものかもしれないし、また芸術のように、よりうつろいやすいものかもしれない。この第一の個性を持った人というのは、媒体を引き伸ばせるだけ拡大し、その限界を検証して、その中の新しい問題を発見してそれを解くことに喜びを見出すような人だ。私はこういう人を「変人」と呼ぶ。ニューエコノミーで彼らはしばしばそのように漫画化されているからである。しかし実はこの人たちは変人以上のものである。彼は夢想家であり、空想家であり、ときには革命家である。そして、彼のビジョンは技術に制約されない。本当の変人は、革新的なアイデアを表現しうるいかなる方法によっても触発されるのである。

変人たちは、彼らにとっての最大のほめ言葉である「イッツ・クール（かっこいい）！」という表現で何かのソフトウェアを賞賛するとき、そこにある種の美的判断を下しているのである。それがクールなのはそれが独創的で美しいからである。それは従来の境界を超えるものであり、驚くべき方法で問題を解決してくれるものである。クールなソフトウェアというのはおそらく、優雅なまでにシンプルであるか、またはこれまで誰も考えなかったような操作を行うことができるか、またはソフトウェア設計に没頭している者だけにそのありがたみがわかるといった意味ですばらしいものである。それは、設計者の洞察力と俊敏さを表すものである。考案したり、発見したりする喜びは、それの持つ市場価値とは関係がなく、むしろその芸術性、さらに巧妙性、鋭敏性、完璧性などと関係があるものだ。それは画家（または美術批評家）が、独創的で力強い画法を取り入れることや、音楽家が音楽界に新しいレベルの強さ、優美さ、熟達さを持ちこむような作曲法（または演奏法）を取り入れることと同じ喜びである。つまりそれは部内者の評価である。「クール！」というのはやはり、その当時までの旋律の慣習を打ち破って、新しい美的感覚、新しいリズムと音響を導入した、ビーボップ世代のジャズ・ミュージシャンによって用いられた用語なのである。

変人の喜びは、目新しさ、そして発見と結びついている。ハーバード大学の心理学者エレン・ランガー（創造性についての専門家）はこの態度を「マインドフルネス」と名づけた。マインドフルではなく単に分析的なだけである人々は、現在ある選択肢を精査し、最適解を得ようと努力する。これに対してマインドフルな人は新しい可能性を探そうとする。「マインドフルという視点から彼らの物事への対し方の特徴をいえば、それは現在利用できる選択肢の中から最も良い選択を試みるというのではなく、選択肢そのものを作ろうとするところにある」とランガーは書いている。(注3)

何か新しくかつ本質的に美しいもの、つまり「クール」なものを創造することは、発見のプロセスを必要とする。その何かを探し始めたとき、何が発見されるかはわからないし、手がかりも全くない。作家アニー・ディラードは、それをこんなふうに述べている。

まず、芸術作品のあるべき姿についてのビジョンを形づくる。強調しておくが、ビジョンというものはそんなに完成されたものではない。それは、作品の知的構造と美的な外観を表すものである。それは考えていることの断片であり、楽しい知的対象物である。それは成長するものであり、まだ美しさの不鮮明なものである。この作品の多くの部分は、もちろんまだ不確定であるということは、知ってのとおりである。仕事を進めていけば物事を変え、物事を学び、そして作品の形を自分自身の手でもっと新しく豊かなものへと作り変えるのだということもわかっている。しかしそうした変化は、ビジョンやその深い構造を変えるということではない。それは常にそのビジョンをただ豊かにするということなのである。(注4)

新しい可能性を創造するということは、本当に消耗させられることである。変人は設計しているソフトウェアと一体化し、音楽家は、サウンドとテンポに酔いしれ、科学研究者は、標本と測定値に夢中になる。彼らを一人で、適切な設備と一緒に部屋に閉じ込めておくと、新しい可能性を見つけるために、ほとんど無尽蔵に近い熱心さで仕事に熱中するはずである。発明者は社交嫌いではないし、人間嫌いでもないことは明らかだ。けれども、感情移入は彼の強みではない。彼は、技術、音楽、映画、その他の媒体と関わることでより大きな満足感を得る。こういう人が人々との交流から得る喜びというのは、共同製作、共同発明、そして同じ媒体において他人の考え方と衝突したり結合したりするときの火花といったものからの喜びである。それは、音楽のアンサンブルや劇団、調査チーム、作家のワークショップといった、共有された形の芸術性である。より美しく超クールな何かを成し遂げる協力作業から、ともに熟達する喜びが得られるのである。

商業的な技術革新の源泉として変人は必要であるが、彼らだけでは十分ではない。第二の個性もまた不可欠である。それは、営業担当者、タレントエージェント、需要開拓者、流行観察者、プロデューサー、コンサルタント、敏腕家など、つまり他の人々が何を欲しいか、何を見たいか、何を経験したいかについての市場の可能性を知ることができ、そういった機会をどのように生み出すかを理解している人の個性である。

精神分析家

この第二の個性を持つタイプの人は芸術家、発明者といった変人に劣らず創造的であるが、その創造性の種類が異なる。特定の媒体において目新しさを追求して、従来の枠をはみ出すことに喜びを見出すというよりは、人々の潜在的な欲求と隠れた願望、すなわち当の本人でさえ十分に気づいていない欲求や、まだ存在しない製品に対する願望などを見つけ出すというところに独創性を持つのである。彼女は、変わり者に劣らず専門家であるが、その専門性は物や媒体と一体となったものではなく、他人、すなわち特定の産業や経済部門における法人顧客、一群の依頼人、若いインターネット・ユーザー世代、有望な有権者の一群などに絞り込みをかけるというところにあり、彼女の専門性はそうした他者を満足させ、喜ばせる新しい方法を考えるところにある。変人の発明家と同様、やっている仕事に熱中してはいるが、彼女は所与の媒体で何ができるかということよりも、むしろ人々が欲しがっているものを発見するのに熱中しているのである。

この才能を従来の営業担当者やセールスマンの才能と混同してはならない。従来型の人々は販売する特定の製品を持っていて、彼らの仕事はそれらを買うように顧客を説得することであった。彼らの仕事は一種の技芸で（大詐欺師でさえ、ある種の芸術的才能を持っているといえるだろう）、それは説得する方法を習得すること、いかに顧客の感情的なニーズに合った役を演じるか、いかに顧客の望む無形の質（たとえば神秘的魅力、性的魅力、自尊心、他者の尊敬など）を追加することで有形の製品にプラスアルファを与えるかによっている。そうしたセールスマンは、その調子の良さ、巧妙さ、そして時折の失敗でさえ、どこかアメリカを象徴する像であった。サミー・グリック、ウィリー・ローマン、マディソン街の広告会社の幹部、金儲けを求めている男と女、といったところである。

しかし今私が話している二番目の種類の創造的革新者は、特定の製品を売っているわけではない。先に書いたように、製品はますます注文に合わせて作られるようになり、サービスは特注化され、ソフトウェアは特定のビジネスの必要に合うようにあつらえられる。特定のものを買うよう顧客を説得するのではなく、彼女の仕事は、もしそれが存在するならば人々が欲するだろうものを見つけ出すことであり、それをどのように作り、届けるかを考えることである。

巨大なインターネット・ゲームを開発している私の元の学生はまた、若い人々が面白がって興奮する双方向サイバー体験のようなしかけも開発している。彼女は絞り込みグループを指揮して、何百人もの二〇代の人々への面接調査を実施している。彼女は彼らがさまざまなゲームをする際の行動を観察する。彼女は今プログラマーと一緒に、プレーヤーが自らのゲームを発明して、世界中からそのゲームに参加する他のプレーヤーをひきつけることができるような方法を設計している。彼女の手腕は、適切な質問をし、その答えを注意深く聞き、行動のきっかけを観察し、そしてそれらをもとに観客が何に最も関心を持ち、何を便利と思うかについて洞察するということによっている。この意味で、彼女は何か特定の製品の売り手のためにではなく、顧客のために働いているのである。彼女は、顧客の代理人であり、コンサルタントであり、アドバイザーであり、そして声なのである。

建築家のティエリー・デスポントは、大金持ちのために邸宅を設計している。彼は、世界的な建築家であるふうを装ったりはしない。彼は、流行を作り出す人でもないし、空想家でもない。彼の才能は依頼人の個性を見つけ出して、彼らの特別な欲求に三次元の形を当てはめるところにある。「私の仕事で成功するためには、依頼人のニーズだけでなく、彼らの夢や思い出をとても深く理解しなければなりません。依頼人がどこから来て何を望んでいるか知らなければならないのです。人々の思いを読むこと、彼らにとって確かなものと不確かなもの、つまり言葉では伝えてくれないけれども、その周りの様子からわかるものをよく見極めるということが技能の一部なのです」と彼は言う。(注5)

多くの点で、この第二の個性を持つタイプの人は、カウンセラーや精神分析医にさえ似ているけれども、けっして彼らと同じような技能や動機を持っているようなそぶりは見せない。しかし人々が何を欲しがり、何を求めているのかを引き出し、直感するというカウンセラーや精神分析医の能力のある部分を確かに共有しているといえるのである。他に適切な言葉が思い当たらないし、またこの仕事の対人的な性質と、それが従来の販売や営業の役割とは違うということを強調することが大切なので、この二番目の人を「精神分析家」と呼ぼうと思う。

変人は、自らのルールと内的な論理の中で、技術、科学、ビジュアルアート、文学形式、シンボル体系などの媒体に際限なく魅惑されている。対照的に、精神分析家は人々に、そして人々の希望と恐れ、憧れと必要としている物、まだ検証されていない行動仮説に魅惑されているのである。変人が分析的だとすれば、精神分析家は情緒的である。変人はそれ、すなわち既存の媒体の範囲内での目新しさの可能性を知っている。精神分析家は彼ら、すなわち人々が欲し、求める可能性のあるものを知っているのである。

企業家精神全体

いま読者は、私が変人を「彼」と呼び、精神分析家を「彼女」と呼んだことに、気づかれたかもしれない。このようにした主たる理由は、あらゆる文節で「彼や彼女」と言うことになっているこの(性役割分業から)解放された時代のぎこちない表記法を避けたかっただけである。それぞれのタイプについて、どちらかの性が勝っているということを言いたいわけではない。女性の変人や男性の精神分析家も確かに存在する。けれども、代名詞をまったく偶然に選択したわけでもない。それが遺伝子に組み込まれているためか、あるいは育てられ方によるためかはともかく、男性は事物に、女性は関係により集中する傾向がある。

すべてのすばらしい企業家は、変人であり、また精神分析家である。企業家の見通しは、何が可能であるかについての変人の洞察力と、何が求められているかについての精神分析家の直観力をいかに結びつけるかによっている。企業家的天才とは、両方の目を通じてほぼ完璧な見通しを持つ人である。トマス・アルヴァ・エディソンは、見事な変人であった。当時、大部分の発明者が気づかなかった電流についての可能性に気づいた。けれども彼は見事な精神分析家でもあった。彼は一般消費者を喜ばせるもの——円盤から音楽を再生する、あるいは明るい電球で一帯を照らすといったこと——は何かについての深い読みを持っていた。われわれは今、これらの発明を当然のことと考えている。人々が当時、これらの技術革新を強く求めていて、市場はすでに確立していたのだ、と後講釈で推測するのは容易である。しかしそれは事実ではない。何年か前のまだ電子メールやインターネットや携帯電話を使う以前のこと、あるいはさらにそのようなものが存在する可能性さえ知らなかったときのことを考えてみてほしい。それらは想像もしなかったものであり、生活に入りこんでもいなかった。それらのすべての面が好ましいものではないにせよ（それらを必要とするという事実は腹立たしくさえあるかもしれない）、今やそれらに依存せざるをえなくなっている。そして、おそらく今の子どもたちが大人になるころには、それらを当然のものと思い、おそらく、これらの技術革新が最初に現れる前にすでに市場は確立していた、とみなすだろう。エディソンには、彼の発明品に市場があるということを、確実に知る方法はなかったのである。彼はただそのことを想像しただけである。彼の天才としての能力は、持っている技術的な洞察をその営業的想像力と組み合わせたことにあったのである。

歴史上においては、すばらしい科学的・芸術的な想像力と、すばらしい営業的想像力とを結合させた企業家的天才がこの他にも存在する。彼らを芸術家、科学者であると同時に営業担当者でもあったとみなすことはできないかもしれないが、彼らの偉大な芸術的手腕は大衆が何を望んでいるかについての強力な直感と結びついていたのである。私のリストには、ウィリアム・シェイクスピア、アイザック・ニュートン、ベンジャミン・フランクリン、クロード・モネとヘンリー・フォードなどが含まれるだろう。最近の候補者については、歴史はまだ審判を下していないけれども、私は技術の舞台監督として、マイクロソフト創設者のビル・ゲイツ、ネットスケープとシリコングラフィックス創設者のジム・クラークに賭けている。映画監督のスティーブン・スピルバーグ、最近のファッション界の大物ジャンニ・ベルサーチ、アルゼンチン生まれのピアニスト、マルタ・アルゲリッチ、作曲家レナード・バーンスタイン、小説家トニ・モリソンとスティーブン・キング、そして、すばらしい営業担当者としてのオプラ・ウィンフリーとマーサ・スチュワートも入るだろう。たとえ彼らがシェイクスピアやニュートンのランクにまでは及ばないとしても、彼らはみな、人々が欲しいものを発明しうる人並みはずれた能力を持っている。

見事な変人や精神分析家というのはめったにいないが、それでも、われわれの多くは性別にかかわらず、どちらかの傾向を持っている。非常に単純化されたテストをしてみよう。もし、時間の経過も忘れて何時間でも一人で何かの問題に取り組むことができるか、またはパズルを解くことに喜びを感じる、あるいは「型にはまらない」「別の視点」からの考え方を楽しむ（つまり、よく知っている課題を達成する新しい方法を発見することに喜びを感じ、さらにそれまで知らなかったような課題を解決しうる新しい方法を見つけることにさらに大きな喜びを得る）ならば、変人の傾向がある。他方、もしどちらかといえば誰かと何かを話し合い、議論する（たとえ負けるとしても）ことに時間を費やし、さらに他人に忠告したり、助言したり、人々を喜ばせたり、他人と交渉して彼らに取引をもちかけたりすることに喜びを感じるのならば、おそらく精神分析家の才能があるといえるだろう。

これら二つの性向の相違に気づかないリクルーターは、ゆゆしき間違いを犯すことになる。私は、あるとき誤って、優秀な精神分析家であると決め込んで見事な変人を雇ってしまった。私はその間違いに気づくまでに、うっかり無視されたり、侮辱されてしまった人々との関係修復に苦労することになった。変人は、すばらしいアイデアと分析を生んでくれるけれども、彼らに対人関係の才能があるとは限らない。私は、また、逆の間違いを犯したこともある。精神分析家についていえば、彼らは人間関係の機微を「読みとる」ことができるけれども、物事の本質を洞察するのに常に優れているとは限らない。すばらしい経営者（その中に私は入っていないが）は、直感的にその違いを知っていて、才能のある人をその才能が最も価値を生み出せるところに配置するのである。

一九九六年の魅力的な映画『リストランテの夜』は、極端ではないが正確にそうした二つの才能の組合せを描き出していたものであった。覚えておられると思うが、プリモとセコンドはイタリアン・レストランを開くためにアメリカに移住した兄弟である。兄のプリモは、生まれつき才能はあるが、気難しく、気の短いシェフで、彼は顧客が常に欲しがり、期待するような通俗的な料理を作ることで自分の才能を浪費するものか、と心に決めていた。弟のセコンドは、口のうまい社交的な人物で、彼は店がなんとかやっていけるように、そして数少ない常連客にはいつも彼らのお望みの料理が食べられるのだということをわかってもらうよう努めていた。映画の中心的な出来事は、このレストランで特に儲かるディナーを出すことに、兄弟で取り組むことから始まる。プリモは傑作ディナーを作り、セコンドは大衆を引き寄せる営業の才で辣腕を振るう取り決めだ。しかしどちらの兄弟も相手の言うことを聞かず、学ぼうとしなかったので、彼らの試みの失敗ははじめから運命づけられていたのである。

変人と精神分析家——芸術家と代理人（エージェント）、発明家と辣腕家、ファッションデザイナーとマーチャンダイザー、ディレクターとプロデューサー、インターネット・コンテンツのプロバイダーとネット接続業者、政治家と政治コンサルタント、才能ある人と売り出す人など——というこれらの対句によって、企業家全体を二つに分けることができる。それらは、共生的に存在するものである。技術革新が起こるためには、双方が学び合わなければならない。相互の貢献なしには、そのチームは真の企業家的洞察を得られないであろう。変人は独りで「クールな」技術を創造するかもしれないけれども、それらには経済的な価値がないかもしれない。人々が何を欲しがっているかについての情報を持っておらず、商業的には儲からない危険性をはらんでいる。精神分析家もまた独り、顧客を喜ばせ、彼らの最も深い要求と憧れに応えるための方法を心に描くかもしれないけれども、彼女の思いは、技術的には無理なことかもしれない。その思いは、何が可能であるかについての知識によって形成されたものではないため、従来の技術の枠内でしか考えなかったり、あるいはひどく非現実的なものとなる危険性がある。

確かに「何が可能か」と、「消費者は何を求めているのか」という問いは、あらゆる企業体にとっての中心的課題になりつつある。競争の条件が、同一のものを大量に作って売ることから、素早く技術革新を行い、信頼できるという評判を得る、というところにシフトしているので、変人と精神分析家は両方とも絶対不可欠である。利益は、特定の媒体（ソフトウェア、音楽、法律、金融、物理学、映画など）についての知識と特定の市場についての知識をいかにうまく結びつけるかに依存している。

買い手は、変人と精神分析家の生産物である技術革新により多くのお金を払おうとしており、その創造物を単に複製したり流通させたりすることにはより少しのお金しか払おうとしなくなっている。

コンパクトディスク、トランジスタ、鎮痛剤を作るコストは、数セントである。消費者が払っているのはほとんど、調査、デザイン、マーケティング、絶え間なく流れ出る新製品の広告といった変人と精神分析家の領域にかかわるコストである。新車の表示価格の値上げの一部は、その車のデザインとマーケティングのためであり、またそれは在庫、生産、請求書の発送、従業員管理に用いられているコンピュータ・ソフトウェアの設計やマーケティングのためのものでもある。読者が今読んでおられる本を製造するコストは、そのために支払われた代価の比較的小さな一部分にすぎない。支払われた代金の大部分は、出版社、編集者、表紙デザイナー、販売促進担当者、営業担当者、広告主などへ支払われた。著者もまた、ささやかな印税を受け取った。そしてサイバースペースにおいては、すべては「中身」と「取引」であり、変人と精神分析家以外は、ほとんどそこには存在しないのである。

情報の仲介から知識の仲介へ

同様の傾向は専門職の業務においても見られる。数年前に、金融各社は調査と情報技術に多大な投資を行った。それらは株と債券に関する最新のデータを生み出し、依頼人に代わって効率的な売買を行ってくれる。今では、依頼人は家庭のコンピュータから、ほとんど同じデータを得ることができるし、インターネット上で自ら売買ができる。それでは、ウォールストリートは何を売っているのだろうか。彼らは、ますます投資のための助言を売るようになっているのである。この助言というのは、私が強調した二つの知識領域、すなわち「それ」についての知識と「彼ら」についての知識を必要とする。つまりこの場合でいえば、金融市場が将来どのように動くかという知識と、個々の依頼人の求めるポートフォリオについての知識である。

ウォールストリートの「ブローカー」は、「ファイナンシャル・コンサルタント」に単に名前を変えたが、それは単に名前を変えた以上の変化である。私は取引をするために、ブローカーをもはや必要としないが、私の貯蓄をどうすべきかについて、助言してくれる人間は必要である。その人は私に良い助言をするためには、私や家族についての知識と、金融の知識を両方持っていることが期待される。ウォールストリートの新しいスターは、金融市場についての技術的な知識と投資家についての特別な知識を併せ持っていて、債券発行者と引受機関の両方に助言を行うことのできるような調査アナリストである。(注6)

これまで情報を取引していたような専門家すべてにとって、事態はこれと同様となっている。すなわち、不動産業者、住宅金融会社、保険ブローカー、旅行代理店、メディア・バイヤー、会計士、そして毎度同じような診断をし、決まりきった処置を施す医者や弁護士でさえそうである。彼らはみな、それらの専門職従業者にとって利用可能な情報を、個々の依頼人、患者、顧客などについての情報とマッチさせることをなりわいとする情報ブローカーであった。初めのうちコンピュータがそうしたブローカーがより効率的なマッチングをすることを助ける役割を果たしてくれた。不動産業者は、コンピュータ化された複数のリストを利用し、貸金業者は顧客信用データベースを使い、保険代理店は危険を査定して、いろいろな保険商品の価格を決めるためのツールを活用し、旅行代理店はフライトと宿泊設備のためのデータベースを使い、そして会計士、医者、弁護士はさまざまな基本的問題を処理するために整備された多くの専門的なツールを使えるようになった。しかし彼らの依頼人、患者、顧客がそうした専門家の情報に同じようにオンラインでアクセスできるようになったので、情報ブローカーはもう必要なくなってしまった。

こうした情報ブローカーたちは、株式ブローカーと同じような変化、つまり知識ブローカーへと変わらなければならない。すなわち何が可能であるかについての知識と、依頼人が求め、必要としているものは何かについての知識を結びつけることである。私の家族は、一年に一回旅行に行くが、必要な予約はすべてコンピュータのマウスを二、三回クリックするだけで簡単にできる。けれども長年にわたって、私の旅行代理店は、広範囲にわたる旅行についての知識と、私たちについての知識を蓄積してきている。私はそれでこの代理店が提案する、われわれが行きたいと思うような場所、われわれがやりたいと思うようなことについての助言に信頼を寄せている。

けれども、知識のブローカーでさえ、彼らの新しい役割に安住することはできない。そのうちオンライン上の質問に対する顧客の応答に基づいて、より大量かつ適切に特注化された助言がオンラインで利用できるようになるだろう。まもなく、金融のソフトウェアが投資家の資産状況、リスクへの態度、年齢、将来必要額などに関するその投資家自身からのオンラインを通じた応答に基づいて、株と債券、そしてそれらの銘柄についての適切な資産配分に関する助言をはきだすようになるだろう。休暇プランのソフトウェアは、家族の興味と以前の楽しかった休暇についてのオンライン・アンケートに基づいて、どこに行くべきか、何を見たらよいかを自動的にアドバイスしてくれるようになり、また弁護士、金融業者、エンジニア、建築家、医者、会計士、税務専門家、ファイナンシャル・プランナーからのアドバイスが入っているソフトウェアが、オンライン・アンケートの結果に基づいてオンラインで利用できるようになるだろう。それでは、専門家は次に何をすればよいのだろうか。彼らの中にはそのような知識仲介的なソフトウェアを設計し、市場に売り込み、そして改良しつづけるような変人や精神分析家になる者もいる。その他には、ソフトウェアが対処できない特殊なケースを扱う専門家へと変わる者も出てくる。さらにまた個人的安心のために追加的コストを支払う意思のある依頼人のためのアドバイザー兼セラピストになる者も出てくるだろう（この役割の詳細については後述する）。

小売業においても同様に、情報の仲介から、知識の仲介へという転換が見られるだろう。小売業に従事している人々の一部は、インターネットに（より厳密にいえばウェブページを設計して市場に出し、注文を在庫と請求書にリンクするソフトウェアを創造する変人と精神分析家によって、そしてまたそれを出荷し、納品する人々によって）置き換えられるだろう。けれども、セールスマンとしての役割が、今もまだ残っている。多くの顧客は、自分が何が欲しくて、何が必要かを決断する際に、個人的な助言を求めつづける。もちろんこうした助言の一部は、インターネットの上や何千マイルも離れたカスタマー・サービスセンターの人々との電話交信によって提供されるだろう。しかしそれはまた、通常はより高い値段で人によって直接に提供されるものでもあるのだ（これについてもまた、後述する）。

相互学習

すばらしい組織というのはみな、この二つのタイプの創造的労働者を結びつけるすべを、つまり変人は潜在的市場をよく理解することで、より求められていそうな方向に彼らの発明を持っていくように、そして精神分析家は潜在的技術や他の媒体をよく理解することで、彼らの顧客を満足させられそうな技術や媒体に導く、という相互受粉作用のすべを知っている。映画撮影所には、優れた俳優と映画監督だけでなく、一般の人が見たいと思っている映画を企画するすべを心得ているプロデューサーがいなければならない。出版社は、優秀な作家や編集者を、書かれた作品をいかに市場に出すかについてよくわかっている発行人と組み合わせる。最高のベンチャー・キャピタリストは、天才的な変人と洞察力に満ちた精神分析家をスカウトして、一つの企業家的組織の中で結合させる術を知っている。ファッション・メーカーはデザイナーだけでなく、市場の近くにいて、他社のデザインルームで何が行われているかを知り、そして小売業者や市場が志向しているところを感じとる流行観察者とともに働く、スタイリストを雇っている。

精神分析家は、変人が考案したものの中で、思いがけず商業的に適用できるものを見つけることができる。ミノキシディルという薬は、もともとは血圧を下げる目的で開発された。高血圧に効果があることはわかったけれども、女性を当惑させるような、思いがけない副作用もあった。それは、髪の成長を刺激したのだ。そこで精神分析家が異なる観点からそれを見ることで、ハゲを克服するミノキシディルの商業的可能性を見出したのである。革新的なプロセスというのは、こんなふうに起こることがよくある。ブレークスルー（画期的な進歩）というのは、科学的、技術的、芸術的な新発見だけからではなく、そのような洞察がどうしたら最も役に立つかを発見することからも起きる。

同様に変人も、潜在的な市場についてもっと学ぶことで、広く利用できる技術について、新しい応用方法を見つけることができる。数年前、健康保険制度の間を移動する患者を追跡するための良い手段を病院側が求めていた。HMO（会員制の民間医療保険プラン）、かかりつけ医、専門医の記録の間に迷い子になってしまっている患者があまりにも多く、また記録も不完全であった。そこで、さまざまな交通手段を経由して輸送される荷物を追跡するのに運送会社が使うソフトウェアに精通していたある変人が、それにわずかな修正を施すだけで、同じソフトウェアを患者の追跡に適用できるようにしたのである。彼は、個々の病院や医療提供者それぞれの必要性に応じて、うまくそれをあつらえた。

変人と精神分析家が互いに学び合えば合うほど、より多くの技術革新が起こる。けれども、典型的な大規模産業向けの官僚機構は、閉鎖的な研究開発組織の中に変人を閉じ込め、販売・営業部門に精神分析家を閉じ込める。その結果として、技術についてのその時々の洞察と、消費者のニーズについての一組の見識が別々にあるといった状態で、両者の結合がほとんど、あるいはまったくないために、本当の技術革新はきわめてまれになってしまう。ゼロックスの有名なパロ・アルト研究所は、長年、エレクトロニクス産業についての新しいアイデアの温床であった。けれどもゼロックスは、そのアイデアをどのように使うべきかについて、よくわかっていなかった。コネティカット州のスタンフォードにある本社は、文書の複写、検索という顧客の既存ニーズに固執し、カリフォルニアの研究所にいる発明家が発見したものについての市場の潜在価値がわからなかった。パロ・アルトからスタンフォードまでたどり着いたきわめて少ない技術革新は、レーザーの画像化である。これはゼロックス内にいた企業家精神に富むロバート・アダムズが、たまたまこの技術と、それらについての十分な潜在的市場とを結びつけることに気づき、ゼロックス内で新製品開発を促進したからであった。

連続的な技術革新をもたらすような相互学習は、どちらかというと非公式で、無計画で、偶然的なものである。これがニューエコノミーにおいて階層的な巨大官僚組織よりも、変人と精神分析家からなる小さな企業家グループが有利である理由であり、またそういった企業グループの中でも最良の企業がゆるやかな組織体をしており、彼らのオフィスがたいていお互いに見えるか、お互いをすぐに見つけることができるようなオープンスタイルであるということの理由である。これらの新しい企業家的ビジネスで見られるカジュアルな服装——開襟シャツ、ジーンズ、ランニングシューズ——は単に見かけだけのものではない。彼らは仲の良い友人たちと過ごす時間と同じくらい快適であると感じるときに、最も創造的であり、自発的となる傾向があり、何気ない思いつきやアイデアを喜んで共有しようとするのである。

国の中の企業家精神にあふれた地域——技術革新的なビジネスをとりわけ多く生む場所——では概して、優秀な変人と精神分析家が常に混じり合ってプールされている。ボストンのハイテク回廊は、MITの技術的な洞察と、ハーバード・ビジネススクールのマーケティング的洞察の双方から利益を得ている。ハーバードの教授陣はその技術力によって評価されているわけではないし、MITのそれもマーケティング的洞察力を買われているわけではないが、両校を出た学生は、その後もこの地域に残って互いに学び合い、そしてこの相互学習が地域の好況を促進しているのである。

シリコン・バレーも同じように、変人（彼らの多くはパロ・アルトのスタンフォード大学の卒業生である）と何がアイデアを商業的に成功させるかについての鋭いセンスを持ったベンチャー・キャピタリストが集中していることから利益を得ている。シリコン・バレーのルーツは、一九三〇年代後半に遡る。フレッド・ターマン（スタンフォード大学工学部教授）は彼の学生、ウィリアム・ヒューレットとデイビッド・パッカードの二人に、会社を興し、スタンフォードにある桃の果樹園のいくつかをハイテク工業パークに変えてはどうか、と説得したのである。けれどもそれが最終的に現在のような大輪の花を開かせるには、この変人のパラダイスをサン・マイクロシステムズ、シスコシステムズ、シリコングラフィックス、そしてヤフーのような会社に変えた、腕利きのベンチャー・キャピタリストと営業担当者の力が大きかったのである。

七〇年もの間、ハリウッドは映画という媒体を利用する方法を知っている芸術家たち（シナリオライター、俳優、ディレクター、服飾デザイナー、映写技師など）の宝庫であると同時に、大衆の意向を察知するマーケティングの専門家（エージェント、宣伝担当、映画会社の重役、プロデューサーなど）の宝庫でもあった。才能のある人たちとそれを売り出す人たちの組み合わせである。ウォール街では、金融関係の変人は金融関係の営業担当者と直接接触し、その結果が金融技術革命の潮流となったのである。

これらの地域が技術革新を生むのは、変人または精神分析家のどちらかがたくさんいるからではなく、双方が適切なバランスで集中しているからである。どちらにしてもバランスが傾くと、その地域の企業家的傾向は小さくなり、競争力を失い、そしてどうでもよい地域になるか、または腐った地域になってしまう。ハリウッドでは、すでに精神分析家が多すぎて、独創的な芸術家が少なすぎるため真の技術革新は生まれないと言う人もいるだろう。作品は型にはまっていて、予想がついてしまう、と。ニューヨークの文学的「状況」はその反対の意味でバランスを欠くようになっていると主張する人もいる。あまりにもひとりよがりでわがままであり、また自らの頭の良さにとりつかれ、そしてあまりに一般の人々の好みに無関心であるために、もはや文学的革新の新しい流れを作り出すことができなくなっているというのである。イスラエルは、技術革新の主要な中心地である。多くは旧ソ連からの移民であるが、あふれんばかりの熟練したエンジニア、技術者、コンピュータ・プログラマーがいる。しかしその地が自ら企業家的になるためには、マーケティングの実際的知識が不足している。イスラエルの変人は、何を売るべきかを知っている精神分析家のいるグローバル企業に頼っているのである。

誠実性と市場性に関する注意書き

私は、発明や芸術性は、それがすばらしく、美しく、価値があるために、商業的な大衆性を持っていなければならないというような意味にとられることは何も言ってはいない。たとえ変人世界の外にいる人が誰もそれをありがたがらないとしても、ソフトウェアはなお「クール（かっこいい）」なものでありえる。ある映画の興行成績がたとえ期待外れであるとしても、その映画はオスカー賞に値しうるし、ある小説は、わずかな人にしか読まれなかったとしても、その小説がナショナル・ブック・アワードに値することもありうる。顧客は、「必ずしもいつも」正しいとは限らないのである。実際、消費者を喜ばせることへの過度の依存は、その真の意味での創造力を奪ってしまうかもしれないのである。

一つの仕事を評価するのに、明確に異なる二つの視点がありうる。その媒体における美学性で見るか、市場での人気で見るか、である。映画評論家や本の批評家、新しいソフトウェアやその他のあらゆる新しい発明品に評価を下す人々は、そのどちらかの視点を用いているはずだ。「これはすばらしい映画である」というのは、たとえチケットの売上が芳しくなくても、才能のあるクリエイターが、映画作成の技術を新たな品格、技巧、美しさという面で高い水準に引き上げた、ということを意味するかもしれない。あるいはまたそれは、たとえその映画がたわいのないものであるとしても、人々はそれをものすごくおもしろいと思うだろう、ということを意味するかもしれないのである。

この違いが明白になることはまれだということが、実は小さくない問題を引き起こしている。経済がますます競争的になるにつれて、すごく売れているということが美学的な評価を沈黙させてしまうことになりやすい。消費者は選択肢があまりにも多くなったため、何が楽しくて、何が満足できるものであるかについてのアドバイスに、かつてないほど大きな価値を置くようになっている。このため、消費者は何を好みあるいは好むべきかという消費者自身の趣味を研ぎ澄ましてくれるような美学的評価に、あまり関心を持たなくなってしまっている。

しかし社会はその両方を必要としている。たしかに消費者は、ソフトウェアや映画、さらにその他のどんな発明についても、何が最も楽しそうかということについての批評によって大いに助けられるだろう。また変人やその他のクリエーターが、どうすれば大衆を最も喜ばせることができるかを知りたいと考えるのはしごく当然のことである。しかし媒体に内在する美学的評価基準について大衆を教育することも、彼らがそれを楽しむかどうかとは別に、価値のあることである。そして、売ることに取りつかれた文化の中では、発明家や芸術家が美的批評から得ることのできる利益は大きい。さもないと社会は、刺激される、怒る、高尚になる、挑戦するといったこと、あるいはできれば逃げ出したいような真実に直面するということを忘れてしまう。

数十年前、まだ競争がそれほど激化していないころには、品格の裁定者、すなわち芸術批評家、論評家、エッセイスト、教育者、賢人などは、作品の品質に評価を下しつづける職業であった。彼らの中には伝統的な考え方と退屈な形式主義を信奉する古くさいうぬぼれやもいたが、大胆で洞察に満ちていた人もいた。彼らはみな評価基準について議論しつづけるということに責任を持っており、それによって良いものと人気のあるものとの違いを人々に気づかせていた。

しかし、消費者が望むものを確実に消費者に届けるために激しい競争が行われるような世界では、つまりソフトウェアが、消費者の過去の購買行動を分析することで、その他にどんなものを楽しんだり、興味を持ったりするかについて助言することさえできるような世界では、そういった評価基準の伝達者はだんだんと見当外れのものとなっていくように思われる。唯一の正当な価値尺度は、何が求められているかであり、その最良の指標は売上である。他のものはすべて不確かなように思われる。すべてがマーケティング、というわけではないにしても、専門的、芸術的な誠実さのための余地はわずかとなる。

一九五〇年代に編集者としてランダムハウス社に加わった、ジェイソン・エプスタインは、彼とその同僚が当時自らを、ビジネスマンというよりも「ロンドンの洋服屋か、中国磁器のコレクターのような伝統の世話人」と考えていたと書いている。「本がベストセラーになることは、常に喜びであったが、しかし本が不朽の文化の一部になりうると約束されることのほうがより価値のあることであった」(注7)というのである。だが買い手が手にした新しいパワーによって競争が激化すると、どんな出版社も収支決算のことをより心配しなければならなくなってきた。グローバルなメディアと情報複合体のために働く作家や俳優や音楽家たちがみな激しい競争で身動きが取れなくなっているときに、あえて伝統を無視し、人をビックリさせたり騒ぎを起こしたりするような何かまったく新しいものを創造しようとする者が出てくるだろうか。情け容赦のない商業的企業で働いているときに、即座にあるいは明らかに商品化できないような、商業的価値のない基礎研究をする者が出てくるだろうか。

こうした危険は、これまでは市場の需要というものから保護されていて、また人気もなく流行遅れかもしれない方法で真実を明らかにすることに特別な責任を持っていたような専門家にとって、とりわけ深刻な問題となる。彼らの暮らしは、今や、彼らの人気にますます依存する傾向を強めてきている。ジャーナリストは今や、それがいかに扇動的であろうと、また不正確であろうと、売れるものは何でも書き、報道することをますます強いられるようになっている。新技術はほとんど瞬時のフィードバックを可能にしている。オンライン・マガジンでは、各号のそれぞれの記事をどれくらいの人が読んだかがわかるし、これは広告主と投資家にもわかるようになっている。市場の反応を測定する能力がかつてないほど精緻化してくるにしたがって、買い手がまさに欲しがっているものを与えなければならないという圧力も高まっているのである。

非営利の世界も、刺激的ではあるが人気のないことを行ったり、言ったりするための避難所(シェルター)をそんなにたくさん提供することができなくなっている。ある非営利団体のプログラム・ディレクターである私の友人は、資金提供企業の広報活動にとって有利であると思う方向に、そして物議をかもしたり当惑させられたりすると考えられるようなものを避ける方向に、助成金を振り向けるようにせざるをえない、と言う。研究資金提供組織の利益にかなった研究テーマを選ぶ――さすがに研究結果まではそうしてほしくないが――大学教授も少なくないことが知られている。美術館の館長は、大盛況で後援者を喜ばせるような「大当たりの」展示会をしたいと考えるようになっており、それはほとんどの場合またも印象派や古代美術の展示を繰り返すということを意味するのである。

もちろん特別な趣味に合わせた絶妙のあつらえ製品の生産を可能にしている新技術が、才能のある変人や精神分析家にもっとエキセントリックなことをするための「はけ口」を与えるということはありうる。彼らは、大衆市場がそれを受け入れるかどうかを心配することなく、同じように風変わりな買い手と接続することができるだろう。こういう場合、美的完全性は市場性によって過度に妥協を強いられることはない。というのは、ほとんどの場合、たとえ小さくても、必ず何らかの市場が存在するからだ。少なくとも、一五〇〇のテレビ・チャネルがあれば十分に刺激的なテレビのための隙間がありうるだろうし、少なくとも小さいオンライン出版業社の中の一社は、ごくわずかな読者数しか存在しないが、興味をそそる本を出版するだろう。けれども、これらの芸術的な抵抗の一小片が、何が人気があるかということにかつてないほどとりつかれている文化に、どれほど影響を及ぼすか、それとも単に体よく無視されるための、影響力の小さい無害なガス抜き弁の役割を果たすだけなのかは、問われなければならない。

多くの現代社会において、言論の自由にとって最大の脅威は、圧制政治による公然たる統制ではなく、買い手がより満足するために簡単に切り替えることのできる、より激しくなる市場競争なのである。そのような市場はますますどう猛に、何が書かれ、報道され、研究されるかを決めるようになる。大衆は、自らを喜ばせてくれるものに囲まれ、自らを不快にするものから守られることによって、自分たち自身が知らなくてはならないものから遮断されるのである。

創造的労働者、つまり私が変人と精神分析家と呼んだ人たちへの需要は、彼らが技術革新の担い手であるため持続的に成長する。そして、技術革新はニューエコノミーの中心である。これらの労働者は、以前のものよりも良くて安い製品を、素早く創造することができる。彼らは、さらに良くて安い製品をより速く創造しようとしている他の変人と精神分析家のグループと争っている。この競争が激しくなると、こういった創造的労働者の行う仕事へのさらに大きな需要が喚起される。したがって、これらの仕事の報酬はますます高くなるだろう。彼らはまた、知的・芸術的に没頭しやすく、感情的に夢中になりやすく、個人的な満足感にひたりやすく、そしてときにものすごくストレスをためやすい人たちである。彼らが、正式の就業時間以外にも多くの時間を仕事に費やしているのはほぼ間違いない。創造的な変人や精神分析家の仕事指向が完全に止まるということはないのである。

PART 1

第4章

忠誠心の消滅

革新的な変人と精神分析家は引っ張りだこであるが、機械やコンピュータ・ソフトウェアによって、または世界中の誰か他の人によって、より安く行うことができる決まりきった反復作業を行うことで給料をもらっているような人は、誰しも経済的な基盤を失いかけている。これは、すべての企業で激しくなっているコスト削減の圧力と、技術がそのコスト削減を世界的視野の中で行うことを可能にしつつあることによる。これらの人々の大部分は雇用労働をつづけるだろうが、定型的な生産活動に従事する人は少なくなっていくだろう。多くの人々は、人間味を必要としているためにコンピュータではできず、またそのサービスを受ける人たちと直接接触しなければならないために外国の労働者にはできない、対人的な気配りを提供するような仕事に従事するようになるだろう。★

何かが取り立てて良くできるというわけではない大部分の人々にとっての問題は、仕事を失うということではない。彼らがアメリカ合衆国の住民ならば、働こうと思えば多分どこかしらで雇ってはもらえるだろう。彼らにとってより大きな問題は、稼ぎが少なくなる、ということである。アメリカと比べると賃金率がまだそれほど柔軟ではないヨーロッパや日本、あるいはその他の多くの地域においては、それほど需要のない労働者は失業給付や生活保護で生活するか（ヨーロッパの場合）、あるいは無理に仕事を作って彼らの行う仕事の市場価値以上の給料を喜んで支払う企業の思いやりで生計を立てていくか（日本の場合）しかない。けれども、ヨーロッパ各国や日本でも、かつてのような寛大な失業給付や企業の恩情はもはや期待できなくなっている。これらの国々もまた、徐々にアメリカ型のシステムになりつつある。世界中の投資家と消費者が強くそれを要求するからである。

儲かっているアメリカ企業でさえ、「ダウンサイジング」、「規模適正化」、「リエンジニアリング」、「逆採用」、「逆選抜」など、あらゆる当世風の婉曲語法を使いながら解雇を行ってきた。アメリカ企業は優秀な変人と精神分析家により高い報酬を提示する一方で、定型的作業をする労働者の雇用や賃金を削減し、彼らに対する医療保険付加給付を廃止ないしは抑制し、また企業年金への拠出を減らし、さらにもっと賃金や付加給付のコストを下げるために他の企業と下請契約を増やしている。こうした企業は、ますますウェブサイトを通じて業者を競わせて最も安く資材を調達するようになっており、そのことが今度は、そうした資材納入業者が競争に生き残るためにコスト削減をしなければならないよう強いることになる。非営利部門も、同様の圧力を受けている。病院、博物館、慈善事業でさえも、三〇年前には民間企業においてさえ野蛮であると考えられたような方法でコストの大幅削減をはかりつつある。大学は、終身在職権のある教授職を削減し、その代わりに低賃金と付加給付なしの年間契約で働く「学問的遊牧民」に頼るようになってきている。大学はまた施設維持、食堂、管理、その他の定型的サービスを、大学が直接に行うよりも安くやってくれる営利企業に委託するようになっている。

企業はもはや、彼らの本拠地にも特別な忠誠心を持たなくなっている。というのは、そもそも本拠地を持つ企業が少なくなっているからである。ニューヨークのロチェスターにあるコダック社、シンシナティのP&G（プロクター・アンド・ギャンブル）、アトランタのコカ・コーラ、サンフランシスコのリーバイストラウスなど、大企業がその本社を置く本拠地において主要な雇用主や後援者として頼られていた時代は、過去のものとなってしまった。どの企業もみなダウンサイジング、アウトソーシング、そして分社化をしている。(注1) 一般的に世界的企業の本社は、国際空港近くの便利な場所にあるよく手入れされたオフィスパーク内に置かれることが多くなった。それらの会社の工場や研究所は、世界中いたるところにある。資材納入業者や事業パートナーがどこか特定の場所に所在しているということもなくなり、その所在地はしょっちゅう変わっている。一九五〇年代にドジャースがブルックリンを去ったとき、人々は泣いた。どうしてそんなことができるのだろうか、と。今や、大リーグ・チームが町を去るのはごく普通であり、より多くのスカイボックスを持つ球場を提供してくれる別の新しい町へと移動する。ファンは、今もなお「自分たちの」ホーム・チームと呼ぶが、その言葉の持つ意味ははっきりとしないものになっている。フロリダ・マーリンズは、その名前の中に本拠地の町の名前さえ含んでいないが、オーナーによって前年の冬にかき集められた一時的な選手陣で、一九九七年のワールド・シリーズに優勝した。そしてこの勝利のすぐ後にこのオーナーは、もしマイアミが新しいスタジアムを建ててくれないのならば、スター選手を放出してチームを売却すると脅かしたのである。

これらすべての傾向を見ると、企業がより冷淡になり、経営者がより無慈悲になったと結論づけたくなるし、またそれを、近年になって定着しますます進行しつつあるように見える放逸な貪欲心のせいにしたくなる。けれどもこうした結論は不正確であろう。根底にある原因はアメリカ人の性格の変化ではない。これは買い手と投資家が有利な取引を得ることがより容易になっていることによるものであり、すべての企業を圧迫している競争圧力によるものである。圧力が激しくなるので、制度的な保証はゆるまざるをえない。

何年も前、選択がもっと制限されていて取引を切り替えることが難しかった頃、消費者と投資家は一定のところにとどまる傾向にあった。その結果として制度的な拘束もより強いものであった。抑制的な競争状態が、暗黙的社会契約の存在を許していたのだ。従業員は着実かつ誠実に働き、その代わり利潤を上げている限り、企業は従業員に安定的な雇用を保障した。競争が域内に限られていた地域の小売店やサービス業者でも同様であった。安定的に学生と寄付金を受け入れることができた大学は、教授陣の大部分に終身在職権を認めていた。予測しうる患者数と安定した予算を享受していた病院は、その医療・看護スタッフの数を着実に増やしていた。そしてほとんどすべての人の賃金が上昇していたのである。

二〇世紀半ばのアメリカ大企業の重役室は、マホガニーとガラスに囲まれ、深々としたカーペットと東洋の敷物の敷かれた静かで特別な場所であり、そこでは男性たちがとくに急ぐわけではなく仕事をこなしていた。大規模生産によって特徴づけられた安定性が、それらの経営担当者に静謐と確信を与えていた。投資家や消費者がしっかりと決められた場所にとどまっていた五〇年代の経営トップは、すべてに太っ腹でありえた。「経営者の仕事とは、……」とスタンダード・オイル・ニュージャージーの会長であったフランク・エイブラムズが一九五一年の演説で静かに述べたことは、時代を象徴している。「株主、従業員、顧客、そして大衆一般といったさまざまな直接的利害関係グループから出てくる要求に対して、公正かつ適切なバランスを維持することにあります。」こうした観点からいえば、大企業というのはすべての人に責任を持つ公営企業のようなものであった。そしてそうした企業の先頭に立つ者には専門職としての地位が付与された。なぜなら、とエイブラムズは言う。「経営者は他の専門家がずっと持っていたような基本的な社会的責任を負う仕事であると思っています。」(注2)

そういった度量の大きさはまたエイブラムズのような人に、各々の要求のバランスをとりながら会社の支払える範囲内で可能なことは何でもできるような幅広い裁量権を与えた。エイブラムズの述べた利害関係者のリストからは明らかに外されてはいたが、経営者たち自身が快適な生活をしたいという要求も、他の多くの利害関係者の要求と大きく衝突することなく、しばしば他の要求に優先してかなえられていた。二〇世紀の中ごろ、多くの会社や非営利団体の経営者たちは、週に何回もゴルフをし、気前の良い接待を受け、慈善事業で目立つ役回りを演じ、時折公的な仕事もちょっとやってみるといったふうだった。大学学長や財団のトップたちもまた同じように平静な生活を送っていたのである。★★

二一世紀の初め、トップエグゼクティブたちの口調はまったく異なったものとなっている。もはや企業は、従業員、地域社会、広く一般公衆に対する責任は持たなくなっている。経営者にとっての唯一の義務は投資家の株式・債券価値を最大にすることであり、そしてそれは猛烈にコストを削減し、付加価値を高めることによって達成される。コカ・コーラの前会長であるロベルト・C・ゴイズエタは、この新しい論理についてとりわけ明快に述べている。「ビジネスは、経済的な必要性に応じるために創造されます」と彼は言う。「すべてのことをすべての人々のためにしようとすると、失敗してしまいます……。われわれの仕事はただ一つ、企業の所有者にきちんとした収益を返すことです。われわれはこの中心義務、つまり価値を創りつづけるということに集中しなければなりません。(注3)」大学の学長、病院長、博物館長、主要な慈善団体の長も、今や同じように、財政基盤を確立し適切な収益を上げることにとりつかれている。

★　一九五〇年以来、合衆国国勢調査局は労働者を「管理的・専門的職業」、「技術、販売、管理補助的職業」、「サービス職」、「機械オペレーター、組立て工、労務職」、「交通、物資輸送職」の五つの職種分類に分けてきた。しかしこうした分類方法はニューワークにおいてはあまり意味を持たなくなっている。私は『ザ・ワーク・オブ・ネーションズ』(一九九一年)という本の中で、より適切な職種分類として次の三種類の分け方を提案した。すなわち、「シンボリック・アナリスト」、「定型的生産労働者」、そして「対人サービス労働者」である。その残余は、公務員、農民、鉱山労働者、その他の天然資源採取者である。二一世紀最初の職業統計から見て、最も高い所得を得る二五%を「創造的労働者」に割り当てたいと思う。これは前の章で述べたように、彼らの行っていることや彼らの将来行うであろうことから考えて適切であろう。およそ二〇%が定型的生産労働者、そして三〇%強が対人サービス労働者となる。残りが公務員と他の職種である。

★★　二〇世紀半ばの経営者に与えられていた広範な自由裁量権は、すでにこれまで数十年にわたって重要な評論対象となってきた。一九三二年に法律家であるアドルフ・A・バールと、経済学者であるとガーディナー・C・ミーンズは、『近代株式会社と私有財産』(北島忠男訳、文雅堂書店、一九五八年)を著している。これは影響力の大きな本で、トップエグゼクティブたちは、「自分たちの利益になるように、……、そして資産資金の一部を自分たちが使うために」企業運営をしていることを明らかにした。しかしこうしたことをさせない方法として、バールとミーンズは、株主権の強化を提案しはしなかったのである。その代わりに彼らが提案したのは、企業のすべての利害関係グループの力を強める、ということであった。「企業の所有権も、またその経営権も、社会の崇高な利益に逆らうことはできない。コミュニティの権利のためだけに残されているのは、はっきりと声を出すということである」と彼らは書いている。経営者たちは「純粋中立的な専門技術者となり、コミュニティのさまざまな利害関係者の要求をバランスさせ、私的貪欲さではなく公共の利益に従ってそれぞれに所得を配分する」ようになるべきだ、といったのである (Adolf A. Berle and Gardiner C. Means, *The Modern Corporation and Private Property*, New York: Macmillan, 1932, pp. 300, 312)。

不忠実の新論理

このようにアメリカ人が並外れて収入のことばかり考えるようになったのは誰のせいであろうか。間接的にではあるがその大部分は私の責任であり、そしておそらくあなたの責任であろう。われわれは故意にこういった事態を生じさせようとしているのではない。むしろ、不忠実の新論理は、われわれがみな、より良い取引を容易に行いうるようになったことの、意図せざる副産物なのである。ある意味では、不忠実の新論理は家庭から始まるともいえるのだ。最大限に身を削っている大企業をよく見てみれば、なぜそうなのかの理由がわかるだろう。

まず株式から見てみよう。株式は文字どおり将来収益の分け前である。株価はいつでも将来に向けての収益の流れの現在価値に関する最良の予測を反映したものである。もちろん株価は完璧な予測値ではない。投資家はあまり根拠もなく楽観的になったり、あるいは逆に悲観的になりすぎることもある。けれども少し長い期間について見れば、株価はその会社の未来の収益性についての、したがってその会社の現在価値の、その時点で利用しうる最良の予測値である。その意味で、株価は早期警戒システムのように働く。もし投資家の大多数にとって、経営トップが会社の将来の利益を減少させるような意思決定をしていると考えられるなら、投資家は株を売り、株価は下落する。株価があまりに下落すると、会社は将来の技術革新のために必要な資金を調達するのが厳しくなるだろう。投資家は現在の経営者が正しい金の使い方を知らないと判断しただけのことである。安い株価は、現在の経営者を追い出して、より上手な経営をする人に替えようとする力学を導く。

投資家はますます有利な取引に切り替えることをいとわなくなり、またその能力も増してきているため、こうした役割を果たす力を着実に強めている。それは一九七四年に、インターナショナル・ニッケル社が、エレクトリック・ストレージ・バッテリー社の支配権を得るのに十分な株を買い占め、ただちにエレクトリック・ストレージ社の経営者を追い出したとき、静かにしかもほとんど警告なしに始まった。インターナショナル・ニッケル社がこうしたことを行う以前、ウォールストリートでそのような行為は、非倫理的とはいえないまでも無作法な侵略であると見られていた。しかしこのことで先例が作られてしまった。まもなく、あつかましいと思われたこの行為はごく一般的なものとなった。一九七〇年代の残りの期間、一〇億ドル以上の買収価格を付けた敵対的企業買収は一二にのぼった。一九八〇年代に、それは一五〇を超えた。

あちこちの企業訴訟で「乗っ取り屋」として恐怖と不安とともに知られるようになった彼らは、会社を買収し、その会社のコストを大幅削減することで大きな収益が得られることを知っていた。これらの侵略者たちは、安定した寡占時代に古い平穏な世界に慣れてしまった気楽な経営者が見逃していた収益機会に目をつけたといえるかもしれない。あるいは、これらの乗っ取り屋たちはその侵略を強化するために、「レバレッジド・バイアウト」のための（ジャンク・ボンドなどを振りかざすことを含めた）徹底的な資金調達を行い、資材納入業者を締め上げ、労働組合と闘い、賃金を大幅削減し、世界中の低コストの製造業者に下請けに出す、といったように無慈悲になることをいとわない、ともいえよう。どちらの言い方も等しく正確であろう。結果はより高い収益と高い株価を意味する。一九八〇年代にその冷酷非情さを非難された乗っ取り戦士とジャンク・ボンドの成功者は今日、アメリカ企業をより「競争的」にしたとたてまつられている。それは正しい指摘であるが、彼らの戦略が常に計画どおりうまくいったわけではない。ジャンク・ボンドの価格が一九八〇年代後期に急落したとき、価格が高かったときにそれを一生懸命購入していた貯蓄貸付会社は、みごとに破産してしまった。それは結局、アメリカの納税者が埋め合わせるはめになった。一九八〇年代最大規模のレバレッジド・バイアウトの対象となったRJRナビスコは、一九九九年には徹底的にバラバラにされてしまった。

敵対的乗っ取りの可能性が少しでもあるということは、投資家だけでなく会社のトップの行動をも変えることになった。投資家――われわれのほとんどが貯蓄を預けている年金基金と投資信託基金を含む――はより多くを要求し期待するようになっている。こうした機関投資家は、われわれのためにきわめて効率的に投資を選び、切り替えることができるということで、大きく成長した。そして、積極的にコストを減らして利益を増やし、したがって株価を上昇させるような行動をする経営者には、目の飛び出るような報酬を約束するのである。経営者の「報酬パッケージ」は、目標が達成されるか上回る場合に支払われる気前の良いストック・オプションや高額のボーナスを通じて、ますます株価にリンクされるようになっている。クリントン政権時代に、私と同僚は知らぬ間にこの傾向を助長していた。大統領は一〇〇万ドルを超える役員報酬は法人税から控除すべきでないという公約をして、一九九三年にワシントンに着任したが、このときわれわれは、追加的なボーナスなどが「業績」、つまり株価の上昇にリンクされているならば、その控除は認められてよいと進言した。ストック・オプションとボーナスは、その後急上昇した。株価の上昇は、どれも最高になった。一九八〇年に、アメリカの大企業の平均的な経営トップは、労働者の平均年間収入の約四〇倍を稼いでいた。一九九〇年には、その比率はおよそ八五倍まで上がった。そして一九九〇年から二〇世紀末までの間に、経営者の報酬は、平均で一八〇万ドルから一二〇〇万ドルまでに上昇した。これは六〇〇%以上の増加であり、結果的に生産労働者の平均収入の四一九倍に上る「報酬パッケージ」となった。(注4)

他方、株価を上げることができない経営者は、仕事を失うことになる。(注5) 一九九〇〜二〇〇〇年の間に、IBM、AT&T、シアーズ、ゼネラル・モーターズ、ゼロックス、コカ・コーラ、エトナをはじめとしてアメリカの一流企業で高給の経営トップが解任された。そのような首切りは迅速に、冷淡に行われ、二、三カ月だけの在任期間という場合もあった。ウォールストリートを失望させて一九九九年の第1四半期に株価を暴落させた結果、コンパック・コンピュータの最高経営責任者は、ただちに役員会によって追放された。「われわれの競争相手は、インターネットに対して積極的に対応することでわれわれよりも良い仕事をした」とコンパックの役員会議長は、『ニューヨーク・タイムズ』に説明した。(注6) その意味するところは、彼らはコストの大幅削減と新技術への転換をもっとすばやくできる別の経営トップを任命し、そして、彼らが復活したことを、ウォールストリートに劇的に示さなければならない、ということである。

これまで伝統的な企業役員会は、経営責任者が自ら選んだ古い友人たちの集まりといってよかった。しかし「正しいコーポレートガバナンス」の旗の下で、年金基金、信託基金、その他の機関投資家たちは、役員会にもっと独立的であることを望むようになっている。役員会が実績の上がらない経営トップを追い出さないならば、投資家たちは、役員会全体の首をすげ替えるかもしれない。これは一九九八年五月に、私を含む大部分の大学教授の退職金を管理する巨大な年金基金が、南部と中西部でカフェテリア・チェーンを経営する企業、フラーズ／ビショップスの九人の役員を追い出したときに、現実のものとなった。追い出された役員の一人は、そのクーデターは「仰天」すべきものであったと述べている。(注7)

ここで私の述べてきたそれぞれの動きは、それが最初に起きたときには「仰天」すべきものであった。最初の敵対的買収、レバレッジド・バイアウトのためのジャンク・ボンドの最初の使用、一年でストック・オプションを何百万ドルも受け取った最初の経営者、役員会によって公然と解任された最初の重役、最初の全役員追放などはすべて、その時点での経済関係における安定と予測可能性の規範を破ったものだからである。しかしそれぞれの事例は、それ以降のルールを、投資家のためにもっと多くの収益を引き出し、経営責任者がそれまでにもまして市場における彼らの会社の株価に集中するという方向に変えたのである。

その帰結

莫大な富に対する期待と解雇されるかもしれないという恐怖が、経営最高責任者（CEO）や経営責任にかかわる他の誰にとっても、何にもまして関心の中心となってきた。コストを削減し、製品の質を向上させることで株価を上げることに経営者がますます集中するようになったことは、経済全体に大きな影響を与えている。これの良いほうの影響に関するニュース、それはアメリカ企業の生産性が上がり、商品とサービスが劇的に良くなっているということである。その影響に関するあまり良くないほうのニュース、それはすべての仕事と収入がより不安定になり、特に定型作業をするような生産労働者の賃金と付加給付が削られていることである。(注8)

これまでも従業員は景気後退期にはいつだってレイオフ（一時解雇）の憂き目にあってきたが、従来の慣行では景気が回復し、需要が元に戻ると彼らは再雇用されていた。ところが一九九一～九二年の不況からの回復期には、そうはならなかった。情報技術に対する企業投資が急上昇した一九九〇年代の好況の間、アメリカ全体としての失業率は下がったにもかかわらず、解雇はハイペースで実施されつづけた。ＩＢＭとゼロックスで経営者の首が飛んだ後、どちらの企業でも従業員を大削減した。ある証券アナリストは、一九九〇年代後半のゼロックスの人員削減を「英断」であったと評価した。また別のアナリストは「工業技術主導の会社から、コストダウンを図るために既存のインフラをいかにはぎとるかを知っている会社への、真のパラダイム・シフトがここにある」と述べている。(注9) 気前の良い報酬と安定した雇用で長い間アトランタ市民に知られていたコカ・コーラは、二〇〇〇年一月に新しいCEOが着任するとすぐにアトランタで働く要員を半分に減らすと発表した。「われわれが働く世界は、劇的に変わりました。われわれも成功するためには変わらなければなりません」と新しい経営者は説明した。(注10)

近年、仕事を解雇された人たちの大部分は、引きつづき経済が力強く成長しているので、かなり容易に次の新しい仕事を見つけている。本書執筆時点では、労働市場は三〇年ぶりのタイトな状態である。こうした環境下では、解雇された人々にも、他に多くの就職機会がある。つまり彼らが失ったものは、(仕事そのものではなく)経済的な安心感なのである。

大企業はその官僚機構全体をスリム化しようとしている。コンピュータを使うことで請求書の発送、調達、在庫管理を合理化し、顧客サービスをインターネットに移し、スペースや設備を買わずにレンタルし、そしてほとんどすべてを最安値で入札した業者に下請けで委託できるインターネット・オークションにますます依存するようになっている。古いピラミッド形の組織を忘れなさい。もしこれからもこの傾向が続くならば、明日の企業というのは、こういった形でそれぞれの企業が最高の取引を得られるように設計された結合ごとのオークションによる一連の契約にすぎなくなる。たとえば、ウィスコンシン州のマーシュフィールドにある、ウエアハウザー社のドア工場は、コロンビア・フォレスト社を化粧板の供給業者として最も好ましい取引相手であるとこれまで考えてきた。しかし今やインターネットによってコロンビア社のライバル数社が、もっと良い化粧板をもっと安く供給できるということがわかった。そこでウエアハウザー社は、コロンビア社にこのデータを示し、もし六カ月の猶予期間の間にこれと同等かより良い条件で化粧板を供給できなければ、化粧板を他社から買うことになると伝えた。コロンビア社はこの申し入れを受けてコストを圧縮し、その品質においても競争相手に追いつくか、あるいはそれを再び抜き去るところまでいった。その結果、ウエアハウザー社の競争力もまた増すことになったのである。(注11)

いくつかの変化は突然にやって来た。一九九〇年代に、二三〇年の歴史を持つ百科事典のブリタニカ社は、有名だった訪問販売人を二三〇〇人からゼロに削減した。理由は簡単だ。大部分の情報がインターネット上で検索できる時代に、誰が一二五〇ドルも出して全三二巻の百科事典を買うだろうか。一九九九年にブリタニカは、ウェブ上で、a-ak(東アジアの古代音)からZywiec(ポーランドのある町)までに拡張された完全版を発売した。

すべての産業がその内部でも大きく変わっている。一トンの鉄鋼を生み出すのに一〇時間分の労働を必要とした一九八〇年あたりまでは、アメリカには四〇万人の鉄鋼労働者がいた。しかしその二〇年後の現在、「超小型製鋼所」が二時間分の労働で一トンの鉄鋼を生み出すことができるようになり、鉄鋼労働者は一五万人足らずしか残っていない。本書執筆時点でアメリカの全鉄鋼産業の株式時価総額は、インターネット企業、アマゾン・ドット・コム一社の半分になってしまっている。

企業はものすごい勢いで、低コスト国、とりわけ東南アジアやラテンアメリカに移転するか業務を下請けさせつつある。ゼネラル・エレクトリック(GE)社のCEOであったジャック・F・ウェルチのお気に入りのセリフは「レモンをしぼれ」であり、GEはこれを、資材納入業者がメキシコで業務を行うよう圧力をかけることで実現させた。(注12)アメリカとの国境沿いの「マキラドーラ」(保税加工区)で働くメキシコ人は、一九九〇年に四〇万人であったのが、今や一〇〇万人以上となっている。

二、三年のうちには、何十万ものインド人と中国人の技術者、プログラマー、そしてソフトウェアのエンジニアが、アジアの自国にいて自分のコンピュータから直接インターネットを通じてアメリカの会社のために働くようになるだろう。すでに二〇〇〇年には、およそ五万人のインド人が地球上のどこかインド以外の場所に本社を置くグローバル企業のための「事務処理業務」、すなわちインターネットを通じてデータを取り込み、記録を転写し、顧客サービスの電話に対応し、オンラインで決済を行うといった仕事に従事している。

会社は労働組合に対してよりあけすけに対抗するようになり、ストライキ中の労働者の代わりに代替要員を入れたり、組合を組織しようとする労働者をクビにしたりするようになっている。このうち労働組合を組織しようとする労働者をクビにするというような行為は、一九三〇年代以降違法とされており、最近まではどちらかというと珍しいことであった。一九五〇年代においては、組合組織化を従業員に問う選挙でそのような違法解雇は二〇件に一件だけであった。しかし一九九〇年代には、全国労働関係委員会は、組合組織化選挙の三分の一で違法解雇があったとしている。(注13) 民間部門労働者全体に占める労働組合員の割合は、一九七三年の三〇%から二〇〇〇年には九・六%にまで落ち込んだ。

こうしたことすべてを引き起こしているものは何だろうか。それはめぐりめぐってここ、つまり私のところ、そしておそらくあなたのところに戻ってくる。大胆なコスト削減という手段を要求している最もうるさい投資家は、大きな慈善事業団体、大学教員の退職年金基金、そして実は労働組合年金基金でもあるのだ。こういった機関に委託して貯蓄を投資しているあなたや私のような人々はそのことに十分気づいてはいないかもしれないが、われわれの貯蓄をめぐる競争は、他のすべてを動かす一種のはずみ車の役割を果たしているのである。このようにして、自らのささやかなやり方で、私は前述のような変化を引き起こす原因となっているのだ。私は直接にはそのことに気づいてはいない。しかしもし私の教員退職年金基金のポートフォリオ・マネージャーが、私の貯蓄に最高の収益をもたらしてくれなければ、私はこの基金から別の基金に替えるだろう。私はこれまでよりずっと簡単に基金を乗り換えることができる。基金はそのことを知っているから、当然それに応じた行動をしているのである。

また、私もあなたも消費者として無意識のうちにこの傾向を助長している。われわれは自分が賃金削減や労働組合の抑え込みを要求しているなどと思ってもいないが、最も安い製品や安いサービスを選ぶことが、しばしばそうした結果をもたらしているのである。企業は、かつての工業経済のように、(その寡占力、規制、貿易障壁によって)賃上げを価格上昇という形でわれわれや他の消費者に転嫁することが難しくなっている。われわれには、今やより多くの選択の余地があり、高賃金の分だけ上乗せされている高価格の製品を買う必要などないからだ。またわれわれは、アメリカ人より安い賃金で働く世界中の人々によってそのすべてないしは一部が作られるような安い製品を選ぶことができるし、アメリカ合衆国内の組合に入っていない労働者が作った製品や、自動化された工作機械とロボットで生産された製品を選ぶこともできる。私もあなたも、そして他の消費者も、組合をつぶしたり定型的生産作業をしている人々に賃下げ圧力を加えたいなどとは思ってもいないかもしれないが、より広い選択肢や、簡単に有利な取引に切り替えられるという力を振りかざす(あるいは振りかざすぞと脅す)ことによって、まさに組合つぶしや賃下げ圧力を加えているのである。われわれは、経済の中で、労働組合に組織化された部門よりも組織化されていない部門をより速く成長させ、会社が寡占と大規模生産の時代よりももっと強烈に組合と闘うのを、間接的に奨励しているのである。(注14)

もちろんわれわれの選択の帰結に関してより正確な情報を知ったとき、消費者や投資家としての行動を変える人もいるだろう。たとえば、「労働組合員製造ラベル」の付いた製品だけを買うという方法もある。個々の製品に「東南アジアで六歳の子どもを週に七日、一日中働かせて作ったものではない」という保証を付けさせることもできるだろう。われわれが認めうる方法で経営をする企業だけに投資するような「社会的責任を自覚した」投資信託に投資を限定することもできる。たとえその結果、支払い額が多くなったり、投資の収益がいくぶん少なくなったとしても、こうした選択をするということはありうることである（実は近年、いくつかの「社会的責任を自覚した」投資ファンドは、通常の投資信託より優れたパフォーマンスを示している）。われわれにとってそうした犠牲を払う価値があると考えられるものもあるだろう。特定の製品または投資を選ぶことの社会的な帰結が、とりわけ悪質なものであると考えられるならば、他の人々と協力して、そうした選択自体が違法になるような法律を通すための努力もするだろう。とにもかくにもわれわれは、たとえそれがより良い取引をするうえでの障害になるとしても、たとえばアメリカ国内での児童労働を認めていないし、世界中の無法国家とは貿易もしないし、またそこに投資もしない。いかなる場合にも最も良く安い製品、または投資に関する最も高いリターンを得られるといった憲法上の権利などはないのだ。けれども、選択に対するそのような制限は、われわれに何らかのコストを課すことになる。もう一度言うが、問題はそうした犠牲を払う価値があるかどうかということである。

私たち（アメリカ人）が海外でしていること

企業、従業員、コミュニティの結びつきが伝統的に強い場所、すなわちヨーロッパ大陸、日本、東南アジアの多くの文化においてさえ、その結びつきは分解してきている。（私のような、そしておそらくあなたのような）グローバルな投資家が、事実上、それを要求しているからである。外国はアメリカの資本を必要としているし、アメリカの投資家もまた彼らのポートフォリオを世界全体に分散したがっている。一九九〇年代に、アメリカの外国株保有は、アメリカの株式投資全体の六%から、一〇%近くまで急上昇した。(注15)

アメリカの大手機関投資家が、こうした動きを静かに主導している。ドイツの製薬会社、シエーリング・AGの最高財務責任者、クラウス・ポールは、ベルリンの聴衆に、近年彼がどのように意思決定をしているかについて話をした。「私は、ボストンへ行って、ファイアストーン夫人（フィデリティ投信のポートフォリオ・マネージャー）を訪問します。すると彼女は、私に何をするべきかについて教えてくれるのです。(注16)」ほぼフランス系資本によって所有されているといってよい電気通信企業のアルカテル社が、年間収益が予測を下回るだろうと発表すると、その株価は五五%下落した。しかしその株価は、約一万二〇〇〇人の人員削減を含む大規模なコスト削減のおかげで六カ月後にはかなりの程度まで反発した。これについてフランスのジャック・シラク大統領は、一九九九年のフランス革命記念日の演説でこうした一連の出来事の原因について、「カリフォルニアの退職者たちが、突然アルカテルを売ることに決めたからです」と説明し、カリフォルニアの巨大な公務員退職者基金に怒りをぶつけたのであった。

カリフォルニアの公務員退職者、つまり生涯、州のために働き、自由市場資本主義を急激に促進する気など毛頭ない、何万人もの親切なお年寄りたちは彼らの貯蓄を、世界中で企業、従業員、コミュニティ間の結びつきをせっせと切断している巨大な年金基金に託しているのである。この年金基金が最近、株を所有するドイツの電力会社（RWE）に対して、その電力会社が電力を供給している都市に役員会に対する過度な支配力を与えたことで、カリフォルニアの公務員退職者の所有するRWEの株価が減少した、と文句をいったところ、この電力会社はそうした株式構造が会社と顧客との間の重要な結びつきを確立しているのだと主張した。しかしカリフォルニア公務員退職基金がこれに納得せずRWE株の売却をほのめかすと、RWEはすぐにその都市代表権制度を廃止したのである。(注17)

アメリカの投資家ばかりを非難しないでほしい。ヨーロッパの投資家もすぐ後に続いて、同じように最高の収益を稼げるところに、彼らの資金を移動している。これらの投資家もまた、ヨーロッパの企業に、アメリカ企業がたどったと同じ道を歩ませようとしている。すなわち、情け容赦ない乗っ取り、株価を最大にすることに失敗した経営者の解任、そして低賃金国への事業の移転といったことである。ドイツの高い人件費は企業をアジアへ、さらにBMWがそこに工場を建てたサウスカロライナなどへ移動させることに拍車をかけた。スウェーデンの遠距離通信の巨人（そしてスウェーデン最大の雇用主でもある）エリクソンは、高コストのスウェーデンから低コストのロンドンへ、世界本社を移転した。大西洋をまたぐ混血企業であるダイムラー・クライスラーの新社長は、一九九九年に、その最重要課題が「株価を最大にすること」であると大胆にも宣言し、いくつかのドイツ工場を当然のように閉鎖して仕入先をアジアに変えた。その後まもなく、エドゥアール・ミシュラン（フランスのタイヤ製造業者の末裔）が考えられないようなことを行った。ミシュランの利益が直近の六カ月に二〇％上昇したばかりであるにもかかわらず、向こう三年にわたりヨーロッパで七五〇〇人を削減するという計画を発表したのである。一方、優秀なヨーロッパの経営者は、はるかに高額の報酬を提示するアメリカ企業の誘いを受けている。「政治家が速く行動しないならば、企業はヨーロッパからいなくなるだろう……そして着実に、ヨーロッパ以外に投資先を移すだろう」と、フランスの化学製品と医薬の巨大企業であるローヌ・プーランの会長、ジャン・ルネ・フォルトワは警告を発している。(注18)

日本企業もまた、信用格付けと投資のリターンを気にするグローバルな投資家に依存するようになってきている。それゆえ日本人でさえ、ほんの数年前にはありえなかったようなことを始めている。従業員数を減らすこと、東南アジアの低コスト生産者に下請けに出すこと、そして「終身雇用」慣行をやめるといったことである。一九九九年の終わりに日産は、ほとんどが日本国内の事業所に勤める二万一〇〇〇人の従業員削減を発表した。またNECとソニーは、それぞれ一万五〇〇〇人と一万七〇〇〇人の人員削減を発表したのである。(注19)

もちろんこの傾向があらゆる所で不可避であると、決め込んではいけない。どんな社会でも、依然として従来型の仕事を維持し、伝統社会に根づいた尊敬すべき企業を確保し、あるいは国際的な資本がそんなに速く移動したり、そんなに過大な要求をするようになるのを阻止する、ということを、今なお選択することはできる。けれどもそのような社会は、その代償を払わなければならないだろう。そういった社会では、結びつきの弱い社会よりも技術革新の速度は遅くなる。そうした社会の人々は、より良い製品や国際的な資本に、もはやすぐにはアクセスできなくなる。ただ、この選択をあまり極端に描写したくはない。古いものを保守するということと、新しいものを思いきり抱きしめるということとの間には多くの段階がある。私は、この点に関して、あまり先走りをしようとは思わない。この基本的問題については後で再論することにしよう。

忠誠が報われるとき

ところでこうした私の説明について、忠誠心の持つ収支バランスへの正の効果についての目配りが不十分であると反論する人もいるだろう。たしかに、従業員や納入業者に親切であることが利益をもたらす面もある。良い待遇を受けていると感じている従業員ほどより一生懸命に働き、優れた結果を出すという証拠はあまたある。従業員に辞められてしまうことが、高くつくこともある。労働組合は生産性を高めうるような従業員の意見やアイデアを会社に伝える効率的なチャネルにもなりうる。納入業者は、ぎりぎりまでコストをしぼられるような「業者」として扱われるのではなく、パートナーとして扱われたほうが、より積極的に顧客とデータを共有し、全体としてのサプライチェーンを効率化するような投資をしようとするだろう。「良き企業市民」を明らかにすることは、社会的イメージを際立たせ、販売促進に役立つ。そして、少なからぬ「社会的責任を自覚した」投資ファンドは、まさにある種の社会的責任はもとがとれるという理由ゆえに、高い収益を投資家に還元している。

しかしながら、やさしくすることで金銭的収益が得られるということは、投資家への収益を最大にするため（あるいは未公開企業ならば再投資をして競争力を維持するための収入確保のため、非営利事業ならばその団体の掲げる事業目的の充実のため）の必要性を超えて、従業員や納入業者や地域社会それぞれに責任を持つということを意味するものではまったくないのである。他人に親切であるということがこれらの基本的な目的を促進するという限りにおいて、親切であることは、ビジネス上の意味を持つが、それはあくまでその限りにおいてである。先述したように他との関係を断ち切ることによってより大きな収益が得られるならば、そのきずなは断ち切られるだろう。社会的な責任を自覚した企業という評判をとっていた衣類製造業者リーバイストラウスでさえ（リーバイストラウスは大不況の間も余剰労働者の大部分を雇用しつづけた）、二〇世紀末には、安い人件費の外国工場に生産を下請けに出しながら北米工場の大部分を閉鎖し、約半分にあたる従業員を解雇するという形で、その地域コミュニティや従業員とのきずなを断ち切らざるをえなかった。たしかに、リーバイストラウスは従業員に手厚い退職金を払い、新しい仕事に備えての再訓練の援助をすることで、できるだけやさしく関係を断とうと努めはした。しかしいずれにせよ結びつきを切るほかに選択肢はなかったのである。リーバイストラウスの競争相手がすでにそのようにし、その低コストの競争力が、リーバイストラウスの将来を脅かしていたからである。

ニューエコノミーにおいては、従業員、納入業者またはコミュニティに対して、純利益へのプラスの効果とは無関係にやさしい行いをするような企業はないのである。「社会的に責任がある」ことが従業員、納入業者、または広く一般の人々のその企業への好意的な対応を促進し利益につながるなら、そうした行為は確かにビジネスとして意味を持ち、新しい競争論理も、経営者に対してそうした行動をとるよう求めることになる。しかし、「社会的に責任がある」ことが、経営資源の十分な活用を妨げ、ライバルよりも良く、速く、安く生産することを妨げることになって収益を減らすのであれば、その行為は消費者と株主が取引を他の企業とのもっと有利な取引に切り替えてしまう危険を招く。新しい論理では、そのような行動をする経営者はリスクを覚悟しなければならない。

忠誠が異常に

予想外であるもの、あるいは不愉快でさえあるものでも、何度も繰り返されるうち最終的には受け入れられるものとなる。そして受け入れられるようになったもの、広く模倣されるようになったものはやがて規範となる。かつては背信行為であると考えられていたような商行為でさえ、現在では当たり前の慣行になっている。一九九六年の初め、AT&Tが何万もの労働者を解雇するとともに、最高経営責任者には多額のボーナスを払うと発表したとき、マスコミは会社を痛烈に非難した。そして他の大企業数社がこれにならうと、当時の共和党大統領候補はそれを巨大組織の裏切り行為と非難し、全国的な有力ニュース誌は、「会社の殺し屋」というヘッドラインの下に数人の経営者の写真を表紙に掲載した。しかし一九九〇年代の終わりには、一九九〇年代中盤よりも企業はもっと儲かっていたにもかかわらず、解雇は同じように続けられ、経営者の報酬はさらに高くなった。けれどもそのときには、非難や羞恥心は消滅していた。そのような慣行は、アメリカのビジネスでは当たり前のことになっていたのである。

一世代前には、仕事から解雇されることは、道徳的な失敗、すなわち個人的欠陥や重大な瑕疵を示唆するものであった。従業員は、循環的不況の間、一時的に解雇(レイオフ)されることはあっても、永久に解雇されたわけではなかった。きちんと仕事をしていた人を解雇することは、雇い主にとっても立派な行為とはいえなかった。解雇は、期待どおりに仕事をすることができない人、あるいはもう期待に応えることができなくなってしまった人に送られるシグナルだった。したがって、解雇は自尊心の深い喪失感を引き起こした。大悲劇はこうした出来事が中心になっていた。一九四九年のアーサー・ミラーによる劇、『セールスマンの死』で、若いハワードがウィリー・ローマンを解雇するのは、彼が目標を達成することができなかったからであった。ウィリーは、以前はすばらしいセールスマンであったが、もはや役に立たなくなったとわかって彼は絶望した。「ミカンを食ってしまったら皮は投げ捨ててしまえか」と、ウィリーが泣き叫ぶ。「人間は果物じゃないぞ。」

ウィリーの苦悩は、今もなお胸に迫るものがあるけれども、この劇はかなり時代遅れになった。仕事を解雇される人は、今でも怒りや屈辱を感じるかもしれないが、それはもはや職業人生上のきずであるとは思われない。人々は彼らの達成度合いや失敗とは関係なく、いつでも解雇されうるのである。アップル・コンピュータの前CEOであったジョン・スカリーは、これをカリフォルニア特有の現象とみなしていたけれども、二〇世紀の終わりには、その現象はほとんどアメリカ全土に及ぶまでになった。「東海岸においては、会社を解雇されたり辞めたりすることは、人生における大変な精神的外傷（トラウマ）となる。しかし、西海岸においては、解雇されたり辞めたりということに大した意味はない。単にどこか他のところに行って働く、というだけのことである。[注20]」

オールドエコノミーでは、企業は顧客、投資家、会社、納入業者、従業員、そして地域社会との間の安定的で予測可能な関係を取り結ぶことで報われた。大規模生産は安定性と予測可能性に依存していたからである。いかなる逸脱も効率を損なった。それですべての関係者は、永続性に頼るようになった。けれども、新興経済は人々の期待を変えつつある。商業上の関係は、もはや持続するものとは見なされていない。人々は、彼ら自身がそうするように、彼らと取引している人々もみな、もっと有利な選択肢が出てくればそれに切り替えるに違いないと考えている。

不誠実であることが「標準化」されるようになると、忠誠であること自体が疑いをかけられる。あまりに長く一つの会社、または一つの仕事にとどまっていると、その行動には説明が求められるかもしれない。おそらく、配偶者や家族のために一つのところにとどまっているのであろうが、しかしそれはまた選択肢が少ない（他の雇用機会から誘われなかった）か、または向上心の著しい欠如といった何らかの欠陥があるのではないかと見なされる。あまりに長い間、同じ経営者と従業員を保持する会社や組織も同様の詮索を招く。多分、それはちょっと古風なだけなのかもしれない。しかしそれはまた、時代とともに歩むにはあまりに古臭く、偏狭で、新鮮でなく、新しいメンバーやビジョンが不足しているといった、より深刻な問題がその背後に隠されていることを示すものであるかもしれない。何十年も同じ居住者を保持するコミュニティは、しばしば島国的、内向的で、活力が明らかに不足していると推測されることになるのである。

何に対する忠誠心か

何年か先にはいずれにしても、忠誠心を求める主体や忠誠心の対象となる客体がはっきりしなくなる。会社や大学やその他の組織の本当の意味がますます明確ではなくなってきている。すべての組織はさまざまなブランドやポータルにリンクした企業家グループ、時限的プロジェクト、インターネット上のコミュニティや連携のネットワークの中での水平的な関係になりつつある。この現れ出たサイバー上の風景の中では、いかなる組織の周りにも、はっきりとした境界線はほとんどなくなるだろうから、組織に対する忠誠心について話すことは奇妙なものになってくるのだ。

かつては、組織というものを認識することができた。それは最高経営者、中間管理職層と専門職、そして底辺で比較的単純な繰り返しの作業を行っている多くの人々という、ピラミッド構造を形成していた。人は会員、居住者、パートナー、あるいは従業員といったウチか、それ以外のソトかに分けられていた。しかし今や多くの人々を調整するために官僚的統制は必要ではなくなった。人々はインターネットを通して、自らを調整し合うことができるようになった。デザイナー、納入業者、マーケティング担当者、金融スペシャリスト、請負業者、運送業者らの幅広い集団は、あたかも彼らが一つの企業体であるかのように機能することができ、明日にはまた異なる集団を作り上げることもできる。それでは、誰がウチで、誰がソトなのか。数年のうちに、「会社」とは、どの期間に誰がどのデータにアクセスする権利を持ち、収益のどの部分を得るかということで最もうまく定義されるようになるだろう。

将来を一瞥してみよう。モノレール・コーポレーションは、工場、倉庫、その他のいかなる有形資産も所有せず、アトランタのオフィスビルの一角を借りたワンフロアで経営されている。モノレールと契約している数人の設計者が、フェデラル・エクスプレスで運べる標準的な箱にピッタリ合うパソコンを考案した。客はフェデラル・エクスプレスの物流管理サービスに接続されたフリーダイヤルに電話して注文を出す。注文は、世界中から集められた多くの部品を組み立ててパソコンを作る契約製造業者に伝えられる。そこで完成したパソコンをフェデラル・エクスプレスが顧客へ発送し、アトランタのサン・トラスト銀行に出荷伝票を送る。サン・トラスト銀行の債権管理部は顧客への請求書の発送や信用許諾に関する仕事を担当し、前もって決められた分け前（モノレール・コーポレーションへの小額の手数料を含む）を、以上のプロセスで各々の役割を果たした人々に送り、顧客から代金を回収するコストとリスクを引き受ける。助けを必要とする顧客は、いつでも「モノレールの」フリーダイヤルのサービス・センターを呼び出すことができるが、それは実は、フロリダ州のタンパに本拠を置くアウトソーシングのコールセンターであるサイクス・エンタープライズによって運営されている。このネットワークのおかげで、モノレールはどこへでも最も安いパソコンを提供することができる。また、納入業者のネットワークを広げさえすれば、簡単にその販売台数を増やすこともできる。(注21)

しかしこのモノレール社の説明は、実際に見える会社を描いたものではない。それは、良いアイデア、アトランタの一握りの人々、そして多くの契約以上のなにものでもない。読者がこれを読む頃には、モノレールは存在さえしていないかもしれない。モノレールは、いったい誰に「忠実」でありえるのだろうか。また、誰がモノレールに対して忠実でありうるのだろうか。

誰に対しての責任か

インターネットを通じて、誰が何をし、そしてその見返りに誰が何を受け取るかということに関する責任を、多くの一時的契約の群れの中で分散させることができる。けれども、そのような契約に、すべての発生しうる問題を織り込むことができるわけではない。たとえば一九九九年八月七日から一〇日ほどの間、インターネットに依存して顧客とつながっていた多くの中小企業は、インターネット・サービスを利用できなくなってしまった。これはインターネット上の臨死体験ともいえるものだった。いったい誰に責任があったのだろうか。その手がかりをたどってみよう。彼らのインターネット・サービス・プロバイダーたちは、ワシントンDCに本社を置き、卸売りでインターネット・アクセスを大量に買い込んで、それをバラして売っているデーター・エクスチェンジ社に依存していた。データー・エクスチェンジは、MCIワールドコムからのアクセスの束を最も大量に購入していた。八月七日に、そのMCIワールドコムの最高速ネットワークがダウンした。理由は何だったのか。MCIワールドコムのネットワークは、(かつてAT&Tの研究開発部門であった)ルーセント・テクノロジーのソフトウェアを用いていた。この日、このルーセントのソフトウェアが、MCIの技術者が直すことができない不具合を起こしていたのだ。しかしなぜ、それが直せなかったのだろうか。ソフトウェアは数年前に、カスケード・コミュニケーションズと呼ばれた会社のために働いていた別の技術者集団によって開発されていたからである。カスケードはその後、アセント・コミュニケーションズによって買収され、そしてルーセントが一九九九年の初めに二〇〇億ドルでソフトウェアとともにこの会社を買収した。これが、そのソフトウェアがルーセント社のシステムに入り、さらにMCIワールドコム社のネットワークに入った経緯である。

すべての会社の名前をはぎ取れば、起こったことの真のイメージがつかめる。ちょうどコンピュータ・プログラムで「コードを明示する」をクリックし、背後にある指令系統を発見するようなものである。われわれに見えるのは、特定のサービスのために個別に契約した多くの人々だけである。数年前にそのもとになるソフトウェアを書くことでサービスに貢献した人々は、現在はもう別のプロジェクトに取り組んでいる。問題は、ソフトウェアをよく知って素早く不具合を修正できるのが彼らだけであるのに、もはや頼みにすることができないということなのだ。彼らはソフトウェアとともにカスケードからアセントへは移らなかったし、そして一九九九年の初めにルーセントへは移らなかったからである。彼らの知識は決定的に重要であったけれども、所有主の変わるような知的所有権の一部ではなかったのだ。

互いの企業体を結びつける「接着剤」が、臨時契約の束にすぎなくなったとき、システム全体が計画どおりに機能しているかを保証する責任はいったい誰が持つのだろうか。誰もソフトウェアの不具合を修正することができないために、多くの中小企業が損失をこうむるというのはその一例であったが、責任を下請契約することはさらに、深刻な問題を引き起こすことがある。インドネシアの零細企業は、幼い児童を雇って不衛生な環境下で週に六日、一日一〇時間、生地を織らせ、その生地を台湾の会社に売る。するとその台湾の会社はその生地を裁断して縫製し、洋服に仕立て上げ、それをウォルマートに納入しているカリフォルニアの卸商人へ送る。ウォルマートはどのように児童が扱われているかということに対して責任があるだろうか。それを知るための有効な方法がないならば、どうして責任を問えるだろうか。しかしもし、かなりの割合のアメリカ市民が児童労働は道徳に反すると考えているならば、それに責任がないとどうしていえるだろうか。現在、倒産している、航空機メンテナンス会社の数人の従業員が、そのとき顧客だった航空会社に届けられた酸素発生機を適切に積まなかったために、機内の貨物室の中で火花を散らし、それがエバーグレイズ（フロリダ州エバーグレイド国立公園の湿地）に墜落する原因となった。この場合、誰に、道義上の責任があるのだろうか。★★★

経済的関係における忠誠心が、完全に消えるというわけではない。従業員は雇用主に今なお忠誠を感じているかもしれないし、雇用主もまた従業員にそれを感じているかもしれない。けれども大きな流れはそのような心情に紛れもなく逆らっており、そしてその理由も明白である。あらゆる消費者とあらゆる投資家は、ますます容易にかつ速く、より有利なものに取引を変更することができるようになっている。ということはまた、より良く、速く、安くするために、サプライチェーンの中にいるものは誰でも交換可能になってしまうということを意味する。あなたや私のような消費者や投資家は、すべての面でより大きな柔軟性をもたらしてくれる技術、すなわちごく最近では、インターネット、eコマース、そしてすばらしいソフトウェアなどをうまく利用している。こうしたもろもろの圧力の下で、企業はたかだか一時的な都合で互いに結びついただけの人々の集積にすぎなくなっているのである。

結果は、はてしない技術革新とかつてないほどのダイナミズムである。けれどもそれはまた、誰が誰に対して何の責任を負うのか、そして明日は誰がそこにいるのかをあいまいにしてしまうほど、はかない経済的関係の一形態なのである。私の学生たちは彼らが入っていこうとしている実社会を私の世代よりもはるかに短期でしか見ていない。彼らは、どんな仕事であれ、数年以上勤めるつもりはない。彼らは、いかなる組織や団体、そしてとくに他人からの忠誠を期待していないし、お返しに忠実であろうとも思っていない。彼らにとって、経済的関係は、おそろしく速く動いている。彼らは自分のキャリアの方向づけに関する責任をすべて引き受けなければならず、その責任を他の誰にも託すことはできないと考えているのである。

★★★　一九九六年のバリュージェット社の事故に対する法的責任は確定したが、実質的な効果はなかった。一九九九年に、連邦陪審員は、事故を引き起こしてしまったメンテナンス会社のサブラ・テック社（現在は存在しない）に酸素ボンベの誤った処置に関する九つの罪で、有罪判決を下した。しかしサブラ・テックの元整備士とメンテナンス監督者は、すべての罪状について無罪となった。評決の後、サブラ・テック社の弁護士は、その会社が実質資産を持たない企業の抜け殻になっていると述べた。一九九七年にバリュージェットは別の航空会社と合併していたのである。

PART 1

第5章 雇用の終焉

仕事には、二種類ある。一つ目は、地球の表面かその近くで、ある事柄の位置を、同じような他の事柄に対して変化させることである。二つ目は、そうせよと他人に言うことである。

――バートランド・ラッセル『安逸への賞賛とその他のエッセイ』

これまでの論理を確認しよう。技術は、すばらしい取引へのアクセスを、より速くより広範なものにしている。買い手と投資家が、より良い取引に切り替えることは、ますます、そして限りなく容易になっている。競争の激しいこの新時代を生き残るためには、売り手は絶え間なく技術革新を行わなければならず、しかもそれを競争相手より速く行わなければならない。そのための最も良い方法は、信頼しうるブランドにリンクされた小企業家グループを活用することである。その中核をなすのは優秀な変人と精神分析家であり、彼らへの需要は限りなく高まっている。また企業は常にコストを削減しなければならない。そのため必要なものはほとんどすべてをリースにし、最もコストの安い納入業者を見つけ、定型労働をする労働者の賃金を圧縮し、そしてすべての組織階層を素早く変わる契約のネットワークへとフラットなものにする。

もちろん少なくとも現在のところはまだ、どこでもこうなっているというわけではない。大部分の人々は今もなお、組織の中で、そして組織のために働いている。けれどもニューエコノミーの論理は、雇用関係を変えつつある。二〇世紀の大半を通して使われた用語である「従業員」として働いている人は減少しており、そして将来はさらに少なくなっていくだろう。このアメリカの動きから数歩遅れて他国の勤労市民たちも、安定した雇用から離れてアメリカの同僚たちと同じ道を進みつつある。

われわれや子どもたちを待ち構えているものは何だろうか。われわれは個人サービスを公開市場で最高値を付けた買い手に売るといった、まったくのフリーエージェントになるわけではないが、しかし「組織人」になるということもなさそうだ。むしろ収入が年ごとに、あるいは月ごとでさえ異なる企業家グループの一員となり、その中での貢献に応じて報酬の分け前を受け取るようになるだろう。あるいは顧客のためにプロジェクトを遂行する専門的サービス企業の一員となり、その収益から自分の分け前を受け取るようになるだろう。あるいはまた、特定の業務に一定期間人を派遣して手数料を稼ぐようなタレント・エージェントや人材派遣企業に所属して働くようになるかもしれない。すでにシリコン・バレーでは、企業は一時間二〇〇ドル以上でトッププログラマーを借り出している。(注1)

働く人とそのサービスを購入する人との関係は明確であっても、その両者の間に立つ組織は消えつつある。たとえフルタイム従業員と呼ばれているとしても、それは組織の従業員ではなくその組織のブランドネームの下で特定の顧客や依頼人にサービスを売る売り手という意味になりつつある。したがってその収入は、買い手がサービスにどれくらい支払おうとするか、そして買い手をそのサービス提供者に結びつけるブランドの評判に依存するだろう。

われわれはいくつかの点で、人々が特定の職務を契約で行っていた経済史の初期段階に、一巡して戻ってきたようである。長い歴史で見れば安定雇用という概念はむしろ新しいものであり、そしてそれは結果として短命なものであったということだ。安定雇用は、大規模生産時代の一世紀半の間、アメリカや他の先進工業国で繁栄し、今や終わりを告げようとしているのである。

雇用の起源

歴史を振り返ってみよう。一九世紀後半に起きた大規模生産の夜明け以前には、固定給で恒常的に雇われている人はわずかであった。大部分の仕事は、家庭の中か、小作地か、家族経営の商店で行われるか、または職人、商人によって行われていた。また昔のアメリカ南部では、タバコ、米、藍の大耕作地での植え付けや収穫の大部分の作業は、他人のためにずっと働いているが自由ではない人々、つまり白人の年季奉公人と黒人奴隷によって担われていた。これらのケースではどれも「安定した」収入を得ることはできなかった。所得は、天候、悪疫、疾病、戦争といった、突発的な出来事によって変わるものであった。また所得を稼ぐためにはたゆまず働くことを必要とし、それは筋肉と関節にこたえるものであった。また仕事と家庭生活そして有給労働と無給労働との間に、はっきりとした区分もなかった。女性も子どもも、男性とともに働いており、また家庭内生産は、家族の経済的豊かさを規定する重要な要素であった。これは今なお、世界中の大多数の人類にとっての現状でもある。

アメリカで工業生産が始まったころ、他人のためにずっと働くという考え方そのものが、個人の自由を脅かすものではないとしても、みっともないことであると思われていた。そうした考え方の典型は政治パンフレットの作者オレステス・ブラウンソンの見解に見られる。急進的アンドリュー・ジャクソン派の民主党員であったブラウンソンは、一八四〇年版のパンフレットに「賃金は、自ら奴隷を所有することによる出費、トラブル、あるいは嫌悪感なしで、奴隷制度のすべての利点を維持したいと考えている穏やかな良識家にとって都合のよい、悪魔の巧みな装置である」と書いている。(注2) 賃仕事は、経済的に独立するための一つのステップ、つまり北部人にとって、(生涯雇われる) 奴隷とは区別される一時的なものであるという状態としてのみ、道義上は受け入れられた。エイブラハム・リンカーンは、その一例として初め横木を割る雇われ労働者であり、それから法律を学んで自ら生計を立てるようになった彼自身のことを挙げている。「南部人は、自分たちの奴隷が北部の自由民よりもかなり裕福であると主張している」と、リンカーンは奴隷制度を擁護した南部人を冷笑した。「北部の労働者について彼らはまったく誤解している! 彼らは北部の人々がずっと労働者のままであると思っているのだ。しかしここには、そのような階級はない。昨年、他人のために働いた人は、今年は彼自身のために働き、そして来年には、自分のために働く他人を雇うことになるだろう」と。(注3)

ニューイングランドや中部大西洋岸諸州で急成長した、小さな製作所と工場の所有者たちは、熟練職人と直接契約し、彼らが生産したものに応じて報酬を支払った。製造の仕事に関する彼らの知識と管理力によって、熟練職人たちはこうした契約において大きな交渉力を持っていた。しかし南北戦争後、大規模生産が広がるようになると、工場所有者たちは、熟練職人を機械に置き換え始め、そしてそうした機械を操作する未熟練労働者——彼らの多くは新参の移民であった——を固定給で雇うようになった。職人たちはこれに対して、「賃金制度廃止」を目的とした労働騎士団というアメリカ最初の大労働組合を結束することで、対抗した。(注4)

最初の大きな衝突は、一八九二年にピッツバーグ近郊にあるアンドリュー・カーネギーのホームステッド工場で起こった。職人は安い賃金を受け取ることを拒否したために、工場を締め出されたが、彼らは未熟練労働者が工場に入るのを認めなかった。ペンシルバニア州民兵隊の保護の下で非組合員労働者が工場に迎え入れられるまで、この状態は数カ月続き、そして組合は降伏した。その後、数年の間、州と連邦政府は経済界の要請を受けて経営側への援助を継続した。また一八九四年にシカゴと中西部の多くの都市は、プルマン客車会社での労働者の待遇に抗議する鉄道労働者のストライキによって、身動きが取れなくなった。すぐに、連邦裁判所はストライキ中止を命じ、グローバー・クリーブランド大統領は主要な鉄道連絡駅に連邦政府軍を派遣し、そしてシカゴでは戒厳令が布告され、ストライキのリーダーは拘留された。

労働騎士団は敗北し、賃金労働が標準となった。一八七〇年から一九一〇年の間、アメリカの人口が二倍以上になる中で、産業労働における賃金労働者数は三五〇万人から一四二〇万人と四倍以上も増加した。(注5)一工場当たりの雇用者数も急増した。一九世紀半ば、ニューイングランドの工場は、一工場当たりほんの二、三〇〇人の従業員しかいなかったが、一九一五年にフォード自動車の最初の工場は、一万五〇〇〇人を雇用していたのである。

炭鉱夫、葉巻製造工、印刷工、鉄鋼労働者、縫製工の集団からなる新しい労働組合——アメリカ労働総同盟――が結成され、この組合は賃金労働の必然性を受け入れた。アメリカ労働総同盟初代会長であったサミュエル・ゴンパーズは「われわれは賃金システムの下で働いており、それが続く限り、労働者へのより大きな取り分をたえず求めていくことが、われわれの目的である」ということを認めた。(注6)ゴンパーズにとっては、産業の集中化は、「現代の産業システムでは、論理的に避けられない特性」であったのだ。(注7)

ウッドロー・ウィルソンのような進歩主義者は、それでもなお、「人があらゆる場所で産業の主人であって、雇われ人ではなく、自らの仕事を遠方の都市にではなく、その住む近隣において見出せるような(注8)」シンプルな世界を切望していたが、賃金労働を必要とする新しい経済をしぶしぶながら受け入れざるをえなかった。進歩主義者の頭をいっぱいにしていた問題は、労働者をその芳しくない状況から保護すると同時に、賃金労働を個人主義と自由というアメリカの価値とどうしたら調和させられるか、ということであった。彼らが考え出した答えは、最長労働時間、最低賃金、労働災害補償、労働安全衛生の最低基準といった広範な、企業の雇用に関する規制を設ける、ということだった。

こうした規制は、闘いなしには確立されなかった。賃金労働は別の種類の自由を意味すると論じる人々もいたのである。一九〇五年、ロッホナー氏がニューヨーク州を訴えた訴訟で、最高裁判所は、ニューヨークの最長労働時間である一日一〇時間という規制は、パン職人にとって「雇い主と従業員の双方が最良と考える条件の労働時間に関して契約する」個人の権利に対する違法な干渉にほかならないという判決を下した。ニューヨーク州は「判断力のある大人が生活の糧を得るために何時間働くかを制限する」ことなどできない、と判決を下したのである。(注9)わずか三年後、ミューラー氏がオレゴン州を訴えた裁判で、これとは全く異なる判決を裁判所は下した。オレゴン州の女性労働についての一〇時間労働規制を、「健康な母体は、活力のある子孫にとって不可欠であり、種の強さと活力を維持するために、公共の利益と配慮の対象となる」という理由で支持したのである。つまり、女性は男性と「体の構造」が異なるのみならず、「(男性のように)完全な自己決定をしうるだけの信頼性」はない、というのである(注10)。しかし実際にはもちろん、大規模生産の新しいシステムの中で、男女を問わず賃金労働者に労働時間について交渉する自由などなかった。彼らはいかなる交渉力も持っていなかったのだ。

こうした法的・政治的な長い闘いの後、労働者保護規定は団体交渉権とともに、最終的には国全体の労働者を対象とするまでに拡大された。これに加えて、景気後退期に労働者が仕事を失ったり、生活の支え手である夫や父が死んだり、身体障害者になったり、引退後の貯蓄が不足したりするリスクから労働者を守るために、公的年金制度や失業保険制度も創設された。(他の工業国で採用されているものと比べると)アメリカの社会的保護システムの最もユニークな点は、固定給で働く常用雇用者、すなわちまさに一世紀足らず以前にはそうあるべきでないと否定された働き方の人たちだけが、保護の対象になっていることである。すべての給付はフルタイムの常用雇用者であるか(またはそうだったか、またはそういう人と結婚しているか)否かに依存していた。臨時雇いの労働者、パートタイマー、請負業者、自営業、そして慢性的な失業者はそこからはっきりと除外されていた。実は、福祉という発想は、もともと労働者の未亡人のみを対象にしていたほどなのである。私にとっては頭の上がらない前任者である元労働長官フランシス・パーキンズによって率いられた、フランクリン・D・ルーズベルトの経済安全保障委員会は、扶養児童手当（当時そう呼ばれていた）の目的は、幼い子どもを抱えた未亡人を「賃金を稼ぐ役割」から自由にすることによって子どもたちを「社会的不運」に陥ることから救い、さらにより前向きな考え方としては、「社会に貢献することができるような市民に彼らを育てることである」と報告している（注11）。言い換えると、新しい産業秩序においては、すべての男性は賃金労働者になるべきであり、幼い子どもを持つ女性は働くべきではない、ということが前提とされていたのである。

二〇世紀のアメリカの社会保険制度で、重要であるが見落とされがちな側面についてもう一つ言及する必要があるだろう。それもまたフルタイムの雇用に依存していたからである。それは会社が提供する健康保険や企業年金といった税制上有利になる付加給付である。大部分の人々は今なおそれらを公的な給付というよりは私的な給付として考えているが、実はそれらは、企業の提供する医療保険給付について従業員は所得税を免除され、また企業年金についても退職まで課税を繰り延べられるという税法上の恩典を受けられるがために、労働組合の後押しで、一九四〇年代に急膨張したのである。これら税制上優遇された企業給付は、金銭的には結局のところ政府による給付支出と同じことであって、従業員にとって節約できた税金の分だけ政府の予算に穴を開けることになる。そしてこの穴は着実に広がっていった。こうした税制優遇措置の範囲と気前の良さがピークに達した一九八〇年代半ばには、そのような従業員の税制優遇による歳入欠損は、貧しい人のために連邦政府が支出した額よりも大きくなった。従業員健康保険のための税制補助は、医療保障制度を通じた貧しい人たちの医療のための直接支出額とほぼ等しく、企業年金拠出金に対する税制優遇による歳入欠損は、貧しい人たち

への現金扶助費用総額の約二倍となっていたのである。(注12)

雇用のルール

二〇世紀の半ばには前述のような社会転換は完了していた。アメリカの全労働者の三分の一以上が労働組合に属していて、経営側と労働側は産業別に賃金と付加給付の水準を決めていた。労働者、経営者、政府は連携して、ブルーカラー労働者の巨大集団を中産階級へと導き、かつまた拡大するホワイトカラー従業員グループの中産階級としての地位を安定させた。この後者のホワイトカラーが持つ(社会学者であるウィリアム・H・ホワイト・ジュニアの当時のベストセラーの巧みな表現を借りれば)(注13)「組織人」という性格は、ブルーカラーにとっても同じように当てはまるものとなった。そして、その二〇世紀半ばの暗黙的雇用規範は当然のことと考えられるほど一般的なものとなり、二一世紀の労働実態とはまったく合わなくなった現在でも、いまなおわれわれの考え方を規定している。たとえばそれは以下のようなものである。

予想可能な賃金上昇を伴う安定雇用――典型的な雇用者は、その職業生活のほぼすべてを同一企業内で過ごした。これはブルーカラー労働者だけのことではなかった。中間管理職の多くは、大学を出てすぐ会社に就職し、引退までそこにとどまった。一九五二年の調査では上級管理職の三分の二以上が、二〇年以上同じ会社に勤務していた。(注14) 社会学者のホワイトがインタビューした、若いホワイトカラーの男性たちは、「会社に忠誠を尽くせば、会社もそれに応えてくれるでしょう」と、これを支持する発言をしている。「平均的な若い男性は、その組織との関係が永久であるというふうに考えている」と、ホワイトは書いている。「個人のゴールと組織のゴールは、うまく一致させることができる」と、考えられていたため、個人と企業は相互に忠誠をあてにすることができたのである。(注15)

手取り収入も、個人の努力より、組織への在職年数に依存して決まった。組合との労働協約には先任権が明記され、ホワイトカラー労働者は賃金階梯の上を昇進していった。そのような予測可能性は、大組織がその事業・生産計画を立てるのを容易にしただけではない。それはまた、家族が将来計画を立てることをも容易にしたのである。賃金の「等級」は控え目なレベルで始まる。しかし人生の早い時期での家庭の支出が、それ以上を必要とすることはあまりない。等級のレベルは、経験と熟練とともに徐々に上がるので、従業員は将来の返済可能性を心配せずに住宅ローンや車のローンを組むことができた。給料が上がるにつれて、「最初の」家や車をもっと良いものに買い替えることができ、子どもの養育もきちんとできるようになった。そして会社に四〇年以上勤めて六五歳になった従業員は、記念品の金時計かタイピンをもらい、それ以降のつつましい生活をまかなう企業年金をもらうことになる。必要な所得の足りない部分は、公的年金や個人貯蓄で補われる。このようにして退職者は、退職後の五～六年を友人とのカードゲームや孫を訪問することで満喫した後に、完全な職業生活を送った満足とともに世を去ることを期待できた。

限られた労働強度——工場労働は、たしかに筋肉と関節に厳しくこたえるものであったけれども、二〇世紀の半ばには、その大部分はもはや危険なものではなくなっていた。そして、ブルーカラー労働者に求められる労働強度は、労働法規と職務分類によって注意深く制限されるようになっていた。また二〇世紀半ばのホワイトカラー労働者は、まじめに仕事を遂行してはいたが、仕事にとりつかれるようなことはめったになかった。若者にとっては、年長者が近視眼的に仕事に没入する姿は、最も声を大にしてさげすむべきことの一つだった。(注16) 従業員は、魂でなく時間を組織に売っただけなのである。スローン・ウイルスンの一九五〇年代のベストセラー小説『灰色の服を着た男』の主人公である若いトム・ラスは、当時の支配的な考え方を代表していた。トムは次のように上司に説明して、やりがいのある仕事を断った。「私は、夜も週末も、そして残りすべての時間永遠に働くことができるといったたぐいの人間ではないんです。私はただただ仕事にだけ没頭するようなタイプの人間ではありません。仕事が世界中で最も重要なものだというふうには考えられないのです。」やさしい上司はこれに理解を示して、「人間にとって普通でない仕事量を必要とはしないような仕事もたくさんあるさ」と穏やかに言う。「あと問題は、君にとって最適な職場を見つけることだけだよ。(注17)」

時間給で働くブルーカラー労働者は週四〇時間を超えて働いた分の労働時間については、法律によって五割増の賃金をもらう権利がある。ホワイトカラーの給与労働者もまた、あらかじめ決められた時間どおりに始まって時間どおりに終わる固定労働時間の分だけしか働くことを期待されなかった。雇用社会以前の時代には、人々は特定の職務を達成することで報酬を支払われた。これとは対照的に、大規模企業は予測しうる時間働いてくれることで人々に報酬を払うようになった。これは工業化に伴って、人々の時間に対する考え方が、「職務時間」、すなわちある職務を達成するのに必要な時間から「時計時間」、すなわち一定の間隔で測られる時間そのものに変化したことを示している。(注18) 仕事が時計仕掛けのように調整できる場合だけ、規模の経済性は実現される。経営学者のフレデリック・ウィンズロー・テイラーは、ある一定の時間間隔で繰り返し運動を行う際の最も効率的な方法は何かを知ろうとした「時間動作」研究のパイオニアであった。

こうした効率性を達成するための代償は、仕事が、かなり退屈なものになることだ。その意味で組織というのは、本質において大がかりな機械であるかのようだった。すべてのパーツは、無個性のうちに互いにかみ合わなければならない。組織は、規則によって運営されるのだ。工場労働者は、考えることで報酬を得ているわけではなかった。ヘンリー・フォードは、作業をしてもらうための「両手」を雇うと、人間も雇うことになると、不満を述べていた。利用できる規則がないところでは、新しい規則を設定するための規則があった。巨大な組織機械が最大の効率を発揮するためには、すべての行動が完全に予見されなければならなかった。ブルーカラー労働者は、職務区分と就業規則に従い、ホワイトカラー労働者は、標準業務手順書に従った。「二〇年も勤めてもう仕事にうんざりし、退屈しているけれども、すばらしい給料をもらっているので会社を辞める度胸もない、といった人はどうすべきでしょうか」と、ある中間管理職が、一九五〇年代にアメリカで最も人気のあった心理療法学者のノーマン・ヴィンセント・ピエールに尋ねた。違う仕事を探すなどということは、問題外だとピエールは言った。現在の仕事のありようを変えようとすることすらあまりにも無謀だからやめたほうがよい。運命を受け入れるべきだ、と助言したのである。「精神的にめざめ、そして現在のポジションで何が達成できるかを理解するよう努めなさい」(注19)と。

以上のすべては、賃金労働とそれ以外の生活の間に厳密な境界があることが前提とされている。二〇世紀の半ばになると、仕事と住まいの場所は分けられた。自宅はたいてい郊外にあって、人々はそこから離れたオフィスや工場へ通勤していた。ほとんどのブルーカラー男性は、彼一人だけの稼ぎで中産階級の生活を享受することができた。もちろん、それにもかかわらず中産階級の一部の女性は、（たとえば教育のような）わずかに女性に開かれた職業に就いていた。また他人の家を掃除し、料理を作ることなどで賃金を得ていた貧しい女性もいなくなったわけではなかった。しかしほとんどの女性は家にいて、家が広告に出ていたときと同じくらい明るく輝くまでワックスをかけ、磨き、掃除をし、そして、わがままな戦後のブーマー世代を生み出すのに十分なだけの至高の手厚さで子どもを育てたのである。

この責任分担は広く受け入れられたが、新たな問題も生み出した。忙しく働いている夫の生活に「まず妻はわずかに憤慨する」とセールスマン向けの雑誌は、重々しく警告した。「次に彼女が夫の生活をあからさまにうらやむようになるとき」、これがとりわけ危険な時期である。「こうした夫の仕事中心の生活に対する嫉妬がきちんとコントロールされないと、企業にとってのセールスマンの価値に、取り返しのつかない損害を与える結果を招くこともある。」こうした問題を解決するには、主婦が女性有権者連盟の活動に参加したり、PTAやさらには教育委員会といった地域活動に参画することで、「価値がある」ことをしていると感じられるようにすることが必要であった。「もし夫が企業内で急速に昇進するならば」、当然の結果として危機は起こる。それは夫と妻の間にミゾを作ることになる。というのは、夫のほうは出張や年長の成功者たちと会うことによって学校卒業後も成長していくのに、妻は子育て以外の活動をしないため、その教養レベルも昔のままにとどまってしまうからだ。[注20] 妻をこうした状態から救うすべは、彼女自身がより高い教養を必要とするような地域の活動に身を投じることだったのである。

賃金格差の縮小と中産階級の拡大――大規模組織は、底辺の労働者の賃金を引き上げ、トップの賃金を制限することで、賃金格差を縮小した。労働組合は、賃金があまりに安くなるのを防いでいたし、また企業組織の経営幹部たちはその企業内で昇進してきた者で他社に引き抜かれる心配もなかったから、企業は彼らにむやみに高い報酬を払う必要もなかった。こうした制約は社会的なものでもあった。中間層や底辺労働者の所得の何倍も稼ぐことは、最高経営者にとって見苦しいと考えられたのである。

抜擢は別として、大規模組織は、同じ勤続年数の従業員の間に区別をつけなかった。同じ勤続年数の中間管理職はみな、ほぼ等しい報酬を支払われていた。それは、同じ経験年数で同じ職位の大学教授、病院管理者、大新聞社で働いているジャーナリスト、公務員も同様であった。要するに、その人の地位と収入は、官僚組織のルールによって決定されていたのである。「ビジネスは、ますます政府の行政事務のような形態になった」と一九五〇年代の社会学のテキストでは述べられている。従業員の収入は「官僚的な入職と昇進のルールに依存する……所得は、官僚機構における機能的役割によって決定される。」当然の結果として、「所得分配の不平等は縮小の方向へと向かっていった。従業員への分配に比べて、企業を所有する株主への分け前は少ないものであった。専門職や事務職の給与も、工員や肉体労働者の賃金に対してそれほど高いというほどのものではなくなっていた[注21]」。

二〇世紀の半ばにはアメリカの全世帯の約半分は、(一九五三年当時の名目額で、税引後収入が四〇〇〇〜七五〇〇ドルの世帯として定義された）中産階級の中で快適に暮らしていた。そうした中産階級世帯は、専門職や経営幹部ばかりではなく、熟練工、半熟練工、事務員、セールスマン、卸・小売業者といった、大規模生産の巨大ピラミッドを通じて生産される製品の流れに携わる人々を世帯主としていたのである。その大多数は、職場の健康保険と年金の恩恵を受けていた。

成功するということは、地域社会で尊敬され、洗練された生活を手に入れ、出世の階段を上り、郊外に住宅を所有して、安定した家族を持ち、そして人に好かれて、幅広く賞賛されるということだった。こうした希望を持つことは、アメリカ人の多くにとって非現実的なものではなくなっていった。

けれどももちろん、一九五〇年代のアメリカにもなお巨大な不平等はあった。最も貧しい者は、目につかないままであった。差別は深くゆるぎないものだった。黒人は、公然と二級市民の扱いを受け、下層の仕事に追いやられていた。教育や看護以外の専門的な職業に就こうとする女性もわずかしかいなかった。こうした差別の障壁が崩れ落ち始めるのは数十年後のことであった。

雇用の次に来るもの

二一世紀への変わり目には、こうした暗黙の雇用ルールはほとんど消え去った。先のいくつかの章において詳細に述べた新論理は、それらの雇用ルールが現在の職業生活とはますます無縁のものとなりつつあることを示している。今や民間部門で働く労働者で労働組合に属しているのは一〇人中一人以下でしかない。ホワイトカラーの「組織人」も消えゆく種族である。ほとんどの人々が今もなお賃金または給料に頼っているが、古い雇用契約は、急速に腐食しつつある。すなわち、以下のように変わりつつあるのだ。

安定した仕事の終わり――安定した仕事、すなわち年々の報酬水準が予測可能であるような仕事は、一握りの働く人々（最後まで残りそうなまれな例の中には、雇用について研究している終身在職権のある教授も含まれる）以外については消え去ってしまった。買い手の選択の幅が広がり、取引の変更が簡単になったことで、どんな組織にとってもその中で働いている人に安定的な所得を保障することはほぼ不可能になった。この不安定な環境の下で競争的であるためには、組織はすべての固定費用（とりわけその中で最も大きなものである給与総額）を買い手の選択に応じて上下できる可変費用に変えなければならない。その結果、個人にとって収入の予測はますます難しくなった。雇用が不安定化したかどうかの事実確認に関しては多々議論があるが、大部分は意味論としての問題にすぎない。ある仕事が「終身雇用」または「フルタイム」として公式に分類されていても、支払いが月によって、あるいは年によって明らかに異なるような仕事は、実際的な問題として当てにしうる仕事ということはできないのである。(注22)

新しい不安定性は、さまざまな形ではっきりと現れている。収入が契約、助成金、あるいはある期から次の期までの売上によって変化するという意味では、ほとんど誰もが「ソフトマネー」の上にいる状態である。派遣労働者、パートタイマー、フリーランサー、eランサー（ネット上でサービスを提供する労働者）、独立請負業者、フリーエージェントなどの増加傾向についてよく言われるが、(注23)そうした労働者が民間労働力に占める比率は、一〇分の一から三分の一までと推定はさまざまである。

しかし、年々、また月々どのくらい稼ぐかについてさえ不確実であるような従業員雇用者の比率は、いわゆる不安定就業者が全労働力に占める比率よりもずっと大きい。フルタイム雇用者の手取りは、売上手数料、個人のボーナス、仕事チームのボーナス、利潤分配、有給労働時間、ストック・オプション、およびその他の業績指標にますます依存するようになってきている。そしてこれらの指標はすべて、簡単に上昇したり低下したりするものである。(注24)企業内でプロジェクトからプロジェクトへ移動したり、あるいは依頼人が次々と変わる労働者もまた増えている。もし彼らが働くプロジェクトがなくなったり、彼らのサービスを欲しがるプロジェクト管理者がいなくなれば、彼らは簡単に「引き揚げ」られ、それに伴って収入も低下する。彼らは、フルタイムの従業員としてリストされつづけるかもしれないけれども、実際的問題としては、かろうじて給与支払名簿に載っているだけのことなのである。

新規雇用を創出しているのはほとんど従業員二五人未満の中小企業であるが、そこでのフルタイム従業員の所得もまた予測できない。なぜならば、中小企業は大企業よりも非常に高い確率で倒産するからである。中小企業従業員の平均勤続年数は、一〇〇〇人以上の従業員を持つ企業のそれが八・五年であるのに比して、四・四年にすぎない。(注25)さらに大企業でもその多くが、フルタイムの従業員をフルタイム契約社員やフランチャイズ制に変えることで、労働意欲を高めつつ市場リスクを従業員に転嫁することができるため、そうすることでより大きな利益を上げられると考えるようになった。一九七九年以前、タクシーのレンタルはニューヨーク市では違法であった。タクシードライバーは大きなタクシー会社に雇われ、日ごとの売上の一定率を会社と分け合った。多くのタクシー会社は、健康保険と退職金を提供していた。しかし車をドライバーに貸すほうがより利益が上がると気づいたタクシー会社は、この法律の改正を要求した。一九九〇年代後半には、ほとんどのドライバーは独立した運転手となって、健康保険や企業年金なしで、一二時間のレンタルにつき九〇～一三五ドルをタクシー会社に支払うようになっていた。ドライバーは仕事に精を出せば、以前より多くのお金を稼ぐことができるようになったが、より少ない稼ぎしか得られないケースももちろんある。タクシーの事故率が上昇しているのも、おそらく偶然ではないだろう。(注26)

付加給付も勤労収入と同じくらい不安定になった。一九八〇年には七〇％以上の労働者が雇用主から何らかの健康保険給付を受けていたが、一九九〇年代後半にはその比率はおよそ六〇％に下がった。そして何らかの付加給付を受けられる場合でも、企業側はよりせちがらくなり、より多くの従業員拠出金、給与からの控除、そして保険料の支払いなどを求めるようになっている。(注27)

非営利部門の雇用でさえ、より安定しているとはいえなくなった。かつてはいつも型どおりに寄付を更新していた寄付者、財団、補助金助成機関は、今や消費者や投資家と同じくらい気まぐれである。大学で働く人たちの給与支払いのうち、大学外の補助金や研究助成金に依存する割合が高まってきている。そしてその助成金額がますます予測できないものになっているため、大学は、雇用や給与をそのつど変動できる契約労働者にますます頼らなければならなくなった。一九七〇年に、非常勤の大学教授はたった二二％であった。しかし一九九〇年代の終わりには、大学院生の教員が増加している傾向を含めなくても、その比率は四〇％以上にまで上がった。(注28)およそ半分をわずかに上回るくらいの大学教師が大学間を巡回する教員となり、ちょうど季節農業労働者が移動するように学問の世界を動き回っている。

努力の継続の必要性——今や収入は正式な職位や勤続年数ではなく、顧客にとってのその従業員の価値に依存するようになっている。二三歳の最新技術を持つ変人が、三ランク上の「上級マネージャー」の数倍稼ぐことも普通になっている。(注29) 来るべき時代の先駆けとみられるアメリカの最も競争的な産業において、才能ある人々の「半減期」は短くなりつづけている。シリコン・バレー、ウォールストリート、ハリウッドのスターは、競争力を一〇～一五年で失ってしまうプロの運動選手に似てきている。二十数歳のソフトウェア・エンジニアには相当な需要があるが、彼らが四〇歳以上になるともう盛りを過ぎてしまう。コンピュータ・サイエンスの学位を取得した卒業生の六年後の調査によれば、ソフトウェア・プログラマーとして働いているのは六〇%である。ところが二〇年後に同じ職業に残っているのは一九%だけであった。このことは高い初任給や契約金にもかかわらず、そうした分野に多くの大学生が十分に集まらないことの大きな理由となっている。つまり学生は自分がどれくらい速く時代遅れになるのかということを知っているのである。(注30)

われわれのほとんどは年をとるにしたがってそのことを話題にするのをどちらかといえば避けたがるのだが、創造力と年齢の間に負の相関があるということは、ずっと以前からの定説である。数学の分野は、若い数学的天才の創造的ブレークスルーにほとんど全く依存している。すばらしい音楽の作曲は、概して若い作曲家の手によるものだ。若い科学者のすばらしい研究、若い詩人のすばらしい詩もそうである。もちろん年配の人たちは、創造力不足を経験、知恵と判断力によってある程度埋め合わせることはできる。しかしそれらはこれからも尊重されつづける特質であるとはいえ、創造力と同じ程度に重視されることはない。結果として、より多くの中高年労働者が賃金の頭打ちや下落を経験するようになり、職を失った中高年の人々は、たとえ全体の失業率が下がっていても、新しい職を見つけるのが難しくなる。(注31)

安全な沿岸航行も巡航速度もなくなった。仕事は努力の継続を求めるようになっている。家庭はもはや有給労働からの避難所ではなく、家庭と職場の境界は消えつつある。幼い子どもがいる女性のほとんどが、今や職業を持っている。正規の就業時間に関係なく、多くの男女は、常に「仕事に備えて」いなければならない。有給労働と家事をする場所の物理的な相違もあいまいになってきている。労働力の三分の一は、少なくとも一日のうちどこかの時間帯は家で仕事をしている。そして、どこにいようとも、携帯電話、ポケットベル、電子メールとファックスは顧客や依頼人に接続されている。あるいは彼らの時間の一部は、あるプロジェクトから別のプロジェクトへ、またはある依頼人のもとから別の依頼人のもとへと空を飛んで旅行中である。彼らはあまりに頻繁に旅行をするため、決まった仕事場を持たず、さまざまな地方に「そのときだけの机」を持つ、ということもある。

一日八時間、週四〇時間労働は古いものとなってきた。労働時間は今やあらゆるところで長くなっている。新興経済は週七日、二四時間稼働する。その一つの理由は、配偶者またはパートナーの両方とも日中働き、その後の時間に買い物や雑用、そして外食をする必要があるからで、そのためそうした日中以外の変則的な時間に彼らのためにサービスを提供する他の有給労働者が必要になるためだ。それはまた、けっして眠らない、ますますグローバル化する市場のせいでもある。グローバル企業、世界的な株式市場そして不眠で苦しんでいる依頼人が、二四時間体制の気配りを求めているのである。

不平等の拡大――もはや企業は、そこで働く人々の賃金格差を縮小したりはしない。逆に、企業は役に立つ人材をひきつけて、逃さないために激しく競争している。彼らに高い賃金、契約金、ストック・オプション、年末賞与、フィットネスクラブの会員権、熱いバスタブ付きのエクササイズルームを与え、一方で定型労働者の賃金と付加給付を削減している。同様の二極分化は、これほど極端ではないが、非営利団体でも起こっている。同じ教授でも、金融の教授は英語の教授よりもはるかに多くの給与を得ている。巨大な財団の最高責任者は、下位の職員の何倍もの給与を得ている。

企業が、契約のネットワークへとその形態を変えるにしたがって、収入格差は拡大している。労働者は彼らの「市場価値」に値する分を要求している。先に述べたように、才能のある技術革新者の需要は供給を上回っている。と同時に、定型労働者の仕事は、デジタル機械や、世界中のどこか他の地域の労働者によって、より安価に行われるようになっている。確かに、定型労働者の中には必要な勉強を修めて変人や精神分析家になれる人もいるから、そうした上方移動があれば、供給超過の定型労働者はその分だけ減り、需要超過の変人や精神分析家の供給はその分増える。しかし両者の賃金格差がまだ拡大しつづけているという事実は、そうした動きが変人や精神分析家への需要超過や定型労働者の供給超過を打ち消すまでにはなっていないことを示している。

不平等に関するデータをめぐる論争は絶えない(注32)が、その傾向については明らかである。合衆国国勢調査局の経常人口調査(CPS)によれば、一九九〇年代の終わりには、アメリカ国内の所得は、大恐慌、ニューディール、第二次世界大戦という大変動以前の一九二〇年代以来、最も広く分散していた。一九四〇年代後半から一九八〇年代までの間は、所得五分位の最上位層が全体所得に占める比率はかなり安定的にほぼ四〇%で推移していた。最も比率の大きいまん中の三つの五分位層が全体の五四%に近い所得を得ていた。残りが最も貧しい五分位層の比率である。一九八〇年代初頭から、この格差は広がり始め、一九九〇年代にはさらに拡大した。最上位層のシェアは上昇し始め、二〇世紀末には全所得の約半分に達し、他方、中間層のシェアが四八・六%に落ちこんだ。そして、最下位層の所得比率は激減した。最上位層の中でさえ、所得と富は高いほうにシフトしている。所得順位上位五%の世帯所得のシェアは戦後ほとんどの時期、全体の約一五%で安定していたが、この比率は、一九八〇年代になると上がり始め、二〇世紀の終わりには約二五%に達した。そして所得順位上位一%のシェアは、一九九〇年に総所得の二%を占めていたものが一九九九年には一八%近くまで急上昇した。(注33)

一九九〇年代初頭以来、所得階層のトップまたはその近くに位置する人々の所得は、中間層の人々の二倍も速く成長した。(注34)一九九〇年代の一〇年間の好況にもかかわらず、所得の中位数は、わずかに増加しただけであった。さらに株式もずっと幅広く所有されるようになったとはいえ、一九九〇年代の株式市場大活況で生じた利益の大部分はトップ所得層のものとなった。連邦準備制度理事会データに基づく計算によれば、一九九〇年代の間に株式市場に発生した利益の約八五%は、最も裕福な一〇%の世帯のものとなり、また四〇%は最も裕福な中でもさらに際立って金持ちの上位一%世帯のものとなったのである。(注35)これらの所得と富の格差の拡大は、付加給付の格差拡大と並行して進んでいる。最も低い所得者層に属する労働者で健康保険に加入している人の比率は、他のどんな所得階層グループよりも著しく低下し、一九八〇年に四一%であったものが、一九九〇年代後半には三二%にまで低下した。雇用主によって提供される企業年金も、同様に二極分化した。一〇万ドル以上の収入がある上位五%の世帯が年金優遇税制の恩恵の四分の一を受け取った。(注36)

これらの変化は、大きな結果をもたらしている。金持ちと中間層は、今や別々の世界に暮らしており、そして貧しい者は両者にとってほとんど見えない存在になってきている。二〇世紀の終わりにはアメリカの世帯の最も豊かな一%を占める二七〇万人たらずの人が、税引後所得で、最低所得層の一億人分に匹敵するお金を持つようになった。そして彼らはアメリカのほとんどを所有したのである(ビル・ゲイツ単独の純資産は、下から半分までのアメリカ全世帯の純資産に等しかった)。

不平等は見た目ほど問題ではない、と主張する人もいる。彼らは最下層労働者の実質所得の下落が一九九六年に下げ止まり、実質的に上がり始めたことを指摘する。(注37)確かにそうだけれども、この歓迎すべき方向への転換は、失業率の異常な低さによってほとんど説明できてしまう。あまりに失業率が低いので、最下層の労働者でも一つあるいはそれ以上の数の仕事を見つけることができ、以前より多くの時間働くことが可能になっているのである。けれども、われわれは永遠に力強さを持続するような経済を期待することはできない。景気循環が永久になくなることはありえない。またたとえ彼らの所得が上がったとしても、所得が急速に上昇した上位五%の高所得者と比べると、なお相対的にはより貧しくなっている。また、不平等の測定は一時点の所得の単なる断面にすぎず、所得の最下層部からより高いレベルへ、人々が動くということを忘れてはならないと指摘する人もいる。確かにそれを忘れてはならない。しかし調査結果によれば、最下層部からスタートしたほとんどの人々は、その階層で人生を終えている。（注38）さらにまた、安い長距離の電話サービス、高血圧をコントロールする薬などが発達する数十年前に比べれば、貧しい人々でさえも豊かになっているではないか、という主張もある。

これらの考え方は重要な真実を含んでいるが、不平等が拡大しているという事実そのものとは矛盾していない。景気循環の好況と不況の影響をコントロールしたうえでも、賃金と付加給付の合計の分散は拡大してきている。最上層の労働者は、かつての最上層の労働者が稼いだよりも、かなり多くを稼いでおり、また最下層の労働者は、かつての最下層よりも相対的に稼ぎが減っている。そしてそれらの間に存在するあらゆる階層の労働者について、以前よりも格差が広がっているのである。これと同様の傾向は、アメリカにおけるほどまだはっきりと確認されていないとはいえ、多くの他の先進国経済においても観察されているところである。

アメリカは、古い官僚組織がその賃金制度とともに消えつつあることによって、賃金格差によって二極分化しつつある。人々はますます、その「市場価値」に応じて報酬を得るようになってきている。活気のあった一九九〇年代の一〇年間で、シリコン・バレーで最も高い報酬を得ていた幹部社員一〇〇人の平均年収は、四倍以上に跳ね上がり、七〇〇〇万ドル以上となった（これは週五〇時間働くとして、時給約二八〇〇〇ドルになる）。ストック・オプションを加えると、その数字はさらに高くなる。なぜ、彼らはそんなに高い報酬を得たのだろうか。消費者が彼らの発明を望み、投資家がたとえこれらの多くの企業にとって利益が実際に出るのはずっと遠い将来であったとしても、その発明の分け前を欲しがったからである。同じ期間、シリコン・バレーの下位四分の一の労働者、すなわちコンピュータの部品を自宅で組み立てている労働者や、ソフトウェア・エンジニアの子どもの世話をするような人たちの賃金は、二〇%下落し、時給九ドルを少し上回る程度になった。(注39) なぜ、彼らの報酬はそれほど少ないのだろうか。彼らは簡単に置き換えられてしまう存在であったからである。ワシントン州のキングカウンティ（シアトルとレッドモンドを含む、マイクロソフトの本拠地）において、二万三五〇〇人のソフトウェア労働者は、一九九九年にはストック・オプションを含む年収で一人当たり二八万七七〇〇ドルを稼いでいる。同地域で、その他の職種の人々を含む全体の世帯収入の中位値は三万四三〇〇ドルであった。(注40) なぜそれほど大きな格差があるのだろうか。ソフトウェア労働者のサービスは、世界中で需要が高いためである。他方、小売業、レストラン、ホテル、病院、輸送サービスなどを提供する同地域の他の居住者に対する需要はそれほど高くない。

コメディアンのジェリー・セインフェルドは、昨シーズン（一九九七〜九八年）幅広く人気があるテレビ番組で、二二〇〇万ドルを受け取った。これはNBCネットワークが彼には明らかにその価値があると考えたからである。あるエピソードによれば、NBCは一分当たりの広告に一〇〇万ドルを請求していた。広告主は、多くの人々がそれを見て、その結果彼らの製品を買うだろうと計算したのである。確かにわれわれは広告を見て、それらを購入したのだ。NBCも多くのフリーランサーに頼っている。たとえばスタジオ技術者、メークアップ・アーティスト、それに「フリーのレポーター」といったような人たちである。そうした人たちを同じような仕事をしていた古い労働組合員の賃金よりもずっと安く雇って仕事をしてもらっているのである。他の放送局やネットワークテレビの視聴者を奪いつつあるケーブル・チャネルでも同じことをしている。したがって、もしNBCの親会社であるGE（ゼネラル・エレクトリック）やGEの投資家（その中には私の入っている教員退職年金基金も含まれる）がその収益をきちんと管理しようとするならば、NBCによるこれらのコスト削減はいっそう避けられないものとなる。私の住む通り沿いのクリーニング店で働く労働者は、一九九九年の所得が一万三五〇〇ドルだったと話してくれた。アメリカの経済がブームに湧いていたときでさえ、彼女がもう一ペニーの賃上げを要求するならば、彼女の働いているクリーニング店は簡単に彼女を他の人に置き換えることができる。これこそがまさに厳しい現実なのだ。そして実際、私は彼女がクビになることに与したくはないけれども、クリーニング店に必要以上の代金はビタ一文払いたくはないのである。

完全な一回り？

工業化時代以前に聞かれた、「個人責任」という古くからの理想と「契約の自由」という言葉を、近年再び耳にするようになったのは必ずしも偶然ではない。雇用主と従業員の関係がゆるいものとなっている中で、雇用主に雇用上の法的保護義務を課するのはますます適切でなくなっているように思える。週四〇時間労働は、タクシーとその看板を借りて仕事をしているタクシードライバーや、コンピュータの前に座り株価に賭けているデイトレーダーにとっては意味のないことだ。両者とも好きなだけ働くのであり、それは彼ら次第である。また彼らにとって、団体交渉の権利といったものもほとんど意味のないことだ。このことはますますその数を増している小企業で働き、プロジェクトからプロジェクトへ移動する人々、または自らをフリーエージェントと位置づけている人々、さらには専門職の人々にとっても同様である。そもそも彼らは誰と交渉するのだろうか。

法律は仕事場における最低限の安全レベルを保障しているが、それは労働者の三分の一に当たる一日のうち少しでも家で働いている労働者には適用されない。「人間工学」の基準は、反復的な緊張による労働障害から労働者を保護することを目的としているが、それは自宅のコンピュータに向かってこの本を書いている私を保護してはくれない（実は二〇〇〇年一月のある一日だけ、労働省は自宅で行われる仕事に職場の安全規定を拡張適用したが、その不合理性があまりにも明らかだったのでそれを急いで、かつぶっきらぼうに取り下げた）。さらに言うなら、家族や医療上の緊急事態に際して仕事を休むことが認められている家族休暇制度や医療休暇制度も、私には何の助けにもならない。もし万一、緊急事態が私の家で起これば、私はコンピュータをオフにして、階下に走るだろう。状況が面倒ではあるがそれほど重大でないならば、私は仕事を離れようかどうか、あるいはまたどのくらい離れるかということについて、自分自身で激しく葛藤するかもしれない。しかし誰をもその葛藤に巻き込む必要はないのである。

最低賃金制度は、大企業が一般的な賃金率を設定し、ほとんどの人々が終身雇用であったときには意味を持っていた。しかしポスト雇用の世界においては、人々は市場における価値に応じて報酬を受け取るのだと主張することは容易であり、またその主張は受け入れられやすいものとなる。彼らの所得はその技術、才能、労働意欲に基づいて決定される。この考え方によれば、より多くの報酬を払ってくれる人を見つけられないのはその人自身の責任である。同様に、不況が罪のない何百万もの雇用者の職を奪うようなときには、失業保険制度は合理的なように思われる。しかしポスト雇用時代に、仕事のない人々は、その状況に対して自らがより多くの責任を負わねばならないように思われる。もし彼らが仕事を見つけることができないとすれば、それはおそらくそのサービスに対して要求している料金が高すぎるのだ。おそらく、彼らは料金を安くするか、追加的な技術を修得するか、あるいは自分自身をもっと効率的に売り込まなければならないのである。

雇用の時代には、雇用主が健康保険と私的年金の主たる提供者であることは適切であり、また彼らは公的年金への負担も行っていた。雇い主にとって従業員の健康が保障されていることは大切なことであったし、従業員にとっても他の従業員の生産性は互いの生活にとって大切なことだった。けれどもポスト雇用時代になって、人々がプロジェクトからプロジェクトへ、仕事から仕事へ移動するようになれば、個人が自らの健康への配慮と引退後の生活のための貯蓄についてより多くの責任を持つことが合理的なように思われる。

しかし、ポスト雇用時代において、雇用時代以前の社会のようにすべてを個人責任の問題にできるかというと、必ずしもそうではない。この二つの時代の間には、いくつかの重要な違いがあることにも注意しなければならない。雇用時代以前の社会では、市場はほとんど地域的なもので、売り手間の競争もほとんどなかったから、売り手は価格を設定する力をある程度持っていた。彼らはまた、商売が苦境に陥ったときや、新しく建物を建てたり井戸を掘ったりするのに助けが必要なときには、地域コミュニティに頼ることができた。地域コミュニティは、その意味で、社会保険の前期的な形態を提供するものであったといえる。しかしポスト雇用時代はこれとは対照的に、働く人々のほとんどが、顧客と投資家が世界中のどこでもより良い取引があればそれに切り替えられるような、非常に不安定な市場の激しい強風に直面している。そして働く人々はますます自らに頼らなければならなくなっている。社会保険もむしばまれつつある。近隣同士の非公式な社会保険でさえ弱まっている。多くの人々は、かろうじて隣人を知っている程度になっているのである。

復習——新しい働き方とは何か

要約すれば、約三〇年ほど前に、アメリカ経済は安定した大規模生産の社会から、連続する技術革新の時代へと方向転換を始めた。それ以来この動きは急速に速まっていった。そこでは技術が推進力であった。最近ではインターネット通信、そしていわゆる電子商取引にまで到達した、通信、輸送、情報の新技術は、顧客の選択を劇的に広げ、（法人顧客を含む）すべての顧客がより良い取引を買ったり、あるいはより良い取引に切り替えたりすることを容易にした。より広い選択、より簡単な取引変更は、あらゆるレベルで競争を激しいものにしている。それはあらゆる売り手に極限までの技術革新、コスト削減、新しい付加価値の創出を強いている。

古い工業経済において、利益はほとんど同じような商品を長期にわたって生産するという規模の経済から得られるものであった。今日の利益は、技術革新と顧客をひきつける（そして逃がさない）素早さから得られる。かつての勝者は大企業の官僚組織であった。しかし今日の勝者はすばらしいアイデアを生み出す小さな柔軟性に富んだグループと、そうした付加価値を効率的に売り込むことができる信頼しうるブランドである。

こういった変化が、どこよりも速くアメリカで起きた一つの理由は、その根底にある通信、輸送、情報技術の多くが、最初にアメリカで開発されたということであり、またもう一つの理由はアメリカ経済が他の地域より早く規制緩和を始めたので、資本と労働が、より速く移動できたからである。その他の社会は、アメリカの来た道をたどる兆候を現在示している。

われわれはこうした変化から大きな利益を得ている。アメリカの経済はより大きくまたよりダイナミックに成長している。近年、生産性は急上昇している。アメリカ経済はより多くの割合の人口を仕事に就かせ、賃金インフレーションのリスクなしに低い失業率を維持することに成功している。ますます広い範囲の商品とサービスが手に入るようになっているので、顧客がすばらしい買い物をすることは、ますます容易になっている。私たちの物質的生活の質に関して、つまりお金で得られるものに関して、われわれのほとんどは、これまでよりも良い暮らし向きになっているといえる。所得階層の最下層またはその近くにいるアメリカ人が、かつて、たとえば一九七〇年代より暮らし向きが良くなっているかどうかについては大いに議論がなされている。彼らが以前買うことができたものに比べて、多くの面で暮らし向きは良くなっただろう。しかしアメリカ社会の多くの人々が現在買うことのできるものと比べた格差においては、彼らはより困窮しているともいえる。

この最後の質問にどう答えるかを別としても、われわれは単に消費者であるだけではないことを思い起こすことが重要である。われわれのほとんどは、日々のほとんどを生活のために働くことに費やしている。われわれはまた、家族や友人や地域コミュニティからなる、個人的関係の網の目の中に存在しているのである。よりダイナミックで技術革新的な経済が、仕事のあり方や報酬の支払われ方を変える中で、そうした変化はわれわれの個人生活をも変えつつある。これらの変化を経験することなく、ニューエコノミーの利益を得ることはできない。それらは、新しく鋳造された同じコインの両面なのである。

技術がすべての買い手により多くの選択とより簡単に取引先を変更する力を与えれば与えるほど、すべての売り手はより不安定になる。買い手を喜ばせるダイナミズムと技術革新はまた、売り手を不確実、不安定にし、良いときと悪いときのギャップをより大きなものにする。ほとんどすべての人の収入は、より不安定で予測しにくくなっている。

新しい時代は、他の面においてもリスクと不平等度を高めている。才能があって野心的な人々には莫大な機会がある。彼らは、工業時代に才能があって野心的だった人々以上に、中間的な人々の賃金に比べてより多くのお金を稼ぐことができる。そして、多くの人は当時の退屈な官僚的な仕事よりもはるかに刺激的な仕事をしている。しかし、それはまた絶え間のない努力を必要とするということであり、すべての労働者は、所得が激しく落ち込むリスクにさらされているということでもある。所得と富の格差は、相当に広がってしまった。アメリカは過去一世紀の間、こんなに大きな不平等に耐えるという経験をしていないのである。

こうしたより極端な状況の下での成功の本当の意味とは何だろうか。そしてこうした苛酷な現実に対処する政策なしに、われわれ自身、そして家族とコミュニティにとっての望ましい環境を作ることはできるのか。次にこれらの疑問を取り上げていくことにしよう。

PART 2

ニューライフ

PART 2

第6章

人々を一生懸命働かせるもの

所得の予測がより難しく、雇用保障がより小さく、そして以前に比べて潜在的所得がより高くなったり、低くなったりするとき、人々はどう行動するだろうか。人はより一生懸命に働くようになる。より多くの時間を仕事に投入するようになるだけではない。より集中して働くようになるのである。

公式推計によれば、平均的なアメリカ人はより長時間働くようになっている。ただし正確にはどのくらい長い時間働くようになったのかは議論が分かれており、さらに一部の研究者は、アメリカ人の労働時間は長くなってさえいないと考えている。毎春五万世帯を対象に行われる大規模調査では、他の事項と一緒にその前の一年間に何週間有給労働を行ったか、そして通常週何時間働いていたかを尋ねている。これは、完璧な測定方法ではない。どれくらい一生懸命働いたか忘れてしまう人もいれば、それを誇張する人もいる。実際よりも長く働いたと感じているかもしれないし、あるいはあまり働いていなかった人はそれを認めたくないかもしれない。有給労働とそれ以外の生活の部分の境界線が消えつつあるということもさらなる難しさを引き起こしている。仕事はいったいどこで終わるのか、という問題である。しかしそれでも、この調査は現在のところわれわれの持ちうる最良の測定結果であり、そして毎年同じ質問がされていることから、少なくとも労働時間が時系列的に増えているか、減っているかについては大まかな指標を提供してくれる。
この測定基準にしたがえば、有給労働の時間は増加している。平均的な働く成人アメリカ人は、一年に約二〇〇〇時間を給与を得るために投入している。それは、男性およびとりわけ女性について、二〇年前に投入していた時間より約二週間分長い。一九九九年に、平均的な中間所得者層で結婚して子どものいるカップルは、合わせて三九一八時間を働いた。それは一〇年前より約七週間分長い。(注1)
アメリカ人は今、かの勤勉な日本人よりも、給料を得るために長時間働いている。日本人は現在、アメリカ人の一九八〇年当時とほぼ同じ時間を労働に投入している。ILO(国際労働機関)の最近の報告書によると、アメリカ人がより多く働くようになった間、他の先進国のほとんどにおいて、成人の労働時間は減少していた。一九八〇年代後半までは、平均的な成人アメリカ人労働者は、典型的ヨーロッパ人とほぼ同じ時間働いていた。しかし現在では、典型的アメリカ人は、平均的な成人ヨーロッパ人労働者より、年間三五〇時間以上多く働いている。フランスでは、有給労働は一九八〇年代の一八一〇時間から一九九〇年代後期には一六五六時間にまで減少した(注2)(ただし彼らの経済活動もいずれはアメリカと同様の道をたどるので、ヨーロッパ人と日本人もまた、もっと一生懸命働くようになるだろうと予想はできる)。
アメリカにおけるこうした傾向は、アメリカ人女性、特に母親の劇的な就業行動の変化、つまり彼女たちが家事労働から有給労働へ、またパートタイム有給労働からフルタイム有給労働に転換したことでかなりの部分を説明できる。これだけ大きな社会的転換が、これほど速く起こることはそうめったにない。もうずいぶん長い間こうした変化とともに生活しているにもかかわらず、人々はこの転換がいかに大きなものであるかをまだよく認識してはいないようだ。一九六九年の統計調査によれば、二〇歳から五五歳の子どものいる既婚女性の三八％が就労していたが、現在それはほぼ七〇％になっている。(注3)

アメリカ人の有給労働への傾倒がすべて女性だけのものである、というわけではない。専門職や管理職の男性もまた、より長時間働くようになっている。一九八〇年代半ば以降、少なくとも週五〇時間働いている専門職や管理職は三分の一も増えた。唯一、労働時間が減少したのは、学歴が高卒以上に進まなかった人々で、これは企業がレイオフするときや経済状況が悪化しているとき、まず彼らが仕事を失うという理由からである。

問題とは？

われわれの多くが、以前よりも有給労働にはるかに多くの時間を投入しているからといって、それだけでわれわれの暮らしがきつくなったということを意味するわけではない。最近では、電子レンジ、下準備された食事、いたる所にあるファーストフード・レストランのおかげで、食事を準備する時間はそれほど必要でなくなってきている。チャイルドケアのための選択肢も以前より多い（それを利用する経済的余裕があれば、であるが）。そして、インターネットは買い物の時間を減らしてくれる。研究者たちの間では、われわれが他のことをする「自由な」時間に比較して、労働にどのくらいの時間を投入しているかについて、活発な議論がなされている。(注4)その中には、実際に以前より自由時間が増えたという主張もある。メリーランド大学の社会学教授であるジョン・ロビンソンと、ペンシルバニア大学で「余暇研究」と呼ばれている分野の教授をしているジェフリー・ゴッドベイは、一九六五年から一九八五年の間、サンプル抽出された人々によって続けられた詳細な時間日記を調査した。その研究は有給労働だけでなく、無給の家事労働時間も入れて、日中行ったすべての行動を記録するものであった。彼らはその結果からこの二〇年間にわたって自由時間が増加していることを見出した。(注5)この二人の教授たちの調べたサンプル数は小さく、またどのくらいの時間を費やしたかという記録を克明に書きとめるほど十分な暇を持つ人々は、必ずしも平均的なアメリカ人を代表しているとはいえないかもしれない。さらに少なくとも一九八五年以降は、ほとんどのアメリカ人にとって、かつてよりも自由時間が少なくなっていると、両教授も認めている。それにもかかわらず、ロビンソンとゴッドベイの有益な洞察は、拘束時間がどのくらいあるかを評価するとき、われわれは有給労働だけでなく、無給の労働をも考慮する必要があるということを示している。

事実、もし有給労働と無給労働を合計するならば、一握りの本当に裕福な人々以外、たくさんの自由を謳歌した黄金時代というものがかつて本当にあったかどうかは疑わしい。ほとんどの成人女性と成人男性は常に一生懸命に働いていた。なかでも農場労働は(そして今もなお、それを続けている少数のアメリカ人にとってはそうであるが)背中と足腰に最もきつい労働であった。小売業者やその配偶者たちは、非常に長い時間を労働に投入した。私の両親はニューヨークの北部で小さい衣料店を経営していたが、週に六日は夜まで店を開けていた。家事時間を考慮すれば私には両親に自由になる時間があったとは思えなかった。

作家のアリス・ウォーカーは、二〇世紀初頭の、彼女の母親の仕事ぶりを記述している。

母は私たちの着る洋服を――弟のつなぎ服でさえ――全部縫い、私たちの使うタオルとシーツを全部作りました。また夏は野菜と果物を缶詰にし、冬は私たちのベッドを覆うのに十分なキルトを作っていました。

「日中」は、父に負けずに同様に畑で働き、彼女の一日は日の出前に始まって、夜遅くまで終わらず、座る時間も、平穏な時間も、個人的な思索にふける時間もなく、労働や多くの子どもたちのうるさい要求で、煩わされない時間はありませんでした。（注6）

する仕事がたくさんあるということは、必ずしも悪いことではない。仕事は人の生活に秩序と意義を与えてくれる。それはまた自らに対する価値、尊厳の意識を与えてくれる。一生懸命働くということは結局、西洋の道徳意識の中心教義をなす、プロテスタントの倫理の基礎である。この立場から見れば、一生懸命に働くことは美徳である。「自由な時間」は怠惰を意味し、たとえ罪ではないにしても、人格を確かにむしばむものだ。アメリカ国内において福祉をやめるべきだということをめぐる議論の多くはこの信念と価値観にしたがっており、その声は現在でもさまざまなところで聞かれるものである。

最近、私はミルトン・ガーランドという名の人物にインタビューをすることになった。一〇二歳の彼は、アメリカで知られる限り最高齢の賃金労働者である。ガーランド氏は同じ会社――ペンシルバニア州ウェーンズバローにあるフリック社――で、一九二〇年に就職して以来、七八年間ずっと働きつづけている。フリック社は他の多くのアメリカの企業ほど労働者を解雇してはこなかった。インタビューは、彼が一九二〇年代にその空調設備を設置する仕事をしたビルに本部を置くワシントンのナショナル・プレス・クラブで行われた。「私は今やっている仕事が大好きなのです。」彼は現在、週二四時間働いていて、フリック社の国際特許業務の調整と、若い社員の訓練に携わっている。そして、「私のできるアドバイスは、何かに打ち込んで好きになるまでそれを続けるということです」と付け加えた。「その仕事で専門的知識を得るまではなかなか仕事は好きになれないものですが、いったん専門家になれば、仕事は喜びになります。」三七年前に六五歳になったとき、引退したらどこで暮らすのかと尋ねられたときにガーランド氏は指をパチンと鳴らして言ったものだ。「自分のお墓で」[注7]と。

ある同じ仕事を退屈で骨の折れる仕事だと感じる人もいれば、一方でそれを十分にやりがいのある仕事だと感じる人もいる。私は庭仕事が大嫌いで、何時間も雑草を取らされることは地獄の苦しみに値するものである。もし私にそれをさせようとしたら、多額の報酬を払わなければならないだろう。けれども私には、庭仕事が喜びであるという良い友人がいる。時間があるときはいつでもやってくれる。彼は休暇の時にさえ庭仕事をしている。また、他人の世話をすることに深い喜びを見出す人もいる。子ども、老人、病人、障害者を世話することは、介護する者の人生に深い意味を与えることができる。それは自分の子どもや近い親戚の世話をするときにも、また助けを必要としている他人の世話をボランティアで行うときにも得られるものだ。けれども人の世話をすることが重労働であると感じる人もいる。女性はいずれにしてもそうした世話をする道徳的義務があるように感じているだろうし、またそれがどんなに嫌いであってもそれを認めたくないかもしれない(社会は育児・介護労働を行う道徳的な負担の大部分を、有給、無給の両面で女性に負わせている)。

同じ活動がそのときの状況や、最初にどのように印象づけられたかによって、楽しいとも不快であるとも感じられることもある。心理学の教授であるソフィア・スノーとエレン・ランガーは、ボストン地域の成人のサンプルを二つに分けた。彼らは、両方のグループに同じ課題をするよう頼んだ。その課題とは、ゲイリー・ラーソンの漫画を、そのグループが選んだあらゆるカテゴリーに分類し(面白いか、それほど面白くないか、男性に関する漫画か、女性に関するものか、など、その他もろもろの違いに応じて)、さらにそれぞれの漫画についてその意味が変わるように、言葉を一つか二つ変更するように指示した。実験者は、片方のグループには、これらの課題を「ゲーム」だというふうに述べた。もう片方のグループには、「仕事」だと言った。その後両方のグループの人々に、この課題を行っている間に、どれくらいそれを楽しんだか、またどのくらい思い迷ったかなど、作業中の体験について質問をした。その結果「労働」グループよりも「ゲーム」グループの人々のほうが、仕事を楽しんだと報告するケースが多いことが判明した。さらに「ゲーム」グループの人々は、その課題を行っている間あまり思い迷わなかったと報告した。(注8)

何千人ものプレイヤーが同時に参加できるインターネット・ゲームを開発している私の元の学生は仕事が大好きなようであるが、それはただお金がたくさん手に入るという期待からだけではない。彼女は本当に楽しんでいるのである。彼女は一緒に仕事をする人たちが好きなのだ。インターネットの仕事を立ち上げるという熱狂的な世界が大好きなのだ。少なくとも一日一二時間は働いて、夜一〇時前に帰れる日がほとんどなく、週末も洗濯と請求書を処理する時間しかなくても、かまわないのかと思う。しかし彼女は全く平気なようだ。

専門職の女性が家庭内の無給の仕事よりも、外での有給労働により大きなやりがいを見出すのは特別なことではない。社会学者のアーリー・ホックシールドは、ある会社（名前は明らかにされていない）[注9]の一三〇人の従業員に面接をし、その行動を観察した。彼女は、多くの女性従業員が家庭よりも会社で時間を過ごすのを好むということを発見した。彼女たちは、家庭でのほうがより骨の折れる仕事をさせられると感じている（不機嫌な年ごろの子どもたちや手のかかる赤ん坊、そして感謝もしてくれない夫など）。彼女たちは、家庭にいるよりも仕事中のほうがより有能であり評価されていると感じていた。彼女たちの友情は、仕事以外の人々とのそれよりも仕事仲間とのほうが強く、また彼女たちの職場における部下の「育成」は、家庭における本当の子育てよりも満足の度合いが高かった。あるいはたとえば親の死のような、精神的ダメージに対処する際にさえ、家族や教会の友人よりも、仕事仲間がより役に立つことを見出した（多くの男性も同じように感じている）。ホックシールドは注意深く研究を行ってはいるが、もちろん彼女の発見をすべての労働者に一般化することはできないだろう。彼女が面接と観察を行った会社はもともと従業員の扱いが良いところであった。しかしそうした留保をおいてもなお、家庭での無給の労働が、外での有給労働に比べて、困難で報われないと感じられることがある、というのは間違いないところであろう。

労働は、それが何らかの深い個人的な献身を表すという意味で、またその労働に対してどれだけ報酬が支払われるかにかかわらず、それが潜在的な活力や才能を引き出すという意味でも「天職」でありうる。私は、今なお自分たちの仕事を、第一に愛と義務の労働である社会奉仕だと考えているたくさんの医者を知っている。同じことは多くの教員、ソーシャルワーカー、そしてもちろん政治家にもいえることだ。残念ながら私はまだこのように考える投資銀行家には会ったことがないけれども、そういう銀行家も一人や二人はいるに違いない。

持って生まれた情熱によって行われる仕事は、ただ単にお金だけのために行う仕事よりも、一生懸命に、かつ熱心に働く意欲を駆り立てる。「昨年、私は人生においてかつてないほど精力的に働き、そして数週間前、ついにその問題を解決しました」と、その後一般相対性理論の数学的土台となる問題に取り組んでいたアルベルト・アインシュタインは、いとこのエルザにこう手紙を書いた。「今、私には若干の安息が必要で、さもないとすぐにでも倒れてしまいそうです。(注10)」

多くの作家、芸術家、哲学者、俳優たちは、その仕事に深い満足を感じ、あるいはその仕事をすることに抑えがたい衝動を覚えるというだけの理由で働いている。多くの場合、彼らは生活のために別の仕事を持っている。これは目新しい現象ではない。「自分にとって最も大切なものを知れ」と、一九世紀の作家であり哲学者であるヘンリー・デービッド・ソローは勧めた。「人生を追い求め、人生に追いつき、そして人生の周りを回り回って……自分にとって最も大切なものを見つける。それに悩み、それを葬り、また発掘し、さらになおそれに悩む。(注11)」ソローはお金が必要で自分の大切なものについて悩んでいないときには土地の測量をしていた。T・S・エリオットは銀行員であったし、ナサニエル・ホーソンは、セーラムの税関の事務員をしつつ、『緋文字』を不滅のものにした。ウォレス・スティーブンズとチャールズ・アイブズは、保険のセールスマンであった。ウィリアム・フォークナーは『死の床に横たわりて』を書いているとき、肉体労働者として一日一二時間働いていた。一八六六年から一八八五年まで、ハーマン・メルヴィルは、ニューヨーク税関の野外検査官であった。ウォルト・ウイットマンは、ワシントンDCにある、アメリカ陸軍主計総監部の筆工であった。マシュー・アーノルドは、視学官。偉大なフランスの社会学者で、おそらく後にも先にも誰よりもこの国についてよく理解していたアレクシ・ド・トクヴィルは、フランス政府の事務官であった。偉大な一七世紀の哲学者であったベネディクト・スピノザは、レンズを削り、磨き上げることで生計を立てていた。アインシュタインは、二六歳の特許局審査官であったとき、相対性理論を明らかにした論文を書いている。ウィリアム・カーロス・ウィリアムズは、内科医であった。スタンレー・ボジャスキー(まだ彼の名前は有名になっていないので、聞いたことがないかもしれないが)は、日中、マンハッタンのミッドタウンにある格式の高いデューイ・バレンタイン法律事務所で法律助手として物静かに働いているが、夜はゲイをテーマにした、『ハワード・クラブツリーの、ブタが飛ぶとき』というミュージカル・レビューの女装喜劇役者を演じている。アメリカの俳優や俳優の卵、とくに後者には長い伝統がある。それはウエイターをし、アパートのペンキを塗り、そしてタクシーの運転手をする、ということだ。父の店で働くことを引退した後に私の母は、かわいいパステルの肖像画と風景画を描くようになり、その絵は彼女の絵の道具をまかない、さらにささやかな積み立てを残せるほどに売れた。

確かに、それは問題である

それでは何が問題なのだろうか。ほとんどの人々の生活における、有給労働の総量が劇的に増加していることが問題なのだ。そして増加しているのは、公式統計による労働時間だけではない。有給労働の性格そのものが、われわれの残りの生活にさらに深く侵入するようになっているのである。しかもその多くが、より精神的、知的負荷の大きなものとなっている。仕事はさらに長い労働時間を必要とするようになり、深い眠りにさえ侵入するときもある。仕事の量はますます予測不能になり、ますます突然に生活時間に侵入してくるようになっている。

家庭のファックス、ボイスメール、電子メール、ポケットベル、携帯電話、自動車電話が鳴って何かを伝えてくれれば、それに応答しなければならない。また、他の誰かにとって価値がありそうで、すぐにシェアすることを期待されているような知識を得たら、その情報を伝えるためにそうした機器を使わなければならない。結局のところこういった機器の唯一の目的は、われわれが何かほかのことをしているとき、その居場所を特定することにある。それらは文字どおり、われわれを待機させるものだ。それらは不法侵入者のように、あつかましく生活に入り込んでくる。車を運転しているとき、飛行機に乗っているとき、歩いて移動しているときのような、完全にプライベートな時間と空間のわずかな隙間に対してさえ堂々と入り込んでくる。それらの機器が鳴る可能性があるということだけで、ちょうど警戒を怠ることのできない番兵のように、それに反応するために脳を常に待機状態に置いておくことが必要になる。これらの機器がなければ、おそらく仕事の効率は低下してしまうだろうが、それらはますます個人的領域にまで侵入してくるようになっている。数年のうちに、各自がリストバンドにつけられた共通の通信機を持つことになるかもしれない。それらを通じて、日中だろうと夜中だろうとどんな時間にでも、（あらかじめ指定してある）特定の人々は、われわれを見つけ、話し、そしておそらく互いの顔を見られるようにもなるだろう。そうした装置のスイッチを切ってしまう自由はもちろんあるし、そのように自由に生活に割り込んでくる権限を誰に与えるかもわれわれが決定するのである。けれども、少なくとも一日一八時間はその機器のスイッチを入れて待機しておくことや、私生活の中に侵入してくることのできる人たちのリストを、自分の愛する人々だけでなく、職業生活にとって重要だと思える人々をも含むものにまで拡大しなければならないという心理的プレッシャーを想像してほしい。

通勤時間は長くなっている。仕事のために家を留守にする時間も増えている。米国旅行業協会によると、アメリカ人は一九九六年（利用できる最新のデータ）に四二九〇万回の出張旅行をしており、これはほんの五年前より二一％も増加している。家庭労働研究所によるもう一つの調査によると、働いている人々の五人に一人は、定期的（調査の中では「定期的」について定義をしていないが、少なくとも月に一回であると考えて問題ないだろう）[注12]に一泊の出張旅行に出かけている。加えて、さらに頻繁にあちこちで開かれる会社の会議、研修、セミナー、遠隔地での打ち合わせなどがある。ミーティング・プランナーズ・インターナショナルの調査によれば、泊まりの「イベント」を行った企業は、一九九六年度には五八万社であったのに比べて、一九九八年度には八〇万五〇〇〇社にのぼった。[注13]

この新しい働き方が必要とする、仕事への没頭と精神的エネルギーを測定する方法はないが、それは確かに以前よりも大きくなっている。「常にせかされていると感じる」というアメリカ人の比率は一九六〇年代半ばから一九九〇年代半ばまでにかけて、五割以上跳ね上がった。そして、「ほとんどの時間、とても一生懸命働いている」「遅くまで仕事をしていることがよくある」と言っているアメリカ人は明らかに増えている。(注14) 家の外に働くオフィスのある人でも、自宅のコンピュータは、今や「仕事場」となっている。仕事は、書類や報告書を詰め込んだかさばる書類カバンによってではなく、小さなディスケットと、重さのない電子メールの添付ファイルによって家とオフィスの間を行ったり来たりするのである。常時インターネットを使っているユーザーの四分の一が、自宅でより多くの時間働くようになり、しかもオフィスで働く時間も減っていないと言っている。(注15)

マーケットはずっと開いていて、通信機器はいつでも接続できる状態になっているのだから、「何かほかのことをする時間には働かない」ことを明白にしっかりとした考えに基づいて決意した場合以外は、働かないことの言い訳はできない。仕事へのアクセスがより容易になるにしたがって、他のことをするために仕事をしないということを決意するのがますます難しくなっている。建築家のフランク・ルーポとダニエル・ローウェンは、最近若い二人のウォールストリートの為替トレーダーのために、マンハッタンのアパートを設計した。その住居には、六台のビデオモニターが戦略的に配置されていて、そのすばしこいカップルが、バスルームを含む彼らの新しい家のどんな場所からでも一日二四時間、世界中のマーケットを追跡できるようになっている。(注16)

有給労働が人生の残りの時間に入り込んでくるので、必然的にほかのものは、圧縮されるか押し出されるかしてしまう。親が子どものために使う時間の減少については公的にもかなり注目されるようになっている。大統領経済諮問委員会によれば、アメリカの親は三〇年前の親よりも、子どもと過ごす時間が平均で週二二時間も減っているという（ただしこれは必ずしもそれぞれの子どもの世話をする時間が二二時間減っていることを意味しているわけではない。というのは、そもそも成人アメリカ人の持つ子どもの数が少なくなっているからである。実際、睡眠時間は減っていても、母親が起きている時間で子どもに費やす時間は、一九六五年と一九九八年とでほとんど変化していないという報告もある。(注17)ポイントは、一般的に大人が子どものために費やす時間の総量が減っているということである）。生活の他の側面も同様に押し出されている。友人、配偶者、パートナーのための時間、地域社会のためのボランティア活動、そして家事のための時間は、それが喜ぶべき「天職」であろうとそうでなかろうと、またそうした無給労働が深い満足を与えてくれるものだろうと単なる義務だと考えられていようと、いずれにしても仕事時間の増大のために圧縮されることになる。

有給労働の圧力によって、他のすべての活動はますます厳密に管理されることを余儀なくされている。子どもたちはこれまでになかったような綿密な予定にしたがって、ある活動から次の活動へと駆け回っている。週末のカレンダーは用事、イベント、ちょっとした訪問や打ち合わせでひしめいている。次の休暇は、何かことがあった場合の代替案とともに、かなり前から計画されている。そうした間じゅうずっと続く最大の関心事、つまり仕事がまだ終わっていない、依頼人がまだ支払いを済ませていない、締め切りが迫っているといったことが、ちょうどリビング・ルームの窓の外の交通の騒がしさのように、仕事以外の生活をしようとしているときでもその生活に集中するのを妨げるのである。

仕事が面白いか、報酬が良い場合でも、いや、というよりちょうど大統領の閣僚であったときに私が気づいたように、とりわけ面白くよい仕事であればあるほど、有給労働は残りの生活を混乱させてしまう。読者のみなさんがなんとかこの本を読む時間とエネルギーを、見つけ出すことができるようなら、まだ極端な状況には至っていないということだ。それでもこうした圧力は高まりつつある。これはなぜだろうか。

世帯所得の維持

アメリカ人がより一生懸命に働く第一の、そして最も明らかな理由は、世帯所得を維持するためである。多くの女性は、夫の給与が上がらなくなるか、または下降し始めた一九七〇年代後半から八〇年代に、労働力へと移行し始めた。これまで述べてきたように定型労働に従事する人々が、必ず上がりつづける賃金の下で安定的に雇用されていた二〇世紀半ばの大規模生産システムは消えつつある。その大規模生産システムは、ブルーカラーのアメリカ人を中産階級へと導いたものである。しかしその大規模生産システムの次に来たもの、すなわち何であれ革新的な生産物が、どこからでも、最も安い価格と最高の品質で手に入る経済社会が、ブルーカラーのアメリカ人をはじき出した。一九七九年に、高卒の三〇歳の男性は、フルタイムで働いた場合、今日のドル換算で平均三万二〇〇〇ドルの稼ぎがあった。今日、彼と同じ学歴の三〇歳の男性の稼ぎはそれより約五〇〇〇ドル少ない。そのギャップを埋めるために、より多くの女性が有給労働に参入し、あるいはより長時間働くようになったのである。(注18)

別のことも起こっている。片親——そのほとんどは女性である——がますます増加している。三〇年前は片親世帯は全世帯の一五％足らずであった。しかし今日、その数字は三〇％を超えている。[注19] この傾向は、女性が有給労働に参入したもう一つの理由として、しばしば指摘されるものである。現在、彼女たちはより多くの責任を担っている。しかし実際の因果関係は逆であるのかもしれない。今日女性が仕事を持つようになり、男性が経済的基盤を失いつつあるためにより多くの女性が男性の配偶者またはパートナーのもとを去っている（またはそもそも結婚しないと決めている）と見ることもできないわけではない。それは明らかに男の所得が落ちている一方、自分でお金を稼ぐことができるのに、なぜ態度が悪く感謝の気持ちもないような男を支えるために追加的な「家事労働」などしなくてはならないのか、ということである。これについてはさらに後述することにしよう。

「干し草」を作るということ

しかしながら、男性の所得を補う必要性だけが、人々がより多くの時間とエネルギーを有給労働に捧げているという唯一の理由ではありえない。所得が高い人々も、同様により激しく働くようになっているからだ。人をより一生懸命働かせる要因として他に何があるだろうか。すでに述べたように、現在ほとんどすべての人の収入が予測しにくくなっている。今日はたくさん稼いだとしても、明日になればその勢いはスローダウンしてしまうかもしれない。とにかくどうなるかわからないのである。雇用の安定していたオールドエコノミーでは、インフレ分だけ調整された同額の賃金を将来にわたってもらいつづけられるだろうと信じることができた。この信頼が、ローンで車や住宅を購入することを可能にしていた。現在では、将来いくら稼ぐかはわからなくなっているけれども、それでもやはり車のローンを組み、住宅ローンを組む必要はあるし、クレジットカードを二枚や三枚、いや一〇枚くらい持っているかもしれない。普通の生活を営むうえでの、ガス、電気、電話などの毎月の請求書ももちろんある。それでは、どうやって予測できない収入と、予測しうる請求書を一致させたらいいのだろうか。

ここに、新しい働き方についてあまり言及されないことであるが、金持ちであれ、貧乏人であれ、中流であれ、ほとんどすべての人に影響を与える側面があるといえる。つまり人々がこれまでにないほど「今日」一生懸命働くようになったのは、「明日」の支払いの必要のためなのである。将来の収入を予測することができないので、きちんとした収入をもたらす仕事が容易に得られる間に、人々は可能な限り一生懸命働こうとするのである。人々はまた借金もするであろう。明日はもうないかもしれない。借金は今日のあらゆる機会を受け入れようとするさらなる圧力となる。言い換えると、人々は日の照っている間に、「干し草」を作っているのだ。(注20)

オールドエコノミーにおいてさえ、ブルーカラー労働者は可能であれば「残業」を行う動機を持っていた。というのは彼らは残業時間を必要とするような経済的な上昇局面がどのくらい続くかについては、全くわからなかったからである。しかし一九九〇年代の好況期には、時給労働者は過去の典型的な好況期よりもはるかに多くの時間を労働に投入している。もちろん中には望まない残業をさせられた者もあるだろう。企業は好況で仕事が増えても追加的な労働者を雇いたくないと考えれば、アメリカの労働法の下では、時給労働者に残業をさせることができるからである。けれども多くの労働者は、会社が求める前に進んで時間外労働を申し出た。減少傾向にあるアメリカのブルーカラー労働者は、彼らの給料がいかに心許ないかを知っているのである。彼らがどんな追加的労働時間の機会でも利用したいと思うのは、時間外労働が今後なくなってしまうかもしれないからというだけではなく、仕事それ自体がなくなってしまうかもしれないと思っているからである。(注21) 会社は、いつ「ダウンサイズ」や操業の海外移転をするかもしれないし、また他国の会社と合併し、そちらへ移動してしまうかもしれない。それにもかかわらず、労働者は毎月の世帯支出を常にまかなわなければならないのである。

専門職や管理職の労働者でさえ、天気の良い間に「干し草」を作るのに忙しい。労働統計局のデータによると、週五〇時間以上働いている人々の比率は、一九八五年以後三分の一以上上昇している。(注22) 彼らは他のどんな職種の人々よりも激しく働いている。大卒男性の四〇%近くと、大卒女性の二〇%が週に五〇時間以上働いている。これは高卒以下で週五〇時間以上働いている人の比率の四倍である。(注23)

いったい、何が起こっているのだろうか。これらの労働者の多くは、たとえフルタイム従業員と見なされていたとしても、手数料、有給労働時間、業績によるボーナス、助成金やプロジェクトの継続いかんに、その所得をますます依存するようになっているということを思い出してほしい。これから半年の間に、あるいは翌月にいくら稼ぐだろうかでさえ、確実に知るすべはない。彼らの会社や非営利団体がせっせとすべての「固定費用」、すなわち安定した従業員数のようなものを、より身軽になるために「可変費用」に転換していることは、そうした企業が不確実なマーケットの経済的リスクを、実質的に従業員へ移転していることを意味する。けれども、従業員は自らの住宅ローンの支払いや、電気料金の請求書のような「固定費用」に直面している。結果として、高賃金の労働者でさえ、仕事があるときには、仕事が少なくなったときに備えて、より多くの手数料、有給労働時間、ボーナス、助成金そしてプロジェクトを貯め込むように仕事に精を出すことになる。

ある父親になったばかりの友人は、ニューヨークのコンサルティング会社に勤めていて、一日一四時間、週に七〇時間働いている。最近は子どもがいるので、むしろそれほど一生懸命働いているわけではない、と彼は言う。会社の中の誰も、彼にそれほど多くの時間、働いてくれと頼んでいるわけではない。実際、彼の会社は、才能ある若者をリクルートするために「家族にやさしい」イメージを作ろうとしている。問題は小さな会社であるために、その会社のサービスに対する需要の総量が大きく上下することだ、と彼は言う。それで私の友人は、仕事がある限り、彼の投入しうるすべての時間を仕事に投入すべきであると考えているのである。

新興経済においては、私が強調したように、消費者はほぼ限りない選択肢を持っていて、彼らは即座に取引を別のものに切り替えることができる。したがってもし今、売り手として「すばらしい」と市場に評価されている状態であるのならば、誰もがその利益を最大限得たいと思うであろう。アンディ・ウォーホルが述べた有名な言葉に、「将来は誰もが一五分は有名になれる」というのがある。しかし今やそれは三〇秒くらいしかないかもしれない。注目を浴びる、つまり名声が鳴り響き、喝采を浴び、あるいはかっこよく、あるいは大衆を魅了するようなうねりに乗ることで競争するような経済の比重が増すにつれて、そういう状態にある間にできるだけ稼がなければというプレッシャーはますます高まることになる。

スピードの維持

より一生懸命に仕事することを強要する新興経済の第三の側面は、競争に勝ち残る、あるいは少なくとも競争に生き残ることの必要性である。いま一度、ニューエコノミーとオールドエコノミーの違いを思い出してほしい。二〇世紀半ばのシステムは、最小限の技術革新の下での、安定性と穏やかな競争を前提としていた。しかし、新しい新興経済システムは最大限の技術革新の下での不安定性と激しい競争を前提にしている。今日では苦労せずに物事が進むことはない。競争相手は、常にあなたの市場に入り込むチャンスを狙っているのだ。

「それは就業時間のことではないんです。起きている時間のことなんです」とトッド・ワグナーは言う。彼はテキサスのダラスに本拠を置くウェブ企業、ブロードキャスト・ドット・コムの三七歳の共同創設者でありCEOである。ワグナーの新しいアイデアは、ウェブ上で生のプログラムを放送することで、それは「流動メディア」プログラムと呼ばれている。しかしワグナーとブロードキャスト・ドット・コムが消費者の心をつかみ名を残そうとしたいなら、さらに速く動きつづけなければならない。潜在的な何千もの競争相手がいて、それぞれが全く同じかまたは似たようなアイデアでしのぎを削っているのである。ワグナーの一日は日の出前に始まり、真夜中前に終わることはめったにない。投資家とのミーティング、技術関係の人々とのアイデアのやり取り、マーケティングや広告スタッフとの間の仕事のチェック、消費者の意見や苦情について考える、といった仕事で埋まっているのだ。「起きていられる間にできるだけたくさんのことをしようとしなければいけません」と彼は言う。

会社の共同創設者で社長のマーク・キューバンは修辞的に問いかけている。「勝つために払わなければならない代償は何でしょうか。その代償は、『全力疾走』ということです。他の誰よりも速く、ビジネスを立ち上げなければなりません。そして、その『全力疾走』には最終ゴールはありません。それを『成し遂げた』と言えるようなポイントは、けっしてないのです(注24)。」

　ワグナーとキューバンは、よく売れている月刊誌の人物紹介に取り上げられていて、その雑誌の名前は、まさにニューエコノミーを象徴する『ファースト・カンパニー』という。私も『ファースト・カンパニー』のために書いたことがあるが、私はその雑誌の二人の編集人、アラン・ウェーバーとビル・テイラーのことを、彼らがその雑誌社を設立する何年も前から知っていた。その雑誌が実際に発刊される以前に、私は彼らと雑誌に対する彼らのビジョンについて話し合ったのを覚えている。彼らは良いアイデアを持っていた。それは急成長している小企業の経営者、アントレプレナー、情報テクノロジー関係の仕事を始めようとしている若者などを主たるターゲットにするというものであった。今、雑誌は大成功しているが、アランとビルはくつろげる時間がない。もちろん二人は以前ものんびりとしていた印象はないが、最近の彼らを「熱狂状態」と表現するのはけっして誇張とはいえないと思うのである。現在、あらゆる種類の競争相手と潜在的競争相手がアランとビルの成功を見ていて、同じことを、より良く、オンラインまたはオフラインで行おうとしている。「私はうぶでした」と先日アランは、私とコーヒーを飲みながら言った。「以前は、雑誌が軌道に乗って売れるようになれば、ゆとりができるだろうと考えていました。しかしわれわれは後から来る者を引き離すために、さらに一生懸命働かなければならないのです。」

競争は、サプライチェーンのどの部分についても激しくなっている。つまり人々はすべての点において顧客を維持するためにより一生懸命働かなければならないということである。企業が、多くの異なった専門家の寄せ集めに変身しつつあり、請負や下請契約はウェブによって接続され、インターネットによって互いにリンクされるようになっていることを思い出してほしい。このシステム、つまり価格と品質、そして（品質の一つの側面であるが）配達のスピードを評価する電子商取引の中で、請負業者や下請業者の多くは、仕事をとるために他の業者と絶え間なく競っている。システムの中のあらゆる結節点、すなわちあらゆる会社、あらゆるグループは、電子商取引のオークションの中で競争相手を退けて次の契約を勝ち取ることで顧客を維持するという、強いプレッシャーの下にある。

多少無理をしてモノやサービスを納品することで、プロジェクトを手に入れようとするのは、珍しいことではない。たとえば以前より少し安くするとか、または以前よりいくらか進んだ仕様にするとか、あるいは以前よりも速く届けるといったことを約束する、というようなことである。おそらく、企業は前のプロジェクトで六〇日かかったソフトウェア・プロジェクトを四五日で完成させます、といった約束をするだろう。もちろん入札において、彼らはできもしないことを言ったりはしない。彼らの評判（彼らの最も重要な資産）は、約束したことをきちんと完成させられるかどうかに依存するからだ。しかしまた、彼らは顧客をつなぎとめる唯一の方法が、競争相手よりも先んじることにあるということを知っている。つまり彼らはその持っている潜在能力を絶えず伸ばしつづけることによってのみ、優位に立つことができるのである。つまりより良く、速く、安く行うための新しい方法を、絶え間なく開発しなければならないのだ。

これは、そのプロジェクトに参加している人々にとって何を意味するのだろうか。彼らは、より一生懸命働かなければならなくなる。前回の締め切り期限に合わせるのもかなり難しかったが、新しい締め切り期限に間に合わせるのは、さらに難しい。以前よりコストを減らし、より効果的に性能を改善する方法を見つけねばならないが、それだけでも十分に難しいことである。いろいろと工夫したり、実験したり、約束した仕事を期限に間に合わせるためには以前より余計に働かなくてはならない。締め切り期限が迫るにつれて、ますます夜遅く、朝早くなり、一日に働く時間をさらに増やさなければならなくなる。家族や友人と余暇時間を過ごすときにも、そのプロジェクトに意識が向いてしまっていることに気づくだろう。夢にさえ見るかもしれない。

「スピードに遅れないでついて行く」というプレッシャーは、いろいろな形となって現れる。たとえば一カ月の休暇を取ろうと思っても、顧客がその間に何か必要とするかもしれないというリスクがあまりにも大きいので休暇は取らないことにする。競争相手に顧客を取られるような、わずかなチャンスも与えたくないからだ（ライバルは隣の席に座っていることもある）。また、労働時間を減らそうと考えるが、そうすることはできない。仕事の中心から外れたことで、「二流人物」であると思われたくないからである。そこにいなければ、重要な会議に出られないかもしれない。あるいは競争環境を全く変えてしまうような新しいソフトウェアを習得できなくなってしまうかもしれない。あるいは新しい依頼人を取り逃がすかもしれない。

要するに問題は、多くの場合二つのコースしかないということだ。出世コースか、そうでないコースかである。新興経済は、出世コースとそうでないコースの間の中間的な多くの段階を提供してはくれない。もちろん、時給労働者や俸給労働者という概念は今もなお存在するが、彼らの給与もどのくらい一生懸命に働き、結果を出したかに、より大きく左右されるようになっている。専門職、管理職、変人、精神分析家にとってはスピードについていくことが今や何よりも大切だ。市場とテクノロジーの変化は急速なので、遅れないよう仕事に全力投球する必要がある。もしいったん出世コースから外れてしまえば、さらにもっと外れたところに転落することになる。そうなれば、出世コースに戻るのはかなり難しいだろう。急速に変わりつつある多くの分野では、パートタイムで働くことを選択するということは、自動的にキャリアから外れたというふうにみなされる。いわゆるファミリーフレンドリーな企業にあってさえ、比較的わずかな専門職の人しか、長期休暇を取ったり、仕事時間を減らしたりせず、また家族のための育児・介護休暇制度を利用したり、研究休暇を取るという選択をしていない理由はここにある。ほんの少し身を引こうとすれば、永久に身を引くことになってしまうのだ。(注25)

より多くのお金を稼ぐ

人々により一生懸命働くことを強要するニューエコノミーの最後の側面がある。この数十年の間に広がった、所得と富の格差のことを言っているのである。もし彼ら(またはその配偶者やパートナー)が考えていたあるべき水準を満たす所得が得られなくなったために、人々がより一生懸命に仕事をしなければならなくなったのであれば、それを理解することは容易である。けれども今私が話しているのはそうではなくて、所得階層分布の最上位に向かっているような人々、すなわち彼らと同じような人々がオールドエコノミーの下で稼いでいたお金よりもさらに多くのお金を稼ぐことに固執している人たちの行動に影響を与えるような強制力についてなのである。彼らは余裕たっぷりにもう十分に多くを稼いでいるから、仕事を減らすはずだと思われるかもしれない。そこでもう一度考えてみよう。

夫の賃金が一九七〇年代以来上がりつづけている女性でさえ、有給労働に流入しつつあり、彼女たちの働きぶりは、配偶者の賃金が増えなかったり減ったりしてしまった女性ほどではないにしろ、一生懸命である。夫が大卒の既婚のカップルに注目してみよう。夫の給与が一九七〇年以後上り調子であったにもかかわらず、妻はより熱心に働くようになっており、カップルの有給労働時間の合計は、夫が高卒であるカップルの約二倍となった。(注26) もし妻が大卒であるならば、さらにもっと一生懸命働く傾向にある。一九七〇年に、大卒男性と結婚している大卒女性で、労働力となっているのは四〇%未満であった。しかし今日、夫の給与ははるかに高くなっているにもかかわらず、これらの大卒女性の四分の三近くが有給労働に従事しており、しかもその中で小さな子どものいる人たちの比率も高い(注27)(したがって、所得格差が個々人の所得で見たときよりも、世帯所得で見たときにより大きく広がっているのは不思議ではない)。

なぜ、有給労働に参入する必要のない女性が、それほど働くことに熱心なのか。それは、面白くてやりがいのある仕事に就く機会が増えたというだけでなく、以前に比べてはるかに高い報酬を得られる機会が増えたからである。女性の職業的野心は、一様に大きくなった。一九六八年に大学に入ってきた女性の四〇%近くは学校の先生になるつもりだと言っていた。ちょうど六年後に、給与の高い専門職が女性に門戸を開き始めたことによって、教員になりたくて入学してくる女性はわずか一〇%になり、その後この比率は変わっていない。（注28）片親の間にも同様の傾向が見られる。片親で高卒の人が働く割合は三〇年前よりも一六％高くなっている。この人たちが大卒であれば（稼ぎは高卒グループよりもかなり良い）その中で働いている人の比率は二〇％高くなっている。（注29）

それは理にかなっている。所得格差が広がるにつれて、上層にいる人々は、これまでよりも、さらに多くを稼ぐことができるようになったからだ。彼らにとって、より少なく働くという選択は、かなりの経済的な損失を伴うことを意味する。今の賃金の二倍支払われる仕事を依頼されたが、そのためには家族とともに過ごす夕べを週二回はあきらめなければならないというケースを考えてみよう。もしその仕事を断れば、家族と過ごす二日間の夕べのために、かなりのお金を犠牲にすることになる。たとえ本人や家族も、追加的なお金をそれほど必要としていないとしても、収入の大幅増は本人や家族にとって、そうでない場合に比べてはるかに快適で安定した生活をもたらすことになるだろう。家族と過ごす二日間の夕べは、その分稼げないという意味において、今やかなり「高コスト」なものとなるのである。

一年ほど前、私の息子の一人が、大きなクロスカントリーのレースに出場した。私は必ず応援に行こうと心に決めていた。なにしろ子どもたちとより多くの時間を過ごすためにワシントンの仕事（労働長官）を辞めたのだから、私をそのレースの応援に行かせないものなどあるはずがなかった。そのとき、別の町で計画中のプロジェクトに参加してくれないかという依頼の電話を受けた。しかしその仕事のタイミングは、これ以上ないといってよいほど最悪のものだった。そのプロジェクトとレースは、同じ朝に始まることになっていて、延期できなかったのだ。プロジェクトの開始に間に合わないくらいならば、むしろ参加しないほうがましである。依頼先が伝えてきた報酬は、かなり気前の良いもので、これほどの良い仕事はめったになかった。私は電話を受けるまで、レースを楽しみに待っていた。しかしその電話で板ばさみの境地に陥った。レースとプロジェクトの両方に行くのは絶対に無理だ。結局、プロジェクトを断りレースに行くことにしたが、もちろん私はそれでよかったと思っている。けれども、全く後悔していないとは言いがたい。その土曜日、私は息子のレースへ行くことの私にとっての「コスト」とはどれほどなのかについて、一度ならず考えたものである。その依頼を受ける前のコストはゼロであった。しかし依頼を受けた後、その費用はかなりの金額になったのである。

私はかなり厳しい選択をしたが、もし金銭的な報酬が上がりつづけるとしたらどうだろうか。ある意味でこれが、経済的に最も高い階層で実際に起こったことなのである。家族が仕事を減らすことを考えているとしよう。たとえば夫は子どもを見る時間を確保するために、違う仕事に就こうと考えている。あるいは妻はコミュニティでボランティアの仕事に従事するために、フルタイムで働くことをやめてパートタイムで働くことを考えている。そしてそれによって自分たちの所得は所得階層上位五%の半ばくらいから、所得階層上位二〇%の半ばくらいにまで低下してしまうということがわかったとしよう。二〇年前、所得階層の格差がそれほどなく、各階層の幅が小さくて互いに接近し合っていた頃なら、そういった決断は世帯所得の二九%の損失で済んだ。それは大きな犠牲ではあるが、もし彼らが今日、同じだけの労働削減をした場合にこうむる約四四%の所得損失に比べればそれほどでもない。(注30) 二九%の所得減であれば受け入れたかもしれない家族も、四四%の所得減に達するはるか前に一線を画し、もっと仕事を減らすことでそんなに大きな犠牲を払うことはないと考えるようになるだろう。新しく、より長く伸びた経済階層において、すべての階層の幅が以前の階層に比べて拡大したため、一段階下に落ちるということは以前に比べてずっと大きな所得下落を意味するのだ。

不平等の拡大は同時に、あらゆる上方への移動は、以前よりはるかに大きな所得上昇をもたらしてくれることを意味しているので、あらゆる付加的努力の時間は、より大きな価値を持つことになる。これは最近の大卒者が、何十年か前に大学を卒業した人よりも、より一生懸命働く傾向があることを説明する一助となる。これはまた、三〇年前よりもかなり多くの大学一年生が、「金銭的な豊かさ」に興味があると今日考えるようになっている一つの理由でもある。一九六〇年代後期から、毎年、無作為に抽出した大学一年生に、「金銭的にとても豊かになること」および「有意義な人生の哲学を作り出すこと」を含む、いくつかの選択肢の中から重要と考える個人の人生目標を選択させる調査が行われている。一九六八年には「金銭的にとても豊かになること」を選択した学生は四一%にすぎなかったが、近年になるにつれこの選択肢は重要性を増してきた。一九九八年には、少なくとも七四%の大学一年生がこれを非常に重要なものとして選択した。他方、「有意義な人生の哲学を作り出すこと」は逆の方向に動いた。一九六八年には、七五%の学生がそれを選んだが、その後これを選択する学生は減少しつづけ、一九九八年には四一%未満にまでに落ち込んだのである。(注31)

今日の大学生が、前の世代の学生より、必ずしも物質主義的であるというわけではない。実際、別の調査では、コミュニティのためのボランティア活動に参加する学生の数が記録的な数字にのぼっていることもわかっている。金銭的な豊かさを重視するようになったという変化は、彼らにとっての将来の経済的利害から生じたものである。所得階層はますます広がっており、どの段階においても上方へのステップアップは以前より大きな所得上昇となる。それで「経済的に豊かになること」よりも「有意義な人生の哲学を作り出す」ことの金銭的ペナルティが高まったのである。大学一年生が三〇年前に彼らの優先順位について考えていたとき、男性労働者の中で最も賃金の高い一〇％の層は（当時、女性の就業機会はかなり制限されていたので、ここでは男性のみを用いる）、中間賃金層よりも約七〇％多く稼いでいただけである。今日、その一〇％の男性は、中間収入層の男性の二倍稼いでいるのを見て、今の大学一年生は自分の将来を考える。また上位一％と中間層の差は五倍にも拡大していたのである。

さらに、今日の大学生が前の世代よりも専門職コースに高い興味を示し（経済学や経営管理学は、現在ほとんどの大学での専攻のトップにあげられている）、卒業後に良い仕事に就くための人脈を作ることにより興味を持つようになっているのは、必ずしも今の学生が以前の学生よりも貪欲になったからではない。それは彼らの今日の行動が彼らの将来の所得により大きな結果をもたらすようになったからである。経済格差が広がることによって、上方の階層に向けて比較的小さなステップを踏み出すことは、大きな利得をもたらすことになり、逆にそれをしないことは大きな損失をもたらすことになる。今日の親が、子どもを「良い」学校や大学に入れることにより熱心であるのは、それによる利得が高まったからという同じ理由による。こういった学校は、高給の仕事に直結する経路であると見られており、そしてその高給は普通の賃金に比べて以前よりもずっと高くなっているのである。

私が一九六八年に大学を卒業したとき、若干の所得を犠牲にしても、トップの企業顧問弁護士や、投資銀行家になるよりも、大学の教員になることを望む者はいた。大学で教えることの精神的な報酬が、金銭的なロスを補うだろうと考えたのである。新世紀が始まる頃には、大学の教員と、トップの企業顧問弁護士や投資銀行家の給与のギャップは大きく広がった。最近、あるニューヨークの法律事務所に就職して働き始めた私の元の学生の年俸プラス契約金は、ほんの数週間前に彼が別れを告げた五三歳の終身在職権を持つ正教授（つまり私）の年俸よりも、はるかに多い金額であった。もしこの年配の教授が一九六八年に大学を卒業するとき、同じような誘いを法律事務所から受けていたら、教えることの精神的な報酬がそれに勝るというふうにあくまでも抵抗できたか、率直なところ、よくわからない。

もし大卒の若者がトップ弁護士や投資銀行家、またはインターネット企業家になることよりも公立学校で教えることに興味があるならば、現在の報酬構造はかつてないほど彼らの決心を試すことになる。一九九九年に公立学校教員の平均給与は、三万九三四七ドルであった。これは同じ年にウォールストリートで働く二〇代から三〇代の人が受け取るボーナスのほんの一部にしかすぎないような額であった。

不平等が拡大し、以前より一生懸命に働く傾向に拍車がかかるのは、最下層に近い人たちがまともな生活をするために以前よりたくさん働かなければならなくなったということと、最上層に近い人々にとって、たくさん働かないことで失う金額がより大きくなったということの両方のゆえである。これは、他の国でも同じパターンのようである。異なった国々のデータから、ハヴァーフォード大学のリンダ・ベル教授とハーバード大学のリチャード・B・フリーマン教授は、人々がどのくらい一生懸命に働くかは、所得格差と関連していることを見出している。所得格差が大きい、たとえばアメリカのようなところでは、ドイツのように格差の小さい国の人々よりも、人々は有給労働により多くの時間を毎年投入している。(注32)

ベルとフリーマンの発見した事実は、異なる国々の労働者たちへの質問調査によって確認された。それらの労働者たちは以下の三つの文の中から彼らの職業意識を最もよく描写しているものを選ぶよう求められている。すなわち、(1)「私は必要な分だけ働く」、(2)「私は一生懸命に働くが、それは仕事以外の生活を妨げるほどではない」、(3)「たとえ仕事以外の生活が妨げられたとしても、私は最高の仕事をすることを重視する」である。所得格差が最も大きい国であるアメリカでは、六〇%以上の人が(3)に同意した。格差が最も小さい国であるドイツで(3)を選んだのは三七%のみであった。所得格差はアメリカほどではないが、ドイツよりはかなり大きいイギリスでは(3)を選んだのは五五%であった。(注33)

一生懸命に働き生活を豊かにする

序章で述べたように、イギリスの経済学者ジョン・メイナード・ケインズは大恐慌の間に書いた著述の中で、二〇三〇年にはイギリスは経済的にはるかに豊かになり、人々が働く時間はずっと減るだろうと予測した。(注34)経済的な豊かさについては、おそらく正しかったが、労働時間についてはそうではなさそうだ。

われわれは生活を大いに単純化することができないと言っているわけではない。これについて現在流行している言葉は「ダウンシフティング」である。私はダウンシフトした人々をたくさん知っていて、彼らは完全にその生活に満足しているようである。私は、ワシントンでの一日一五時間の仕事から、ボストン近郊での一日九時間の仕事にダウンシフトし、このうえなく満足している。この章の目的は、人々ができることとか、すべきであることについて議論することではない。この章で説明したいのは、現在のような状況が続く限り、多くの人はダウンシフトしないし、またこれからもしないだろうということの理由である。

ダウンシフトする人は明らかに少数派である。私がここ数年見てきたいくつかの世論調査では、ほとんどのアメリカ人が報酬を得るために一生懸命働くことを望んでいた。ずいぶん前の同様の世論調査では、一生懸命働くことへの傾向は低かった。これはアメリカ人の選好が変位していることを示唆しているのかもしれない。アメリカの世帯が今、一〇年前と比較して長時間働いていることに注目する研究者は、アメリカ人の選好が変位したことは事実であると結論づけるかもしれない。しかしほとんどのアメリカ人の発言と行動は、彼らが置かれている状況に依存することもまた明らかだ。アメリカ人は、彼らの将来の所得がかつてよりも予測できなくなり、競争がより激しくなり、所得格差がより拡大するという状況の下で、より一生懸命に働くことを望んでいるのである。もし仕事のあり方や報酬の支払われ方が別のものであれば、彼らはより少なく働くことを「望む」かもしれない。

仕事への態度に関する、利用可能な最新の国際調査によると、労働時間を減らしてより少ない所得になることを選好するアメリカ人は、わずか八％であった。しかしドイツ人に関しては、三八％が少ない所得で少ない労働時間をむしろ好むと答えている。この比率は日本人では三〇％、イギリス人でも三〇%であった。(注35) これを固有の遺伝子、つまりアメリカ人をワーカホリックにさせるような遺伝子の差異に起因していると考えたり、あるいは他のどの地域よりも圧倒的に仕事や消費に傾倒するといった文化的な側面に起因していると考えることももちろんできるが、私はどちらの仮説をも疑わしいと思っている。この章の理論をたどれば、最も簡単な解釈は、仕事のあり方と報酬の支払われ方の違いによるということである。

アメリカ人でより一生懸命に働いていない人がいるとしたら、それは彼らがより深い哲学的な意味を「望む」からではなく、市場の動きについていけないから、といえそうだ。われわれはものすごく高いところに昇ることもありうるし、またものすごく低いところに落ちることもありうる。それがどれほど高いか、あるいはどれほど低いかを知ることは全くできないし、あるいはどんなビジネスチャンスがいつやってくるかを予測することも不可能だ。われわれにわかっているのは、あらゆる機会をとらえるために一生懸命働かなければならないということだけである。ヨーロッパ人もアジア人も、そして地球上のあらゆる人々がやがてこのシステムに組み込まれていく。そのとき彼らは多分、一生懸命に働きたいと「望む」ようになるだろう。

より深い質問は一般的な調査では調べられない。そうした深い質問を調査に含めることは困難だし、またその答えを解釈することも難しいからである。その質問とは、こうである。すなわち、われわれはこうした新しい動機づけにしたがって生活し、働くことを本当に望んでいるのだろうか。繁栄のためにわれわれが喜んで払う代価はどんなものなのだろうか。

PART 2

第7章

自分を売り込む

所得が予測できず、またものすごく稼ぐかほんの少ししか稼げないかという両極端の可能性に直面しているため、私たちは一生懸命に働く動機に事欠かない。しかし一生懸命働くと、どういう見返りがあるのだろうか。ほとんどの組織は提携関係と契約のネットワークへとフラット化されているので、どうあろうと、もはや巨大組織の出世階段を昇進するということはなさそうだ。では誰が昇進させてくれるのか。それは自分自身にほかならない。ニューエコノミーにおいては、ますます自分で自分を昇進させるしかなくなってくるのである。

二〇世紀半ばの社会では、自分自身を売り込むようなことは、社会的安定性を脅かすものとして敬遠されていた。「組織人」というものは、調和を第一としていた。組織人のモットーは、ウィリアム・H・ホワイト・ジュニアが書いたように、「特別にめだたず過度に熱中しない普通の人間」になることであった。(注1) 組織の要求に従うことに熱心であるということは、その直前に全体主義の恐怖の生き証人となっていたその時代の社会批評家をぞっとさせる種類のものであった。「グループへの服従をよしとする非常に大きなイデオロギーの転換があった」と、一九五〇年に社会学者のデイビッド・

リースマンは警告した。「仲間集団がすべてについての基準になった。個人はグループが打ち破ることのできない鎧などはもっていない。(注2)」こうした社会批評家から見ると、個を堅持するということはチャレンジである、と考えられていたのである。「組織によって提供される心の平穏に甘んじていたのでは降伏状態のままであり、それは慈悲で提供された心の平穏と変わらない」とホワイトは結論づけ、読者を「組織と闘え」と駆り立てたのであった。(注3)

しかし大きな組織の外で成功することのできる個人がほんのわずかしかいなかったとき、組織と闘えと説教することは英雄的行為をもたらすことにはなっても昇進をもたらすことにはならなかった。職業的なキャリアは、一律の初任給をもらう組織の最下層部から始まる。その後、十分な勤勉さと適度な従順さを組織に示せば、組織内でより大きな責任を与えられることになる。その時点から、個人のキャリアは組織次第、ということになったのである。

しかし、今や個人のキャリアは自分自身次第である。金銭的な成功は、いかに自分を高く売れるかにかかっている。自分自身を売ることがフルタイムの仕事になりうるのである。

個人的な人脈がさらに重要になる理由

自分を売り込むことは、適切な人脈作りから始まる。人脈はオールドエコノミーにおいても重要であった。「君に笑いかけてくれるのは知り合いだよ。人脈だよ、ベン、人脈」と、セールスマンのウィリー・ローマンは同業者に話したものである。(注4)しかし組織の階層が徐々に消滅している今、自らを売り込もうとする人々にとっても、また誰か仕事を頼める人はいないかと探している潜在的な買い手にとっても、人脈はさらに重要にさえなっている。

大学を出ていないと自分自身を売り込むのに苦労するが、大学を出ていたとしてもそれは単に売り込みの始まりを意味するだけである。(注5)学位を持っているということ自体は、かつてほど重要なことではなくなってしまった。一九六〇年には、四年制大学の学士号を持つアメリカ人は八%にすぎなかったが、現在は二五%を超え、急速に上昇している。高校の最上級生の三分の二は、高校を卒業後も何らかの教育を引きつづき受けている。現在新しく雇われた若い人々の半分以上が、少なくとも二年制カレッジを出ており、三分の一が四年制大学卒の学士号を持っている。教育が長期化する傾向は、先進国経済にふさわしい現象である。学んだ技能は良いアイデアを見極め、追い求めることを可能にするからだ。けれども学位保持者数が増加するにつれて、ただ学位を持っていることは、売り込み手段としてそれほど有用ではなくなる。

名門大学の学位は役には立つが、多くの教育ママや教育パパが期待するほどではない。すでに述べたように、新興経済において高い報酬を得られるのは、独創的で、他の人が欲しがるものが何であるかについての洞察力を持っているような、才能のある変人と精神分析家である。潜在的な雇い主は、これらの特質を豊富に備えている若い人々は、必ずしも最も評価の高い名門大学にいるとは限らない、ということを知っている。また、こういった特質は大学の成績証明書に簡単に表れるものではないし、簡単に数量化できるわけでもない。大手投資銀行のある採用担当者は、アイビー・リーグから来るオールAの学生をわざわざ面接するには及ばないと言う。彼らは目の前に置かれたあらゆる輪を従順にかいくぐることにそれまでの人生のすべてを費やし、他人を喜ばせることにあまりにも打ち込みすぎた、といったたぐいの人たちだ。この採用担当者は既存のシステムを打ち破るような、技術革新的で積極的な若者を求めている。彼は、中規模大学で数学専攻、成績は平均B+のスポーツマンなどからこうした若者が出てくる可能性が高いというが、もちろんの他の大学、専攻、成績の組み合わせもいろいろと試みているようだ。新興経済における経済的成功は、エリートという証明書よりも、やる気と創造性によって実現されるのである。(注6)

ここでは本当のことを言おう。個人の職業的将来にとっての大学教育の実質的な価値は、何を学んだかということよりも、誰と出会ったかにある。同級生の親、あるいはさらにその友人がサマージョブや最初の就職先を紹介してくれ、それがさらにその後の依頼主や顧客への人脈へとつながっていく。愛校心に富んだ校友会はさらに役に立つ。この点で確かに名門大学であればあるほど、そういった人間関係の持つ価値は大きいだろう。実は、アイビー・リーグでの教育が優れた価値を持つのは、図書館の大きさや教授陣の立派さよりも、その人間関係の優位性にあるのである。(注7)

ちょうど何を買ったらよいかについての情報を集めその評価を求めている買い手にとって、信頼しうるブランド・ポータルがますます重要になっているように、人を探している企業は、信頼しうる人々からの人物照会にますます大きく依存するようになっている。人手不足の労働市場においてさえ、雇い主の調査能力をはるかに超える膨大な量の求職履歴書が常に飛び交っている。サイバースペースでも、新たに就職しようとする若者だけでなくより良い仕事への転職を希望している人々の何百万という履歴書を配したインターネット就職掲示板などのようなものも、すぐに始まることだろう。すでに私の学生の何人かは、電子文明化された世界のあらゆるデジタル履歴管理システムにかならず拾い上げてもらえる「検索可能」キーワードで履歴書を埋め尽くす技術をマスターしている。彼らはまた、自分の紹介状を何千もの雇い主に「いっせいにファックス」し、より多くのアドレスを求めてインターネットのデータベースを探索している。ある学生は特定のターゲットにとって魅力的でありそうな彼女の教育と経験の側面を強調した五〇〇〇以上の「個別仕様」の履歴書を発送したと自慢げに語っていた。

しかしほとんどの新規採用は小企業によるものであり、そうした企業は数十万にもおよぶ「個別仕様」の電子履歴書を審査できるだけのゆとりはないし、そんな単純な基準では測れないような素質を求めているのである。これらの企業にとっては、「人材」こそ最も重要な資産であり、採用人数も限られているので、間違った人材を採用すればとんでもないことになる。それで彼らは、有識の知人や仕事仲間の推薦にますます頼るようになるのである。

毎日郵便受けに届くダイレクトメールのような大量の不要な郵便物のことを考えてみてほしい。(請求書と小切手は別として) 私がすぐに開ける唯一の封書は、手書きで宛名が書かれたものであり、もし差出人の名前を知っていれば、すぐに取り出して読む。電子メールも同様に増えつづけており、そのほとんどを読まずに削除しなければならないところまで拡大している。私が確実に読むのは、知っている人々から届くメールだけである。そして妻と私は、どこから電話がかかっているかを電話に出る前に教えてくれるような仕掛けを電話につけたところである。ここでも知っている名前が表示された場合だけ電話に出るということになるだろう。通信過剰のこの時代において、就職に関する個人的な照会は、親しい人からの手紙、電子メール、電話などと同じなのである。つまりそれらは便利なフィルターとなるのだ。

人脈の活用

最高の人脈は、採用しようとしている人物を直接知っていて直接に推薦してくれるような、したがって雇い主にとっては人を一人介するのみの二段階の知り合いであるが、三段階の間接的知り合いや、場合によっては四段階くらいの遠い知り合いでも役に立つことはある。最近、私はシックスディグリー(六段階)・ドット・コムと呼ばれているインターネット企業に偶然出くわした。友人と知人の名前を全部入力すると、そのソフトウェアは会いたいと思っている人への個人的な経路を作図してくれる。たとえばもし、アメリカで最も力のある人物である連邦準備制度理事会議長のアラン・グリーンスパンからメッセージをもらいたいと思ったら、このソフトウェアは友人のハーマンがミュリエルという名の人物を知っていて、ミュリエルはレスターを知っており、レスターはペネロープを知っていて、ペネロープはチャールズを知っていると教えてくれる。そしてこのチャールズはアランの親しい知人なのである。そこでハーマンにミュリエルに頼んでくれと依頼し、以下ずっと同様につないで、チャールズからアランに、電話を受けてくれるかどうか、あるいは少なくとも微笑んでいる写真を送ってくれるかどうか、頼んでもらうことは、理論上可能である。シックスディグリー・ドット・コムはいつもこんなにうまくは機能しないだろうが、新しいシステムがどのように機能するかを、誇張した形ではうまくとらえているといえる。

われわれが六段階以内で関連し合っているという考え方は、一九六〇年代にイエール大学の社会心理学者スタンリー・ミルグラムによって行われた実験にさかのぼる。ミルグラムの実験装置は、一種のチェーン・レターで、ネブラスカ州のオマハに住む一六〇人の人々に、ボストンで働いている株式仲買人の名前入りの小包を無作為に発送した。ミルグラムはそれぞれの受取人に、その株式仲買人により近しいと思われる友人や知人にその小包を送ってくれるように頼んだ。このようにしてその小包はアメリカ中をさまよいながら、それぞれの受取人がさらにその株式仲買人により近しいと思われる人に順番に小包を発送しつづけるという仕掛けである。最終的に、ほとんどの小包は五つないし六つの段階を経て、その株式仲買人のところに到達した。(注8)それで、「六段階間隔」という用語が用いられているのである。

しかし個人的な売り込みをしたことのある人なら誰でもすぐに気づくように、すべての人脈が等しい価値を持つわけではない。ミルグラムの実験では、その方法に従った人々の中で、特定の人々は、他の人々よりはるかに良い人脈を持っており、小包の半分は、たった三人を経由しただけで株式仲買人のところに到達した。個人的な売り込みを成功させようと思っている人々へのこの結果から得られる教訓は、分厚いローロデックスの名刺管理帳を持っているような人を探せ、ということである。(注9)

数年前、マーシャ・ルーウィンという名の女性は、娘の仕事を確保するために政治的な人脈を使った。ルーウィンは、かつてニューヨークで保険会社の役員をしていたウォルター・ケイという友人と連絡をとった。この人物は民主党にとって主要な政治資金提供者で、民主党に三〇～三五万ドルの寄付をして、その財源拡大に貢献していた。(注10)偶然ではないが、ケイはファーストレディーである、ヒラリー・ロッドハム・クリントンの友人であった。ケイの助けを借りて、マーシャの娘モニカはホワイトハウスのインターンとしての職を得たが、あとはご存知のように残念な結果となった。

　大学生インターンシップの主要な経済的価値の一つは、そのインターンシップによって得られる人脈である。また専門家の同業組織、学会、大会、世界経済フォーラム、あるいはルネッサンスの週末の集いといったものでさえ、人脈作りに役立つという意味ではすべて同じである。さまざまな経済活動の中で、そうしたローロデックスの名刺管理帳を分厚くしてくれるようなイベントがブームになっている。アメリカのサービス部門の中で最も急成長している会議運営産業は、そうした活動のおかげで成長しているわけだ。誇りある都市はどこも、人間関係を築くためのセンターとなるように設計された大会議場を建築し、あるいは現在建築中である。

　北京大学の卒業生のうち共産党員は一九九一年には五%だったのに、現在では一〇%になっており、入党希望者はさらに増えつづけている。上昇志向の強い中国人の学生が共産主義により熱心になっているというわけではなく、彼らは中国の市場化されつつある経済において、刺激的でもうかる可能性のある有利な仕事にアクセスするということに興味を持つようになったということなのである。共産党は中国における抜群の仕事ネットワークとなったのである。三〇代の若い女性党員は『ニューヨーク・タイムズ』の記者に、「優秀な労働者」であることだけでは良い仕事は保障されないのであり、頭角をあらわすために、「党に入って認められることがどうしても必要なのだ」と語っている。(注11)

政治的な人脈

民主主義にとってより深刻な結果をもたらすこともあるとはいえ、政治的な人脈もまた、他の人脈と同様、役に立つ。それらの経済的価値は、ワシントンのKストリートに行って、政治に深く食い込んでいるロビイストの収入増加と選挙運動への寄付の増加を見ればかなり正確に測ることができる。近年の通信、輸送、情報テクノロジーの進歩が、政治的有力者たちの事務所をファックス、電話メッセージ、電子メール、そして生身の選挙民などであふれ返らせている結果、他の人脈と同様にワシントンの有力者に話を聞いてもらうための競争は、いっそう激しさを増している。したがって、喧騒を破って有力者の耳に直接ささやきかけることのできる人々への需要はますます大きなものとなり、彼らの報酬は著しく上昇している。

元国会議員は過去のつながりによって、現在権力を持っている人たちにものを言うことが可能である。直近では、一二八人の元国会議員が有給のロビイストとなっている。再選をめざした選挙に敗れた後にロビー活動を始める者もいるが、自らの政治的人脈を活かした商売をするために自発的に議会を去って行く者も増えている。ロビー活動をする引退議員は、以前は引退した議員のごく一部分であったが[注12]、ある調査によると、一九九〇年代に議会を去った元国会議員のうち、五人に一人はロビー活動を始めているという。議員補佐官もまた、その政治的人脈を利用した商売でますます大きな利益を上げるようになっており、これが高位の議員補佐官の平均在任期間が短くなった理由の一つとなっている[注13]。議員や元議員の親類というだけで、彼らの価値のある名前のおかげでせっせと商売ができる。今のところ、これをわが国の首都におけるモラル低下の兆候として見るよりも、政治権力に働きかけるための競争が激しくなっていることの帰結であるとみなすほうが正確であろう。国会議員や補佐官、またその親類にとってロビイストにならないことによる機会損失があまりにも大きいため、彼らにとって他の仕事に従事するということはあまりにも高価な代償を払うことになってしまうのである。

ものすごく裕福な人は、政治的な有力者と直接会うことができる。近代のアメリカにおける政治的腐敗は、あからさまな賄賂はもちろんのこと、特定の政策と結びついた政治献金という形をとることさえめったになくなっている。それはもっと微妙な形をとるのである。お金はたしかに政治を腐敗させ、現行制度から腐臭を発せしめるものであるが、それを特定の政策や法律の一部を買うというようにしか考えないと、本当の意味での腐敗を見逃してしまうことになる。

それは次のような形で機能しているのである。たとえば、ある金持ちが、大統領、あるいは議会の常任委員長などからコーヒーの誘いを受ける。一部の裕福な個人は何の努力もなしにそうした招待を受けるかもしれないが、そうでない金持ちは懇願して招待をもらうことになるかもしれない。いずれにせよ、その招待が個人にとって持つ実質的な価値というのは、ワシントンで大統領やその他の権力者の注意を集めることができるということを、他の人に印象づけることにある。コーヒーを飲んでおしゃべりしているサイン入りの記念写真は、けっして控え目とはいえない感じでその人の事務所の壁に掛けられている。政治家からその個人に宛てられた個人的な感謝の手紙は、こっそりと他人に見せられることになる。次にはゴルフに招待されているという話も広まるだろう。

こうしたことは、その金持ちにはかりしれないものをもたらしてくれる。たちどころに彼は、有力者に働きかけることのできる人物、つまり影響力のある人と縁故のある人物である、とみなされるようになる。そのような評判は、社会的、金銭的、そしてその両者の間のあいまいな領域すべてにおいて有益である。それは彼と商売をする人々に、彼が提案することは何でも実現可能だ、という感覚を与える。要するに、もし彼が大統領や議会指導者の関心を集めることができるのなら、それらの有力者の権限の及ぶ範囲の中で彼はどんな扉でも開けることができ、ひいては自分の思いどおりにできるに違いないということである。この推論が正しくないとしても問題ではない。それは、権力を見せつけることで、今後彼の依頼人、顧客、資材納入業者、債権者、投資家、請負業者などが、もっと喜んで彼と取引をするようになるということを意味するのである。

この見返りとして政治家は、その金持ちから選挙のための政治献金を受け取ることもあるだろうし、そうでないこともあるだろう。けれども、政治家にとっては、政治献金は必ずしも取引のポイントではない。政治家はこの金持ちを通して、彼の友人、ビジネスパートナー、同業者、クラブや役員会のメンバーといった、他の金持ち連中のネットワークと近づくことができる。これらの新しく接触した金持ちたちは、それまでその政治家の価値観や政策目的に疑念を抱いていたかもしれない。彼らは芳しくない噂を聞いていたかもしれない。しかしその金持ちとの関係によって、彼らの心配は払拭される。つまり彼とのあの写真、あの手書きの手紙、あのゴルフ、一緒に飲んだあのコーヒーなどが安心を与えるのだ。「もしわれわれの仲間が、奴を好きで信用しているのなら、われわれもたぶんもっと心を開くべきかもしれない」と彼らは自らに問いかけるだろう。その金持ちは機会があれば政治家を彼の仲間に紹介するだろう。そして、その政治家は悪い奴ではなさそうだ、と彼らは考えるようになるだろう。そうすると今度はその仲間たちに朝食会や夕食会、ゴルフへの招待がやってくるようになる。ネットワークに属する仲間たちはその政治家について安心し、魅了されるようになる。やがて、その新しい知人は、政治資金を献金するようになり、他の知人にも頼んでくれることになるだろう。

こうして人脈は作られていくのである。

政策は何も変更されず、法律や投票行動が意図的に変えられることもない。しかしそうした金持ちたちのネットワークと繰り返しコーヒーを飲み、食事をし、レセプションを開くうちに、彼らの影響を受けて政治家の世界観は必然的に変わってくる。魅了されるのはお互い様である。政治家が金持ちたちに近づきの機会を与え、それによって限りなく拡大するお金のネットワークを得るということは、政治家と金持ちの両方を互いに補強するものである。政治家はますます同じような提案、同じような関心事や優先順位についての声を聞くようになる。たしかに金持ちにもさまざまな意見はあるが、彼らは広範な共通認識を持っている。一方、社会の中でそれほど金持ちではない人たちの声は、政治家にはもっと間接的で抽象的な形でしか届かない。彼らはコーヒーや食事に招かれることはない。一緒にゴルフをすることもない。彼らとコーヒーで一服しながら、冗談や個人的な話を通して世界観をしょっちゅう直接話し合うといったこともない。彼らは自分たちの関心事を絶え間なく政治家の耳に入れることはないのである。政治家は金持ちではない人たちの関心事も世論調査から知りはするが、しかし裕福な人たちの文化に浸るほどには、そうでない人たちの関心事に浸るということはない。このように、裕福な人たちのネットワークに近づくからといって、政治家が買収されるというわけではない。その代わり、彼らは裕福な人たちの意見を絶えず耳元に心地よくささやかれつづけるのである。

アメリカは特定の国を、自由市場の発展にもかかわらず有力者が友人や仲間に大きな経済的えこひいきを与えている「仲間資本主義（クローニー・キャピタリズム）」の悪習にとらわれていると繰り返しえらそうに非難している。しかしこうした非難についても、たぶん疑ってかからなければならないだろう。アメリカでも、また他のどの場所でも、個人的人脈の重要性は増しつつあり、それが有力な人脈の網の目の中にいる人の優位性をますます高めているからである。

人脈を持たないもの

多くの点で、ニューエコノミーは機会均等雇い主といえる。才能がある変人と精神分析家が不足している中では、いかなる組織も能力以外の理由で彼らを差別するゆとりはないからだ。人種的、民族的、あるいは女性への偏見は、露骨な差別意識を持った経営者の自己満足にしかならないきわめてぜいたくな行為ということになる。激しい競争は、経営者自身の満足ではなく、彼らの顧客と投資家を満足させることを強いるものである。その結果として、教育水準の高い黒人やヒスパニックのかなりの人たちがアメリカの中流階級へと上昇し、さらにその一部は上流階級へと移動した。同様に女性たちも専門職や管理職の地位へと上がってきている。最も敏捷な企業家グループでは、多様な人材が入り交じっているのが見られるだろう。動きのより速い経済分野における企業の上層部にいるような人たちをみれば、伝統的大企業官僚機構の重役室にいる人たちに比べて、ずっと幅広くバラエティに富んだ人々が活躍しているのを間違いなく見ることができる。

しかしそれにもかかわらず、法律事務所のパートナー（共同経営者）、ファンドマネージャー、終身在職権のある教授陣、財団、病院、その他の非営利団体のトップランクの人たちに占める、マイノリティや女性の比重はまだまだ少ない。「ガラスの天井」は、厚くて二重ガラスになっているのである。黒人とヒスパニックにとって、人種的偏見と貧困が重なり合ってしまっていることもその一因だ。

若い黒人たちは、今もなお片親のもとで、貧しい近隣の荒れた学校で成長する傾向がある。女性については家庭を持ちたいという願望のために、出世しないコースに移るか、または完全に仕事から離れていく傾向がある。しかし高い地位の職業にマイノリティと女性が比較的少ないことのもう一つの理由は、人脈の重要性が増しているというところにもあると考えられる。白人の男性に比べて、マイノリティや女性には、人脈がまだ不足しているのだ。

「オールドボーイ」のネットワークは「お墨付き」ネットワークに置き換えられ、そのネットワークの中で他の人がすでに知っており、またその能力を証明してくれるような人物に最も良い仕事がまわっていく。かろうじて高校を終えたような貧しい若者は、高い地位の人々に彼らが良い人物であるとささやいて仕事と依頼人へ扉を開いてくれるような友人や親の友人、また友人の親などに恵まれていない。トップポジションを求めている女性にとって、個人的に彼女たちの能力を証明し、高い地位にいる男性の一部が彼女たちに抱く懐疑心を克服するのにすぐ役立ってくれるような女性が、重役会、理事会、教授会といった場所にまだ多くはいない。インターネットへの接続はまだこうした人脈の不足を補えるところまではいっていない。いずれにしても、すでに論じたように、実際にコミュニケーションが容易になったということは、人々が、知っている人からの紹介や推薦、あるいは入って来るメッセージの奔流にフィルターをかけてくれる人たちに、ますます依存するようになるということを意味しているのである。そして互いに紹介し合い取引し合っている人々は、今も圧倒的に白人の男性が多い。ニューエコノミーにおける「アファーマティブ・アクション（これまで差別によって不利益を受けていたグループに有利な取りはからいをすること）」の最も重要な目的の一つは、社会的人脈のない人たちを包含するように非公式のネットワークを拡張することなのである。

名を揚げること

人脈は一つの始まりである。人脈は、採用面接、最初の仕事、権力への接触といった足がかりを与えてくれるものだ。しかし新興経済で自分自身の名を揚げるためには、ニュービジネスを絶えず自分のほうに引き寄せる手段を持たなければならない。成功するかどうかは、すでにビジネスを引き寄せる力を持っている名前にリンクし、そしてその名前を自らの名を揚げるための跳躍板として使うということによっている。これはちょうどわれわれが第2章において検討した、小さい隙間ビジネスと大きいブランドとの共生関係と類似したものである。

インターネットを通じて容易に市場へ参入できるようになると、優れた製品やサービスは自動的に顧客をひきつけることができるので、名を揚げるということの必要性が小さくなる、というのはよくある誤解である。多作のホラー作家であるスティーヴン・キングがベストセラーをウェブ上で配布することができるならば、自分もできるはずである、と考えてしまうようなたぐいの誤解だ。古い未発表小説を引き出しから取り出して、オンライン上に置くだけで、直接何百万ものコピーが売れるなどと思ってはいけない。たとえそれがすばらしい作品だったとしても、その小説は喧騒と混乱の中に見失われるだけである。ニューエコノミーのほかの場合と同様、ここでも買い手は案内を必要としている。

音楽家トッド・ラングレンは、最新の作品のサンプルをダウンロードすることができる、彼自身のウェブサイトを持っている。華麗なエレキギター、シンセサイズされたパーカッション、ラップとブルースの重奏などが現れ、そして音のたまりに消えていく。そしてもしそれを気に入れば、年間を通じてトッドの音楽が出るたびにそれを直接彼のスタジオから送られてくるように受信契約を結べばよい。この方法でラングレンはレコード会社や、レーベルを宣伝して売り込むような仕事をする人々のやっかいにならずに音楽を売っている。「レコード会社へ行って取引を頼むと、会社はまず何人くらいの人が私のレコードを買うかを予測しその予測値にもとづいて前払いをしてくれますが、それは事実上私のファンが最終的に（二〜三年後に）払うお金の一部を貸してくれているということにすぎないのです」と、ラングレンは彼のウェブサイトで、音楽を売る古い産業モデルをこのように要約している。(注14)「近代的進歩の助けを借りて、直接聴衆の中に入っていき、彼らに私の音楽を買ってくれるかどうか尋ね、そして音楽を作るそばから直接届ける、ということが頭に浮かんだのです。」

すてきな歌声やすばらしいバンドを持っていれば、インターネット上の「MP3」サイトにいくらでもその音楽を掲示することができる。けれども、ただそうするだけで多くのファンをひきつけられると期待してはいけない。あまりに多くの他のすばらしい声とバンドがすでにそこにあり、そして、その数は日々増加している。支持者を集めるためには、自分自身をプロモートしなければならないのである。ラングレンは、インターネット上で彼のキャリアを始めたわけではなかったし、また彼の革新的な音楽はそこで直接ファンをひきつけたわけでもない。彼はサイバースペースに乗り出す前に、すでに支持者を獲得していたのである。ラングレンはとても大がかりに売り出されていた。彼の演奏ツアーのプロモーターは、ラングレンの所属していたレコード会社の宣伝マンやプロモーターととに彼の音楽への人々の関心をかきたてたのである。オンラインへの転身で、ラングレンはこうした営業機能を実質的に「内部化」し、その技法を変化させたのである。おそらく彼は彼のウェブページを設計しグレードアップしてくれる人、ソフトウェアを書いてくれる人、彼を宣伝しプロモートしてくれる人、そして全体としてのラングレン・ブランドを管理してくれる人を雇っているはずだ。要するに、インターネットは営業活動の必要性を減らしはしなかったのである。それは、単に自分自身をプロモートする別の手段を与えてくれたということなのだ。

レコード会社から個人ブランドへのラングレンの移行と同じようなことが、新興経済のほかの場所でも起こっており、それはインターネットの上だけのものとは限らない。ほぼ同様のことが、優良企業を顧客に持つことで知られているニューヨークの投資銀行であるモルガン・スタンレー・ディーン・ウイッターでも起きている。モルガン・スタンレーの内部では、多くの人々がせっせと自らの名前を揚げている。どのインターネット企業に投資すべきかを機関投資家に、そしていつどのように株式を一般公開すべきかを新設のインターネット企業にアドバイスしているメアリー・ミーカーもその一人である。本書執筆時点において、ミーカーは売れっ子とみなされている。四〇歳で彼女は、ウォールストリートでトップにランクされるインターネット・アナリストになった。『バロンズ』誌は彼女を「ネットの女王」と呼んでいる。ミーカーの典型的な一日は、およそ五〇のボイス・メールと、ざっと一〇〇通の電子メール、そして一ダースにも上る報道関係のインタビューや公の席への出席をこなすことで埋まっている。彼女は、秘書とアシスタントの一団を抱えている。彼女はものすごいスピードで旅行する。インターネット企業は彼女のアドバイスをものすごく欲しがっており、投資家もまた同様である。

これはオールドエコノミーでの場合のように、モルガン・スタンレーがミーカーは賢く洞察力にあふれていると認めて彼女の企業内での地位を上げたから起きたことではない。ミーカーは確かに賢く洞察力にあふれているが、彼女は自分自身で自分の地位を上げたのである。デポー大学を、ビジネスと心理学の複数専攻で卒業した後、彼女は二年間メリルリンチで働いた。そしてコーネル大学でMBAを取り、一九八六年にニューヨークの投資銀行であるソロモン・ブラザーズに移り、そこでパーソナル・コンピュータ産業を担当する初級リサーチアナリストになった。三年半そこで働いた後、ミーカーはPCアナリストとしてニューヨークの別の投資銀行、コーウェン&カンパニーに移り、そして一九九一年の初めにPCの専門部門を立ち上げようとしていたモルガン・スタンレーに雇われたのである。一九九三年一二月、モルガン・スタンレーはアメリカ・オンライン（AOL）と呼ばれるインターネットサービス会社の株式を取り扱っていた。その会社は損失を出しており、株式も一株九五セント程度で売られていたにもかかわらず、ミーカーは投資家にその株を勧めた。アメリカ・オンラインの株式は、現在一株一七五ドルほどで取引されている。この本が読まれるころには、その値段はもっと上がっているかあるいは下がっているかわからないが、それは問題ではない。一九九三年以後のアメリカ・オンライン株の瞬く間の上昇は、ミーカーに瞬く間の出世をもたらしたのである。(注15) 一九九〇年代半ば、彼女は同僚とともに「インターネット・リポート」と銘打った分厚い報告書を書いた。それはインターネット革命を解説したもので、多くがまだインターネットの商業的可能性に懐疑的であったコンピュータ産業の中で熱い議論を巻き起こした。彼女は、さらに二つのレポートを引き続いて著し、そのどちらもが広く読まれた。彼女は、インターネットの「思想的指導者」となったのである。

一九九九年のミーカーの報酬は一五〇〇万ドルにものぼると伝えられており、それはモルガン・スタンレーの多くの重役の報酬を凌ぐものであった。多くの「ドット・コム」企業は当初の輝きを失ったが、ミーカーは今もなお輝いている。モルガン・スタンレーが取引を引き寄せるためにメアリー・ミーカー・ブランドを必要とするほどには、彼女はモルガン・スタンレー・ブランドを必要としてはいない。一九九九年に、モルガン・スタンレーはインターネット新規公開株の引受業務で数億ドルの手数料を稼いだが、その多くの企業はミーカー目当てでモルガン・スタンレーにやってきたのである。「われわれはモルガン・スタンレーと競争しているわけではない。メアリー・ミーカーと競争しているのだ」(注16)と、ライバル企業の技術投資銀行部門のトップは言っている。ミーカーのブランド価値を彼女に支払うことは、モルガン・スタンレーの企業利益となるのである。おそらく、別の投資銀行が彼女のブランドがもっと有益であると考えて彼女が拒否できないような報酬を申し出てくるまで、ミーカーはモルガンにとどまるだろう。

今や個人は組織内での名声ではなく、彼らの専門分野において名声を得ることで自らのキャリアパスを輝かせるようになっている。数十年前には、ほとんどのジャーナリストは、匿名で苦労してきた。一九五〇年代や六〇代の雑誌をさがしても、めったに署名記事は見当たらない。ブランドは雑誌のものであって、ジャーナリストのものではなかったのである。しかし近年、顕著な変化が生じている。『タイム』誌は過去四半世紀にわたって、毎週およそ八五頁で、一つの主要カバー・ストーリー、二〇ほどの記事、短いニュースの要約、解説と評論、というフォーマットをほとんど変えていないが、一つだけ大きく変えたところがある。それは著者や記者の名前をしっかりと際立たせるようになってきていることだ。一九七〇年代にはどの記事にも記者名はついていなかった。八〇年代初めには約半分の記事が、太字で書かれた著者と記者の名前で終わっていた。一九八八年には、評論の著者名は、タイトルのすぐ下にはっきりと表示されるようになっていた。一九九〇年に『タイム』誌は、約半分の記事においてタイトルの下に著者の名前を明記するようになった。そして一九九〇年代半ばには、それはあらゆる記事のトップに明記されるようになった。現在ではコラムニストや寄稿者の履歴と写真のページは呼び物にさえなっている。

著者名を明記するというこのジャーナリズム全体に起きている変化は、誰がそれを書いているか知りたいという、読者の好奇心が急に高まったから起きたのではない。それはジャーナリストが今、彼ら自身を売り込もうとしているからなのである。彼らには仕事の保障はあまりないが、仕事を拡大する機会も多い。多くは、自らの評判を構築するにしたがって、ある出版社から別の出版社へ急速に移動する。文字媒体で仕事をするジャーナリストにとって、最高の達成の一つはテレビ出演を依頼されること、そしてさらに「レギュラーゲスト」になることである。才能のある人材を絶えず求めている雑誌や新聞は、もっと目立ちたいという彼らの欲求がかなうよう喜んで便宜を与えようとする。有名なジャーナリストを抱えることは、雑誌の売上にも大きく貢献するからである。

こうした事情はコンピュータ・ソフトウェア業界でも同じで、そこではプログラムに個人名を明記することがより多くなっており、プログラムのパッケージに作者名を書くようにさえなっている。法律事務所、投資銀行、その他の専門職のパートナーシップでは、ますますその主要パートナー（共同経営者）の名前と業績を宣伝するようになっている。すべては長年、映画産業で慣例となっていたことと同じ方向に進んでいる。つまりそこでは、出演者名をどの順番で、どの大きさで出すかということが、契約上の最も重要な問題の一つであった。ハリウッドは才能ある人々が自らの名声を永遠に打ち立てつづけることで生活する場だったのである。

政治において今日活躍している人たちは、政党の名を揚げるよりも、自らの個人ブランドを確立することにより興味を持っている。彼らはますます自分自身の政治資金を求め、属する政党から独立した自分自身のイメージを打ち立て、立法業績においても個人的な著作権を求め、そして自らの個人的名声を生み出そうとしている。古い制度の下でなら、ジェシー・ベンチュラはミネソタ州知事になる前に何年もの間党内政治において「雑巾がけ」をしなければならなかっただろう。しかし彼はそうする代わりに、ピンクの襟巻をつけて世界レスリング連盟のリング照明灯の下で戦うレスラーとして、そして次にはラジオトークショーのホストとして名声を確立したのである。常に大統領候補に上るパット・ブキャナンは、特定の党派に属していない。彼のブランド・アイデンティティは、好戦的なテレビ有識者としてのそれであった。一九九九年のある短い期間、マスコミは、ハリウッドスターのウォーレン・ベイティ、エンタテイメント界の大立て者オプラ・ウィンフリー、そして、ニューヨーク不動産業界の巨頭ドナルド・トランプといった人たちを大統領候補となる可能性を持つ人物としてかなり注目した。そのうちの誰もそれ以上には進まなかったけれども、名前の通っている人ならば誰でもアメリカ合衆国の大統領に立候補しうるという事実だけでも、自己マーケティング政治というシステムに向けてわれわれがどれほど進んでいるかを示している。アメリカの政治もまたハリウッドと同じ道を歩んでいるのである。「ハリウッドとワシントンのこの全体の関係は結婚と同じくらい自然なことである」と、テレビ・プロデューサーであるノーマン・リアは述べている。「われわれの仕事は基本的には同じものだ。われわれはどちらにおいても観衆の注目を切望しているのである。」(注17)

競技に身を投じる

かつては外部労働市場があまり存在しなかったため、ほとんどの人は自らが外部労働市場でどれほどの「市場価値」を持つかを知らなかった。人々は組織の一員であり、かつそのなかにずっととどまる傾向があった。彼らにとって競争企業からの転職の勧誘は、ライバル企業が彼らをおびき出そうとしているのに等しいような不適切な行動ととられていたようだ。けれどもしだいに人々は、彼らの同僚たちと同様に「競技に身を投じる」ようになり、自らが労働市場でどれほどの市場価値を持つかを知るようになる。特定のインターネット・チャット・ボード(若い弁護士のための「貪欲な仲間」のような)は、彼らに自らの現在価格を知らせつづけている。人々はそうしたボードに新たな雇用機会を探していることを知らせ、そしてライバル企業は自由に彼らを値付けする。

注目株のスターは通常ライバル企業から現在の報酬よりも相当に高いオファーで勧誘される。そしてそのスターはそのオファーをぶら下げて経営陣に会いに行くのである。「私は、本当にここを去りたくないのです」とそのスターは悲しげに言う。「ここは働くのにすばらしい場所で、あなたもとても私に親切だったのですが……。」そして何食わぬ顔でこう言うのである。「私はこの誘いについてどうするべきでしょうか。」その意味するところは明白である。つまりその勧誘に匹敵するか、さらに良い条件を出さなければ、私はここを出て行くよ、ということである。

企業の中には、ライバル企業からの値付けに依存して適切な賃金水準を決めているところもある。最近コンピュータ・エンジニアである知人が賃上げを求めたとき、彼が働いているソフトウェア・ハウスのトップは、彼にライバル会社がいくらで彼を雇ってくれるか聞いてみるように、と言った。経営者はそれと同額を彼に支払うというのだ。経営者の説明によれば、エンジニアの価値を決定するには、市場でそれを試すのが最も良い方法だというのである。

しばらく前、ブラウン大学の学長が着任してわずか一八カ月後に、ブラウン大学が彼に支払っている年俸三〇万ドルの約三倍の額の年俸をバンダービルト大学から提示された。それまでアイビー・リーグの学長は、一〇年以上そのポストにとどまるというのが暗黙の決まりであった。しかしもはや明らかにそうではなくなっている。まだ新任といってよいブラウン大学の学長がバンダービルトからの条件提示をブラウンの理事会に告げ、より有利な条件のポジションへと去ったことは、何千人ものブラウン大学の学部生にさびしい気持ちを覚えさせたと同時に、ニューエコノミーにおける報酬と忠誠に関する強烈な教訓を残したのである。彼を引き抜いたバンダービルトの理事は、どうしてこんなに大騒ぎになるかわからないと言った。この理事は大きな本の卸売ビジネスを経営しているが、「私の会社の人間が引き抜かれるのは、日常茶飯事ですよ」と、言うのである。(注18)

「ヘッドハンター」たちは、現在どこかで幸せに勤めているような有望な候補者を、潜在的な雇用機会にいつか紹介できるよう常に抱えている。「最終的には彼らはどこか他のところで働きたいと思うようになり、そして彼らに最もうまく合う雇用機会が出てくるものなのです。われわれは大いに見込みのある人たちと、そうした人たちを必要としている有望企業の双方と、あらかじめ長期の関係を構築しておきたいのです」と、あるヘッドハンターは彼のお抱え候補者を引き合いに出しながら説明してくれた。(注19)

こうした状況は、プロ野球界ではフリーエージェントの導入以来ずっとそうだったといえる。球団はブランドとして価値のあるフランチャイズを持っており、有望な選手たちは、自分自身のブランドを構築しようとしている。私はレッドソックスのゲームを見るために、息子のアダムをよくフェンウエイ・パーク球場に連れて行ったものである。彼のお気に入りの選手は、モー・ヴォーンという名前の大男の一塁手であった。モーはチームの誰よりも常に軽々とボールを場外に打つことができるバッターで、モーの打順が回ってくると、アダムはピッチャーが彼を歩かせないように静かに祈っていたものである。モーの人気が高まるにつれて、モーを見ようとより多くのファンがフェンウエイ・パーク球場に足を運ぶようになった。それにつれて彼の報酬も上昇しつづけた。しかし数年前、モーはソックスの提示額よりも多くの報酬を希望し、五年間で六四〇〇万ドルという条件を拒絶した。「ここでの時間はすばらしいものでした」と彼はアナハイム・エンゼルスとのより有利な契約を結ぶことで失望したソックスのファンに向かって言った。「私はここにまったく悪い気持ちを持ってはいません。私のチームメイトには感謝したいと思います。ボストン・レッドソックスと彼らのファンの成功を祈ってます」と。ここで「彼らの」ということころを強調したのは私である。それは代名詞の変化について強調したかったからである。ここで二つのブランド、つまりレッドソックス・ブランドとモー・ヴォーン・ブランドは今、別々の方向に歩み出したということなのだ。モーが説明したように、「私は変わらないよ、ただ別の場所に働きに行くだけさ。(注20)」

指名と逆指名が行われるようになると、その結果としていかなるチームやグループにおいても高い報酬のメンバーと低い報酬のメンバーの間のギャップが広がることになる。それは彼らの顧客（観客）動員力を反映した格差である。法律事務所やその他の専門家集団のパートナーシップにおいて、この現象を見ることができる。そこでは、顧客をひきつけることのできる売れっ子パートナー（共同経営者）たちの手取り報酬は、注意深く専門的な作業をするだけの低位のパートナーのそれに比べて、数倍にものぼっている。これは「売れっ子」が、その事務所を売っているのではなく、自らを売っているからである。彼らがぬかりなく培ってきた評判と人脈ゆえに、彼らは顧客を引っ張ってこられるのである。このことはかつてはそれほど重要ではなかった。すべてのパートナーはまさにパートナーであるゆえにほぼ同じ報酬を受け取り、そしてその職業人生のほとんどを互いにパートナーとして過ごすものと考えられていた。けれどもニューエコノミーにおいては、価値のある売れっ子はどこにでも行くことができる。当然のことながら、彼らはその報酬が彼らの個人ブランド価値を反映したものであることを期待している。もしそれが受け入れられないならば、より良い条件で処遇してくれる別の事務所へ、彼らの個人ブランド（そして顧客の一群）を引き連れて、移っていくことになるだろう。

こうした入札ゲームが最も起きそうもないと思われるのがアメリカの有名大学の終身在職権を持つ教授陣たちの世界であろう。かつてはそうした純化した環境の中で、終身教授職にある教授陣は死ぬまで、ときによると死んでから後も、何十年もの間同じ状態のままであった。同じ講堂の中で何世代もの学生に同じ講義をし、さまざまなバリエーションの同じ論文を書き（そしてそれらは同僚の仲間内だけで読まれ批評され）、毎年同じように学会の年次大会に出席する。こうした研究機関は十分に高名であるために、そこに属していることの名誉だけでほとんどの野心は満足させられていた、と推測される。作家であり哲学者であったC・P・スノーはかつて、ケンブリッジの学寮長は著名ではないが、人を著名にする人物ではある、といったものである。

しかしそれにもかかわらず、新しい秩序の遠雷はこの古色蒼然とした地域へも鳴り響き出しているのである。一九九八年の秋に、コロンビア大学はロバート・J・バローが、もしハーバードの終身教授職を捨ててコロンビア大学の経済学部に来てくれるなら、およそ三〇万ドルの年俸を払うと決めた。これはその時点で、ハーバード、コロンビア、その他のエリート大学で、文理学部の教授陣に支払われる最高給与のざっと二倍になるということを意味していた。『ニューヨーク・タイムズ』によると[注21]、コロンビア大学はこの報酬に加えてバローのために三つの広い研究室（一般的に狭苦しい大学の建物内の研究室スペースは、建物外の駐車場のスペースと同じくらい貴重なものである）とかなりの額の研究費だけでなく、将来性のある若い経済学者を何人か雇い入れることを約束したという。しかもこれだけではない。コロンビア大学はまた、マンハッタンの名門私立校にバローの息子を入れ、バローの妻を年俸五万五〇〇〇ドルの職位で大学に雇い、そしてこのバローの家族全員を大学の費用でリフォームしたリバーサイド・ドライブの大学所有の二三〇〇平方フィートのマンションに市場価格の半分の賃料で住まわせる、という条件も出していたのである。

私はバローを直接知らないが、彼が非常に有能であることは間違いない。彼の理論的な貢献は経済学者たちに大きな影響を与えており、そして彼はハーバードに来る前からすでに著名であった。コロンビア大学がバローに提示した条件は、それが彼自身やコロンビア大学に関してどんな意味を持ったかということよりも、それが最も神聖な学問の聖堂の中における個人ブランドの新市場について何を示唆するかという点で大きな意味を持っている。従来は、「コロンビア大学」や「ハーバード大学」ブランドのほうが、その大学の尊敬すべき教授陣の中のどの個人名よりも、人々をひきつける重要な魅力となっていたことは疑問の余地がない。どちらの大学もゆっくりと教授陣を構築し、傑出した博士大学院生を養育し、博士号取得後の若手研究者を摘み集め、そしてごくたまに他で名前が挙がっている若いスター研究者を念入りに選抜する。そして終身教授職には、明らかにもう研究活動しえない教授たちも堆積しているとはいえ、両大学は時を超えてその名声が高まるような多くの偉大な活力のある知性を抱えつづけたのである。

しかしハーバード大学やコロンビア大学でさえ、そこに才能ある教師や学生をひきつけつづける能力は、すでにひきつけている才能ある人材に依存するような、高速ネットワークに変わりつつあるのだ。両大学とも、大学ブランドの名声がその教授陣や学生の個人的評価を高め、その教授陣や学生の名声が大学ブランドの評価を高めてさらに華々しい教授陣と学生をひきつける、という好循環を維持する必要がある。しかし才能ある人材が流動化し始めた現在、こうした好循環は保証の限りでない。偉大さは金で買うことができるようになったのである。人々をひきつけるのに十分な報酬額と付帯条件を提示することによって、学部全体を奪い取ることもできるのである。

コロンビア大学は経済学の分野におけるバローの名声がコロンビア大学の評価に磨きをかけ、さらにそうした好循環を加速させると考えたので、大学の相場からいえば破格の報酬を喜んで彼に支払おうとしたのである。実際、バローによってコロンビア大学はその経済学部を全体としてもっと輝かしいものにすることが可能であった。コロンビア大学との一連の交渉の中での取引の一部として、バローはコロンビア大学に勧誘してほしいと思っている十数人の新進気鋭の経済学者のリストを提出した。おそらく彼らの多くは、バローがいることと、一緒に誘われている他の若手の気鋭の経済学者の存在にひかれてコロンビア大学に心を動かされることだろう。苦心してその学部の教授陣を一人ずつ充実していくよりも、コロンビア大学は優秀な経済学者をまとめ買いすることができるだろう。「もしそれがうまくいくならば、われわれは学部スタッフを育てるのがよいか買うのがよいかの意思決定のやり方を変えることになるだろう」とシカゴ大学の経済学者の一人はこのパッケージ型の取引についてコメントしている。「金がものを言えば、奇襲作戦はうまくいくだろう」と。

バローに話を持っていく前に、コロンビア大学は経済学界の他の大物経済学者の意見を聞いてバローの集客力の価値を値踏みした。まずコロンビアの学部長は、著名な保守派経済学者であるミルトン・フリードマンに助言を求めた。「ミルトンは非常に肯定的だった」と、学部長は『タイム』誌に語っている。「『バローは若い。多くの注目を集めている。人々は彼にひきつけられるだろう』と彼は言った」というのである。あるコロンビアの経済学者は「われわれは、ロバートが生み出す多くの経済余剰を得るだろう」と、この取引を費用と便益の概念で解説してみせた。

この引き抜き劇は、ハーバード大学を根底から揺るがした。ハーバード・ブランドは大学の著名な教授陣を引き留めておくのにもはや十分なものではなくなったということなどがありうるのだろうか。

それまで別の大学からの引き抜きに対抗せざるをえないようなことがないことを自慢にしていた学部長は、バローを「長い、ワイン三昧のディナー」と表現される会食に招待し、新しいリサーチ・センターとそれ以上の条件を含む対抗条件を提示した。結局バローはハーバードにとどまることに決めたので、その交渉テーブルにのせられたものが何であれ、それは効果があったということだろう。けれどもそれはハーバードにとって危機一髪であり、学部長にとっては明らかに二度と起きて欲しくないものだった。伝えられるところによると、この学部長は将来の引き抜きに備えて「防衛基金」を積み立てているらしい。

バローのケースは、彼がこれまでその名声を高めることに貢献してきたハーバード・ブランドとバロー・ブランドという二つのブランド間の微妙な緊張関係を明らかにしたという点でも興味深い。彼のキャリアの大部分において、彼の研究と論文・著書執筆活動はバロー・ブランドを育てるのに貢献する一方で、ハーバードの名声にも磨きをかけてきた。バローが自分自身のために働くことはすなわちハーバード大学のために働くことでもあったのである。

しかしたとえハーバード大学といえども、個々のやり手教授に頼るだけでは生き残ることはできない。大学は組織全体のために貢献してくれる人々をも必要としているのである。あなたがもし若いハーバード大学の助教授であって、バローがもうすこしでコロンビアに行ってしまうという出来事を目の当たりにしたとしよう。ハーバード大学が研究と論文業績を求めていることは明らかだ。しかし同時に大学は、あなた自身の専門分野で名を揚げることには役に立たないが、学校にとってのみ役に立つようなその他の多くの活動をすることも望んでいる。学生を教え、彼らに助言を与え、卒業生のグループのために講演をし、さまざまな学部委員を務めてほしいとも願っているのである。自分自身のブランドを構築することと対比して、どのくらい多くの時間とエネルギーをこうした組織活動のため費やしたいと思うだろうか。おそらくその答えは、できるだけ少ない時間とエネルギーを、であろう。助教授クラス（終身在職権を持たない）の若手教員にとって、ハーバード大学に残れる可能性が小さいことはわかっている。とすれば、可能な限り入念に自分のブランドを構築することの見返りがいかに大きいかは明らかである。

ニューエコノミーは企業家精神にあふれた教授陣にとって、彼らが自らのブランド名から利益を得ることのできる機会を増やしてくれる。そのうち有名教授たちはインターネット上で彼らだけの講義や講座を提供することで、彼らの個人ブランドを売ることができるようになるだろう。大学に支払われる授業料から間接的に一人当たり一〇〇〇ドルを払ってくれる計算になる学生を一〇〇人、一年間教える代わりに、世界中から一〇万人の学生を集める。もしそれぞれの学生が彼の仕事に対価として一人一〇ドルずつ支払ってくれれば、彼は一〇〇万ドルを手に入れることができる（ここで誰が講座とブランドを所有するのかという法的な問題、つまりそれを所有するのはそのスター教授なのか、それとも彼が名目上そこで教えていることになっているブランド大学なのか、という問題が浮き彫りにされることは間違いない）。

この点はすべての機関にとっても共通の問題である。才能がある人々の流動性が高まり市場が競争的になるにつれて、時間とエネルギーを組織に捧げるよりはむしろ、個人ブランドの名を高めるために投資をするインセンティブが高まる。組織員を一生懸命に働かせるようなことが任務である人たちを別とすれば、人々にとって優先順位の第一は自分自身を売り込むことになるだろう。

バローの英雄伝は別の意味でも興味深いものである。バローがあまりにもはっきりと彼の「価値」を確定してしまった後、アメリカ中の教授たちはバローに提示された条件と自分たち自身の報酬を比較して、自らの相対的「価値」を推定できるようになった。こうしたことがあらわになることは、そうでなければ愉快にすごしていた多くの人々に不満の種を与えることになったかもしれない。オールドエコノミーを思い出してみればいい。そこでは同じ産業で、同じ地位で、勤続年数も同じであれば、給料もほぼ同じであった。給料はいずれにしても議論の対象ではなかった。しかし引き抜きの条件提示と逆提示の満ちあふれる新興経済においては、同僚間の報酬レベルは違ったものになりやすく、しかもそれらの異なる報酬は衆目にさらされやすくなる。つまりある個人と他の人との相対価値がわかってしまうのである。これほど悩みをつのらせ、怨恨をあおり立てる種類のものもないだろう。

モー・ヴォーンはボストン・レッドソックスが喜んで払おうとした六四〇〇万ドルの年俸で、十分に快適な生活をすることはできたはずだ。税金とロサンゼルスでの高い生活費を考えれば、彼にとってエンジェルスの提示した七二〇〇万ドルの条件は、そんなによいものともいえない。しかしニューヨーク・メッツは一九九八年に九一〇〇万ドルをマイク・ピアザに提示し、レッドソックスはペドロ・マルティネスに七五〇〇万ドルを支払っている。おそらくモーは少なくともペドロ・マルティネスと同じくらいの価値が自分にはあるはずだと考えていたのだろう。ソックスの最終的な六四〇〇万ドルの提示は、彼にはその価値がないということを告げるものであった。そしてこのモーの相対的価値に関する両者の意見の相違は、彼にレッドソックスを去ることを決断させるのに十分な理由となったのではないだろうか。

大学で仲良くしている同僚の教授が、最近良い条件を提示した別の大学に移ることに決めたという。彼は大学にとってとても大切な教授であり、およそ自分の給料を気にするような人間ではない。それでなぜ去ろうとしているかについて彼に尋ねてみると、彼はしばらくじっと私を見た後でこう言った。「私はここで評価されているとは思えないのだよ。」

最初、これはまったく理解できなかった。友人は多くの賞を授与されていて、主要学科の学科長であったし、彼を知る人は誰もがその学識と大学社会への貢献を評価しており、彼の授業は学生にもとても人気があった。なぜ彼は評価されていると感じられなかったのだろう。彼は現在の給料がその大学の他の多くの教授と比較して特に高いわけではないと説明した。そして彼を引き抜いた大学は彼を得るために「最大限の努力」をしたのである。

私は彼に尋ねてみた。「もし君がこの大学であれ他の大学であれ他人がいくらもらっているか知らなかったら、つまり互いに誰も他人の給料を実際には知らないとしたら、それでもなお過小評価されていると感じたかい。」彼は少しの間考えて、「多分違うだろうね」と言った。

それは違うはずだ。というのは、報酬がわからなければ、おそらくその友人は何かもっと別の指標で自らの「価値」を測ることになるからだ。つまり彼の給与や手当てをキャンパスの他の人と比べたり他の大学によって提示されていたより高い給料や手当てと比べることよりも、もっと曖昧模糊とした指標によってである。しかし自分の報酬と他人の報酬を比較した数字ほど、とりわけそれらが公になっている場合には、赤裸々なものはないだろう。私は友人が、その相対的な報酬がドルとしてどれだけの購買力を持っているかということについては、ほとんど気にしていないと思う。そうではなく彼が気にしていたのは、彼が自分の選んだ職業の中で、その相対的な収入が意味する彼の価値だったのだ。収入は彼の職業社会における仕事ぶりを評価するシグナルなのである。私の友人はただ、彼をより高く評価してくれるところに行きたかっただけなのである。

勝者がすべてを得るのではない理由

ロバート・バローのような特定の人々が、なぜ他の誰よりも非常に多くを稼ぐのかについての理由を説明する一つの新しい一般的理論として、国内市場またはグローバルな市場の中ではほんのわずかの人だけが注目を浴び信頼を得るために、彼らが「すべてを得てしまう」(注22)というものがある。その理屈はもっともらしく聞こえる。アイビー・リーグの大学の新入生向けの開講数は特定の数しかないし、ベストセラー・リストの冊数も限られている。しかしダイナミックな経済では、実際にはそうした「ゼロ・サム」状況はあまりないのである。一般的には、巨大ブランド名の背後には、相当の才能や営業力を持った多くのより小さなブランド名を持つ人たちがいる。大きなブランド名がこれらのより小さなブランド名の助けを借りながら成功するにつれて、その小さなブランド名も成長し始める。そしてそれらの小さなブランドは組織内ではなく市場で自らを売り込む活動をしているため、彼らの現在価値を反映するだけの大きい報酬を要求することができる。さもなければ、彼らは他のより良い条件の取引に移ってしまうだけである。

一九九九年春の株主報告でディズニーの会長マイケル・アイズナーは、ＡＢＣテレビの新しいコメディのシリーズ、『スポーツ・ナイト』について熱っぽく語った。「これはすばらしいものです！それはわれわれが最終的にABCをナンバー・ワンにするために積み重ねている礎石の一つです」とアイズナーは書いている。(注23)とりあえずアイズナーの『スポーツ・ナイト』への意気込みはそれに値するとしよう。問題はこのようなテレビ番組のヒットで、誰の「価値」が高められるのかという点である。

ディズニーは『スポーツ・ナイト』を所有しているわけではない。それは、映画監督のロン・ハワードとブライアン・グレイザー、そして長年ハリウッドのエージェントをしているトニー・クランツの共同経営によるプロダクション会社の新構想であった。このトリオはABCだけでなく、ライバルのNBCやフォックス放送のためにもヒット番組を作っている。ハワード、グレイザー、クランツは「売れて」いるのである。もし『スポーツ・ナイト』がヒットすれば、ABCでそれが放映されている間の三〇秒のコマーシャル枠を獲得するために広告主はディズニーに多額の金銭を支払うだろう。しかしその支払われる金銭はすべてディズニーのものになるわけではない。ディズニーがハワード、グレイザー、クランツから引きつづき『スポーツ・ナイト』のプログラムを提供してもらおうとするならば、獲得した金額の一部を彼らに支払わなければならないだろう。なぜならそのヒットによってハワード、グレイザー、クランツの市場における「価値」がさらに高まっているからである。彼らの評価は、こういった番組を製作しているネットワーク局のすべての経営幹部の間で高まっている。

そしてハワード、グレイザー、クランツもまた、そのトリオが売っている巧妙かつ奇妙な場面を考案してくれた何人かの才能ある作家とプロデューサーたちにその利益の一部を配分しなければならないだろう。彼らのうちの一人アーロン・ソーキンはこの番組を提案し、この番組の最初の何編かの脚本を書いている。そうする以前からすでに、ハリウッドにおけるソーキンの評価は高まりつつあった。彼は映画『ア・フュー・グッドメン』や『アメリカン・プレジデント』の脚本を書いていたのである。『スポーツ・ナイト』が大ヒットすれば、ソーキンの「価値」もまた高まることだろう。

したがって、ディズニーの会長アイズナーが株主に、スポーツ・ナイトはABCを「ナンバー・ワン」にするために積み重ねている「礎石の一部」であると述べたのは、必ずしも正確とはいえない。のみならず、かりに『スポーツ・ナイト』がヒットしたとしても（実はヒットしなかったのだが）、ディズニーの株主はそれによって期待していたほど儲かりはしなかったであろう。なぜなら、アイズナーはその「礎石」を完全に所有している官僚機構のトップに座っているのではなく、そのすべてが将来どこと結びつくかの選択権を持っているような接続ウェブ上の一点（それは大きな一点ではあるが）に位置しているにすぎないからである。つまり、そのウェブ上のもう一つ別の点に位置しているアーロン・ソーキンのような才能ある人々にも市場価値に見合った取り分を獲得する力が与えられるので、「勝者がすべてを得る」という現象はかなり弱められることになる。もしソーキンに適切な報酬が支払われなければ、ディズニーのライバル会社は彼をABCから引き抜くことができるからである。そしてまさにそれは、一九九九年の秋に彼がNBCのために『ウエスト・ウイング』を創作するという形で実際に起きたのである。

ニューエコノミーにおいて、ほとんどすべて、ないしはほとんどすべてに近いものを獲得してしまうモー・ヴォーンのような孤独なプレーヤーはめったにいない。トップないしそれに近いところにいる人々はもちろんめざましくよい仕事をしている。彼らは才能も人脈も十分に備えており、そして巧みに自分自身を売り込んでいる。けれども、彼らがすべてを得ているというわけではない。彼らはその取り分を、彼らが頼りにしている周りの才能豊かな人々と分け合っており、さらにその才能豊かな人たちはその取り分を今度は彼らが頼りにしている人たちと分け合い、さらにこの分配の連鎖が続く形で相互連結のネットワークは外延および下方へと伸びていくのである。そして才能のある人々は名を揚げるほどに、その価値をますます高めていく。ハリウッドのアーロン・ソーキンのような才人たちの価値はいつも上昇しているのである。

つまり、一握りの人がトップにいて残りはみなずっと下のほうにいるというのではなく、多くの才能ある人々が上昇中なのである。所得階層の上位一%の人々は途方もなくすばらしい生活をしている。上位五%の人たちはかつてないほどによい暮らしをしている。上位二〇%の生活は非常に快適なものだ。ただしそれぞれの所得階層の間隔は、以前よりもずっと広がっている。そして先に述べたように、中所得者層の生活はあまり向上せず、さらにそれ以下の階層の人々の生活は相対的に悪くなっているのである。

市場指向の男女

オールドエコノミーにおいては人に好かれることで成功することができた。人生の指南書はまじめに、「友人や影響ある人々を味方につける方法」についてアドバイスしていた。(注24)「組織人」の成功物語はみなに受け入れられた。アーサー・ミラーの小説に出てくるウィリー・ローマンは彼の息子に、次のように成功へのアドバイスをしている。「人に好かれれば事欠くことはない。この国の驚くべきことは、ここでは最後にダイヤを得られるかどうかが人に好かれているかどうかに依存しているということなのだ！」(注25)

二〇世紀半ばのアメリカの有名な社会学者であるデイビッド・リースマンは、彼が「他人指向型」人格の時代と名づけたものを、同僚によって認められることを何にも増して求めること、と表現した。「人は他に認められることによってのみ成功する。このように、すべての権力は、……実際あるいは想定上、承認をしてくれる人たちの手中にある」(注26)と、リースマンは二〇世紀半ばのアメリカ人の特徴の真髄を見ていたのである。

しかしニューエコノミーにおいては、人は他人に好かれることではなく市場で評価されることで出世する。最終目的はもはや同僚と調和することでも、同僚の承認を得ることでもない。大切なのは同僚の間で目立ち、潜在的な顧客や、その顧客に接続してくれるような人たちを魅惑し触発することである。古い組織は消滅し、自分自身を信頼するのみならず、他人に対して自らを信頼するよう説得することができる人々がこれにとって代わっている。このため、自尊心を大いに持つことが、社交性より重要となる。自分自身への信頼を光り輝かせることは、ただ魅力的であるよりもずっと役に立つのである。力強くあるためには、力強く感じること、「金持ちになる勇気」を持つことが必要である、(注27)と金融界の指導者であるスーズ・オーマンは言う。「私にわかっていることは、自分の価値がそこまで高まると同意できるところまでしか、実際の価値も上昇しないということです。」また経営コンサルタントのトム・ピーターズは「今日から、あなた自身がブランドです。ナイキ、コカ・コーラ、ペプシ、あるいはザ・ボディショップといったブランドと全く同じものなのです」と指導している。そしてもし成功したければ、「最も大切な仕事は、あなたというブランドの営業本部長になることです」(注28)と言うのである。

金融と経営のコンサルタントは、今やアメリカの新しい精神的指導者である。それはテレビ伝道者であり、心理療法士であり、個人トレーナーであり、そして経済的な成功という精神的自己実現を教示するコーチである。新しい自発的金銭的精神主義の倫理のもとでは、個人の価値は、その人の純資産によって測られる。それはプロテスタンティズム倫理がそれ自身に襲いかかるようなものだ。市場が報酬を与えるからその人に価値がある。熱烈に神を信じるのではなく、自分を信じるから金銭的に成功するのだ。自分の人格を市場性のある商品としてうまく売り出すことで、自らの価値を高め、価値あるものという市場の神聖な評価をかちえることができる。

こうした金銭的精神主義者たちの背後には、一群の個人プロモーターたち、宣伝担当者たち、個人的営業担当者たちがいる。たとえばイメージ・コンサルタントはお菓子作りのシェフを料理本、ケーブルテレビのショー、グルメのウェブサイト、スープやスパイス、料理用具の新製品の営業推進者に変えることができる。「シェフとして仕事を得ると、給料はあるレベルから始まります。その給料は少しずつ上がっていきますが、もし本当にいい生活がしたいと思ったら、コンサルティングや本の執筆、テレビ出演などをしなければなりませんね」とマンハッタンのル・サーク2000のパティシエ(お菓子職人)であるジャック・トレスは言う。(注29)不動産仲介業者の「個人営業」を専門としているドン・ホップは、仲介業者は「自分を売る、つまり他の五〇〇〇人の仲介業者と自分との差異を創り出す」ことに広告費用を使うべきだ、と助言する。「私はジョー・ブロー、不動産仲介業者です」というコピーではなく、「二人のかわいらしい女の子がお父さんに駆け寄るようなイメージ。お父さんが車から降りてくる。そして静かな曲が流れる。『必要な時……あなたの役に立つ、それがロン・キュベックです。』二人のかわいい金髪の女の子は、彼の腕に飛び込んできて感動的に音楽が高まる。消費者の感情に訴えなければならないのです」と彼はいう。(注30)

しばらく前まで、医者が広告を出すことは州法で禁じられていた。医者は商業文化の一部ではないし、またそうであってはならないと考えられていたからである。つまり、彼らはヒポクラテスの定めた行動規範の第一を信奉していたのである。だが今や「医者の広告代理店」の助けを借りて、ダイエットの本を著したり健康に関するアドバイスをしたり、さらには無糖のメープルシロップからステロイド・ホルモンにいたる多数の製品を売り出す医者まで出てきた。(注31)こうした医師の行うビジネスのうち、ウェブ上で取引される比率もますます増えている。歯科医は広告代理店を雇って、ハイテクの歯茎レーザー治療と、最新技術のラミネート技術を宣伝する。その一人であるラリー・ローゼンソール博士は、電子歯ブラシと歯の間の歯垢を除去するデンタルフロスを含む消費財に彼の名前を冠して売り出し中である。(注32)

才能のある人々は、自分自身の株式さえ売るようになっている。ロック歌手のデイビッド・ボウイは今後彼の稼ぐ著作権料とコンサートの売上の一定比率を投資家に与えるという約定の個人債を発行したが、その債券は発行から一時間以内に総額五〇〇〇万ドルで完売した。(注33)マーサ・スチュワートは法人化して、自分自身の株式を発行している。彼女は、たとえばミニー・パール・フライドチキンといったように、単に特定の商品に彼女の名前を貸しているのではない。彼女は、彼女の明るい個性を売っているのである。つまり彼女の素朴だけれどもエレガントなセンス、かわいらしい装飾のアイデアと家庭的な料理レシピ、シトロネラ油の蠟燭を最初から作る時間のゆとりがあるような、楽しげで快活な生き方を売っているのである。彼女に投資する人たちは、マーサ・スチュワート・ブランドが彼女から独立して重要な価値を持つことを期待している。けれども万一彼女がお金を持って、オランダ領のアンティル諸島に引きこもってしまうというようなことが起きれば、両者が切っても切れない関係だったことに気づくだろう。

今や大望をいだいている政治家たちは、自らの信念や政策綱領よりもその個性を売り出すようになっており、自らの市場価値を高めるために、ますます多くの政治コンサルタントに頼るようになっている。自分をうまく売り出した政治家にとって、政党はそれほど必要ではない。それはちょうど売れている教授は特定の大学をそれほど必要としないことと同じであり、特定の新聞で活躍中のジャーナリスト、テレビネットワークやプロダクションで働く売り出し中の脚本家、特定チームに属する才能ある野球選手、特定の金融機関のスター投資アナリストなどにとっても同様だ。他のすべての組織と同じように、政党も企業家たちの寄せ集めになっている。それゆえ、政党や綱領から離れてしまった今日の政治家が、絶え間ない個人攻撃合戦に身を投じているというのは驚くべきことではない。政党や原理原則よりも個性が売られるようになると、競争はほぼ必然的に個人間で行われるようになるからだ。選挙での成功は、自らのイメージを高められるかどうかだけでなく、対抗馬のイメージをどう破壊するかによって決まる。「対抗調査」は、対抗馬の個人的な中傷を発掘するための婉曲表現であって、アメリカにおける選挙運動でのお決まりの呼び物となってしまっている。

自分を売るということは、人の人生に情け容赦ない要求を突きつけることになる。それは場合によっては個人の人間関係をも侵すこともありうる。人格が売りに出されるようになると、すべての人間関係は潜在的なビジネス取引へと転換する。好かれることだけを望んだデイビッド・リースマンの「他者指向型」人間とは異なり、新しい市場指向の男女が求めているのはただ取引のみである。それで友人、親戚、あるいはちょっとした知り合いが、自分を売るための役に立つということになると、すべての人間関係は隠された動機によって汚されてしまいかねない。ワシントン、ニューヨーク、ハリウッド、シリコン・バレー、あるいはその他の取引の中心地において、どちらかが何かを売ろうとしているのではないか、あるいはよい買い物を探しているのではないかという憶測なしに、「友人」と昼食をとるために会う、ということは多くの場合難しくなっている。そしてたいていの場合、この憶測は正しいのである。

市場指向型人間の価値は、同僚からの承認ではなく、その人のサービスに他人がどれだけ喜んでお金を払うかによって決まる。それゆえに、需要があるということが最も重要なこととなる。ある種の地域では、しばらくぶりに会った人に尋ねる最初の質問は、もはや「調子はどう?」ではなく、「忙しい?」である。彼らが忙しいのなら、彼らに需要があるわけで、需要があれば調子よくいっているにちがいないからである。「ものすごく忙しくて!」という一見不平に聞こえる言い方は、かりに本当に不平だとしても、もはや悲嘆の言葉とは受け取られない。それは、有給労働以外の生活にほとんどの時間やエネルギーを残せず、成功するための絶え間ない必要性から友人や家族さえ犠牲にしているという不平ではあるかもしれないが、それでも、それは市場で成功している状態であるとみなされるものであるからだ。そしてそのことは、市場指向の中での成功度合いを示す究極の指標なのである。

二〇世紀の半ば、リースマンの他人指向型人間は、グループの中で自己を失う危険にさらされていた。今世紀初めの市場指向の人々は、自分自身を売る危険にさらされている。より重大な危険はどちらだろうか。かつて、誰かについて語るとき最悪の評価は、彼は売り尽くしてしまったという表現であった。だが現在では最悪の評価は、彼は売れていない、という表現なのである。

PART 2

第8章 ものすごく縮んでいく家族

ニューワークが家族を犠牲にしているということは大きな論点ではない。より興味深い問題は、それがどのようにして発生し、そしてどのような形で家族に犠牲を強いているかである。

二〇世紀半ばの核家族、すなわち安定的な仕事を持つ夫と、平均二・七人の子どもの世話をし、掃除をいやおうなくさせられている妻、そしてみんなで一緒にミートローフの夕食をとるような核家族、というのは、歴史的にはむしろ特異なものであった。大量生産時代の前の一九世紀半ばを顧みれば、家族というのは一つの屋根の下でのもっと複雑で不安定な生活形態であった。親類が出たり入ったりし、子どもたちも幼くして亡くなり、お産のために亡くなった生みの母親に代わる育ての母がいて、さらに事故や伝染病、災害などのために亡くなった父親に代わる義理の父がいる、といったような家族である。そして多くの場合、日々の糧を得て屋根のある家に住むために、男も女もそして子どもたちも家族全員で肉体的につらい仕事を長時間しなければならなかったのである。経済は今よりもっと不安定であり、人生もまた同様に不安定なものであった。

現在の生活形態の不安定さは、死によるものではなく仕事によるものである。つまり仕事のために家族が長い時間離ればなれになり、また物理的には一緒にいたとしても仕事のことに心を奪われて不安定な状態になってしまうということによるものである。(注1) そのような新しい家族は、経済の新しい要求に対応するように、各構成員を必要な場所に配置する一組の複雑な運用上の取り決めの中にある。社会学者はDINSという新しい言葉を作り出した。DINSとは、ダブルインカム・ノーセックスの意味で、ベッドの中で寝る以外に何かをするには、疲れすぎている現代のカップルを描写するものである。彼らは時間の小さな断片をつなぎ合わせて最大限の効果を得ようとするので、そのようなカップルの間では排卵日測定キットの売上が急増している。そして子どもが生まれると、共働き夫婦の三分の一は仕事と子どもの世話を交代制で分担する。つまり、日中に一人が親としての義務を果たしている間にもう一方が働き、そして夕方になると、その役割を交代するという具合である。(注2) 一人が仕事に出ている間に誰から電話がかかってきたか、赤ちゃんの一日に何があったか、夕食は何かなど、メモによってコミュニケーションをとっている。

より長時間にわたり事実上留守になっている家庭も増えている。両方のパートナーが出張中であったり、または近辺で働いていたとしても一日のほとんどの時間、家を空けているような家庭である。幼い子どもたちは保育所に預けられ、年老いた両親は一人で暮らすか、もしくは老人ホームに入っている。夕食を一緒にとるためにきっちりとスケジュールを合わせている家庭はほとんどない。働いている両親が帰宅するのは、子どもたちの空腹が満たされるべき時間よりずっと後である。「通常は家族全員で夕食をとるか」という問いに「そのとおり」と答えた既婚アメリカ人は、過去二〇年で五〇%から三四%へと、三分の一も減少した。(注3)

毎週決まって家族会議を開く、というところまできた家族もある。クレイグ・フォーマンは忙しく働く人々が時間をさらに有効に使えるように手助けすることを目的としたウェブサイト、マイプライムタイム・ドット・コムの最高経営責任者である。毎週日曜日の午後六時半に、フォーマンは妻のセシルと七歳になる息子のエリオットと会う。「私には週の始まりも終わりもありません」と、フォーマンは『ファースト・カンパニー』誌の編集者に語っている。(注4)「私は創業人生を生きているんです。いつもたくさんの携帯電話とインターネット端末を持ち歩いて出張ばかりしています。この家族会議は私たちが一緒にいる時間を与えてくれるし、お互いに次の一週間に何があるかについての情報を更新してくれるのです。」ある週の家族会議では、サンフランシスコの現在の家に移ってくる前にいつもフランス語会話学校に通っていたエリオットのために、フランス語の家庭教師をつける必要があるかどうかが話し合われた。「私たちの家族会議は、会社のプロジェクト進捗会議のようなものですよ。私たちは順番に今週の予定を伝え、問題点を話し合うのです」とフォーマンは言う。

住居を共にしている人々のスナップショットを、一九七〇年代初期のそれと、四半世紀後のそれで比較してみよう。最も大きな違いは、家に子どものいる既婚者の割合が一九七二年の四五%から一九九八年の二六%へと急速に減少したことである。同時に、子どもがいない未婚の同居者たちの割合は一六%から三二%に上昇した。(注5)要するに典型的な世帯形態が、結婚して子どもがいるという世帯から、結婚せずに子どももいないという世帯に変化したのである。二〇世紀半ばの『パパは何でも知っている』や『ビーバーちゃん』といったホームドラマは家族の規範を反映するものであった。今日のテレビドラマでは『アリー・myラブ』や『フレンズ』のような未婚の若い単身者の新しい生活スタイルを中心に話が展開している。

一九七〇年代に始まったいくつかのことが、これらの変化の一因である。第一に、女性が避妊に対してより大きな力を持つようになったことである。彼女たちはピルのようなより効果的な避妊の方法を手に入れた。(注6) また一九七三年に最高裁判所は、妊娠の初期の段階で、女性が妊娠中絶手術を受けること、また医師がその手術を行うことを、州が妨げることはできないという判決を下した。しかし女性の生殖に対する自己決定権拡大だけですべての変化を説明することはできない。世論調査はまた、大家族を望む人々がはっきりと減っていることを示している。一九七二年には大部分の成人(五六%)が理想的な子ども数は、一家族につき三人かそれ以上であると考えていた。しかし一九九〇年代末にはこう考える人は四〇%以下になった。(注7)

さらにそれ以外の何か別のことも、一九七〇年代から起こり始めており、それ以降ずっとその動きは加速している。そして実はその動きは二つあって互いに親密に関連しているのである。両方とも、われわれがこれまで見てきた大きなトレンドに関係しているが、それぞれ別々に吟味したほうがいいだろう。

家族の大きな変化――その一

一九七〇年代に始まる女性の労働力化を引き起こした第一の要因は、夫や男性パートナーの勤労収入が相対的に下がったことである。産業の重心が大量生産から革新的なアイデアや個人サービスへ転換したことは、ほとんどの生産労働を担っていた男性にとってとりわけ厳しいものとなった。男性の収入が少なくなるにつれて、彼らの妻や女性パートナーは世帯収入を維持するために働き始めたのである(注8)(もちろん、多くの貧しい女性たちはそれ以前からずっと有給労働をしつづけていた)。

その落ち込みがどの程度であったかについては議論の余地があるとしても、ブルーカラー男性の収入が落ち込んでいることは統計的にも明らかである。ただし、標準物価尺度によるとその金銭所得は落ち込んでいるとしても、二〇〇一年のブルーカラー世帯の生活は、一九七九年のそれよりもよくなっている、と考えることもできる。新しい技術革新のおかげで、製品やサービスの価格が下がったものもあるし、質が良くなったものも多い。また新しい製品やサービスも出現した。長距離電話料金は安くなり、テレビや飛行機のチケット、そしてほかの多くのものも同様に安くなった。デジタル録音機、教育ソフト、抗鬱剤、バイアグラなども今や手に入れることができる。医師は小さなガンの影を探すために、体をスライスして調べることのできるMRI機器を持てるようになっている。人々はより長生きできるチャンスを手にしたのである。そしてこれまで本書で強調してきたように、より効率的な買い物のできるすばらしい取引が可能になっているのである。

しかしものがあふれている時代においても、かつてに比べて社会的地位が低下してしまったと感じる人々はいる。アメリカ人全体の生活水準が上がる中で、生活水準を上げられなかった家族は、当然のことではあるが、自分たちの生活は悪くなりつつあると感じている。そのような世帯では、失ったものをいくらかでも取り戻す必要があると感じているので、男性も女性も収入のためにもっと長時間働くことを望んでいる。そのようにより多く働く動機としては、生活の豊かになった隣人への羨望よりも、自分自身や家族にとって受け入れることのできる最低限の生活水準は何かという感覚のほうがより大きい。一九七〇年代後半以来、多くのブルーカラーの家族は、ただ生活水準を維持するだけのためにより一生懸命走ってきた、と感じている。女性はとりわけ懸命に走りつづけてきた。

家族の大きな変化――その二

二つ目の女性グループは、これとは異なる理由によって労働力化してきた。彼女たちは新しいアイデアを出したり、問題を解決したり、経費の削減策を考え出すといったような、創造的労働者が受け取ることのできる報酬が上昇したことに反応しているのである。女性にとってこれらの新しい機会は、経済がこのような方向に移り始めた一九七〇年代初頭に広がり始め、その後も拡大しつづけている。才能のある女性の活躍の場は、これからもますます拡大すると期待されている。

一九六〇年代に私が大学に通っていたころ、大学で勉強していた当時の女子学生のほとんどは教師か看護婦になりたいと思っていた。しかし一九七〇年代初めには、こういった高貴ではあるが比較的給料の安い仕事に関心を持つ女子学生はほんの一部になった。他の選択肢が開かれ、その中にははるかに給料の高いものも現れたのである。こうした変化については、有能で進歩的な女性たちが多くのドアをこじ開けるという改革運動の努力をした結果、実現した部分もある。雇用差別禁止法の施行もこれを後押しするものであった。しかし高度な頭脳労働や創造力への必要性を増すニューエコノミーの興隆がなければ、そのドアはまだ閉じられたままであっただろう。一九七〇年代以降、ニューエコノミーが進展するにつれて、教育水準の高い女性の所得と雇用機会は急上昇したのである。

この二つ目の女性のグループは、世帯収入を補うために有給労働に参入したわけではない。彼女たちが結婚したとき、多くの場合その夫の教育水準も高く、男性収入階層でみると最上位の第1五分位層に楽々と入っていた。一九七九年にはこのような恵まれた夫のいる女性の五五％が家庭の外で働いていて、（一九九六年のドル換算で）平均一万五八〇〇ドルの収入があった。しかし一九九〇年代末には、彼女たちの七五％が働いて、平均二万七一五七ドルを稼いでおり、彼女たちの収入は一一三％上昇したことを示している。これは夫の収入が最上層の第1五分位層に入っていない妻たちの収入よりもはるかに速い上昇であり、実は彼女たちの夫の収入増加と比較してさえ速い増え方なのである。(注9)

もともと外で働かないことに大きな満足を見出している場合は別として、こうした高学歴の女性は働かないでいることの機会費用が着実に上昇するという状況に直面してきた。彼女たちの仕事の機会が増大し、潜在的な報酬が高まると、家庭と家族のためにキャリアを捨てることに伴う犠牲は必然的に拡大する。

これはまた、なぜかつてないほど多くの女性が大学に進学するようになったかという理由をも示している。実際、大学に進学する女性は男性よりも多くなっている。現在、若い女性の約七〇％が高校から大学へと進学しているのに対して、男性高卒者では六四％しか大学に進学していない。二〇〇七年までこの傾向が続くとすれば、九二〇万人の女性が大学に入り、男性は六九〇万人しか進学しないことになる。(注10)これは、女性に比べてはるかに多くの男性が大学に進学していたつい数年前の状況とはまるっきり逆である。二〇世紀の半ば、子ども全員を大学に進学させる余裕のなかった親は、学歴のある息子は学歴のある娘よりも良い仕事に就けると考えて（そしてまさにそれは正しかった）、息子を優先的に進学させ、娘は家に置いておいたものであった。

現在でもまだ、教育水準の高い女性の収入は、同じ学歴で同じ仕事をしている男性の収入よりも少ない。よく知られているように、性差別はまだ社会から完全になくなってはいないからである。しかしもし現在の変化傾向が続くならば、それほどしないうちに女性は男性に追いつくだろうといってもかまわないだろう。前述のようにニューエコノミーは女性が男性に劣らず持っていると考えられる特性に厚く報いるものであるからだ。その特性とは、新しいものを生み出す独創性と人々の望むものを感知する感性であり、私がこれまで変人と精神分析家に属すると説明した特性である。さらにまた、これもすでに述べたように、教育は将来の所得と（そしてまた良い仕事に就くための有益な人脈とも）大いに関連するので、女性が大学の卒業証書とそれによる人脈を得ることで男性と対等になるにしたがって、格差も縮小していくだろう。すでにある種のこうした傾向は出てきている。つまり二人の稼ぎ手がいる共働きの世帯では、女性の収入は着実にその配偶者に近づいているのである。一九八〇年では、働いている妻で夫より多くの収入を稼ぐ者はその五分の一以下であった。しかし二〇〇〇年には、その比率は三分の一に近づいた。高学歴の女性では、夫より多く稼ぐケースは、今やその半数近くなっている。(注11) 同時に、管理職や専門職に就く女性も着実に増えている。教員と看護婦を除く管理職や専門職に就いている女性は、一九七〇年には二〇%未満であったが、一九九九年には三六%を超えた。より高度な専門職では、一九七〇年の九・二%から、一九九八年には二五%以上に増加した。(注12)

しかしここに問題がある。先に述べたように、新興経済における高度な専門職は、仕事への没頭を必要とする傾向がある。そこでは、出世コースかそうでないコースかの二者択一を求められやすい。

もし出世コースに残りつづけたいのならば、顧客や依頼人と遅くまで働き、常時対応可能な状態でいなければならず、また付き合いや人脈を増やし、常に新しい展開に遅れないようにしなければならない。けれども今なお多くの女性は家事の第一の担い手でありつづけている。そして彼女たちにとって不幸なことに、多くの男性は彼女たちにそうしてほしいと望んでいる。第一の稼ぎ手であり、同時にかつ第一の家事の担い手であることは不可能だ。

もし高い収入を稼ぐことのできる女性が望むのと同じくらい男性が子どもを持つことを望むのならば、そうした女性たちは男性に対して交渉を突きつける立場に立つだろう。つまり男性は少なくとも育児の責任の半分を引き受けなければならないだろう。一方、もし男性が女性ほどには子どもを欲しがらないということであれば、女性にとって、子どもを育てる仕事の少なくとも半分を喜んで引き受けてくれる可能性のある夫やパートナーの不足状態は続くことになるだろう。したがって現在と同じように、女性が出世コースか子育てをしながらのそうでないコースかのどちらかを選ばなければならない状態は続くだろう。

女性がすべてを得ることはできない。男性もまた同様である。しばらく前のことであるが、当時有名だったマイアミの法律事務所（ジャネット・リノ司法長官がかつてこの事務所で働いていた）の共同経営者であったアリス・ヘクターは、娘たちの親権をめぐって起こした彼女の前夫であるロバート・ヤングとの裁判に敗れた。彼女が事務所で長時間働いている間、ヤングは失業中の建設業者で、娘たちと自宅にいたのである。離婚後、ヘクターは親権をめぐる裁判の中で、自分が娘たちと過ごしている時間は、多くの専門職に就いている親が子どもと過ごす時間と遜色ないものであったと主張した。おそらく、そうであったのだろう。しかし、この主張は裁判長を説得できなかった。裁判長はどちらの親が子どもの世話をするためにほとんどの時間を費やしたか、ということにより大きな関心を持っていたのである。「それは、記録から明らかなように……」と裁判長は父親に親権を与える際に言ったものである。「学校が終わった後に子どもたちを医者や歯医者に連れて行ったり、学校や放課後の活動に積極的に参加したりできるのはヤング氏である。」判決が言い渡された後、ヤングはこう付け加えた。「彼女がそれだけ多くの時間を仕事につぎ込むことができたのは、私が娘の親としての仕事を引き受けたからです。父親は、母親にもなりうるのです。」(注13)

この一件から将来をうかがい知ることができるかもしれない。たとえ両親がフルタイムで働いていたとしても、おそらくどちらかは出世コースかそうでないコースかを選択しなければならなくなるだろう、ということである。金をたくさん稼いで権力と名声を得ることよりも子どもを手元に置いておくことを望む女性は、アリス・ヘクターのような過ちを犯しはしないだろう。夫を出世コースに乗せ、自らは遅いコースにとどまり、もし夫婦関係に亀裂が入っても、確実に親権を得られるようにするのである。

結婚と仕事についての態度は経済の変化とともに変わってきたが、その変化にはわずかに時間的なラグがある。たとえば一九七〇年代後期、ほとんどのアメリカ人は、妻が世帯所得に貢献するべきではないとさえ感じていた。一九八〇年代後期になって新興経済の発展が家計を圧迫するようになると、この時代錯誤の見解を保持しつづけるのは、ぎりぎり過半数(五一・七%)のみとなった。しかし一九九〇年代初頭には、過半数の人々が、妻は世帯収入に貢献するべきであるということに同意し、ニューエコノミーに完全に適合している世代の男女では、三分の二までがそう考えるようになった。同様に一九七〇年代中ごろまで、約三分の二の人は、「男性が家の外で地位を築き、女性が家で家族の世話をするならば、それが誰にとっても最もよいことだ」(注14)と感じていた。しかし一九九〇年代の終わりには、三分の二がこの見方に賛成しなくなっているのである。

大圧縮

女性が有給労働を指向する目的が、家族所得を支えるためであろうと、または大きなチャンスを追求するためであろうと、家族はそれに応じて縮んでいく。女性はより少ない数の子どもしか持たないか、あるいは全く子どもを持たなくなっている。その理由は、子どもを持つ金銭的余裕がないか、あるいは子育てに必要な時間とエネルギーを割くことができないか、またはその両方である。

経済がかつてないほどにリスクの大きなものになりつつあるとき、つまりあらゆる企業が、固定費用をせっせと可変費用に移そうとし、したがってすべての仕事と所得がより不確実性を増しているときに、多くの女性(そして男性)は最も大きな固定費用を引き受けたくないだけなのである。その最も大きな固定費用とは、子どもである。ここで子どものことを「固定費用」というのは、子育てに求められるものは連続的なものであるという点を冷徹に強調したいためである。そして子どもは育ち成長するものだとすれば、子どもの世界にはいくばくかの安定性と信頼性が必要だ。しかし新興経済は不連続で、しかもけっして安定的で信頼できるものではない。

したがって、経済が形を変えるにつれて、既婚女性の出生率が着実に低下したということは驚くに当たらない。二〇年前、一〇〇〇人の既婚女性につき九八だった出生数は、一九九〇年代後期には八〇になった。おそらくニューエコノミーが勢力を増すにつれて、この割合はさらに低下しつづけるであろう。実際、女性が子どもを全く持たないという選択をすることも、もはや特別なことではない。一九七〇年代半ば、子どもを持ったことのない中年女性は一〇％にすぎなかった。そのなかには仕事に人生を捧げた教員、修道女、看護婦といった人々もいた。子どもを持たないという彼女たちの決定は尊重されてはいたが、それは彼女たち独自の特異文化として区別されていた。現在、子どもをあえて持たないという決断はそれほど特別なことではない。現在四〇〜四五歳の女性で、これまで子どもを持ったことがないという人は一九％である。彼女たちの中には幸福に結婚生活を営んでいる者もいる。彼女たちはただ子どもを育てること以外の関心事を追い求めているだけなのである。（注15）

子どもを持つことを考えている女性でも、出産の時期は遅くなっている。ティーンエイジャーによる出産は劇的に下落し、二〇〇〇年には、一九〇六年にアメリカ政府が出生統計をとるようになって以来最低となった。このパターンはすべての人種、民族グループに共通である。（注16）一方、二〇代の女性の出生率は一定であった。出生率が唯一増加したのは三〇代の女性である。私の地元のマサチューセッツ州では、今や三〇歳以下の女性よりも、三〇歳以上の女性の出産が多くなっている。

女性が出産を遅らせるのは、新興経済への対応としては全く合理的なことである。貧しい女性は自分と夫が子どもを持つ経済的余裕ができるまで出産を延期する。専門職の女性は自分がパートナー（共同経営者）に昇進するまで、あるいはさもなければ自分の仕事を確立するまで、出産を延期しようとする。女性はみな、一度出産すると、以前と同じ収入曲線上にとどまれないと思っており、そしてそれはおそらく正しいのである。豊かであろうと貧しかろうと、若くてまだ子どものいない女性の賃金は男性の賃金水準と対等なところまで近づいている。しかし女性が初めて赤ん坊を持ち、出世コースか否かの選択に直面すると、多くの場合、出世コースでないほうを選び、そしてその後は男性に引き離されてしまうのである。もちろん、アリス・ヘクターのように、権力ある女性の道を喜んで進んでいく場合を除いてではあるが。

このように子どもの数が少なくなったり出産を遅らせるという現象は、新興経済との関連で理解することができるが、それではなぜ結婚という現象も同じように消えつつあるのだろうか。アメリカ人は現在、ほぼ一世紀前に結婚に関する統計がとられだして以来のどんな時代と比べても、最も結婚しなくなっている。それを示す数字は次のとおりである。すなわち婚姻率の急激な下落は一九七〇年代に始まっている。一九七〇年の横断面統計では、成人の六八%が結婚していて、一五%が未婚（それまでまだ一度も結婚していない）であった（残りは離婚か、別居、または死別である）。しかし一九九〇年代末の横断面統計は、(注17)成人のうち五六%が結婚していて、二三%がまだ一度も結婚していない、ということを示している。

大規模生産の経済が一九七〇年代に縮小し始めたときに、ほとんどのブルーカラー男性の賃金は停滞するかまたは落ち込み、そして相対的にはそれ以来ずっと落ち込んでいる、ということを思い起こしてほしい。たとえ収入が下落していなくても、それはより予測しにくいものとなった。その結果、男性はかつてほどには女性よりも良い処遇を受けているとはいえなくなった。結婚からロマンスを取り除こうなどという気は私には全くないが、しかしほとんどの女性は結婚を決意する段になって、全く非合理になるということもない。彼女たちは、誰がその結婚という結びつきに貢献するかを考慮するだろう。二五年前の大量生産の経済において安定した仕事を持っていた男性は、これに相当の貢献をすることができた。のみならず、ほとんどの女性は独立した自らの所得源を持っていなかった。こうした状況下では、安定した結婚生活に対する男性の貢献は、女性にとって大きな価値を持っていた。しかしそうした貢献の価値は、ちょうど衰えつつある企業の株式価値と同じように、着実に低下しつつあるのである。

また、女性自身の独立した所得源についても考えてみてほしい。それは男性よりかなり低いレベルから始まって、今なお後れをとっているとはいえ、女性株は一般に上昇しているといえる。また最後に、たとえ男性の仕事が現在は調子よく行っているとしても、この予測できない経済の中で、次に彼に何が起こるかは全くわからない、ということも考えてほしい。もし彼が仕事を失い、別の仕事が見つからないとしたら、あるいは次の仕事の賃金がかなり低くなるとしたら、妻を養いつづけられるという保証はないのである。(注18)

ここで彼女がリスクヘッジするのは合理的なことである。おそらく、彼女は一種の「ペイ・アンド・ステイ」のルールを採用することで、選択の自由を保持するだろう。それは「あなた、世帯支出に貢献できる間はここにいてもいいわ。でも貢献できなくなったり貢献額が急降下するようになったら出て行ってね」とでもいうようなルールである。私はなにも多くの未婚女性がこのような貪欲な方法で、結婚を考えているなどと言いたいわけではない。ここで言いたいポイントは、ニューエコノミーではそのような計算が完全に合理的であるということだ。そして実際、それを意識するか否かは別として、多くの女性はそうしているのである。(注19)

道徳主義者たちは、離婚には厳格な理由がなければならないと主張している。いくつかの州では、結婚が揺らぎ始めたとき、まず夫婦でカウンセリングを受けることを求めている。また結婚に対するより良い準備を求めている州もある。フロリダ州は結婚しようとするカップルが「結婚教育」コースを受講すれば、婚姻登録の手数料を割引くとしている。彼らが完全に一緒になるための意思決定をする前に、あるいはお互いを捨て去る前に、よくよく考えさせるようにするという努力は何も悪いことではない。しかしそうした努力は基本的なポイントを見逃している。結婚を衰退させている主たる要因は、人々が道徳的でなくなったり、あるいは軽率になったからではない。その大部分は、男女が結婚生活に対して貢献できるものを変えてしまった経済の変化によるものである。多くの男性は結婚においてもはや特に良い取引相手とは見なされなくなってしまった。そしてもはや女性にとって、いくばくかの経済的安定を得るために結婚する必要はなくなってしまった。むしろ、結婚は彼らの経済的あるいは個人的幸福を危うくしさえするかもしれないのである。離婚率の上昇スピードがすでに鈍っているることの主たる理由は、もともと結婚する女性の数が最初から減っているためである。

考えられているほどの道徳的危機ではない

道徳主義者たちを本当に苛立たせていることといえば、婚外出生の比率が著しく上昇していることである。二〇世紀の半ば、未婚女性の出生率はわずか五・三%であったということを考えてほしい。

これが一九九〇年代には、三二%以上が婚外出生となった。こうした傾向は他の国においても同じように観察される。たとえば、イギリスでは婚外で生まれる子どもの割合は、現在アメリカとほぼ同じであり、これはこの比率が一世代で四倍になったことを意味する。(注20)

確かに非嫡出という重大な問題があるけれども、それは考えられているほどには深刻化しているわけではない。女性が結婚しなくなっていること、そしてたとえ結婚したとしてもあまり子どもはつくらなくなっていることを思い出してほしい。そうなれば、子どもが生まれる際に、その子どもが未婚の母から生まれるという可能性は高くなっていく。これは子どもにとってよくないかもしれない(しばらくの間はとくに)が、これだけで非嫡出が増えているという明らかな傾向を示しているわけではない。たとえば既婚女性が三人の子どもを生み、未婚の女性が一人生むとすれば、生まれてくる子どもたちのうち、四人に一人は婚外出生となる。これがもし既婚女性が二人、未婚女性が一人生む状況になると、結果的に三人に一人が婚外出生ということになる。これで非嫡出子の比率は高まったといえるだろうか。それはあくまで生まれてくる子どもの総数に対して相対的に上昇したとしかいえない。最初のケースでも次のケースでも、未婚女性の出生行動は全く同じである。言い換えると、いわゆる「非嫡出増加の危機」は、結婚が減っているということと、結婚したカップルに生まれる子どもが少なくなっているという大きなトレンドの副産物なのである。そして多くの女性がわずかな子どもしか持たないか、または全く持たないようになるにつれて、未婚の女性の出生率でさえ横ばいになり始めている。(注21)

人々をまどわす半面真理がもう一つある。それは約七〇%の黒人の赤ちゃんは、黒人の未婚の母から生まれている、というものである。もともと最初から黒人女性の生む子どもの数が少ない、ということはあまり知られていない。そして最も急激な出生率の低下は黒人の既婚女性に見られる。このため、黒人の赤ちゃんの（黒人女性の生む赤ちゃんの総数に占める）非嫡出率は自動的に増えることになるのである。(注22) しかし今や独身の黒人女性の生む子どもの数さえ減りつつある。彼女たちの出生率は一九八九年以後、着実に低下し、一九九〇年代後半には四〇年来の低水準となった。(注23) 要するに、黒人女性の間の「不道徳な」婚外出生の増加傾向といったものはないのである。

　興味深い問題は、全体に黒人女性はなぜ少ない数の赤ちゃんしか持たないのか、ということである。答えは白人女性の子どもが減っている理由が、少しばかり極端な形で表れたということである。一九七〇年代に黒人男性の所得が急激に低下し始め、その結果、黒人女性は所得の損失を補うために、より長く一生懸命働かねばならなくなった。同時に黒人女性は、より多くの良い雇用機会を得るようになった。その結果、ちょうど労働市場で頑張っている白人の女性の場合と同じように、子どもを持って仕事に参加しないことに伴う黒人女性にとっての機会費用は上昇した。実際、黒人女性の出生率低下は、白人女性の出生率低下よりも急激であり、それは黒人女性が白人女性より速いスピードで収入階層を昇っていった――はるかに遅れた地点からスタートしてはいるが――という事実に大きく依存するのである。高卒の黒人女性は、現在、高卒の白人女性と同じくらい稼いでいる（白人女性一〇〇〇ドルに対し、黒人女性九二六ドル）。対照的に、高卒の黒人男性は、今もなお高卒の白人男性とかなりの格差がある（白人男性一〇〇〇ドルに対し、黒人男性七三一ドル）。また四年制大学卒業の黒人女性は、同じ学歴の白人女性とほぼ同じだけ稼いでいる。そして、高校や大学を卒業する黒人女性の比率は上昇しているのである。(注24) 言い換えると、一〇代の妊娠によって生じる育児責任で身動きが取れなくなることによって生じる黒人女性にとっての今日の機会費用は、三〇年前に比べてはるかに大きくなっているのである。

私がここで書いたことを、シングルマザーの子どもたちが、悲劇的なまでの高率で貧困に陥っていることを過小評価しているというふうに受け止めないでほしい。本書執筆時点で、未婚の母親全体のほぼ四〇%が、自分と子どもが必要とするだけの衣食住をまかなうための収入に事欠いている。けれども、こうした母親の問題は、彼女たちがシングルであるということではないのである。実際、彼女たちの多くは男性と同居している。結婚すれば暮らし向きも良くなる者もあるだろうが、全員がそうだとは限らない。彼女たちにとって夫になりうるような男性は、きわめて低収入であり、中には乱暴な者もいる。脱工業化という裂け目に深く落ち込んでしまった男たちである。こうした男のうちの誰かと結婚するか、別れないでいるよりはむしろ、当面の家計に貢献してくれる一時的な友人を探したほうが、そうした女性たちにとっては賢い選択であるという場合もある。

片親世帯の貧困問題というのは、経済的な余裕がないのに子どもを生む貧しい女性の比率が増加しているために起きるのではない。すでに強調したように、すべての女性が子どもをあまり持たない傾向となっており、これは貧しい女性についても同様である。したがって実際の問題は、経済的な余裕がないのに子どもを持つことになるかもしれない女性もいる、ということなのだ。こういった女性の中には、不用意で無責任な行動をとった者もいるだろう。しかしまた、前もってきちんと家族計画を立てていたけれども、運が悪かったり、あるいは頼りにできると思っていた男性が見込み違いだったり、あるいは予測が難しくなっている経済によって叩きのめされた者もいるだろう。

基本的な現実は、所得階層の底辺での仕事によって支払われる報酬が、働く女性と彼女の子どもの生活を支えるのに十分ではなく、たとえ彼女が同じように所得階層の底辺で働いている男性と同居して生活費をシェアしていたとしても、事情は変わらないということなのである。一九九六年にわれわれの国民福祉制度を廃止したことによって、無職の貧しい母親が政府の所得扶助に頼ることは少なくなったかもしれないが、それは彼女たちを貧困状態から引き上げはしなかった。それ以来、確かに未婚の母の就業率は高まり、また彼女たちの大半は現在有給労働に従事しているが、経済は最高の時代であるにもかかわらず、貧困率はほとんど変わっていないのが、偽らざる実態である。大部分の福祉貧者が、今は就労貧者になっただけである。本書が出版されるころ、もし経済状態がより振るわないものになっていれば、この問題はより深刻なものとなるだろう。

要するに真の問題は、アメリカの家族内で起こった「道徳的な危機」ではなく、新興経済における仕事のあり方と、子どもが必要としている養育費や世話や気配りのあり方が不つり合いになってきているということなのだ。多くの男性の稼ぎは、社会が尊厳ある生活水準と考えているものと比べて、また彼らが期待しているものと比べて、相対的に少ないのである。長い時間とエネルギーを必要とするような仕事が増え、それは男性であろうと女性であろうと同様なのである。そしてすべての所得は予測しづらくなっている。それでも子育てに必要なものは変わらない。この基本的な非対称性が、多くの女性があまり子どもを生まないか、出産を遅らせる、または完全に子どもを持たなくなった原因である。女性（または男性）の子どもに対する愛情が薄らいだからとか、子育てにそれほど満足を感じなくなったからではなく、子どもが新興経済の求めるものとうまく調和しなくなってしまったからなのである。もし異なる経済社会、あるいは異なる時代であれば、子どもはもっと歓迎されるだろう。

それでも今なお、ほとんどの女性は子どもを持っている。そして大部分の母親は、働かなければならないか、あるいは働かないことのコストがあまりにも上昇したために、現在、労働力となっている。働く女性の子どもたちのなかには非常に幼い子どももいる。二〇世紀の半ばには、六歳以下の子どもを持ちながら有給労働をしている女性は一五％にすぎなかった。一九七〇年代に経済が変わり始めると、そうした女性の三九％が働くようになった。そして二〇世紀の終わりにはその比率は六五％になった。この比率は今後も上昇するだろう。

この傾向は、なぜアメリカの世論が、働かずに福祉の恩恵を受けている貧しい母親に同情的でなくなったかについての理由ともなる。二〇世紀半ばには、幼い子どもの母親は家にいるのが普通であった。働いている夫を持つ母親は、その夫の給与に頼り、シングルマザーは福祉の保護に頼っていた。しかし二〇世紀の終わりになると、幼い子どものいる母親でも家庭の外に仕事を持つことが一般的になった。「親として家にいる女性」から「働いて賃金を得る女性」というように標準的女性像がいったん変わってしまうと、同じように生活は苦しいけれども福祉基準に達するほどには貧しくない母親が働かなければならないときに、なぜ子どもたちと自宅にじっとしている母親のために政府が扶助金を支給しなければならないのか、と人々は疑問を抱き始めたのである。この疑問に対して誰もきちんと答えることができなかった。そうした小さい子どもと自宅にいる女性すべてに扶助金を支給する(ヨーロッパのいくつかの国がそうしているように)よりはむしろ、アメリカは単純にその援助を削除したのである。

外注される家族

一七七六年、アダム・スミスはスコットランド高地に点在する、ほとんど自給自足の孤立した農家の非効率性について述べていた。彼は都市で見られるような分業の利益の優位性を表現するために、これらの貧しくて働きずくめの家族を例に出したのである。われわれは今やこのアダム・スミスの基本的経済観を、家庭生活に関してかつてないほどまでに拡張する過程にあるといえる。かつて家族によってなされていたあらゆるものが、現在では、食事の支度、掃除、子どもの世話、老人介護、さらには犬の散歩までもそれぞれの専門家に下請けに出されている。われわれの経済がさらにニューエコノミーへ移行するにつれて、家族の機能はますます外注化（アウトソーシング）されそうである。

家族が特定の仕事を下請けに出すべきかどうかを決めるために使うテストは、ちょうど企業が特定の機能を外注するかどうかを決める際に使われるテストに似ている。下請けが家族のメンバーと同じように仕事をすることができるとしても、家族がその代わりに使う時間の価値を考慮してもなお安くつくといえるだろうか。家族が家庭内労働をする代わりに使う時間は主にお金を稼ぐことであるので、計算方法は明快である。所与の労働時間の下での税引後収入を計算し、その有給労働から得る追加的な精神的満足を加え、そして今仕事に就かないと明日にはもうその仕事がないかもしれない（太陽が昇っている間に干し草を作るように）ということや、仕事をすることで得られる人とのふれあい、人脈、評判などが仕事をしない場合にこうむる損害の可能性などを考慮する。そのうえでこれらのすべてを、下請けの仕事の費用と質およびそれらに自分で家事をすることで得られる精神的な満足を加えたものと比較する。前者の合計が後者を上回るならば、下請けに出すだろう。

家族はいつでもこうした計算をしており、それは完全に系統立ったものではおそらくないとしても、間違いなくなんらかの相対的な費用と便益を意識しているはずだ。そして、報酬を得るために男性も女性も一生懸命働くようになるにつれて、かつては家族の責任であったようなことさえも下請けに出すようになっている。一九九六年には、レストランからテイクアウトされる食事への出費は、レストラン内で消費される食事への出費を上回った。一九九七年には、テイクアウトの食事と外食での出費が、食料品店での出費を上回った。(注25) さらにスーパーマーケットでさえ、調理済みの食べ物を提供するようになってきている。ローストチキン、スープ、サーモンのグリル、調理された野菜、鍋料理まで手に入る。お望みならば料理や食料品を、電話やファックスやインターネットで注文することもできる。

アトランタに本拠を置くメイド・ブリゲイドは一〇年間で二〇%以上業績を拡大した。この会社の依頼人の八〇%は働いている女性である。ストリーム・ラインは少額の会員手数料で、留守のときにドライクリーニングやビデオ、現像写真、食料品、医薬品などその他あらゆる家から運んだりあるいは届けてもらったりしたいものを、なんでも受け取ったり届けたりするための冷蔵と保管機能を持った大きな箱をガレージに設置してくれる。ストリーム・ラインのマーケティング・ディレクターは、「ビジネス同様、家族も多くの納入業者との関係を合理化しようとしているのです」と説明している。(注26) ストリーム・ラインは子どもをピアノのレッスンや遊ぶ約束をした友達の家まで集配、宅配するということまではしてくれない（その箱は、子どもにはちょっと息苦しいだろう）が、しかし他の会社がそれをやってくれる。子どもを送迎するため、個人のライトバン・サービスに頼っている家族もある。マンハッタンのある豪華な分譲マンションでは「親代わり」サービスを提供していて、管理人が母親や父親の代わりに「最寄りのミルクシェイク・スタンドを子どもに教えたり、医者の予約をとったり、かわいい人の社交界デビューのためにスパイス・ガールズ（イギリスの四人組の女性ボーカルグループ）の予約をしたりしてくれる(注27)」のである。

私が小さかったころ、誕生日に母は小麦粉、砂糖、その他の基本的な材料を使ってケーキを焼いてくれたものだ。私が少し大きくなったころの妹の最初の誕生日には、母はケーキ・ミックスを使うようになった。その後大きな変化がやってきた。私自身の子どもの誕生日を祝う頃には、妻と私はてっぺんにメッセージをのせた出来合いのケーキをケーキ屋に注文した。現在では、パーティーをすべて、子どもの誕生日を専門に扱うレストランに下請けに出すというのもそう特別なことではない。これらのレストランはケーキだけでなく、風船、パーティーの記念品、ゲームも用意してくれるし、さらに最も重要な仕事である子どもの監督や掃除までもやってくれる。追加的な支払いをすれば道化師を呼び、ビデオまで撮ってくれる。そして父親や母親はメッセージをチェックするためにそこを抜け出すこともできるのだ。

南北戦争後の大好況期の高所得世帯は、メイド、御者、料理人、庭師、乳母などを抱えていた。彼らは十分にお金を持っていたので、金を払って人に家事をしてもらうことで自分たちの余暇時間を買うことができたのである。今日の高所得世帯もまた家事スタッフを抱えている（「現在の家で私のために働いてくれている人の数は、会社で私のために働いてくれている人の数よりも多いですよ」とシカゴにあるバンク・ワン・コープのチーフエコノミストであり、メイドと乳母、料理人と庭師を雇っているダイアン・スオンクは言う。「私は実際、小さな企業のようなものです」と言うのである(注28)。けれども現在の高額所得層と昔のお金持ちとの違いは、今日の高所得世帯は余暇時間を獲得するためにお金を払っているわけではないということである。彼らは、有給労働により多くの時間をつぎ込むために、時間を購入しているのである。彼らは、働くことで得られるリターンが、家事を下請けに出す費用を上回ると考えているのだ。

なんといっても最大の家事下請けは、子どもの世話である。今日、五歳未満の子どものほとんど(彼らのうちの一〇〇〇万人以上)が、父母が仕事をする間の世話を必要としている。こういった子どもの四四%は、年長の兄弟姉妹を含む近親者によって世話されていて、三〇%は保育所または託児所のスタッフによって、一五%は他の民間施設の大人によって、そして残りが乳母、近所の人、ベビーシッターらによって世話をされている(注29)。こうした子どものうちかなりの部分はこの玉石混交の育児支援環境の中で、十分に個別的な気配りを受けているとはいえないが、しかし次章でさらに詳細に見るように、市場は効率的に機能している。個別的な気配りの質は、支払われる価格によってきちっと異なるのである。

この点についてもまた、経済構造の転換によって一般国民の態度は変化してきた。一九七〇年代、子どものいる女性が職場へ多く流入する以前、働いている母親は働かずに家にいる母親と同じように「子どもと温かい安定した関係」を築くことはできない、と大多数の成人は考えていた。しかし一九九〇年代後半には、三分の二以上がそうできると考えるようになった(注30)。

世帯はまた、年老いた親の介護をもますます下請けに出すようになっている。これは育児と同様にこれまでは家にいる女性によって伝統的に担われてきたものであるが、養護老人ホーム、長期介護付き居住施設、ホスピス、そして自宅での付き添いといった形で外注されている。もっと時間や感情のエネルギーがあれば配偶者やパートナーにしてあげたいと思うような個人的な世話や気配りのようなものさえ、下請けに出している家族もある。今、彼らはマッサージ・セラピスト、コーチ、カウンセラー、導師、個人的トレーナー、そして精神分析家に頼るようになっているのである。

こうした世話、修繕、集配、料理、掃除、落ち葉掃き、刈り込み、バースデー・パーティーなどはすべて、それが家庭内で行われたときには金銭のやりとりはなかったので、公式の「国民生産」に含まれなかった。家庭内でなされる女性の仕事は、国民経済計算の中に現れることはなかったのである。しかし現在、かつては家族が行っていたことの多くが下請けに出されるようになると、これらの仕事は成長産業として出現し、国民生産はさらに大きくなってきた。実際、これには乗数効果がある。それらの仕事に従事する多くの人々(大部分は女性)は、こういった家事下請けの仕事をすることで受け取る報酬の一部を、こんどは自分たちの家庭内でそれをするだけの時間とエネルギーを費やすことのできなくなった仕事をやってもらうために、別の人にお金を払ってそれをしてもらうことになるからである。

私の誕生日に母がケーキを焼いてくれたとき、彼女の労働は、購入した材料の農業生産物や小売りサービスのほんのわずかな上昇という形で、間接的に経済統計に貢献するだけだった。妹の誕生日にケーキ・ミックスを使うようにしたことで、国民生産の「加工食品」の分類部分がやや増加した。私たち自身の息子の出来合いのケーキは、それを焼く人々の労働力をアメリカのサービス部門統計に加えた。近代的な下請けバースデー・パーティーは、パーティー企画者、ウエイター、道化師、ビデオカメラ係といった個人的サービスがそれに加わることによって、膨張しつつあるアメリカのサービス部門をさらにますます拡大させる。ケーキそのものは目立って改善されたわけではないが、昔に比べてそれぞれの発展段階でより大きな富が記録されることになるのである。

最後に家族に残されたもの

「家族」の法的な定義の基礎となるものは、かつては当然のことだと思われていた次の四つの単純な基準である。すなわち家族構成員は生涯にわたって固く結びついていくことを期待され、同じ屋根の下で多くの時間を共にし、生物学的に自らを再生産し、そしてその生まれた子孫が大人に成長するのを助ける、という四つの基準である。そして家族は金銭的に、そしてまた互いの世話をすることで互いに助け合う。

多くの家族は、今もなおこれらの四つの基準に当てはまるものであるが、その当てはまる程度は小さくなっている。そして、主としてわれわれが見てきた仕事のあり方と報酬の与えられ方の変化のために、あらゆる傾向がこの基準とは逆の方向に動いている。家族の結合はより一時的なものになり、人々が共に過ごす時間は減り、カップルの持つ子どもの数も減って、配偶者間の金銭的な扶養関係も弱まり、そして、世話や気配りは、下請けに出されるようになっている。将来これらの傾向がさらに拡大すれば、「家族」はかつてとは全く異なった意味を持つようになるかもしれない。
これは必ずしも問題であるということを意味するわけではない。人々は、少なくとも彼らが自身のためにそれを選択したという表面的な（そして明らかに同義反復的な）意味においては、この新しい種類の「家族」生活を望んでいるといえる。そしてこれも本書においてすでに示したように、人々の理想的な家族に関する価値観も、彼らの選択に適合するように変化してきている。しかしそれに伴う負担や緊張があることも確かである。たとえば、質が良くて手頃な価格の育児サービスや老人介護を見つけることは最もやっかいな問題の一つである。多くの人々は、仕事と家族の間のより良い「バランス」を見つけたいと言っている。しかし概して見られることは、彼らが家族をダウンサイズしアウトソーシングすることによって、ニューエコノミーに適応させているということなのである。

経済的、技術的な影響力だけですべてを説明することはできないし、また家族に起こっていることがすべてそれらの力で引き起こされ、またそれらのせいであるというふうには考えないでほしい。間違いなく、仕事に関する文化的な変化もある。しかし家族構造の変化と家族に対する考え方の変化が、一九七〇年代に始まりなお加速化しつつあるわれわれの経済システムの変化と完全に並行しているということは、注目すべき事実である。大規模生産の古いシステムは、ほとんどの男性に今よりも安定した仕事とより確固とした賃金を提供し、そして女性にとっての有給労働の機会はずっと少なかった。連続的な技術革新による新しい経済システムの特徴は、年々あるいは月々の収入の予測が難しくなり、そして収入格差も拡大するということである。そしてそれは仕事の形を、時間と感情的エネルギーをより消耗させるような形にするのである。

新興経済が、消費者または投資家としてのわれわれに多大な利益を与えてくれることは間違いない。選択の余地は広がり、簡単により良い取引に乗り換えることができる。われわれのドルの価値は上がり、生産性も上昇している。新興経済はまた、才能ある男性だけでなく、才能ある女性にもより稼ぎのよい仕事の機会を作り出してくれる。そしてそのことは、ほとんどすべての女性に、世帯主の男性に完全に依存するのではなく自ら仕事をして稼ぐ、という選択肢を与えてくれる。

こうしたニューエコノミーを所与とすれば、人々が家族に関して行っている選択は完全に合理的である。しかしまだ、より根源的な選択が提起されておらず、より基本的な問題が答えられていない。それは、この新しい現実が引き起こすであろう家族生活への帰結に関して完全に正しい認識を持ったとしたら、それでもなおこの新しい状況のすべての側面を選択するだろうか、という問いである。これは換言すれば、ニューエコノミーの価値は、個人生活という側面でその代償を払うだけの価値のあるものかどうか、という問いでもある。

PART 2

第9章

気配りへの支払い

これはことの核心、つまり人生にかかわることなのです。J・P・モルガンのプライベート・バンキングとして知られる独特のやり方で、私どもはみなさまの資産を単に育てて管理するだけではありません。財産管理のすべての面においてみなさまのお手伝いをいたします。それは真に人生管理（ライフ・マネージメント）なのです。

――二〇〇〇年三月の広告より

これからの仕事のあり方や報酬の支払われ方を考えると、個人的な気配りということが一つのポイントになるだろう。個人的な気配りをすることが国民総生産に占める割合はかつてないほど大きくなっており、すべての支出と収入においてかつてないほど大きな比率を占めるようになっている。職種分類の中で急成長したのは気配りの提供者である。子ども、高齢者、身体障害者、精神的に不安定な人だけでなく、かなり健康な人でも自らにより多くの気配りをほしがるようになっており、それに対価を払うゆとりと用意のある人たちに対して、育児、介護、監督、といった仕事を提供する人々が増えているのである。

気配り産業の成長には、二つの明確な理由が存在する。一つは、忙しく働く人が増え、これまで家族の責任であったことをより多く下請けに出すようになった、ということである。そのようにして下請化された仕事のほとんどは家族への気配りに関することである。二つ目は、機械による生産性の上昇である。それは、工場内ではコンピュータ化された工作機械やロボットであり、サービス産業においてはオートメーション化された銀行窓口、ガソリン給油機、自動音声応答の留守番電話システム、そしてそのうち何でもこなしてしまうようになるであろうデジタル機器などである。だが明らかに一つだけ機械化できないのは、個人的な気配りを提供するということである（いつの日かロボットが、人々に気配りをされているという感覚を与えることができるようになるかもしれないが、私はそうはならないと思う）。このため生産性の高い機械に職を奪われた多くの人々は、その代わりに、彼らの個人的な気配りを売るようになっており、今後も多くの人がそうなっていくと考えられる。

なぜ人とのふれあいが大切なのか

人は常に技術よりも個人的な気配りを好むわけではない。銀行での通常の預入れや引出しであれば、私は人のいる窓口よりもむしろ自動支払機のほうを使う。ＡＴＭが通りにあって、いつでも利用できるという理由だけでなく、相手が機械であれば礼儀正しくする必要もなく、また話をする必要さえないからだ。私はむしろ、有限の社交のためのエネルギーを、より大事な場面のために節約しておきたいのである。さらに、ガソリンスタンドの給油のセルフサービスにいたっては、フルサービスよりずっといい。それはより安くてしかも速いのだ。

しかし個人的な気配りが心地よく、心配も少ないということがあるのも事実である。私はウエイターがちやほやしてくれるようなレストランへ行くことが好きだし、いつも売り場の店員が見つからないような大きなデパートは嫌いである。そして他人による気配りを求める気持ちはこれよりももっと根深いものなのだ。実際、科学者たちは、人間は健康であるためにはある程度の個人的な気配りが必要だ、と考えている。一九四〇年代にフランスの精神分析医ルネ・スピッツは、二つの幼児グループを比較した。一方は、生後数カ月孤児院に預け、看護婦から食べ物や衣類を与えられたが、個人的な気配りを与えられる時間はなかったというグループである。もう一方は、家で勤勉な母親とはいえないにしても、とにかく母親に一対一で気配りしてもらったグループである。結果は二つ目のグループだけが正常に発育したということである。(注1)最近、ハーバード大学のメアリー・カールソンは、適切な医療ケアと栄養補給は与えられても個人的な気配りはほとんど与えられてこなかったルーマニアの孤児院の幼児に対する調査によって、スピッツの研究結果を精緻化した。カールソンは神経科学者として、どのように幼児の脳が影響を受けるかに最も興味を持っていた。この調査で彼女は、精神的、身体的遅れのある子どもの多くが、他のサルから物理的に隔離されたサルの赤ちゃんの行動と類似の身体運動を繰り返すことを発見した。(注2)

人とのふれあいは、気配りの重要な側面のようである。未熟児で生まれた赤ちゃんの二つのグループを比較した研究がある。最初のグループは保育器の中に入れられ、保育器の外で育つことのできる乳児になるまでに必要なすべての栄養と暖かさを与えられた。二つ目のグループはさらに特別なものを与えられた。一〇日間、一日三回ずつ、保育器の側面にある丸窓から看護婦がマッサージをしたのである。二つ目のグループは、マッサージを受けなかった未熟児より体重が四七％も重くなり、六日早く保育器から出ることができた。数年後においてもまだ、二つ目のグループの子どもたちのほうが、最初のグループの子どもたちよりも体重が重く、標準的な知能テストや運動機能テストでも良い成績を残した。(注3)

個人的な気配りは、同じように成人の健康をも向上させるようだ。かつて行われた最も野心的な大規模調査プロジェクトの一つに、一九六五～七四年の間、疫学者たちがカリフォルニア州のアラメダに住んでいる四〇〇〇人以上の高齢者に対して実施した追跡調査がある。まず研究者たちはどのグループも健康状態と所得に関してほぼ同じような割合になるように人々をグループ分けした。その後九年間の追跡調査によると、どのグループでも友人や配偶者、その他の家族とのつながりが弱い人々の死亡率は、他者とのつながりの強い人々の三倍も高かった。(注4) 一〇〇〇人以上の高齢者を対象とした別の研究では、身体的・精神的健康に関する最も重要な二つの説明要因は、友人との交流と集会への参加の頻度であるという結果が出た。ふれあいと気配りが多いほど、より健康になるのである。(注5) 紹介する三つ目の研究はマッカーサー財団の資金援助を受けたもので、男性高齢者グループの下半身の強度、筋肉運動調整能力、手先の器用さの変化を二年半ごとに測定したものである。ここでも研究者は、身体的健康の最良の説明要因は、他者から受ける精神的サポートと気配りであるということを発見している。(注6)

最近、カーネギー・メロン大学の研究者たちは、インターネット利用の心理的効果の研究を行っている。(注7)この研究者たちは無作為に抽出されたピッツバーグ地区の住民一六九人を対象に、彼らの行動を一年から二年にわたって追跡した。(注8)その結果、より多くの時間をインターネットに費やすと、よりゆううつで寂しい気持ちになるということが明らかになった。この結果は研究者だけでなく、研究に出資し、正反対の結果を期待していたコンピュータ会社やソフトウェア会社を驚かせることとなった。インターネットは電子メールや「チャットルーム」を通して人々を簡単に結びつけることができるので、研究者たちは最初、通常で持てる程度のフェイス・トゥ・フェイスの関係よりも、インターネットのほうがより豊かで多くの人々との関係を提供することが可能であり、それがより良い心理的影響を与えるのではないかと想定していたのである。この研究の間、参加者は実際に電子メールやインターネットのチャットルームを利用したと報告されている。しかし、彼らはオンラインで時間を費やせば費やすほど、単純にそれだけ時間が少なくなるため、家族や友人との直接のやりとりが減ってしまったと言っている。したがって、他人とのやりとりの量は同じか、あるいは増えてさえいる状態でありながら、人間関係の質は低下したのである。「こうして表面的な人間関係を形成することによって、他者とのつながりが全体的に低下していると感じている事例はもっと多いのではないかとわれわれは想定しています」と、カーネギー・メロン大学のヒューマン・コンピュータ・インタラクション研究所の社会心理学者、ロバート・クラウト教授は言っている。「結局のところ、フェイス・トゥ・フェイスの接触を伴わない遠距離の付き合いは、通常のフェイス・トゥ・フェイスの付き合いがもたらしてくれる精神的安心感や幸福感につながるようなある種の支えや互恵をもたらさないのです。(注9)」

人間の直接のふれあいが身体的・精神的健康になぜそれほどにまで重要なのかということについては正確にはわかっていないが、脳の研究をしている神経科学者は次のように推測している。他人から積極的に気配りをしてもらうということで、通常はストレスと結びつくようなホルモン、特にエピネフリン、ノルエピネフリン、コルチゾールが減少するというのである。実際、やさしく揺り動かされたりマッサージをしてもらった幼児の尿は、そのようにしてもらわなかった幼児の尿よりも、これらのストレスホルモンの含有率が低かった(注10)。先に述べたマッカーサー財団の高齢者を対象とした研究でも、人とのふれあいや気配りをより多く受けた男性高齢者の尿は、そういった機会が少なかった男性高齢者よりもエピネフリン、ノルエピネフリン、コルチゾールの量が低かった(注11)。

進化という観点からみても、人とのふれあいがストレスを減少させるということは驚くべきことではない。人間という動物は生活費をシェアし、保護を提供してくれる家族や仲間の中で進化してきたのである。私たちの脳の原始的な部分はおそらく、他人との接触から隔離されることが実に危険であり、他人からたくさんの気配りを受けるということが安全の本質である、ということを覚えているのであろう。

二一世紀が始まるにあたって、以前ほどふんだんに欲しいだけの個人的な気配りを与えたりもらったりできなくなった私たち人間にとって、この個人的なふれあいの必要性は大きな問題を提起することになった。ニューワークは私たちにあまりにも多くの時間、感情的エネルギー、そして心理的負担を仕事に割くよう強制する。そこで人々はどうするようになったのか。ますます気配りを買うようになったのである。

もっと気配りを買うか買わないか

今日、アメリカでは三〇〇万人以上、ヨーロッパでは一〇〇万人以上が、仕事をしている間じゅう小部屋にこもり、ヘッドフォンをつけコンピュータのモニターをじっと見ながら、電子機器、年金、クレジットカード、銀行口座、保険、インターネット購入品、あるいは家族の問題などについて絶え間なくほとばしり出る質問や苦情に対し、できる限りの対応をしている。そして、そのようなコールセンターやヘルプデスク、カスタマーサービスなどの「ホットライン」受付電話の仕事は、シンシナティ、イギリスのリーズ、そしてドレスデンのような、工場労働は消滅したが多数の頼りになる労働者が残っている都市で増えている。

自動の「音声応答装置」ならば、人が対応するのとほぼ同じような顧客への受け答えをわずか五〇セントですることができるし（電話をかけた側が一連の「オプション・メニュー」に応じていくつかの電話のキーを押せば）、また顧客がコンピュータのキーボードで質問やコメントを打ち込むだけのインターネットサービスなら、一つの質問に対しわずか数セントで済むのに、なぜ企業は顧客からの電話一回当たり約五ドルのコストをかけてまで、このような仕事をする労働者を雇いつづけるのだろうか。それは親しみのある人間の声が顧客を引き止める効果を持っていると考えるからである。AT&Tで消費財管理部門の副社長をしているハワード・マクナリーは、AT&Tの新しい特別「0−0」ヘルプラインについての話の中で、「われわれの新しい電話番号案内サービスは、従来の効率性の概念にあまりとらわれず、人間的なサービスによって競争上の比較優位を生み出そうとするもので

す」と語っている。(注12)

しかしこのようにコールセンターに人員を配置している企業でさえ、同時により安い方法で対応するための投資もしている。ここ数年の間に間違いなく企業は、個人的な気配りを望みそれに対して喜んでお金を支払う意思のある上質の顧客と、あまり金はかけたくないので自動音声やインターネットの安いサービスでもいいという顧客との選別を行うようになるだろう。別の言い方をするならば、顧客はますますその支払う額に応じて、より手厚い気配りを受けるようになる、ということである。

値段によって決まる、手厚さの等級のようなものを考えてみよう。最も安い気配りの形態には全く人間が介在することなく、インターネットから用意された情報が得られるだけである。少し多く払えば、声に反応するロボットから情報を得ることができ、おそらくそれには人間の立体映像もついているかもしれない。さらに多く支払うと、こんどは本当の人間を電話の向こうに呼び出すことができるが、話せるのはほんの数分である。さらにもっと支払うと、誰かがコールセンターであなたの個人情報をダウンロードし、データベースと照合するのに時間を割いてくれるという気配りを受けることができ、それは有益な情報と同時に、自分は特別な配慮を受けているという心地よい感覚をもたらしてくれる。そしてそれ以上払えば、あなたの家や仕事先へ個別に訪問してくれさえする。さらにもっともっと支払えば、心ゆくまで甘やかしてもらえるはずだ。

証券会社であるメリルリンチは、気配りのヒエラルキーを作り出すのに熱心だ。預かり資産口座に一〇万ドル未満しかない場合、顧客はカスタマーサービス・コールセンターに集められ、質問に対するてきぱきとした標準的な返答を受けることになる。こうした差別化を行うことによって、メリルリンチの非常によく訓練された「ファイナンシャル・コンサルタント」は、より高い手数料を生み出す裕福な顧客に対して十分に時間を割けるようになる。(注13)つい先ごろ、メリルリンチの最もうかっている地域の一つであるロング・アイランド地区の支配人が、配下のブローカーに対して、新しい営業方針について実に率直に電子メールを送った。「もしわれわれが裕福で成功した個人や企業のファイナンシャル・コンサルタントでありたいならば、貧しい人たちに個人的なサービスを提供する時間はありません。……つまり……大きな口座にある、より多くの資産で勝負しなければならないのです。」「もし、今なお小額の口座しか持たない顧客に喜んでサービスしているファイナンシャル・コンサルタントがいるならば、私に申し出てください。貧しい人と心ゆくまで取引できる投資サービスグループの中で、給料のそれほど悪くない仕事を紹介してあげます」と彼は書いているのである。(注14)

「裕福で成功した人たち」が得ているものは、厳密にいうと何だろうか。特別あつらえのアドバイスもあるだろうが、その多くは単純に個人的な気配りなのである。つまり、人を安心させるような声、親しみの持てる人柄、信頼できる友人になりそうな誰か、といったものだ。一九世紀末の南北戦争後の大好況期には、ぜいたくとはウォーターフォードのガラス器、ウエッジウッドの陶器、それに家事使用人たちの存在を意味した。巨額の富を持つ人々は彼らの地位を、ソースティン・ヴェブレンの有名な言葉によれば「顕示的消費」によって誇示したけれども、それは労働生活から免れていること、肉体労働に不向きなこと、そしてほとんど無限の余暇を持っていること、を誇示しつづけることであった。(注15)だが対照的に、今日の裕福な人々は金持ちではあるが、時間的には貧しい。それで彼らにとってのぜいたくは、一九世紀末とは違った形をとることになる。それは、彼らの狂乱的なまでに忙しい生活を可能な限り効率よく快適なものにしてくれるように計画された、このうえなく凝った個人的な気配りである。これは他方で、より貧しい人々にとっては、彼らの必要とするものの多くがますます機械技術によって提供されるようになり、明らかに人間的なふれあいが減る、ということを意味している。

三八歳のマネジメント・コンサルタントであるミシェール・シロンは、運転手つきのレンジ・ローバーにロンドンのホテルに迎えに来てもらい、そこからヒースロー空港へと快適に送ってもらった。空港の車寄せにはアテンダントが彼女を待っていて、彼女が車から降りさえしないうちに搭乗手続きを済ませ、彼女をプライベートラウンジまで案内してくれる。そこで彼女は髪をカットしてブローをしてもらいながら紅茶をすすり、スモークサーモンのサンドイッチをかじるのである。ひとたび搭乗すると、彼女はマニキュアと首のマッサージを受ける。スチュワーデスは彼女のすべての望みに応えてくれる。「これは本当に旅の疲れをとってくれたわ」と、ミシェール（実在の人物で、これは実体験である）は言っている。(注16)

ミシェールの経験は割引航空券で旅行しているジェニファーのそれとは対照的である。ジェニファーは重いかばんを持って、騒がしく混雑したヒースロー空港の中を足を引きずって歩き、長いチェックインの行列に一時間並び、人であふれかえった待合室で座席番号が呼ばれるまで座っていられるようなプラスチック製の席をなんとか見つけて座り、それから搭乗すると今度は飛行機の後部の狭苦しい座席に押し込まれ、小さなスナックをあわただしく働くスチュワーデスに投げつけられた。スチュワーデスはその後一度も姿を見せなかった。そして六時間後に目的地に到着すると、こんどは自分の荷物が現れるまでの一時間待ちの行列を始めることになる。旅の終わりには、ジェニファーのストレスホルモンはかなり高いレベルに達した。

しかし、ジェニファーは彼女の苦境（plight）や飛行（flight）について不平を言う立場にはない。彼女の旅費はミシェールの旅費よりもはるかに安かったからである。実際それは、彼女が今までに払ったいかなる旅費よりも安かっただろう。航空会社は格安航空券を求める旅行客のための値下げ競争を激化させており、燃料効率のより高いエンジン、より高度な航空工学やコンピュータ化された予約・路線編成システムなどの技術の発展によって大幅な値下げが可能になった。しかし値段が安くなったことで、ジェニファーは以前よりも個人的な気配りをより少なくしか受けられなくなった。なぜなら彼女のような価格に敏感な旅行客たちは、ちやほやされることよりも低価格であることにより大きな関心があったからである。ジェニファーは支払いを減らすことを選択し、そのために受ける気配りはより少なくなったのである。

トランスワールド航空（TWA）の執行副社長であるドナルド・ケーシーはその航空会社の新しい戦略を語る中で、「『支払っただけの対価を得る』という原則は、アメリカおよび世界中で認められるようになっています」と述べている。[(注17)] TWAは、ほとんどの航空会社と同じようにビジネスクラスのサービスを強化している。つまり、スチュワーデスやラウンジ・アテンダントを増員し、より密度の濃いサービスを提供し、もっと個別の便宜をはかるといったように、全体としてよりいっそうの気配りをするということである。しかしこうしたあらゆる面での気配りをするために追加的な人員を雇うのではなく、ほとんどの航空会社はサービスのためにもっとお金を払ってもよいと考えている客への気配りに重点を置き、そうでない客への気配りを省くような形で、既存従業員の再配置を行ったのである。

航空会社がミシェールのようなエリートビジネス旅行客への気配りを惜しみなく行い、ジェニファーのような格安旅行者にはあまり気配りをしないのは、まったく単純な経済的理由からである。それはメリルリンチがそのブローカーを、大金を投じる投資家への気配りにシフトさせたのと同じ理由である。なぜならそこが収益源だからである。一九九九年には最上層のビジネス旅行者は数の上では乗客全体の九％しかいなかったが、彼らは航空産業の全収入の四四％に寄与していたのである。だから航空会社はジェニファーのような価格重視の旅行者に対する格安航空券の値下げ合戦を繰り広げる一方で、ミシェールのような個人的な気配りに大金を払ってくれる客の獲得にも熱心なのである。

世界中でミシェールのような人が個人的な気配りを欲しつづけ、それに対する支払いをいとわない限り、彼らは高い運賃を払うことによってそうした気配りをしてもらえるだろう。またジェニファーのような人がもっと格安の航空券を買いたいと熱望すれば、彼らに対する航空券の値引き競争も続くだろう。ミシェールは惜しみない個人サービスを受け、ジェニファーは発達する科学技術と個人への気配りをもっともっと少なくすることによる利益を得ることになる。要するに、ミシェールとジェニファーは二つの異なる生産物にお金を支払っているのである。ジェニファーはただ目的地に到着するためにのみお金を支払っているのに対し、ミシェールは目的地に到着することと、そこまでの間自分の好きなようにサービスしてもらうことの両方にお金を払っているのである。

ついでに言えば、ミシェールが彼女の豪華な旅行の代金を自分のポケットから支払ったかどうかは疑わしい。それは仕事の出張であり、その一部はミシェールの依頼人（またはより正確に言えば、それが株式公開会社であるならばその株主）から、そしてまた一部は他の納税者によって支払われている。企業が業務経費を課税所得から控除した分のギャップは他の納税者が埋めなければならないからである。たとえそこから何がしかの楽しみを得たとしても、ミシェールの旅行は楽しみのためではなく仕事のためである。したがって、その楽しみの部分にかかるコストもまた、業務経費に含まれているのである。これがこれからのパターンなのである。極上の個人的な気配りは、たくさんのお金を稼ぐのに忙しい人たちがそれをまさに稼いでいるそのときに、惜しみなく与えられるのだ。五つ星のホテルで気ままに過ごし、依頼人と一緒に会社提供のスカイボックスシートでワールドシリーズを観戦し、あるいは納入業者とともに高級レストランで食事をする、といったようなお楽しみは、お金を稼ぐ場で得られる無税の臨時収入である。会社側は、才能のある人材、ありがたい依頼人、そして頼りになる納入業者などをひきつけ逃がさないために、こうしたすべての気配りにかかる請求書の支払いをいとわない。これはとりわけ他の納税者がその勘定の一部を引き受けてくれるからである。

甘やかされるための支払い

機械化が進み、より忙しくなった世界の中で、本質的なぜいたくとは、自分のために他の人間がその時間を惜しみなく使ってくれる、ということである。宿泊を個人的に手配してくれるチャーミングなホテルのコンシェルジュ。新しい花を活け、きちんとタオルを折り、枕をはたき、やわかな綿のバスローブとぜいたくなテリー織りのスリッパを用意してくれ、そして就寝前に他に何か必要なことはないかどうかを尋ねてくれるホテルの客室係。合成音時計ではなく生身の人間による午前六時の目覚ましコール。名前を覚えていて、お気に入りのテーブルに案内してくれるレストランの給仕人頭。ウエイターが行き来し、シェフが好みの料理を用意してくれている間にそれに合うワインを個人的に勧めてくれるソムリエ。届けられた小包を親切に手渡し、家族は元気かと尋ねてくれるマンションの管理人、などである。

最も手の込んだ気配りでかつ最も高価なのは、頼りになる友人や親友のようにふるまう人物という形をとる。アトランタ・モールにある超高級ファッション・ブティックのオーナーであるジェフリー・カリンスキーは、特定の顧客の趣向に合ったアイテムを精選し、顧客にそれを試してみてもらうために発送している。彼は顧客が新しく購入した服をどのように着たらよいかを助言する手紙をしたため、何を着て行くべきかについての深夜の緊急電話にも答え、最上客には気前よく贈り物をしてファッションショーを見るために彼女たちとヨーロッパに同行する。カリンスキーの顧客の何人かは、わざわざ彼に会うためにニューヨークからアトランタまで飛んでくる。「ジェフリーは……今まで試したことがないようなものを勧めてくれるの。彼は全体像を持っているのよ」とある顧客は興奮ぎみに話している。彼は二八人の従業員にも同じように、洗練された個人的な気配りを提供する技芸、気にかけてもらっていると人々に感じさせる技芸を完成させるべく彼らを訓練している。(注18)

もしあなたが一カ月に数百ドルを「個人コーチ」のために支払うことのできるような、数を増やしつつある人たちの一人であるならば、おそらくそれは助言以上のものを求めるようになるだろう。自分の幸福だけを考えてくれる誰か、つまり自分だけのためにそこにいてくれる「友人」をも求めるはずだ。というのは本当の友人たちのほとんどは忙しすぎるからである。「親友を持つことはすばらしいことです。しかし親友とは、人生と仕事の両方、あるいはそのどちらかの最も重要な側面で何かをしようとするときに最も頼りになる専門家のことではないでしょうか」と、パーソナル・アンド・プロフェッショナル・コーチ協会の広告は問いかけている。もし個人コーチを雇えば、「親友とコーチの両方を手に入れることができるのです」というのである。(注19)

これらの「友人」が友情以外の隠れた動機を持っているということは、こうした友人を求める人たちの熱意に水をさすということはなかったようだ。すでに数千という学生を卒業させているヒューストンに本拠を置くコーチ大学の創設者であるトーマス・レナードによると、個人コーチの数は一九九〇年代初頭から毎年倍増しているという。ミネソタ州に住むヴァレリー・オルソンは三〇人の依頼人を指導することで、六ケタ（一〇万ドル）近い稼ぎを得ている。彼女の依頼人たちは四時間半のセッションに月二五〇ドルを払っている。「コーチは依頼人との人間関係の中で、その関心事に焦点を完璧にあわせるよう訓練されています」と、彼女は言う。コーチたちは依頼人の精神分析をしようとはしない。話を聞き、共感を示し、そして全体的な気配りをするのである。(注20)

個人コーチに加えて急増しているのは、個人カウンセラー、導師、宗教的助言者、そして精神療法士などである。ビル・クリントン前大統領は任期中に何人かの宗教的助言者を活用したが、私の知る限り精神療法士はいなかった。これはコーチ、カウンセラー、導師、宗教的助言者を利用することは完全に受け入れられているからであろう。われわれの多くは時折、思いやりのある心の友が必要であると感じるが、そうした必要を満たしてくれる友人や家族をいつでも見つけられるわけではないから、これらの専門家を必要とするのである。しかし精神療法士にかかる人というのは、今でもなお、何か「問題を持った人」と見られてしまう。

近年まで温泉というのは、暇のある人々がときには数カ月の休暇をとるための場所であった。硫黄の源泉で「風呂につかり」、遠く離れた景色の良い場所で松の香りのする空気を吸い、森の中をぶらぶらと散策したものである。しかしそのようなことをする経済的余裕のある人々の大部分は、もはやそのような時間を持っていない。しかし今なお、いやされたいと願っている。これが疲れきった裕福な人々に気配りを惜しまないスタッフのいる、都会のスパの人気が急上昇している一因である。個人トレーナーの数は一九九〇年代には二倍となり、一〇万人を超えた。これに加えてマッサージ療法士、筋肉マッサージ師、トレーナー、専属エステティシャン、スタイリスト、ペディキュアリスト、アロマテラピスト、エアロビクス・インストラクター、といったように、裕福な人々のための専属世話係のちょっとした軍団ができているのだ。

「自分自身によくしなさい」と言う新しい言い方の意味は、もしそれをする資力があるならば、そういったサービスへの支払いを惜しむべきではない、ということである。実際に売り買いされているのは、一連のエクササイズ（自宅やアパートでも一人でエクササイズはできるだろう）でも助言（助言はインターネットや本から得ることもできるだろう）でもなく、他の人間に気配りをされているという楽しい感覚なのである。

未熟児がマッサージをされるときの反応を思い出してほしい。体をなでられ、さすられ、あるいは抱かれるとき、ストレスホルモンが減少するのと同じように、誰かが他の誰かの完全な気配りを受けるとき、ストレスホルモンは低下するようだ。カリフォルニア州のレッドウッドシティに本部を置くパシフィック・アスレチック・クラブのスタッフは、シリコンバレーでの経営者の会議に、椅子に座ったままでのマッサージを提供するために出張する。ニューヨークのリーボック・スポーツ・クラブやエリザベス・アーデン・レッドドア・サロン・スパのような高級施設では、シー・スパの足治療（いわゆる「足の美顔マッサージ」）、アロマテラピー・ソルト・グロー・エスケープ（粗塩で体をこすった後にモイスチャーする）、ダブル酸素トリートメント（アルファ・ハイドロゲン果実酸による洗顔、あかすり、およびマッサージとそれにつづく「細胞代謝を高める」酸素の一五分間の吹き付け）、ホット・ミルクとアーモンドの足治療（温かい牛乳で満たされた大きなボウルに足を入れ、角質を取り除くために海塩とアーモンド油の混合物をこすりつける）、ショウガ・マッサージ（油とすりおろしたショウガを混ぜ合わせたもので腕、足、背中を覆い、毛穴の老廃物を取り除き、体を温める）のようなすばらしい身体的手当てを受けている間に、衣類をすばやくドライクリーニングしてくれる。ニューヨークの西五六番街にあるフェリシモでは、「あなたの愛しいワンちゃんの幸福感と楽しそうな反応をよみがえらせる」とうたっているアロマテラピーを子犬に施してさえくれる。

人間関係もまた売り買いされている。それは、専属トレーナーがあいさつしてくれる心安さ、マッサージ・セラピストとの友情、筋肉マッサージ師や車を駐車してくれる駐車場案内係との間にさえささやかな信頼関係が共有される、といったことである。「メンバーはトレーナーと同じように、駐車場の案内係とも人間関係を形成しているのです。それがサービスの一面でもあるのですよ」と、ロサンゼルスのスポーツクラブの運営部長である、フィル・スウェインは言う。(注21)

気配りの介護か養護の介護か

忙しい人々はしばしば、家族のメンバーが必要としている思いやりのある気配りをきちんと与えてあげられるだけの時間とエネルギーを確保できない。つまりそうした家族の話を聞き、話しかけ、疲れた筋肉をマッサージし、そして思いやられ、尊重され、愛され、認められているという感じを彼らに持たせるだけの時間とエネルギーを持つことができないのである。こうした思いやりのある気配りの一部は、たとえ有給でそれを提供してくれる人たちが家族と同じ気持ちでそれをしてくれはしないとしても、お金で買うことができる。しかも家族のきずなが、金銭によるもの以上に思いやりのある気配りを生み出すというわけでは必ずしもない。どちらもやさしくなりうるし、また虐待的にもなりうるのである。

しかし家族の生活がぎりぎりまで厳しくなったり、また政府による保険制度や企業の福利厚生制度が圧縮される場合、真っ先に削られるのが個人的な気配りの部分である。無駄のない医療保護制度というのは、多くの医療が機械によって提供され、人手によるものが少なくなる、ということを意味している。実際、医療は二層システムで発展している。一方は患者から直接料金が支払われている医師により構成されており、患者は医師から多くの時間と気配りを受けている。もう一方は、健康保険から安い料金を支払われている医師によって構成されており、治療はできるかぎり手短に行われている。この第二の階層に属する医者(および看護婦と看護助手)の所得は、どのくらいていねいに診てもらったかという患者の主観的な気持ちなどよりも、与えられた時間内で何人の患者を扱ったかによって決まるようになっている（この第二の階層では、明らかに男性医師に比べて女性医師のほうが、一般的に一人の依頼人や患者に余分な時間を投入することで所得を犠牲にすることをいとわないようである。最近のある研究によると、男性医師がほとんどの患者に一一分未満の時間しか割いていないのに対して、女性医師の中で男性医師と同じように一一分未満というおどろくべき短い時間しか患者に割かなかったというのは三分の一にすぎなかった(注22)）。

しかし実際のところ、個人的な気配りは余分な飾りではない。この章の最初のほうで引用した研究が示すように、病気や障害を持つ人たちにとっては、老人や幼い子どもたち（そして、おそらくわれわれのすべて）にとってと同様に、思いやりのある人間関係は身体的、感情的によい効果をもたらすのである。そうしたやさしさなしには、彼らと彼らの健康状態は悪化するかもしれない。社会学者であるティモシー・ダイヤモンドは、ある八七歳の入居者の脈拍をチェックするために飛び起きることがあるという老人ホームの夜勤看護士について語っている。看護士が「ローズ、私に何かできることがあるかい？」と尋ねると、「ええ、ここにいてちょうだい」とローズは答えるという。看護士は他にも脈拍をチェックし記録しなければならない居住者を二九人も抱えており、ローズの要請に完全に応ずることはできない(注23)。けれどもローズが本当に望み、必要としているのは人間的な気配りなのである。ローズの脈は、付き添いがいなかったらもっと早く弱まったであろう。

老人ホームでは養護的な介護を提供してはいるが、十分な気配りのある介護を提供しているわけではない。養護的な介護とは、一人でいたら危険であるような人たちを安全に保つようにすることだけを目的としている。気配りのある介護とは、お年寄りたちと人間関係を作り、彼らを孤独というストレスから救い出し、彼らと交流し、時折ふれたり抱きしめたりすることである。働いている家族は、しばしばどちらの形の介護にせよ提供することができないほど切羽詰まっており、特に気配りの介護などはぜいたくとさえいえる。

アメリカの高齢人口は年間二・七％も増えており、そして二〇一一年ころからベビーブーマー世代が六五歳の高齢人口に突入すると、これはさらに急上昇するだろう。この高齢者ブームは、ニューエコノミーによってすでに子どもに適切な気配りを与えることに四苦八苦している勤労世帯に、さらに大きな負担を強いることになるだろう。国全体で見ると、一人一人の高齢者の面倒を見るための高齢者一人当たり若年人口は減っていく。アメリカ以外の先進国でも、若年人口は一定であるかあるいは減少していて、日本の場合などではすでに、高齢人口比率は急勾配で上昇している。こうした高齢者をすべて心配のない状態にしておくのは困難になるだろう。つまり介護の必要な高齢者をお風呂に入れ、食事を与え、床ずれをきれいにし、ベッドから起こして、おしめを替えてあげるといったことは、たいへんなことになる（聞いたところによると、老人ホームでこれらの作業の一端を担う有能なロボットが開発されているそうだ）。しかし高齢者に、適切な個人的な気配りを与えることはもっと難しい問題である。現在、アメリカ政府は老人ホーム入居者一六〇万人にかかる費用の三分の二を負担している（大部分はメディケイドという低所得者のための国民医療保障制度を通じてである）。しかし単に高齢者の安全を確保するだけではなく、友人や家族によるもっと気配りのきいた介護を可能にする長期の家庭介護や地域主体のデイケアの費用については、政府はほとんど面倒をみていない。そして政府の保険が家庭での健康介護に金銭的な給付を与える場合（通常それはメディケアという高齢者のための老人医療保障制度を通じてである）でも、それは医療行為に限られており、気配りのきいた介護のためではない。(注24)

多くの子どもが高齢者と同じように気配りの欠如の犠牲となっている。養護的な保育は、子どもとの人間関係を作るような種類の保育にくらべて劣っている。しかしここでもまた、お金を払った分だけ気配りを受けられることになる。保育施設に子どもを預ける費用は、子ども一人につき年間四〇〇〇ドルから二万ドルの違いがある。それらはすべて「保育」と呼ばれてはいるが、安価な保育と高価な保育とは根本的に異なっている。安価な保育であっても安全な環境を提供してはくれるが、子ども一人当たりの保育者の数は高価な保育の場合よりもずっと少なく、また通常の場合、保育者はあまり多くの訓練を受けておらず、（給料が安く、仕事もたいへんなので）短期間で別の仕事に転職しがちである。したがって低価格の保育施設の子どもたちは高価格の保育施設の子どもたちに比べて、保育者たちと人間関係を形成する機会が少ない。こういった保育の量と質、そして一貫性の違いは、子どもたちの将来に重大な影響を与えうる。(注25)

その影響は大人になるまで続くようである。ノースカロライナ州のチャペルヒルで、一一一の貧しい黒人世帯の子どもを観察した研究がある。彼らはみなその貧しさゆえに、学校の成績が悪くなったり、高校を中退したり、さらには次世代の貧しい子どもたちを生み出すというリスクにさらされていた。その研究は子どもたちがまだ幼児であった一九七二年に始まった。彼らのうち無作為に選ばれた五七人には、五歳までフルタイムの保育プログラムが与えられた。この保育は、それによって保育者が子どもたちと人間関係を築けるような、多くの個人的な気配りを含むものであった。保育者一人当たりの子どもの数は非常に少なく抑えられていた（乳児の場合は三人に一人の保育者、四歳児の場合でも七人に一人の保育者がいた）。ここの保育者は公立学校の教員と同程度の訓練を受けた人たちだった。この期間そのほとんどが辞めたり交代させられたりすることはなかった。そしてそれぞれの子どもにたくさんの知的刺激と情操的な支援を与えたのである。一方、調査対象中、それ以外の五四人の子どもたちは、健康で無事に育つことは保障されるように、栄養の補給を受け、ソーシャルワーカーの訪問を数回受けたが、気配りの豊かな保育を受けることはなかった。彼らが五歳になると、どちらのグループの子どもたちも同じような幼稚園、小学校、そして中・高校へと進んだ。

この研究は彼らが二一歳になるまで追跡調査を行っている。彼らは五歳以降は異なる扱いは全く受けなかったにもかかわらず、二一歳の誕生日までに明らかになったのは、豊かな気配りのある保育を受けた子どものうち約三分の二が大学で学んでいるかあるいは収入のよい仕事に就いていたのに対して、もう一方のグループではその比率は四〇％にすぎなかった。もちろん豊かな気配りを伴う保育にはお金がかかる。この調査の場合にも現在の価値に換算して一人当たり年間一万一〇〇〇ドルに相当するコストがかかっている。（注26）しかし長期間にわたってこのような効果があるとすれば、この費用に十分見合うと結論付けられるかもしれない。しかし悲しいかな、現実は、ほとんどの家族がそれをまかなう経済的な余裕がないということなのである。

質の高い保育をまかなうための経済的な余裕があるかどうかは一つの問題にすぎない。もう一つの問題は、支払っただけの保育を子どもがちゃんと受けているかどうかを確認することの難しさである。よちよち歩きの子どもは、きちんと保育を受けていなかったり、あるいは虐待されていても、それを親にどう訴えてよいかわからない。同じことはもちろん、高齢者や精神薄弱者、精神病者あるいは知恵遅れの人々にも当てはまる。老人ホームにおいて適切な養護介助が欠如していることが、悲しいことにしょっちゅう暴露される。多くの老人ホームは営利目的の企業の一部であり、保育も大きなビジネスとなりつつある。こういった営利目的のビジネスは、投資に対して株主に良いリターンを与えなければならないから、おそらくそのリターンをひねり出すために気配りの質を向上させるための投資を犠牲にするだろう。自分たちが働いている間にこうした問題の起きることを心配する親たちの一部は、今日流行の保育センターが提供する技術革新を活用している。ウェブに接続された小さなカメラがセンターの天井や壁に設置されており、このカメラを通じて両親は、自分のコンピュータ・スクリーンの隅にある小さな画面をクリックして開き、一日中いつでも自分の子どもを見ることができるのである。

新たな格差

経済の創造的部門、すなわちデザイン、コンセプト、プラン、戦略、取引、そして洞察力などを考案したり売ったりする経済部門に適した生まれつきの才能、教育、そして人脈などを持たない人たち(あるいはそうした子どもたち)は、結局のところ個人的な気配りを売っていくことになる公算が大きい。というのは、それが仕事の増えているもう一つの経済領域であるからだ。しかしまだ気がついていないかもしれないけれども、個人的な気配りを売っている人々の多くは、それによってそんなに大金を稼いでいるわけではないことを知るべきである。理由はいくつかある。まず第一に、その仕事の性格そのものからして、個人的な気配りというものは、比較的生産性の低いサービスであるということだ。それは一対一で提供され、それを提供するための時間を必然的に必要とする。ソフトウェア・エンジニア、経営コンサルタント、投資銀行のバンカーが、何十万人とはいわないまでも何百人もの人々の生活に影響を及ぼすかもしれない商品やサービスを作り出している間に、保育者、看護助手、あるいは個人トレーナーなどは、たかだか数十人のために直接働いているにすぎないのである。(注27)

第二に、たとえタイトな労働市場であっても、個人的な世話を提供する人々の労働供給は、それへの需要ほどではないとしても急速に増加しており、それが彼らの賃金上昇を抑制している。気配りを提供する分野でも、看護婦や在宅看護の介護者のような特定分野でしばしば労働力不足が発生することがあるが、気配りを提供する人たちの労働供給は全般的にいえば比較的豊富である。こうした個人的な気配りを提供する人たちの一部は、世帯収入を支えるために労働力に参入しつづける女性たちである。その多くは、この国に流れ込んでいる合法もしくは不法の新参移民である。お金が必要なために複数の仕事をしたり長時間働いたりしている者もいる。新しい技術に取って代わられてしまった電話交換手、銀行の窓口係、小売店の店員といったサービス職種で働いていた人たちもいる。ほとんどの個人的なサービスの提供者はなお女性であるが、人員削減対象になったり、仕事がアウトソーシングされてしまったかつての工場労働者であった男性の数も増えている。

最後に、個人的な気配りをする仕事というのは、社会的にそれほど高く評価されていないということがある。伝統的にそれは「女性の仕事」と見なされていたものであった。そのほとんどが無報酬であり、そのサービスを無償で受けていた男性、子ども、年老いた親からはそれをしてもらって当然と思われていた。それが女性に期待されていたことであり、彼女たちの天職であるとはいわないにしろ、彼女たちの責任であると見なされていた。女性たちはまずわずかな賃金と引き換えに、個人的な気配りを与える仕事である看護婦、尼僧、教員、スチュワーデスなどとして労働力に参入した。黒人女性は中流階級の家でメイドや乳母をしてぎりぎりの生活費の不足を補った。(注28)この分野では移民女性、とりわけ発展途上国からの貧しい移民女性も多く見られた。黒人と移民の女性は、個人的な気配りを提供する仕事の中でも、そういった最も仕事のきつい種類のものを提供しているグループの一つである。それは体の衰弱した高齢者を車椅子に移すとか、傷をきれいに拭うとか、あるいはおまるを空にするといったことである。

アメリカの老人ホームでは、二〇〇万人以上の人々が看護助手、調理係、そして清掃係などとして働いている。そのほとんどは女性で、二〇〇〇年では一時間当たり七～八ドルの最低賃金ぎりぎりで働いている。このほかに七〇万人が家庭看護助手、家庭介護者として、病気や障害のために家にいる高齢者の世話をしている。その多くもやはり女性で、平均八～一〇ドルの時給で働いている。それ以外にもほぼ同じような賃金で、介護者、用務員、付き添いとして一三〇万人が病院で働いている。またアメリカには二一〇万人の正看護婦がいて、時給一〇～二五ドルで働いている。労働統計局は、これらの職業がみな相当程度増加すると予測している。(注29)これからの一〇年間で新たに生まれる雇用機会のうち、五つに一つは健康サービスに関するものであり、しかもそのほとんどは個人的な気配りを提供する仕事になるはずだ。

現在約二三〇万人のアメリカ人が子どもの保育をすることで報酬を得ている。そのうち約半分が保育所で働いており、それ以外は組織化されたプレイグループで働いていたり、子守りやヘルパーとして働いている。彼らの一時間当たり賃金の中位数は、一九九九年には六ドル一七セントで、通常は付加給付はない。そしてそうした保育労働者はほとんど女性である。

五〇万の人々がソーシャルワーカーとして分類されている。みな、厳しい問題に直面している個人や家族の世話をする人たちだ。彼らの平均報酬は、一時間当たり八～一五ドルである。しかしながら、精神的に病んでいる人たちの世話をしている人々の大部分はといえば、実はそうした人たちを寒い夜に通りで捕まえて救護施設に送り込んだり、軽犯罪で逮捕したりする警察官であり、そして留置所でそうした人たちを監視する監視人である。ニューヨーク市では他の都市と同様にホームレスであることと通りで眠ることは犯罪である。ホームレスは市の救護施設（ただしその多くは危険である）で一夜を合法的に過ごすこともあれば、または逮捕されて市の刑務所（その多くもまた危険である）で夜を過ごすこともある。

賃金とチップを合わせればかなり稼ぐ人もいるが、レストランやホテルで客に個人的な気配りを提供する人たちの賃金もまた比較的低いものである。ニューヨークのホテル、ザ・ピエールの清掃係は時給一一ドルから始まって最高一六ドルまで昇給し、二週間の有給休暇と付加給付がつく。(注30)リムジンの運転手もまた需要が多く、一時間当たり一〇～二五ドルを稼ぐ。世話係付き駐車場の駐車世話係も増えており、最低賃金にプラスしてチップを稼ぐ。ロサンゼルス職業別電話帳には現在「駐車世話係サービス」の欄に四五件の電話番号がリストされている。(注31)

同じように急速に増えている職業としては、個人トレーナー、体操教室のリーダー、フィットネス・インストラクター、マッサージ・セラピスト、マニキュアリスト、そしてその他の、人間の体をしっかりさせたり、つついたり、刺激したり、打ったり、あんましたり、しっとりさせたり、あるいは体から余分なものを取り除いたりする仕事がある。そのような仕事には一時間当たり一五〜七〇ドルが支払われている。恵まれた人々の体に絶妙の気配りを提供する最高級のトレーナーやマッサージ師は、さらにもっと稼ぐことができる。ただしそうした報酬に付加給付がつくことはほとんどない。先に述べたように、個人コーチの数もまた急速に増大していて、その報酬は、個々の依頼人が彼らの支援をどれほどに評価するかによるようだ。

大規模生産のオールド・エコノミーで車やテレビを生産するために働いた人々は、その作っている製品を購入できるだけの稼ぎがあった。ヘンリー・フォードが、彼の会社の自動車組立工に時給五ドルという、当時としては比較的高い賃金を払うのは、そうすれば彼らが大量に生産しているT型フォードを買えるだけの金を稼げることになるので、経営的にも正解なのだ、と言ったのは有名である。同じように、銀行の窓口係、電話交換手、小売店の店員たちは、彼ら自身が銀行へ行ったとき、電話を使うとき、あるいはショッピング・モールに行ったときに、彼らが人々に提供したのと同じサービスを利用することができたのである。

しかし個人的な気配りを売っている何千万という人々にとって、彼らが売っているようなサービスを購入できるほど十分な稼ぎは、ますます得られなくなっている。それゆえ彼らはその代わりに「余分な飾りのない」ものを選択している。つまり、個人的な気配りの少ない低価格の旅行をし、テイクアウトの食事をとり、本当に必要なときだけ医者にかかり（多くの人は健康保険を買う経済的ゆとりがない）、子どもや高齢者の世話は主に親戚や友人に依存するといった選択である。彼らはスポーツクラブなどには入らず、リムジンに乗ることもなく、高級レストランで食事をしたりすることもない。もちろん車も自分自身で駐車する。

彼らの多くは、彼らが個人的な気配りを売っている地域の住宅があまりにも高価なために、仕事場から通勤の便のよいところに住むところを見つけることができない。たとえば、コロラド州のヴェイルやユタ州のパークシティのようなところのリゾート施設やレストラン、温泉などの従業員は、あまりにも遠く離れたところに住まなければならないため、リゾートのオーナーでさえ心配するほどである。ある調査が計算したところによると、ヴェイルの平均的労働者は時給一〇ドルであるが、その労働者がそこに住むのに十分なお金を稼ぐためには五つのフルタイムの仕事を持たなければならないことになる。「サービス産業では、温かく思いやりのある現地の人々に働いてもらうことが望ましいのです。一〇〇マイルも通勤してもらわなければならないとすれば、温かく思いやりをもって接することはできないでしょう」と、毎日労働者の半分を市外から通わせているパークシティを本拠とする、リゾート・コンサルタントのマイルス・ローデマンは言う。(注32) 実際に毎日一〇〇マイルを通勤してくる個人的世話係がいるかどうかは疑わしいが、しかし通勤の問題は切実である。住宅の平均価格が一一〇万ドルもするコネティカット州のグリニッジで働いている庭師、ヘルスケア助手、マッサージ・セラピスト、それにトレーナーなどは、やむをえずブロンクスかそれと同じように家賃の安い地区から通勤しているのである。

南北戦争後の大好況期の古い金持ち階級は、町の反対側からやって来る使用人を雇い、そしてもちろん、そうした使用人が掃除をする部屋や走らせる馬車は彼らにはとうてい手の届かないものであった。しかし大規模製造業の発展が徐々にこれらをすべて変えていった。大量生産された商品と標準化されたサービスが巨大な市場を生み出す一方で、巨大な中産階級が構築されたのである。それは現代資本主義の達成した大きな成果の一つであり、経済とともにアメリカの社会を強くしたのである。

新興経済はわれわれを後退させはしないけれども、それは新しい種類の社会格差を生む方向にわれわれを導いていくようだ。確かに、ほとんどの人々の物的生活水準は向上している。たとえば、ジェニファーは二〇年前なら今彼女が購入しているような割引の航空券を買うことは絶対にできなかったはずだ。航空会社間の競争は全く不十分で、また航空輸送のコストを大幅に削減してくれるような技術も未発達だったからである。そしてインターネットがより多くの人々に利用可能となり、彼らが必要とするあらゆるもの、たとえば在宅ヘルスケアについてさえより有利な取引が可能となるので、金銭の購買価値はますます高まる。しかしこれらの進歩の一方で、個人的な気配りの分配は、これからさらにゆがめられそうである。つまり個人的な気配りをまかなう経済的な余裕のある人々はますます個人的な気配りを獲得し、そうでない人々はますます気配りを得られなくなっていくということである。

これからのニューエコノミーにおける有給労働のあり方と報酬の支払われ方を考えると、人々はより長時間かつ一生懸命に働き、必死になって自分を売ろうとするようになるだろう。その結果、働く人にとって家族にかかわることのできる余地は小さくなり、家族はダウンサイズされアウトソーシングされることになる。そして個人的な気配りという、以前は配偶者、両親、あるいは年老いた親を持つ子どもが担っていた分野が、急速に市場経済に移行しており、人々はお金を払った分だけその気配りを受けることができる。そして皮肉なことに、そうした気配りを売っている人々のほとんどが、その売っている気配りを買うだけの経済的な余裕がないか、あるいはそれをたくさん買うことはできないような人たちになってきているのである。

PART 2

第10章

商品としてのコミュニティ

ビリーおじさんの台詞（感極まって）……メアリーがやってくれたよ、ジョージ！　メアリーがやってくれたんだ！　彼女が数人の人に君が困っていることを話し、それを聞いた人々が町じゅうに散ってお金を集めてくれたんだ。みんなは何も聞かずにただこう言ったのさ。「もしジョージが困っているなら、任せとけよ。」こんなこと見たことあるかい。

——『素晴らしき哉、人生！』映画台本、一九四六年

新興経済がわれわれの個人生活に与える結果についての最後の話は、われわれが住むコミュニティにかかわることである。コミュニティはかつて家族が担っていたものを拾い上げるという役割を担ってきた。自宅学習は地域の公立学校に取って代わられた。重病人は自宅から地域の病院へと移された。図書館や遊園地では、多くの家族が自分たちでは買うことができないような高価な設備を提供してくれた。「コミュニティ」といえば、人々が互いに面倒を見合う場所を思い浮かべるだろう。伝統的な

近隣関係、教会、任意団体、ニューイングランドのタウンミーティング、フロンティアでの納屋の棟上げ、キルト作りの集まり、自警消防団、チャリティーの夕食といったことである。フランク・キャプラの一九四六年の映画、『素晴らしき哉、人生!』のラストシーンはアメリカの理想を代表するものである。ジェームズ・スチュアート演じるジョージが絶望してあきらめかけたちょうどそのとき、隣人たちがいつも彼をあてにしていたように、彼もまた隣人たちの寛大さと善良さを頼ってよいのだ、と気づく。彼らは共通の目的と友情で互いに結びつけられていたのである。

こうしたイメージに反する嘆きが最近しばしば聞かれる。アメリカ人のコミュニティ欠乏への嘆きである。私たちはもはや互いに結びついてはいない。われわれは隣に住む人も知らない。われわれは「それぞれにやっている」のである。(注1)みな懸命に働いており、自分を売り込むことにかつてないほど夢中になっているので、隣人のために費やすエネルギーが少なくなったとしても誰も驚かない。

しかしわれわれがもはや他人とは結びついていないという見方は、必ずしも正確ではないし、そしてまたそういう見方は、現在起こりつつあることの重要な側面を見落としてしまっている。われわれはまだ互いに結びついている。つまり保育、老人介護、学校、医療、保険、ヘルスクラブ、投資クラブ、共同購買クラブ、レクリエーション施設、民間警備員、その他個人で購入するには高価すぎるすべてのもののために結びついているのである。しかし、われわれはそこで参加者として結びついているのではない。消費者として結びついているのである。私たちは最高の取引を得るために財源を共同出資しているのである。

われわれに生産物と投資のより広い選択肢を与えてくれた通信・輸送・情報技術における進歩と同

じものが、われわれに誰とそしてどんな目的で結びつくかについてのより広い選択肢を与えてくれている。そしてわれわれのニューライフの他の側面と同様、より良い取引を求めるために、われわれは選択したコミュニティをほとんど即座に捨て、別のものに切り替えることができる。個人的な気配りと同じように、コミュニティもまた市場化された財になりつつある。われわれは払った金額に見合ったものを手に入れ、そしてわれわれの得るもののために必要な金額以上は一銭も払おうとはしないのである。

新しい集団

人類の歴史のほとんどにおいて、コミュニティのメンバーは誰と結びつくかということに関してはあまり選択権を持っていなかった。人々はその地域社会で生まれ、おおかたはそこで死んでいった。自らのコミュニティと縁を切ったり追放されたりするような特殊な例もあったが、そういったことはまれにしか起きないか、あるいは悲劇的な出来事として起きただけであった。産業時代に入ってかなり経った後でも、まだ多くの人々は大家族や一族のもとに集まって住んでおり、都市の近隣というのはそういうものだった。こうしたコミュニティのメンバーは少なくとも一、二世代はそこに定着していたのである。

地域社会はそのメンバーにいくばくかの安全と保護を与えるものであった。しかし、メンバーはその代償として、退屈で息の詰まる状況を我慢しなければならなかった。人々がコミュニティを選ぶ権利を得たということは、歴史上最も大きな成果の一つである。かつてないほど多くの割合のアメリカ人（そして他の近代国家の市民）が、今や自分が生まれたコミュニティから離脱する自由を享受している。誰と結びつくかを選ぶことができ、そしてもしそうしたいのであればまた別の集団、すなわち別の居住地域、スパ、健康保険、育児センターなどに切り替えることができるようになったのである。サイバースペースにおけるコミュニティならば、クリック一つで捨て去ることもできる。人々とコミュニティとの関わりが、無作為な運命によるものではなく個人の選択によるものとなることによって、コミュニティでの生活は確実により豊かで、調和的で、そして幸せなものになるはずだ。では、そうでなかった昔はどうだったのだろうか。

ひとつには、古いコミュニティでは、人々は生活のさまざまな側面でそのメンバーであることを求められた。もちろんそこにはさまざまな形があったが、相互の義務と利益は、生産、防衛、介護、助成、子育て、娯楽、宗教儀式、といった形で大きくひとまとまりのものになる傾向があった。そして共同体参加者として、そのひとかたまりの義務と貢献に対して期待に違わない貢献をし、受け取ってよいと思われている程度のものだけを引き出していた。一族のメンバーはその一族のために生産活動を行い、互いに子どもたちや病人、年長者を世話し合っていたのである。

それとは対照的に、新しいコミュニティはより個別的な利益を提供する。自分がそこからまさに得たいもののためのコミュニティを選ぶのである。ニューライフの他の側面と同じように、自分の資力で購入しうる最高のコミュニティを買うのである。そこから退出することはとても簡単であり、またそれに求めている利益もはっきり絞られているため、新しいコミュニティは古いコミュニティにおけるほどの献身を求めることはないし、また困ったときに助け合いを必要とするメンバーにも古いコミュニティほど手厚い保障は提供しない。育児グループでは確かに友人を作ることもできるが、かつてのようにそこで自分自身をすべてさらけ出す必要はないし、またその友人関係をただちに解消することができるのは、お互い様である。

これが実際に手に入れたものである。広い選択範囲と選択の容易さのもとで、われわれはほぼ同じ収入、同じ能力、同じリスク、そして同じニーズを持っている人々のコミュニティに自分自身を選り分けているのである。どこに住んでいるかということが、どのくらい稼いでいるかということに、これまでよりも大きく関係するようになっている。それはちょうど前の章で見たヴェイルやグリニッジといった高額所得者のコミュニティと、それらの人々の世話をする人たちの住むコミュニティという違いであり、そしてそれがより全体的に起きつつあるのである。ニューエコノミーによって最も大きな打撃を受けた人々、すなわちそのために最も収入が減り、最も所得が不安定になった人々は、結局、同じ貧しいコミュニティに集まることになる。(注2) 彼らの住む地域の学校の質は最悪であり、医療サービスも不十分である。そして(リスクの大きい)彼らが加入する保険の保険料は高くなる。払える分だけのお金を共同出資したとしても、幼い子どもを持つ親にとって質の高い保育所を作るために必要な資金には足りない。こうした選別プロセスは何年も前から始まっているが、そのようにして打ち捨てられたコミュニティに選別されてしまった人たちが助けを最も必要とするようになったまさにそのときに、以前よりもずっと効率的な選別が行われるようになっているのである。

選別メカニズム

何が起こっているかを知るためには、その選別メカニズムを理解しなければならない。他の条件を一定として、コミュニティをお金で買おうとする人は、その投資から最高の収益を求めようとする。つまり彼らの持っているお金で購入することのできる最高の価値、最高のサービス、最も愉快で刺激的な仲間、そして最大の名声を得ようとするのである。そしてすでにそのようなコミュニティの中にいる人々は、新しく入ってくるメンバーからできるだけ高い収益を得たいと思う。つまり新しくメンバーになる人たちが、すでにコミュニティのメンバーになっている人たち以上ではないにせよそれとほぼ同じ貢献をし、そして共有資源の利用はできるだけ抑えてほしい、と考えるはずだ。慈善的な動機を持たない限り、自分たちよりもコストがかかり要求も大きな貧しい人々で構成されるコミュニティに加わることはナンセンスである。結局はそういった人々を援助しなければならないことになるからだ。またコミュニティを枯渇させてしまうようなメンバーをわざわざひきつけようとしたり、そうした人たちをひきつけそうな利益を提供することは、集団にとって非合理的な行動である。

最近、ある友人がカリフォルニア大学ロサンゼルス校に就職し、彼の妻もロサンゼルスの中心街にある金融会社に職を得た。二人は自分たちが住むのに適した場所を見つけるため、双方にとって五〇分以内の通勤圏でたくさんの異なるコミュニティを見て回った。そして地域を絞った後、さまざまなコンドミニアムや共同住宅を調べてみた。最終的には彼らの予算内で購入できる中で最も良いところに決めた。その複合コンドミニアムには専属の警備員やメンテナンス要員がいて、ちょっとしたレクリエーション設備、ブロードバンドのインターネット接続もあり、近隣は安全かつ魅力的で、彼らの娘のために良い小学校もある。そこを決める際に、当然コンドミニアムの価格とそれに加えて月々の管理費、そして地方税を考慮した。特別指導を必要とするような子どもが学校にいたり、家族全体が公的援助を必要とするために結果として地方税がつり上げられるような、貧しい人たちがあまりいないようなコミュニティを、彼らは住む場所としてなにも意識的に探したわけではない。また、共同の設備を使い尽くしてしまうような貧しい大家族には手が届かないほど値段の高い複合コンドミニアムを、わざと選んだわけでもない。彼らはただ単に懐具合に合った最適な取引を探しただけである。彼らにはたくさんの情報と広い選択肢（異なる課税基準の町、さまざまな管理費の民間居住コミュニティ）があったのだ。

選択肢が拡大し、他のもっと良いものへの切り替えが容易になればなるほど、選別メカニズムもより効率的になる。個人は自分たちにとって最高の取引を与えてくれるようなグループに参加しようとする。それは最高の都市や町、あるいは購入することのできる最高の民間居住コミュニティといったものだけではなく、最良の大学、初等・中等教育、保育所、老人ホームやデイケアセンター、保険グループ、専門職のパートナーシップ（共同経営体）、そして企業などの集団をも意味する。そしてそのような集団は、最も望ましいメンバー、すなわち貢献が最大で要求が最小であるようなメンバーの獲得をめぐって競い合うのである。結果として、最も望ましい人々は、しばしば国中から、あるいは世界中から集まってきて一群を形成するようになる。そして彼らより価値が小さく、よりコストのかかりそうな人々を、その群れからかつてないほど効率的に排除するのである。その次に望ましい程度の人々も同じように結集し、自分たちよりもコストのかかる人々を締め出していく。このようにして階層が形成されていく。

私はここでの話をわざと冷たい計算に聞こえるように、現実よりもより冷酷に計算高く表現した。それは社会の表層のすぐ下にある論理を暴くためであり、また選択の幅の広がりと情報の進化、そしてより良い取引への切り替えが容易になっていることをより明快にするためである。実際は、意識してこの選別メカニズムを採用している人はほとんどいない。それはむしろ、多くの合理的な個人決定の結果なのである。

居住地による選別

私の友人と彼の妻がどこに住むかについて下した決断から話を始めよう。幅広い選択肢と切り替えが容易になった世界の中で、彼らのような多くの人たちが自分たちのお金でどれだけのものが得られるかを考えて決断を下し、そして暗黙裡にではあるが、共有資源への貢献が少なく、逆にそれを多く使い果たしてしまうような人々を援助しない、ということを選択しているのである。つまり居住コミュニティは他の財貨と同じように市場化され、値をつけられ、購入されるような商品となり、買い手にとってはちょうど自分の欲しいものを手に入れやすくなった。そして、売り手はそのような取引を提供しようという動機をより強く持つようになったのである。

「私有」居住コミュニティは、アメリカの住宅市場において最も急成長を遂げた部門であるが、この私有コミュニティ内での域内サービスは、居住者からの会費によってまかなわれている。ヴェイルやグリニッジのような排他的な地方「公共」団体の地域サービスは、地方固定資産税によってまかなわれている。しかし私有の民間居住コミュニティであれ地方公共団体であれ、その選別メカニズムは本質的に同じである。私有の居住コミュニティにおいては、住宅価格や会費を高額なものにしたり、各住戸の寝室数を厳格に制限することによって、たくさんの学校や福祉サービスを必要としたり、騒々しかったり軽犯罪を犯したりしやすい子どものいるような大家族を排除している。より広域の地方公共団体では、どの家も二～四エーカーの土地がなければならないとすることや複数世帯の同居を禁止することなどによってこれと同じ効果をねらっている。ヴェイルでは、たとえ労働力が不足してはいても、その住民たちは自分たちの資産の価値を脅かしかねない低所得者向けの住宅を作ることを望んではいない。住民から苦情の出ないような場所で低所得者に手の届く住宅はというと、四五マイルも遠方にある氾濫原の土砂採取場跡までいかないとないのである。(注3)

州税や地方税に反対する「市民運動」の急先鋒は私有住宅所有者協会であるが、そのメンバーたちは、そのコミュニティの門の中のことはすべてそこに住む自分たちの会費でまかなっているのに、門の外にいる関係のない家族を支援するために税金を納めなければならない理由が納得できない、と考えている。一九九〇年にニュージャージー州議会は、そうした私有コミュニティの住民は、すでにごみ収集、除雪、街路灯、その他の公共設備についての費用を私的に負担しているという理由で、それらにかかる税金を彼らに払い戻すことに合意して、住民の反乱を鎮めたのであった。言い換えれば、自宅所有者たちは彼らが手に入れるものにだけお金を払い、他のコミュニティがもっと必要としているものについてはお金を払わない、ということなのである。

どちらがより効果的な選別手段となりうるかによって、私有居住コミュニティは地方公共団体へと形態を変えることができるし、その逆も可能である。一九九九年三月二四日、オレンジ郡のレジャー・ワールド退職者村は、自らの形態を、門で閉ざされた私有居住コミュニティからカリフォルニアの最も新しい地方公共団体の一つラグナ・ウッズへと変身させた。このラグナ・ウッズの住民たちの平均年齢は七七歳である。こうした高齢の住民はこの形態変更によって、自分たちの税金をこの新しい地方公共団体の境界内のスイミングプール、テニスコート、乗馬場、芝刈りなどにもっと多く使えるようになり、郡の中でこの新しい地方公共団体の境界の外にいる子どもたちのための学校や社会的サービスにあまりお金を払わずにすむようになったのである。

私はかつてこれを「成功者の分離独立」と表現したことがあるが、近年、この選別メカニズムは経済階層のかなり下のほうにまで拡大している。子どものいる既婚者世帯の割合が減りつづけ、高齢者世帯の割合が増加するにつれて、多くの学区において、学校をよくするために税金を上げるという政策よりも、学校の質は低下しても税金を下げるという政策に票を投じる老人たちが増えてきた。一方でアメリカの都市は、より多くのごみ収集、清掃、警察サービスがその地域内だけで特別に提供されるのならば、そのために課税評価を高めてもよいとする中流階級の居住者や企業所有者のために、あらゆる種類の「特別サービス」地区を作ろうとしている。排他的なコミュニティは近い将来、専用回線を持つようにさえなるだろう。そう遠くない将来、その地域内のすべての世帯、学校、小売店、そしてオフィスを一本の巨大な高速ネットワーク回線でつなぎ、教師たちは生徒の両親と、企業はその雇用者と、そして誰もがその町の職員と簡単にコミュニケーションをとることができるようになる。（注4）

門で閉ざされたコミュニティは、かつてはものすごい金持ちだけのものであったが、今では中流層の住宅購入者もそこに入りたがっている。一九七〇年にアメリカには民間警備員よりも多くの警察官がいたが、現在では民間警備員の数は警察官の三倍、カリフォルニアでは四倍にもなっている。(注5)

中層中流所得層世帯と下層中流所得層世帯との分離は、アメリカを人種的に差別された社会へと引き戻しつつある。黒人の生徒が白人の級友を持つ確率は一九九〇年代の間中ずっと落ち込んでいる。この傾向はアメリカの大都市圏のほとんどで観察されている。九〇年代の初め、シカゴの近隣地区の約一〇%が統合されていると表現することができたが(ここで「統合」とは黒人世帯が全世帯の約一〇~五〇%を構成している状態と定義する)、九〇年代半ばになるとそれは三%に満たない水準に低下した。(注6)

学校による選別

良い教育を受けることの利益が上昇しつづけるにつれて、親はますます子どもにできるだけ良い教育を受けさせようと積極的になる。最も良い条件というのは、他の生徒も知的であり、向上心に富んでおり、かつ生徒間で互いに知的刺激を与え合えるような状況である。少なくとも、問題を多く抱え、余分な援助を必要とするために教師の持つ有限の気配りを使い果たしてしまうような生徒のいない状況が望まれる。

学齢期の子どもたちにとって、仲間の影響というのはきわめて大きなものである。これはティーンエイジャーの子を持つ親にとっては驚くべき事実ではないだろう。高校生はクラスメートの多くが大学進学志望であればあるほど、大学に行くという傾向も高まる。(注7) またどんな学力レベルの生徒でも、その成績は、平均的にいって、自分より成績の良い生徒のグループの中にいたほうが、自分より成績の良くない生徒のグループにいる場合よりも高くなる。そしてその影響は対称的に現れるのではない。学力の高い生徒が学力の低い生徒たちと一緒にされることで受ける損失よりも、学力の劣る生徒が学力の高い生徒と同じ教室にいることによって受ける利益のほうが大きいのである。(注8) 新しい実証研究によると、そのような子ども時代の仲間の影響は、学校だけでなく、彼らの近隣コミュニティに関しても拡張して言えるようだ。高収入の人々が住む郊外への移動を可能にする住宅バウチャーを、無作為に抽出された貧しい都心部の家族に与えた結果、その子どもたちの行動は、バウチャーを望んだが抽選に外れた家族の子どもに比べて良くなっていたというのである。(注9)

ここでもまた、選別メカニズムはずっと効率的になってきている。より裕福で向上心に富む親は評価の高い私立学校か、しゃれた郊外コミュニティにある良い公立学校を選んでいる。そこは他の生徒から良い影響を受けやすく、トラブルメーカーは容易に排除され、学習速度が遅い生徒がいつのまにか孤立させられるようなところである(裕福な地区にある良い公立学校の「授業料」は、そこにある高級住宅の家の購入価格に事実上含まれているようなものであり、その資産税に対応するものといってよいだろう)。あるいは彼らは、生徒の入学や退学を公立学校より自由に決められる、公的基金による「チャーター」スクールを選ぶようになっている。ほとんどの州で、チャータースクールは生徒を断ったり退学させたりする明確な権限は持っていないが、しかしたとえば学習障害を持った子どものためのサービスは提供しないとか、周囲の高級住宅地からしか子どもを受け入れていないといったやり方で、望ましくない生徒を巧妙に排除する方法を作ることができるのである（最近のミシガン州におけるチャータースクールの研究によれば、そのほとんどが特殊教育サービスを必要とするような、特に教育費のかかる生徒を排除している。また最高所得階層の学区にあるチャータースクールの多くは、学区外からの申込者の受け入れを拒否していた）。(注10)

豊かな学区が納める学校のための税金を、貧しい学区への助成に使うことを求めた判決が出た後、私的な「親の基金」が急増したのも、これと同じメカニズムによって説明することができる。親たちは余分な税金を払う代わりに、「親の基金」のような任意活動へと静かにその経済支援を移しており、それによって自分たちの学区により多くのお金を確保しようとしているのである。アメリカにある一万四〇〇〇以上の学区のうち、すでに一二％がそのような基金によって一部財政的援助を受けており、(注11)新しい学校の大講義室（メリーランド州ボウイ）から先端技術の気象観測台や言語科目プログラム（マサチューセッツ州ニュートン）(注12)まであらゆるものに出資している。『ウォール・ストリート・ジャーナル』は、「親による基金というのは、親が自分たちの金を自分たちの子どもにつなぎ直そうと努めていることのわかりやすい証拠である」と指摘している。(注13)そしてこのことも記事に書かれるべきであったと思うのだが、親による基金は、そうした親たちが、自分の子ども以外の、より世話や金のかかる子どもたちのためには金をかけようとはしていないということのわかりやすい証拠でもあるのだ。

こうしたすべての選別の結果、良い教師による多くの指導が必要な貧しい子どもたちは、他の同じように多くの指導を必要としている貧しい子どもたちと一緒に、最初から比較的資源が少ない学校にますます集中するようになってしまうのである。(注14)貧しい地域コミュニティの親たちが、学校バウチャー(どこの学校でも学費のために使える金券。学校に公費を助成する代わりに、子どもの親に直接助成して学校選択を可能にする仕組みである)を好むのは、こうしたことを考えれば当然である。なぜならバウチャーは、教師の少ない時間と配慮をさらに使い果たしてしまい、そして自分たちの子どもに最悪の影響を与えるトラブルメーカーから、少なくとも自分の子どもたちを引き離す手段を与えてくれるからである。バウチャー制の学校は特に手に負えない子どもを、より自由に退学させることができる。キリスト教の教会による教区立の学校は、生徒を退学させる自由をいつでも持っているが、このことはそこに通っている貧困世帯の生徒が、公立学校に通う貧困世帯の子どもよりも標準テストの成績が良いことの理由の一つである。「情状酌量なし」の校則を積極的に適用するようになったことも、問題のある子どもの追い出しをさらに一般的なものにしている。それではそういった子どもたちはいったいどこへ行くのだろうか。彼らは学校教育システムの底辺に位置する、実質的には保護施設と変わらない学校へとかき集められる。もし子どもがそういう学校でさえ手に負えなければ、最終的には少年院に入ることになる。これで選別メカニズムは完了するのである。

誰も教育制度をこのように意図して設計したわけではない。善意の親たちは、自分たちの子どもに与えうる最良の教育を受けさせるための手段として、私立学校、高所得者層のコミュニティにあるしっかりとした公立学校、チャータースクール、地域基金、あるいは学校バウチャーがよいと考えただけで、彼らの子どもよりもコストのかかる子どもたちを排除する手段としてそれを考えたわけではない。しかし実際には、これらの個人決定が、最終的に大規模な選別メカニズムにまとめあげられてしまうのである。そしてひとたびこのメカニズムが動き出すと、それは自らの弾みで動きつづけることになる。たとえばその顕著な例はカリフォルニア州で、そこでは一九六〇年代、生徒一人当たりの公的教育の支出が最も多く、その学校制度は全国でも最も良い学校制度のうちの一つであったが、今では最もお金がなく、最も良くない学校制度の一つになってしまっている。居住者が豊かなコミュニティと貧しいコミュニティに分離されるにしたがって、貧しい地域の学校は悪化し始めたのである。一九七八年に第一三号発議（プロポジション13）が地方固定資産税の税率に上限を置き、裁判所の判決が学区間でほぼ同額の支出を求めるようになった後、カリフォルニアは州全体で教育資金をプールするようになった。それによって税収を豊かな町から貧しい町へと移転させようとしたのである。このことは豊かな町に住むことで子どもたちに良い教育を受けさせようとする豊かな親たちの利益を減じることとなったため、彼らは子どもたちを私立学校へ入れるようになり、公的学校システムへの支援を引き揚げ始めた。その結果、教育への公的支出全般が下がり、公立学校のほとんどがその質を低下させ始めたのである。

新興経済での成功は、まず才能、創意、自分を売り込む能力、そして人脈に依存する。子どもの初期教育の質や子どもがどういった特徴を持つコミュニティに属するかは、これらの点において最も重要なものである。そしてかつてないほどの効率性をもって、選別メカニズムは子どもたちを、彼らの親にとって手の届くコミュニティと学校のレベルに応じて分別している。個々の親は合理的に行動しているわけであるが、個人にとって合理的なことは、必ずしも社会全体として合理的であるとは限らない。それはまたわれわれが、国の将来を考えて選択した結果でもないかもしれないのである。

大学による選別

たとえばあなたが大学進学を考えている優秀な高校の最上級生だとしよう。二〇年前なら生まれ故郷の州、あるいはおそらくその地域にある最良の大学に照準を合わせただろう。しかし今や、『U・S・ニューズ』の格付けからインターネット上にあふれている大量の情報まで、全米の大学に関するすばらしい比較データを簡単に得ることができる。さらに州立大学はもはや最も学費が安いというわけではないかもしれない。高等教育への州の支援はもはやかつてほど寛大ではなくなっている（その理由については後で述べる）。

高等教育の市場が、全国的に（また多くの点で世界的に）拡大してきたということは、すべての大学をより直接的な競争の中へと投げ込んだ。評判を維持し質を高めるために、大学は最も優秀な若者を国中から、あるいは世界中からさえもひきつけなければならなくなっている。また大学は評判を高めてくれそうな「スター高校生」について、より有力な情報をたくさん集めるようになった。そしてこうしたスター高校生をめぐる争奪戦が激しくなるにつれて、スターをひきつけるために大学はより魅力的な奨学金を提示するようになっている。

「スター高校生」たちの両親もわかったもので、まるですばらしい企業従業員がするように、入札戦争を行うのである。カーネギー・メロン大学はスター志願者に対して他大学の出している条件を持ってくれば、それと同等かあるいはそれ以上の条件を提示すると、はっきり勧誘している。「私たちはどこよりもたくさん出します！」と。ハーバード大学はもう少しデリケートな言い方で同じことを伝えている。ハーバードの新しい入学案内書は「私たちは、学生の中に、新しい助成計画を持つ本学からのすばらしく魅力的な条件提示を受ける人がいる、と期待しています。そしてそういった学生に私たちはきちんと対応します」と述べているのである。

しかしその結果として、奨学金助成はそれをもっと切実に必要としている学生たちに対してはわずかしか残されていないことになる。「必要性を考慮しない入学許可」制度、すなわち大学は実力によって志願者を受け入れ、いったん入学した者には誰にでも在学に十分な経済的支援を与えることを保障する制度、は急速に消えつつある。多くの奨学金助成が、今や最も優秀で頭の良い学生に与えられるようになっている。「かつては、援助を与えるというのは慈善的な業務でした」とセント・ポールにあるマカレスター大学の学長であるミッシェル・S・マクファーソンは言う。「しかし今では奨学金を与えるということは投資になってしまいました。それはまるでブランド経営のようなものです。(注15)」

これはとりわけ才能があり、しつけのよい、向上心に富んだ学生たちが同じ有名大学に集まってきているということを意味している。彼らが人生で成功する確率は、すでに大学に入学する以前から高い。そして彼らが、彼らだけの集団に集められるということは、その成功の可能性をさらに向上させることになる。才能や向上心を互いに高め合うというだけでなく、豊かな友人関係や人脈がこれらの優秀な学生全体をさらによい職業機会へと導いてくれるからである。そして彼らが集まるにつれて、その大学の名声は着実に高まっていく。受けてきた訓練や向上心、標準試験の成績でいくぶん彼らより劣る若者たちは二流の大学へ行き、そこでの経験は悪くはないが十分ともいえない彼らの傾向と人脈を強めることになるだろう。そして以下同様である（ただし先の章で触れたように、大学のランクはそれらの高等教育機関における才能ある人材の数と完全に相関しているわけではない。世界レベルの教授たちと学生が魅力を感じるような、特別な狭い分野で名声を築いている小規模の大学もあることに注意されたい)。

ここ数年、こうした傾向にかなり弾みがついているようである。ここで目新しいのは選別メカニズムの効率性である。両サイドの激烈な競争、すなわち良い大学への入学許可を求めている有望な学生と、最高の学生を求めている大学が、結果として才能と能力のかつてない集中を引き起こしている。これが同じ大卒者の中でさえ大学のレベルが異なれば収入の格差も広がっていることを説明する一助となっているのである。(注16)

リスクによる選別

コミュニティの伝統的機能の一つは、メンバー間で起こった災難のリスクを分散することであった。その中の誰かが特定の援助を必要とするかもしれないという危険性に対して、メンバー全員で備えたのである。二〇世紀前半の数十年の間に、国としてすべての国民に社会保険を提供するべきであると考えられるようになった。すべてのアメリカ市民が「生涯を通じて所属する年金保険制度から老齢年金を直接受け取ることになる」と、フランクリン・ルーズベルトは、彼の署名によって法律として効力を生じることになった公的年金制度について語った。「仕事から引退したり、病気になったり、あるいは障害者になった人はみな、給付を受けられるのである。(注17)」

しかし選別メカニズムは、この社会保険制度をもむしばんでいる。なぜそうなるのかを理解するためには、自分自身と家族のために保険に加入する動機について、二つの基本的な事柄を理解する必要がある。まず、それを私的に保険会社から買うにせよ、あるいは公的に政府に保険料を払う形をとるにせよ、個人が保険を購入するのは、将来どれだけのお金が必要となるかがわからないからである。もしわかっているならばそれは保険にはならない。五年ごとに買い替える新車のように、どれだけ必要かがはっきりと予測できるコストにすぎない。二つ目に、保険に入るために実際に支払う金額、すなわち保障費用をまかなうための民間保険料や社会保険料は、保障されるグループに所属している人の平均的なリスクに対応して決まるということである。どのグループもリスクの高い人と低い人が同じように混ざったものであるか、あるいはメディケアや公的年金のように国民全体でリスクをプールするようなグループである限りにおいては、保険のために負担すべき費用はほとんどみな同じになる。ここではより良い取引を得ることはできないので、何かを特に選んで買う動機はない。この場合には、当然のこととして、最終的にニコニコ笑う運の良かった人が、泣きっ面の運の悪かった人を助けることになる。運命が無作為である限り、これはまったく公正だろう。

しかし社会的な結びつきが弱くなりつつある中で、しかも保険から給付を受けなければならなくなるような事態の発生する可能性が、他の人よりも明らかに小さいと信じられるような場合には、相互保険の基金に貢献しようという動機も弱くなる。フランクリン・ルーズベルトの社会保険計画において、当初思い描かれていた「福祉」の対象は、稼ぎ手である夫を亡くした母親であった。こうしたリスク自体が一般的なことであったので、この不幸は、ほとんどいかなる家族においても起こりうる可能性があった。しかし福祉というものが、その大部分が黒人である未婚の母親のための所得扶助として見られ始めるようになると、その制度はもはや保険とはいえなくなった。それはまるで幼い子どもを抱えて働かざるをえない既婚の母親よりも逼迫した状況のようには見えないような、「給付を受けるには相当しない」貧者への施しと見えるようになってしまったのである。政府による福祉への財政援助は干上がり、福祉はしぼんでいった。

広い基盤を持つ社会保険制度は、今なお年輩の人たちには人気がある（高齢者向けの国民健康保険と公的年金に関して、四年おきの選挙のたびに繰り広げられるスタンドプレーがその証拠である）ようだが、より裕福で健康な人たちは別の考えを持つようになっている。そうした人たちの多くは、彼らだけが一緒になってグループをつくり、より貧しく病気がちの人たちを締め出すことで、もっと良い取引が得られるはずだ、と考え始めているのである。

こうした傾向をもたらす力となっているのは利己主義ではない。それは個人のリスクについてより多くを明らかにしてくれる科学技術の力なのである。たとえば、細胞内で伝達される遺伝子コードが、生活を脅かすような病気を患う可能性を明らかにする。家族の健康経歴、すなわち両親や祖父母がどれくらい長生きし、どんな病気で死んだか、といったことも、特定個人の将来リスクに関してより多くの情報をもたらしてくれる。そして個人の生活様式、すなわち摂取する食品の種類や量、運動量、居住地、所得、教育、個人的な習慣と嗜好などが、病気になる確率、事故にあう確率、その他の不幸を招く確率について固有の情報を提供してくれるような分析を可能にする。要するに、自分が危機から救済してもらわねばならなくなる可能性について、自分も自分を保障してくれるコミュニティも、予測できない状態であるとはいえなくなっているのである。むしろ、その可能性はますます正確にわかるようになっている。

保険に関する選別メカニズムは、社会的サービスや教育に関する選別と全く同じように機能する。最高の取引とは、自分のお金がよりリスクの高い人々を助けるお金に使われないことである。アメリカ人は健康保険や生命保険のために、年間何百億ドルというお金を民間保険市場に払っている。このビジネスで競争している保険業者は、より低リスクの人につきまとって安い保険料を提示し、「うまみのある果実を摘み取ろう」とする。良い情報がより多く利用できるようになると、良いものを食べ、良い医療を受け、高い所得と良い教育を受ける傾向のある人々の保険料はだんだんと引き下げられていくだろう。反対にそうしたあらゆる点で逆であるような、リスクの高い人々は、より多くの保険料を支払わねばならなくなり、両者の間の保険料のギャップはさらに広がるだろう。

選別メカニズムは、すでに民間の健康保険を細分化し始めている。ＨＭＯ（会員制の民間医療保険プラン）は裕福な住民の多い郊外や、賃金が高くその従業員も医療に多くのコストがかかりそうもない優良企業に対して積極的に営業活動を行っている。他方で、雇い主たちは、彼らにとって価値のある従業員への保険適用を強化しさえしている中で、給与の低い、リスクの大きな従業員への適用範囲を狭くしたり、適用を外したりしている。一九九九年末にゼロックスは、すべての従業員をカバーするグループ健康保険を購入しつづけることをやめ、その代わりに、従業員一人ひとりが自分で保険を購入するためのバウチャーを与えると発表した。このことは、ゼロックスがコストを削減しただけでなく、リスクの低い従業員からリスクの高い従業員への暗黙裡の所得移転を終わらせたことを意味する。そして、かつてはすべての従業員にグループ健康保険を提供していた多くの大企業がダウンサイジングを続け、その業務をより小さな企業に下請けに出すようになっている。その結果、親会社のグループ健康保険に残っているのは、概して裕福でその他の人々よりも健康である中枢管理職だけとなった。

同時に「マネージド・ケア」革命が、保険に入っていない貧しい人たちへの医療水準を引き下げている。市立病院はかつて最も貧しくかつリスクの高い者に対して、一種の最終的健康保険機能を提供する場所であった。支払いができない人々のための無料の医療、救急外傷センターと火傷診療科、薬剤耐性結核菌の治療、エイズ、薬物中毒、そして家庭内暴力のための専門診療科、さらにアメリカに来たばかりの移民のための医療などである。保険者が保険適用患者の治療にかかる実際のコストよりも少しだけ多く病院に支払ってくれるという形で間接的にそれらのサービスを助成してくれていたので、病院はそうしたサービスをまかなうことができていた。しかしHMOがますます医療費の抑制をめぐって互いに競争するようになり、結果として市立病院に余分な資金が残らなくなってきている。実際、この新しい競争はまた、病院がたとえば赤ちゃんを生もうとしている中流階層の女性のようにリスクが低く保険で十分カバーされた患者を奪い合うことを促進する一方で、保険に入っていない麻薬中毒患者やけが人などを避けるように仕向けているのである。そしてこのことが、医師が慈善的治療にそれほど時間を費やさない原因となっているのである。最近のある研究によると、マネージド・ケアによる医療保険制度間の競争がもっと激しいコミュニティにおいては、マネージド・ケアの確立していないところの医師に比べて、医師の提供する慈善的医療行為は約二五%も少なくなっている。(注18)

メディケア（高齢者向けの国民健康保険）のもともとの考え方は、労働者全体からの保険料で、すべての退職者に対して、ある一定最低限の医療保険を提供しようというものであった。個々の労働者は誰も、自分たちが引退年齢に達したときにどれほどの医療を必要とするかを確実に予見することはできなかったので、この制度は保険として十分成り立つものに見えた。しかし現在、裕福で健康な人たちはもっと良い方法を知っており、慢性疾患の高齢者を助成したりするよりはずっと自分たち自身のために有利にお金を使える、個人の「医療用貯蓄口座」に加入するようになっている。彼らのこうした考え方はまったく合理的である。しかしこうした選別メカニズムがみなに適用されれば、最も病み、最も貧しい高齢者が、彼らだけのきわめてコスト高で公的扶助によるしかない（したがって予算カットになればきわめて脆弱な）公的保険制度に取り残されることになる。

同様に、公的年金のもともとの考え方というのは、高賃金労働者が支払った年金保険料の一部を、低賃金労働者への給付の上乗せに転用しようというものであった。労働者はその職業生涯をスタートするときに、これから職業生活を通じていったい自分がいくら稼ぐのかはっきりとはわからなかったので、こうした（もし稼ぎが少なくてもみじめな年金にならないように、稼ぎの多かった労働者から稼ぎの少なかった労働者への移転がある）公的年金制度の仕組みは公平な取り決めのように見えたのである。しかし現在、良い教育を受け良い人脈を持つ若者たちは、教育や人脈が十分でなく、したがってそのほとんどがまったく資産を形成しそうにない労働者たちに比べて、職業生涯を通じてより多くの富を蓄積できるということを正確に計算できるようになっている。したがって、彼らが貧しい退職者たちを助けるのではなく、その貯蓄を彼らと同じような若くて有望な人々と一緒に投資信託にまとめて、その私的投資プールから最大収益を得ようとするのは理解できるところである。しかしこうした選別メカニズムによる公的年金の「民営化」は、低所得の退職者を置き去りにすることになるだろう。

求愛動作としてのリーダーシップ

伝統的な組織におけるリーダーシップというのは、決定を下すことであった。しかし新しい組織におけるリーダーシップというのは、資金と人材とをひきつける（そして維持する）ことである。これは資金と人材がこれまで以上に流動的になっているからである。企業、大学、博物館、病院やその他の組織のリーダーたちは、資金と人材についての好循環を作りたがっている。つまりその好循環の中で資金と人材は、他の多くの資金や人材と一緒に結びつくことによって、その組織に属することの威信という相互利益、技術革新の能力向上、組織内部での教え合いと学び合い、その組織構成員が利用できる質の良いサービス、あるいはそのような組織のメンバーであることによるコストやリスクの低減、といった利益を獲得できる。問題は、どこかの時点でこの好循環がいったんつまずくと、すぐに悪循環に陥ってしまうことである。最も才能のあるものがより良い条件を求めて他所に移ると、それにつられて他の人材も去っていってしまう。人材が出口へ殺到することさえあるかもしれず、結果として「頭脳流出」や「資本逃避」のような総崩れの状態にさえなりかねない。情報への幅広いアクセスと退出の容易さは、今後、より多くの総崩れ現象を引き起こしそうである。したがって、その勢いがつく前に悪循環を止めることもまたリーダーの仕事になってくるのである。

民間部門の経営者はもはや大きな戦略的決定をすることはない。彼らの時間は、証券アナリスト、ベンチャー・キャピタリスト、機関投資家たちに、企業のバラ色の未来を語って安心させ、またストック・オプションやおもしろいプロジェクトで気を引くことで価値のある人材を招き、引きとめる説得工作をすることに費やされることになる。これらの懇請は、最大限の効果を上げるためにリーダー自らが行わなければならない。一九九四年にIBMが三〇億ドルでロータスに対する敵対的企業買収を終えた後、当時のIBM会長でCEOであったルイス・ガースナー・ジュニアは、ニューヨーク州アーモンクにあるIBMの世界本社からマサチューセッツ州ケンブリッジへ、ヘリコプターで個人的巡礼の旅に出た。ロータスの最もクリエイティブな頭脳の一人であるレイ・オジーを買収後の会社に残るよう説得するためである。オジーは、広範囲にわたる企業業務の中でどこからでも従業員が書類を共有できるようにした、ノーツと呼ばれるロータスの看板ソフトウェアの基本的なアイデアを考案した人材である。ガースナーの個人的な要請によって、オジーは新たな企業を創るため一九九七年末に退職するまでの三年間、IBMで働くことになった。(注19)

非営利団体のリーダーも同様に、人材と資金をひきつけるためのたゆまない努力に没頭している。「今日組織を運営していくためには、便宜主義者にならなければなりません」と、ニューヨークの新現代美術館の前館長、マーシャ・タッカーは言う。「資金調達と社会的関係を考えて、あらゆる交際機会を活用しなければなりません。(注20)」大学では(先に見たバローのケースのような招致競争がますます盛んになって)学部長たちがスター教授の引き抜きに忙しく動く一方で、ほとんどの学長は、資金調達の仕事によってくたくたになっている。バード・カレッジの学長であるレオン・ボットスティンは、「学長は乞食か、おべっか使いか、ごますりか、あるいは宮廷道化師でなければ務まらない」と言っている。(注21) かつては重要な問題に関してアメリカの考え方を変えさせるような洞察力を持った、偉大な大学学長たちがいた。たとえば一九三三年から一九五三年の間ハーバード大学の学長だったジェイムズ・コナントは原子力に関するシビリアン・コントロールの重要性を国民に示したし、一九二九年から一九五一年までシカゴ大学を率いたロバート・メイナード・ハッチンスは、教育と司法についての挑発的なアイデアを国民に浴びせたものである。しかしそうした偉大な学長たちは、今やほとんど、リーダーの使命とは多額の寄付金を調達することであると考える世代にとって代わられてしまった。千年紀の変わり目で、ハーバード大学の学長はニール・ルーデンスタインという名の、気さくな男に交代した。彼は大学の外ではほとんど無名であったが、自分の名前をハーバードの校舎の壁に刻むことを熱望しているような人々から、大金を引き出すことに大きな手腕を発揮した。ルーデンスタインは自分のこの仕事をうまくこなすために、その時々で論争の的となるような大問題については、立場を明らかにすることを控えていた。彼はこのことについて「私は自分がどういう立場に立つかについてではなく、ハーバードがどういう立場に立つかについて、深く深く考えなければならないのです」と、説明している。(注22)

セールスマンとしての行政統治

政府の高官たちは、さらに大がかりなご機嫌とりをしなければならない。知事たちや市長たちは能力や所得の高い人々を住民として彼らの行政区域内にひきつけ、引き止めることに躍起となっている。というのはその地域の成長の好循環は、そうした人々がさらに他の同じような人々をひきつけ、そして彼らとともに世界中からの資金を地域に呼び込むことに依存していることを知っているからである。そうした個人の地域間流動性は教育水準に対応している。(注23) 高校中退者で他の州に移動する者は一・六％にすぎないが、大学卒業者ではこの比率は約四％になる。これはより高い教育を受けた者は、低い教育しか受けていない者よりもさまざまな地域の雇用機会に就職できるより広い選択肢を持っており、またよりたくさんの人脈も持っているためであるが、それだけでなく、すでに述べたように、彼らはどんな場所からでもサイバースペースで彼らのサービスを売ることができるからである。

教育水準の高い創造的な労働者をひきつけかつ引き止めておくにはどうしたらよいだろうか。彼らの税金を引き下げ、生活したり働いたりする場所として安全で魅力的な環境を提供し、空港やリゾート地、博物館、素敵なスカイボックスつきのスポーツアリーナへのアクセスを容易にするといったことが必要だ。さもないと、彼らはより良い条件の場所へ移って行ってしまうだろう。最近、より安い税金を求めてマサチューセッツ州からニューハンプシャー州へ移ってしまったハイテク労働者たちの事例がそれを立証している。

こうした優秀な人材をひきつけかつ引き止めようとする求愛行動が、国と地方の税の負担が、移動性の高い高所得者から、生活する場所についてわずかな選択肢しか持たない低所得者に静かにシフトしている原因の一部を説明している。すなわち、高所得者にとって負担の大きな所得税の代わりに、相対的には低所得者にとって負担の大きな消費税、ガソリン税、タバコ税、酒税、宝くじ税などに税が置き換えられているのである。一九九三年以後、州の財政が好転するにしたがって州知事たちはさかんに減税を行ったが、注目すべきはそうした減税の三分の二以上は、消費税でなく所得税であった

のである。(注24)

優秀な人材をひきつけかつ引き止めようとする求愛行動はまた、高等教育に対する州政府の助成が減っていることの原因の一部も説明する。つまり、教育水準と地理的労働流動性の間の相関関係を前提とすると、州が高校中退の若者よりも大卒資格を手に入れようとする若者に大きな助成を行うことは、その労働者が別の州に移ってしまう可能性を倍化させることを意味するからだ。ネブラスカ州知事のベン・ネルソンは、ネブラスカ州では標準学力テストの点数の高い学生ほど州外に去ってしまうことを指摘しながら、「われわれは頭脳流出の危機に瀕しているのです」とぼやいている。(注25)ネブラスカ州では今、卒業後の少なくとも三年間はネブラスカ州内で働くことに同意した学生についてのみ、授業料助成を行っている。

知事たちや市長たちはまた、企業に対しても、誘致し定着してもらえるように説得しなければならない。生産物がより軽くなり、交通やコミュニケーション手段が安価になりつづけていることで、地理上のある地点はますます他の地点と代替可能になってきている。したがって、事業を誘致し定着させるために激しく争っている州や都市の間で、寛大な助成金や租税優遇措置による招致合戦はエスカレートしていくのである。今や世界中で法人税は急落している。

数年前、私はニューヨーク市、ニュージャージー州、コネティカット州の間で、互いに企業を引き抜くことを慎むよう合意した「協定」の厳かな調印式をつかさどる手助けをしたことがあった。しかし、良い条件を出してくれれば移りますよとこっそり耳打ちした企業の甘言に、この三者のうちの一つが屈服するまでに一〇日もかからなかった。現在、この三つの行政区は互いに競い合う事業招致のために毎年二五億ドル以上を費やしているのである。ニューヨーク州知事とニューヨーク市長は、証券取引所が一九〇二年以来ブロードウェイとウォールストリートの角にある現在の建物の真向かいに六〇階建てのオフィス・タワーを建築することについて、総額七億二〇〇〇万ドルにのぼる記録的な税制優遇措置と、助成金のパッケージを提供すると、誇らしげに発表した。ニュージャージー州もまた独自の特別優遇措置で証券取引所を誘致しようとしたが、それは取引所を動かすまでにはいたらなかったようだ。ガーデン・ステイト（ニュージャージー州の別称）を侮辱するつもりはまったくないが、「ニュージャージー証券取引所」に上場される栄光、というのはちょっと想像しにくいものがある。しかも証券取引所ビルのレンガとモルタルがどこに積み上げられようとも、数年のうちに電子取引システムが、レンガとモルタルでできた取引所ビルに取って代わりそうである。しかしそれにもかかわらず、「もしニューヨーク市が勝負をしなければ、他の熱心な都市や州がその消極性につけこむだろう。そして、とりわけマンハッタンからはその名声と居住者が、多くのフリーエージェントのように去ってしまったことだろう」と、『ニューヨーク・タイムズ』の社説は分析している。(注26)

さらに悪いことに、企業誘致のための税制優遇措置や助成金は、それらの地域にいるあまり恵まれていない住民にとって必要な行政サービス、たとえば良い学校を作るための費用、といったものを犠牲にして捻出されている。一九九九年には、州と地方公共団体は一七〇億ドル以上の税金還付と助成金を企業に与えた。これはもし学校のために使われたならば、一五〇万人の小学生を、一九九九年時点での生徒一人当たり平均コストの二倍のコストをかけて教育できるだけの額に匹敵するものであった。(注27)

行政機関はまた、スポーツ・スタジアムのために学校を犠牲にしてさえいる。より貧しい地域における学校を犠牲にしながら、スタジアムの招致合戦が加熱しているのである。一九九九年にペンシルバニア州はフィラデルフィアのイーグルスとフィリーズ、そしてピッツバーグのパイレーツとスティーラーズのための、駐車場とスカイボックスを十分に備えた新スタジアムを建設するための費用として、一億六〇〇〇万ドルを承認した。その一方で、フィラデルフィアの公立学校は過密状態であり、屋根は雨漏りし備品は不足していたし、ピッツバーグ市の公立学校は三〇〇〇万ドルの予算不足に直面していたのである。(注28)一九九五年にクリーブランドはブラウンズがボルティモアに移転することを阻止するために一億七五〇〇万ドルを使ったが、そのときこの市は資金不足のため一一の公立学校を閉鎖さえしていたのである。(注29)本書執筆時点で、ヤンキースのやかましいオーナーはニューヨーク市に対して、チームのために数億ドルのスタジアムを新たに建築するよう要求しているが、市長はその申請を喜んで受け入れそうである。しかしニューヨーク市の学校は財源が枯渇し、過密で危険な状態にある。なぜ、政治的なリーダーはこういった取引をするのだろうか。それは新たなスタジアムを作らなければそのスポーツ・チームは市から逃げてしまうが、都心部の子どもたちは他に行く場所がないからである。

こうした状況は世界規模で起きている。一世紀以上前のアメリカは、世界中に対して「疲れていて……、貧しくて……、抑圧された、自由を求める人々」をアメリカに送ってほしいと求めていた。(注30)しかし現在われわれは、金持ちになることを切望している頭が良くて教育水準の高いソフトウェア・エンジニアなどをひきつけることにより熱心になっている。貧しい移民がアメリカに押し寄せることについての心配は増大しているが、他方でアメリカのハイテク企業は外国人ハイテク労働者の受け入れビザ枠の拡大について猛烈な陳情を行い、それを拡大させることに成功した。他の国もまた独自のやり方で才能ある人々をひきつけようとしている。アイルランドは税制優遇措置によってベストセラー作家を集めようとしている。一九九八年にイランのリーダーたちは、かつてソビエト時代に細菌兵器関連の研究室で働いていたロシアの科学者を、月額最高五〇〇〇ドルで招聘しようとした。これは彼らがロシアで一年に稼ぐ収入よりも多い額であった。イランは、もしイランが最初にそうしなければ、この不安定な地域における他の国々がそうした人材をひきつけようとしただろう、と説明している。(注31)

他方、カナダは、管理職、医者、看護婦、科学者およびその他の専門家を失いつつあるが、その理由の一つは彼らの所得の半分が税金でもっていかれてしまうからである。(注32) 最高五九%もの所得税と一二万ドル以上の価値を有する資産に対する一・五%の資産税を課せられているスウェーデンの科学者と技術者もまた、その母国を去りつつある。世界中のどこかに本社を持っている世界企業は喜んで彼らを迎え入れる。したがって、カナダやスウェーデンがその最も重要な市民に対する税金を引き下げざるをえないと感じるようになるのはもはや時間の問題である。

国の元首たちはまた、グローバル投資家のご機嫌うかがいもしなければならない。かつて外交といえば、条約、同盟、微妙なパワーバランスといったことを話し合うものであり、そして最も重要な会議というのは、国家元首間の会議であった。現在の外交とは、投資を勧誘し、資本逃避を回避することであり、最も重要な会議は国家元首と世界的銀行家やファンド・マネージャーたちとの間でなされるものである。群集を自分のテントへ寄せ集めようとするカーニバルの客引きのように、大統領も首相も世界資本への返礼にできることはなんでも約束することで、国際的な投資家をひきつけ、逃がさないようにしようとしている。彼らは資金の流れを支配する人々のご機嫌をうかがい、それに取り入ろうとしているのだ。ほとんどすべての国が、せっせと企業に対する減税を行っている。そして投資家の信頼を得るために必要とあらば、社会保険、医療、学校などへの公的支出を含む財政負担の切り捨てさえ辞さないのである。

復習——選別されたコミュニティ

こうしたすべての動きの結果として、すべての社会においてあまり恵まれない人々が最も必要としているものに対する費用負担が、彼ら自身により直接的に降りかかってきている。これが選別メカニズムの究極の結果なのである。

最も大きな交渉力を持つ人々、つまり学校、大学、育児、医療、保険、税金、投資収益などに関して最高の取引ができるような人々は、すでに申し分のない状況にある。彼らは良い教育を受け（または良い教育を受けた両親を持ち）、健康であり、裕福で経済的に安定していることが多い。最も小さい交渉力しか持たない人々、つまり経済的な変化の負担が最も重くのしかかっている人々は、最悪の学校で我慢しなければならず、大学に行ったり、保育や医療サービスを受けたりすることはほとんどできず、そして市場の不確実性に対処するための保険に入ることもできない。そしてこうした弱い人々が社会的に孤立するにつれて、彼らはかつてないほど人脈に依存するようになった広範な経済社会への人脈をますます失うことになるのである。このように両極端にある人々の交渉力は、それぞれのニーズの強さとちょうど逆の関係にあるのだ。

誰もこのように意図してシステムを設計してはいないし、こういった結果を意図してもいなかった。これは個人が自分自身や愛する人たちのために最もよかれと思って行った個々別々の意思決定の大きな産物なのである。それはより裕福で恵まれた人たちが、そうでない人たちに対して慈悲の心をなくしているということを意味するわけではない。裕福な人々は、貧しい人々を心から助けたいと望んでいるかもしれない。多くの人々がたくさんの有徳な活動のために貢献している。実際彼らは、自分たちがそれに気づいていれば、進みつつある選別には反対するかもしれないのである。しかしこの選別自体が、自分より恵まれていない他の人々の暮らしぶりに対して気づく機会を小さくしてしまいそうなのである。また仮に彼らがそれをよく認識していたとしても、選別メカニズムがそれに反する行動をとることを難しくしている。恵まれた人々にとって恵まれない人々のコミュニティに合流するという行為は、気持ちのよい近隣社会、良い学校、優れた大学へのアクセス、高品質の医療と保育、価値のある人脈、その他すべての快適な環境を犠牲にすることを強いられる、ということを意味するからである。個人的な徳義だけに頼って社会を正すことはできない。

選別メカニズムはできるだけたくさんの所得を稼ぐことへのプレッシャーをさらに増している。高所得によって、自分と家族のために優れたコミュニティのメンバーシップを購入することができるからだ。低所得は、良くない学校、わずかな公園や遊び場、安全でない街、多数の社会的な問題を抱えた貧しいコミュニティに住むことを余儀なくさせる。選別メカニズムがより効率的になるにつれて、好ましいコミュニティのメンバーであることの利益と、好ましくないコミュニティにとどまらなければばならないことの不利益の格差はさらに拡大し、どちらに行くかの違いはますます大きくなる。

しかしこれで話は終わらない。私たちは現在の潮流の奴隷ではないし、選別メカニズムのとりこになっているわけでもない。もし望むならば、われわれは他人に対する経済的有用性を超えて市民としての相互義務を果たすことはできるし、そしてそのような形の仕組みを作ろうと主張することもできるのだ。この点で、ニューエコノミーの他の側面と同様、われわれには選択肢があるのである。

PART 3

選択

PART 3

第11章 個人の選択

愛すること、そして働くこと。

——人が上手にできなければならないことについての、ジグムント・フロイトの言。(注1)

私たちはかつてないほど豊かになり、より多くのものを持ち、すばらしい取引も手に入れた。しかしこの豊かな時代の最も深刻な不安は、われわれの生活においてお金で買えない部分に関するものである。われわれの多くが家族の基盤が侵食されること、配偶者や親としての自分の不十分さ、純粋な友情を維持することの難しさ、コミュニティのもろさ、そして自分自身の誠実さを保つことのたいへんさ、などに悩んでいる。

有給労働は多くの時間、そしてしばしば多くの感情的エネルギーと心理的没頭を必要とする。先に述べたように、典型的なアメリカ人はヨーロッパ人より年間で三五〇時間多く働いており、それは今や日本人よりも長い。そしてこのものすごい長さの労働時間には、かつてないほど個人生活のいたるところに侵入する形で費やされている時間、すなわち電話、ファックス、ポケットベル、電子メール、出張などのために費やされた時間は含まれていないのである。またそれには、有給労働からあふれ出して起きている残りの時間に、ときには睡眠時間にさえ充満してしまうような没頭、高揚、不安といったものも含まれていない。われわれの多くは時間を使い果たす前に活力を使い果たしてしまう。絶えず創造し、教え、説得し、売り込むということは、感情的な消耗をもたらしうるものだ。燃え尽き症候群は週四〇時間労働の範囲内でも十分起こりうるのである。友人、家族、コミュニティ、そして個人的な思索のために費やす物理的時間はあったとしても、心理的な余裕は残されていないといってもよい。あるいはまた、仕事にあまりにも活力を使いすぎてしまうと、他のことのための活力が残らないのである。仕事以外の生活は縮小（ダウンサイズ）され、外注（アウトソース）に出され、そして選別されるようになっている。

これが私たちの選択だったのだろうか。これが成功の行く末なのだろうか。

とにかく本当に欲しいものは何？

経済学者やほとんどの社会科学者は、人々が何を欲しているかを測定するのに最も良い方法は、その行動を観察することだと考えている。また心理学者や精神分析学者も、人々がどんなことを望んでいると言おうが、真のテストは人々が何を選択するかである、と考えている。もし、人々がさまざまな事柄の優先順位に従って生活したいと考え、そしてそうした優先順位に応じた犠牲をいとわないと考えるならば、その生活の結果が人々の優先順位を表していると考えてよいだろう。

経済的必要性のために異常に長時間働くことを強いられている人もいるが、しかし必要性だけでは人々がより多く働くようになったことの多くを説明できない。以前から裕福であったアメリカの管理職や専門職は、一九八〇年代半ばから二〇世紀末の間にさらに豊かになった。しかしその同じ期間に、彼らの中で週五〇時間以上働く人の比率は三分の一も増えたのである。実際、先に述べたように、収入が増えれば増えるほどより懸命に働く傾向がある。一生懸命に働くから稼ぎがいいのではない。そうすることでたくさん稼ぐことができるから、一生懸命に働いているのである。大学を卒業した男性の四〇％と女性の二〇％近くが、報酬を得るために週五〇時間以上働いている。大卒者は大学を出ていない人たちよりも相当に多く稼いでいるけれども、大卒者のうち週に五〇時間以上働く人の比率は、大卒者でない人々の四倍以上になっている。

また収入が高い世帯ほど、一〇代の子どもたちは自分たちの人生が親たちよりもひどいものになりそうだと感じている、という結果も出ている。一三歳から一七歳の若いティーンエイジャーに対して行われたある世論調査によると、人種や性別にかかわらず、裕福な世帯の子どもはそうでない世帯の子どもに比べて、自分たちの人生が親たちの人生よりも過酷でストレスが多いものである、と答える傾向があるという。(注2) 多分これは、より貧しい世帯のティーンエイジャーたちが親たちの苦労話を聞いて、それと比較すると自分たちの人生はまだ楽だと感じる一方で、より裕福な世帯のティーンエイジャーたちは、親の「成功物語」を聞き、そしてその恵まれた状態はへたをするとすぐ元の状態に引き戻されてしまうかもしれないという危険性について暗黙の警告を受けるからだろう。私は『ニューヨーカー』誌（この雑誌の読者に貧乏な人はあまりいない）に載っていたロズ・チャストの風刺漫画を思い出す。そこには野球帽をかぶってバックパックを背負った二人の少年が描かれていて、「最も成功しそう」という表題がついている。その中で一人の少年がもう片方の少年に、「僕はここにきてみんなと集まるのが好きだったけど、世界経済の中で競争している以上、もうそうはできないよ」と言っていたものである。

大学生たちも、一生懸命に働いてより多くのお金を稼ぎたいという方向を指向するようになってきているようだ。先に指摘したように、一九六八年には「金銭的にとても豊かになること」ことが個人の人生目標としてとても重要であると考える大学一年生の割合は四一％にすぎなかった。ほとんどの人が「有意義な人生の哲学を作り出すこと」により興味を持っていたのである。しかしながら金銭的な豊かさは着実に地歩を進め、人生の哲学は着実に地歩を失っていった結果、一九九八年には七四％の大学一年生が「金銭的にとても豊かになること」が何よりも大切だ、と考えるようになった。本書で強調してきたように、これは今日の学生が以前の世代と比べて貪欲になったということを意味するものではない。かつてないような数の学生たちが地域でボランティア活動をしている。彼らは人生に金銭的な目的以上のものをちゃんと持ってはいるのだ。

アメリカの成人もまた、その子どもたちが一生懸命に勉強することにより強い関心を持つようになっているようだ。毎年、大サンプルのアメリカ人を対象に、「子どもがよい人生を生きるために学ぶべきことの中で最も重要なもの」を五つの選択肢の中から答えてもらうという調査がある。その五つの選択肢とは、自分で考えること、人に従うこと、一生懸命に勉強すること、他人を助けること、よく好かれ人気者になること、の五つである。一九八六年にこの質問が最初になされた時以来、約半分のサンプルが「自分で考えること」を選択しつづけている。しかし年を重ねるごとに一つだけ着実に増えているのは「一生懸命に勉強すること」という項目で、これは一九八六年の一一％から、一九九八年には一八％になった。(注3)

人々が望んでいることを理解するためには、彼らがしていることを観察すればよいと考える社会科学者の観点からすれば、ここから導き出される最も簡単な結論は、アメリカ人が自分自身と子どもたちがより一生懸命に働く（あるいは勉強する）ことを選択しているのは、そうしたいからだ、ということになる。「ほどよい（仕事と生活の）バランス」など忘れてしまってほしい。人生の仕事以外の部分、つまり家族、友人、コミュニティ、個人的な義務、精神的な充足などのためにゆとりを持つべきだといった話はすべて、カメラの前だけでの浅薄なポーズにすぎないということになる。

しかしながら、個人の選択は真空の社会で行われているわけではない。われわれがあることを選択したりまた別のものを選択したりするのは、その選択が何らかの結果をもたらすからであり、そしてその結果はある程度まで社会それ自身のあり方に依存している。囚人が頂上に鉄条網のある高い塀を登るという選択をするのは、その囚人が高い塀を登りたいわけでもなければ、鉄条網を横切りたいからでもなく、その置かれている状況がそのような危険な行為をさせているのである。もし刑務所の状態がもっと過酷なものになってきたり、刑務所の外側の世界がもっと快適になってくれば、この囚人はさらに高く、より危険な塀さえ登ることを選択するかもしれない。しかしこのことから、この囚人はより高い塀がますます好きになっているという結論を導いたとすれば、それは問題の本質を理解していないことになる。この囚人がますます高い塀を登ろうと努力するのは、塀の中での生活と、塀の外で得られる生活のギャップが拡大したためなのだ。

復習——大きな変化

なぜ、ほとんどのアメリカ人が三〇年前よりも一生懸命に働くようになったのだろうか。それは以前よりも仕事に献身的になったからでもないし、また人間の進化の段階が進んだからでもない。何か別のことが起こり、それが今なお続いている結果に違いない。なぜ平均的なアメリカ人は平均的なヨーロッパ人よりも、一年で三五〇時間も多く働き、しかもなお、お金のためにさらに一生懸命働こうとするのだろうか。それはアメリカ人の脳がヨーロッパ人の脳とは異なった配線になっているからではない。アメリカ人とヨーロッパ人の遺伝子の違いではなく、もっと両者の置かれた状況と密接に関連した別の理由があるに違いない。

なぜ、今日の大学生は三〇年前の学生に比べて、金銭的な豊かさに大きな価値を置くのだろうか。彼らがより貪欲になったわけではない。では何が変わったのだろうか。どうして今日の大人たちはほんの数年前に比べて、子どもが一生懸命勉強することに重きを置くようになったのか。ここでもまた、一生懸命に勉強しなかった結果について、親たちをより心配させるような何かが起こったに違いない。

なぜ人々が持つ子どもの数は少なくなったのだろうか。彼らがかつてよりも子どもを愛さなくなったからではない。ここでも別の説明がありうるに違いない。なぜ何年か前に比べて今日、コミュニティを選択することがより重要になったのであろうか。市民が、良い学校のある快適な地域に住むことに、かつてに比べてより熱心になったからではない。ここでもまた、予想を変化させ、そうせざるをえなくするような何かが起きたのである。本書でこれまで見てきたあれやこれやの事例において、個人の仕事と生活についての選択は、大きな社会変動の中で起きているのだ。

われわれはこうした傾向を、過度に技術的、経済的変化だけによるものと考えないように注意しなければならないのはもちろんである。人間は複雑な生きものであり、さまざまなものに影響される。しかしそうではあっても、本書でこれまで見てきたことは、いかに技術や経済の変化が仕事のあり方やそこからの報酬の支払われ方を変え、さらにそれが人の生き方を変えてしまうかを示している。そこでそれらをここで改めて要約してみよう。

・収入は以前に比べて予想しにくいものになっている。将来の収入について、かつての大量生産システム時代ほどには、今日では確信を持てなくなっている。たとえその仕事が得意で、真面目に働いていたとしても、顧客が別のところでもっと良い条件の取引を見つければ、その仕事に対する需要は急減するかもしれない。しかし生活費、すなわち住宅ローン、家賃、車のローン、保険料、その他多くの支出は固定的であるために、収入が不確実になると困ってしまう。そこで人々はこの事態にどう対処するのか。以前のように収入がもっと安定的だったときに比べて、どのように態度を変えるのだろうか。それは結局、太陽が昇っている間に干し草を作っておかねばならないということになる。将来に所得が下がってしまうかもしれないというリスクに備えて、仕事があるときにより一生懸命働くのである。

・もし現在大いに必要とされる技能を持っていれば、古いシステムの中でトップクラスの収入を得ていた人々よりもさらに多く稼げるだろう。かつて報酬は地位と勤続年数に大きく依存して決まっていたが、今や報酬は、アイデアやそれを売る能力に対して支払われているからだ。もし本当にすばらしい変人や精神分析家であれば大金を得ることができる。また、気前のいい従業員付加給付や、階下にはジムやジャグジーまであるようなすばらしい労働環境を手に入れることもできるかもしれない。そして、そういった人たちの仕事は興味深いものであり、面白くさえあるかもしれない。しかし一方で、やっている仕事が機械的な決まりきった作業、つまり世界中のどこにでもいる多くの人々が全く同じようにうまくやれるような仕事であったり、もしくはコンピュータ化された機械やインターネット上のソフトウェアでできてしまうような仕事であるような場合には、以前そうした仕事をしていたときよりも収入は減り、また付加給付も削られることになるかもしれない。もちろんこの場合にはジムやジャグジーなどは期待しないほうがよい。それどころか仕事そのものを失ってしまうかもしれない。もし教育がなく、変人や精神分析家になるほどの技能がなければ、新たに就く仕事としては、比較的低賃金の対個人サービスが多くなるだろう。このような仕事の中には充実感を与えてくれたり、名誉とさえなるものもあるが、しかしその多くはたいへんで、あまり楽しくないものである。

・もし後者の分類に属し、ほとんどの人々がその程度なら許せると考えているような生活水準の基盤よりも相対的に貧しくなってしまったならば、世帯の収入を支えるためにより一生懸命働かなければならないし、また配偶者やパートナーにももっと長時間働いてもらわなければならない。逆にもし稼ぎの多い勝ち組に属していたとしても、今度は違う理由のために、やはりより長時間、一生懸命に働くことになるだろう。というのは、一生懸命に働かないことで失うものの大きさ、つまりそうしないことであきらめなければならない所得や役得、そして達成感や喜びなどが、古いシステムの下においてよりもずっと大きくなっているからである。同じ理由から、たとえば（名誉ではあっても収入の低い）学校の先生などよりもっと収入の多い仕事を求めるようになっている。もしもっと高収入の仕事があるのにささやかな収入の仕事に甘んじるならば、それによって失う機会費用は、何年か前にそうした選択をした場合よりももっと大きなものとなるだろう。

・もし仕事が順調にうまくいっているとしても、ずっと頑張りつづけなければならない。市場は急速に変化するし、顧客は簡単に切り替えられるような多くの新しい選択肢を提示されつづけており、したがって競争は激化しているからである。そこには、くつろぐ暇も、自動航行装置も、成功に安んじる間も、そして年功もないのである。今日のすばらしいアイデアも、競争相手がすぐに真似するか、何かもっと良いものをつくって追いつこうとしていることを考えると、数日かあるいは数週間後には色あせてしまうかもしれない。

・さらに出世コースに乗っているかいないかという問題もある。依頼人や顧客と密に接して人脈を広げ、自分の分野での新しい流れに遅れないようにしているか、それとも、ぐっと少ない収入やおそらくずっと面白くない仕事で我慢するか、である。確かに新しい仕事のあり方は、いつ、どのように仕事をするかということに関しては大きな柔軟性を持つようになってはいる。パートタイムで働いたり、長期休暇をとったり、生まれた子どもと一緒に一年ぐらい家で過ごすことが、かつてないほど簡単になったことは確かである。しかし注意しなければならない。もしそういったことをすれば、大きな代償を支払うことになる。簡単に出世コースに戻れるなどと考えてはいけない。休んでいる間に、あまりにも多くのことが起こってしまい、他の人が顧客や人脈を引き継ぎ、そして新たな専門性を磨いているだろうからである。

・もはや仕事を有能にうまくこなしているということで、ゆっくりと昇進させてくれるような大組織にいられる可能性はあまりないのである。ますます自分自身を頼りにしなければならなくなっている。つまり、自分で自分を出世させなければならなくなっているのである。頭がよく、創造的で、すてきなアイデアを持っているだけでは十分ではない。頭がよくて、創造的で、すてきなアイデアを持っている人はたくさんいて、互いにビジネスの場でしのぎを削っているのである。顧客をひきつけ、引き止めておかねばならない。そのために、友人関係や遠い知り合いさえも含めたすべての人脈を動員して、自らのサービスの需要を広げ、維持しなければならないということになるだろう。特定の企業や組織のために多くの時間や努力を費やすよりも、自分自身の名前を売るようにしなければならないのである。自らのサービスに対する「入札競争管弦楽」を作曲してその「演奏」に没頭する必要がある。

・選別メカニズムはかつてないほど効率的になっている。一生懸命働き、効果的に自分自身を売り込み、仕事を成功させれば、その獲得賞金を他の同じように成功した人たちのそれと合わせてテーブルの上に積み上げ、それを共同利用することができる。これは魅力的で安全なコミュニティに暮らすことができるということを意味する。たとえばそれは、子どもたちをよく行き届いた保育所、すばらしい学校（排他的な高級住宅街の公立校か、トップクラスの私立校）、そして有名大学へと通わせられるということであり、また快適なヘルスクラブ（しゃれた町の「公共」施設か、民間のスパなど）に所属できるということであり、さらにまた、手ごろな価格の総合保険に加入できて、よくしてくれる医師と評価の高い病院によるすばらしいヘルスケアを享受できるといったことである。しかしもしテーブルに積み上げるお金をあまり稼ぐことができなければ、選別メカニズムは生活のありようをはるかに悪いものにしてしまう。もし収入が最も下のランクのあたりにあるとすると、荒廃して危険なコミュニティで暮らすことになり、そこでは学校は荒れており、医療はほとんど受けられないのも同然の状態となる。

要するに、アメリカ人が典型的なヨーロッパ人や日本人よりもより一生懸命に働くことの主たる理由は、ある意味でアメリカにおける仕事のあり方やその仕事への報酬の支払われ方が人々をそうさせているからだといえる。つまり不確実性の増大、不平等の拡大、選別の強化、競争の激化が起こっているのである。誰もが以前よりも一生懸命働くのは、これらのすべての面が、一生懸命に働くことで得られるものをより大きなものにしているからである。大学生の若者がかつてよりも金銭的な豊かさに関心を持つようになったのは、金銭的な報酬から得られる全体的な価値が何年も前に比べるとずっと大きくなっているからであり、したがって金銭的豊かさを追求しないことで失うものもより大きくなっているからである。親たちが子どもたちにこれまで以上に一生懸命勉強させようとするのも、これと同じ理由による。人々がより少ない人数の子どもを持つことを選択するようになっているのは、有給労働によって子どもが締め出されてしまっているからである。そして居住地などによる選別メカニズムがずっと効率的になったため、どこに住み、どんな人たちの仲間に入るかということが、以前にも増して重要な帰結をもたらすようになっている。

もちろん、選択はまだ個人の手の中にある。報酬のために一生懸命働き、仕事のために精神的・感情的なエネルギーを捧げ尽くすことを、誰かから要求されているわけではない。もし本当にそれを望むならば、仕事を減らし、自分自身や友人、家族、コミュニティのためにゆとりを残すことを選択することはできる。多くの子どもを持ち、彼らの世話を下請けに出すのではなく自分たち自身でしようと決意することも可能である。コーチやカウンセラーといったたぐいの「友人」も含めて、自分のための個人的な気配りを買わないということを選択することもできる。そして自分の購入しうる最良のコミュニティではなく、もっと貧しい地域で暮らすことを選択することもできるのである。

ある面では、これらはすべて個人の選択である。しかし別の面でいえば、それらはもう個人の選択とは全く言えないものである。なぜなら報酬のために一生懸命に働くことの利益とそうしないことの不利益や、あるコミュニティに住むかまたは別のコミュニティに住むかで発生する利益や不利益は、以前に比べて今日のほうが、そして他の多くの国々にくらべてアメリカにおいてのほうが、ずっと大きなものとなっているからである。それがどれほどのものであるかを測定する必要はないが、一生懸命に働かないことの結果はこれまでよりもより過酷になっており、また一生懸命に働くことの報酬はよりすばらしいものとなっている。そしてその過酷さとすばらしさの違いはさらに大きくなっているのである。

仕事とそれ以外の生活のほどよい「バランス」を達成するための個人的努力をするのはあきらめなさいと言っているわけではない。ただ、そうした全くの個人的な努力をすることは、昔に比べてずっと大きな不屈の精神を必要とし、そしてもし本書で議論してきたような傾向が続くならば、今後さらに大きな決意が必要になる、ということを警告したいだけである。もしわれわれが本当に重要なものにはっきりと気がつき、時間をうまく管理し、生活を単純化するようになりさえすれば、「バランス」のある生活は手の届く範囲にあると、これまで何度も繰り返し語られてきたし、もしくは自分自身でも言い聞かせてきた。しかし確かにそれは気高い志ではあるが、もしそのようなアプローチによってこの繁栄する時代の不安を解決できると信じるならば、それは思い違いというものである。今われわれの身に起きていることと、それについてわれわれができることを、経済や社会の大きな流れから切り離した個人的事柄と見ることは、真実の多くを見失い、そしてわれわれに残された選択肢の範囲を不必要に狭めてしまうものである。

自己認識

ぜひとも、自分にとって本当に重要なものは何であるかということにもっと気づくようになってほしい。われわれの多くは、仕事以外の生活において行っていることについてよりも、仕事をするうえで行っていることについてのほうがよくわかっている。仕事の業績は絶えず査定され、評価され、そして値踏みされているからである。しかも、われわれの経済的価値は今や報酬がそれを反映して上下するようになっているため、われわれは自分の経済的価値をかつてないほど正確に知ることができるようになっている。もし経済的価値が上昇しているならば、業績を反映したボーナスやストック・オプション、そしてより良い転職機会を得ることになるだろう。もしそれが下降しているならば、報酬全体が縮小する。けれども、仕事以外の生活の質については、多くの場合評価をまぬかれている。仕事を離れたところで、自分自身に期待されていることや、また自分自身に期待すべきものについては、仕事における場合ほどはっきりとはわからないのである。何かが足りないというような漠然とした不安を感じるかもしれないが、しかしその足りないものをどう認識すればよいのだろうか。

郊外の高級住宅地の学校で子どもが他の生徒に銃を発砲するというようなショッキングな事件が起こったとき、社会全体は何かが間違っているのではないかと気づくのである。そのような出来事は、残念ながら貧しい都心の学校では起きても、品の良い注意深く選別された郊外の学校では起きないと思われているからだ。そしてしばらくは有識者や宗教家や政治家などが、自分たちの価値観が間違っていたのではないか、われわれは生活の「バランス」を欠いてはいないか、あるいはたとえば自分たちの子どもといった「重要なこと」に十分な時間とエネルギーを費やすことができていなかったのではないか、というような疑問を口にするようになる。しかし騒ぎが収まると新聞の見出しは消え、だれもがみなそれぞれの有給労働に戻り、しばしば以前にも増して熱狂的に働くようになるのである。

多くの女性たちは生活がきつく圧迫されてきていることにはっきりと気づいているが、彼女たちは自分（そして他人）が自分自身に期待すべきことに関して混乱している。ほとんどの女性は、たとえフルタイムで働いていても、家を管理するだけでなく、子どもたち、夫やまたは男性パートナー、そして年老いた両親の世話に関して主たる責任を負いつづけている。(注4)相応と考えている生活水準を維持するためには、さらに一生懸命に仕事をしなければならないと思っている女性もいる。またこのまま出世コースに残るために、人脈を発展させ、その分野での技術進歩についていけるようもっと一生懸命に働かなくてはならないと思っている女性もいる。今日の女性がやらねばならない義務と感じることのすべてを、一日のうちにやってしまえることができるならば幸せである。しかし、しばしばどうしてもそれができないということに気づき、女性たちは苦しんでいるのである。

多くの男性の場合は、生活の中で何かが爆発したときに苦しさを知ることになる。それは結婚に関することかもしれないし、健康に関することであるかもしれない。または子どもがトラブルに巻き込まれたときであるかもしれないし、あるいは、仕事の要求がきつくなって夜中に冷や汗をかいて起きてしまうようになったときかもしれない。そして、あまりにもすばらしい仕事に没頭していて、あるとき仕事以外の生活のすべてが消え去ってしまっていることに突然気づいたときかもしれない（それが私のケースである）。

われわれが暗黙裡に行っている選択について気がつくためのもっと確かな方法はあるだろうか。われわれは苦しい発見をするまではそれに気づくことはできないのであろうか。有給労働と仕事以外の生活との「より良いバランス」を発見するための自立を助ける本、オーディオカセット、自宅学習のコース、ニューズレター、そして手引書などが近ごろ雨後のたけのこのように出ているが、筆者はこれを詳細に調べるために最近の二週間の大半を費やした。

それらの本やカセットの中でのお勧めのテクニックの一つは、現在の生活において最も好きなことと嫌いなことを表す一覧表や図表を作ったり、重要なものとそうでないもののリストを作ったりして、実際に自分が何に時間を費やしたりエネルギーを注いでいるかをそのリストと対比してみるということである。自分がそれを優先していなかったり優先すべきではないと思っているのに、実際には優先させてしまったものは何だったのか。こうした練習問題のちょっとぞっとするようなバージョンとしては、死期が近づいたと想像してみて、自分は人生において何を優先すべきであったかをじっくりと考えてみる、というものまである。臨終の床で自分の人生を振り返ってみたときに何が最も重要であり、何が最も重要ではなかったと思うのだろうか、何を遺産として残したいだろうか、どのように自分を思い出してほしいか――これを実際の生活の現状と比較するのである。それを証明するような信頼すべき統計はないが、これらの手引書を読んでいて何度も私自身納得させられたのは、臨終の床についているとき、職場で費やした時間が短すぎたと後悔する人はいないということである。

こうした自己反省の練習問題を考えることは有害ではないし、何らかの良い作用を持つかもしれない。これらすべての基本的なポイントは単純なものである。われわれは選択肢を持っていることを認めたくないかもしれないし、またその選択が意味するトレードオフ関係を受け入れたくないかもしれないが、われわれは常に選択を行っているということである。私がワシントンで労働長官として働いていたとき、仕事以外の私の生活が失われつつあることを認めたくなかったのは、その仕事がとても好きだったので、その好きな仕事が自分から奪っているものについてあえて考えないようにしていたからである。けれども私は仕事をすることによって仕事以外の生活が失われるということを、まさに自分自身で選択していたのである。前述のような本やオーディオカセットを買う人々や支援団体に登録したり個人コーチに助言を求める人々は、生活の何かを変えなければならないという決断をするだけの自省をすでに行っている人たちなのである。最も難しいのは、何を変革するかを正確に決断し、それを実際に最後まで遂行するということである。

時間の管理

時間をより効率的に管理しようとする人たちがいる。彼らは時間管理についての本、オーディオカセット、手引書、コーチといったものを商う、これまた別の小産業の製品やサービスを買い込んでいる。二〇世紀の初めの数十年間に、経営効率の専門家であるフレデリック・ウィズスロー・テイラーによって時間—動作研究が行われて以来、人間の行動は不必要な手順を削ることによってより効率的になると考えられている。初心者はまず、典型的な一日に何をしているのか正確に記録して、すべての仕事を測定可能な単位に分解してみてほしい。いわば「時間日記」を作るのである。

起床、洗顔、簡単な運動、着替え……四〇分
朝食を飲み込む……一〇分
新聞の見出しをチェック……八分
犬の世話……四分

息子を学校へ送る……一一分
車を運転して職場へ……二八分
職場での電話……二時間二五分
電子メールへの返事……二時間一五分
会議……三時間四〇分
ときどきの雑談……一時間一五分
車を運転して家へ……二四分
犬の散歩……一四分
家の片付け、屑入れを空にする、ごみ出し……一八分
夕食の準備の手伝い……一九分
夕食の片付け……一八分
家族と夕食……二二分
息子と過ごす……四分
請求書の処理、家計簿をつける……一三分
家での電話……三二分
手紙を書く、読書、テレビを見る、音楽を聴く……二時間一八分
家での電子メール（大学に行っている息子への電子メールを含む）……四五分
新聞、雑誌、読みかけの本などを読む……一時間一四分

息子にお休みを言う……七分
簡単な運動……一二分
風呂、シャワー……一二分
ベッドでの配偶者との会話……一四分

次に、この「時間日記」を見ながら典型的な一日を分析する。まず理想とする優先順位から考えて、時間をかけすぎていたところ、時間の配分が少なすぎたところを書き留める。どこかの時間を増やすために、どこを効率的に圧縮すればいいのだろうか。電子メールに三時間を費やす一方で、息子と過ごすのはたった二二分で、妻とは三〇分（夕食の準備を手伝う時間は含めない）である。これは具合が悪い。電子メールの時間を二時間に減らして、息子と妻との時間をそれぞれ三〇分ずつ増やす。友人たちとはだいぶごぶさたしているので、職場での雑談を三〇分減らして、一日の終わりに仕事以外の友人へ電話をする時間に充てる。そして地域社会への参加を増やすためにはどうすればよいだろうか。そのために時間を作ればよいのだ。ところで、睡眠時間が十分ではないようだ。それならば会議の時間を一時間減らして（いずれにせよ会議の最中に寝ているのだが）その分睡眠時間を増やす。そして運動の時間も少し増やす。

しかし、このやり方はうまくいかない。どの時間を減らすかを決めるのは簡単だが、新しいスケジュールを守ることはほとんど不可能だ。次の行動に移るべきときに振動して知らせてくれる小さなデジタルタイマーをベルトにつけている人を知っている。しかし彼は間違いなくより落ち着かなくはなったが、効率的になったとは思えないのである。

一つの問題は、仕事のうえでの好機や危機は、そのために時間をとっておいたときにのみ発生するわけではないということである。このことは新鮮な驚きが続くことで成り立っている新興経済においては、とりわけそうだといえる。激しい競争と絶え間ない技術革新は、必然的に前もって予測できない事柄を引き起こす。つまり、顧客が危機に陥る、競争相手がそれまでのアプリケーションをすべて無意味にしてしまうようなすごいアプリケーション・ソフトを売り出す、重要な従業員が辞めるかどうかの瀬戸際、といったことがいつ起きるかわからないのである。より多くの責任を担うようになればなるほど、仕事時間への需要をコントロールすることは難しくなってくるのである。

もう一つの問題は、有給労働のために実際に費やしている時間というものは、仕事以外の生活を圧迫する要素の一つにすぎないということである。仕事は時間だけでなく、情緒的エネルギーと、心理的な集中をも求めるからである。

最後に、有給労働の場以外の場所で付き合いたいと思っている人々、すなわちまさに仕事のためにないがしろにしてしまっている人々が、精密なタイムテーブルには乗ってくれないという問題がある。配偶者は前もって決められたスケジュールにそって親密な思いや感情を共有してくれるわけではない。親密な関係がなぜよいのかといえば、その理由の一つは自然に振舞えるということなのだ。そこに正確な時間などを持ち込むということは、まるで箱の中に子犬を入れようと努力するようなものである。適切な量の食料と水を入れておいたとしても、長くそうしておけば命を奪うことになる。

子どもたちもまた固定されたスケジュールには従ってくれない。女の子の育て方については何も知らないが、男の子が計画どおりに動かないことは自信をもって言える。他でも述べたことがあるが、一〇代の少年というのは、まるで貝のハマグリのようなものである。わずかばかりの栄養をとるときと、排泄物を吐き出す一瞬だけ口を開く。しかしその後、また静かに口を閉ざす。もしその貝が口を開くときにその周りにいれば、内部の不思議なものを見ることができるだろう。そのときが関係を持つことのできる短いチャンスだ。

しかしながら、そのためにはその瞬間そこにいなければならない。貝は一瞬で閉じてしまい、すぐに何も見えなくなり、関係を持つこともできなくなる。「良質の時間」について聞いたことなどは忘れなければならない。一〇代の少年は質の高い時間など欲しくもないし、使えもしない。その代わり、彼には他にもっといいことがあるのだ。私がビル・クリントンの内閣から帰宅し急に週末に時間ができたとき、私は息子たちの誰かが、一緒に良質の時間を過ごそうという私の申し出に応じてくれるのを待っていた。「お父さん、ごめん。僕、本当は一緒に試合を見に行きたいんだけど、ええと、実はデービッドとジムと僕とで街に遊びに行く予定なんだ。」「本当にいい映画だよね、お父さん。でも、うーん、実を言うとね、僕はどちらかというとダイアンと見たいんだ。」私は計画を立ててカレンダーにマークをしておくことを提案した。しかし、そのときになると、誰かや何かが現れる。一〇代の少年をスケジュールに合わせようとすることはできないのである。

簡素化

生活を簡素なものにしようと決意した人たちがいる。これまた別のハウツー本、会議、ニューズレター、そして支援団体などからなる「自発的簡素化」運動さえある。基本的なアイデアはその目的と同じくらい単純なものである。最近のある本のシリーズの表紙がそれを言い尽くしている。「減らすこと、つまり仕事を減らし、急ぐことを減らし、借金を減らすことは、すなわち増やすこと、つまり家族や友人と過ごす時間、コミュニティとかかわる時間、自然の中で過ごす時間などを増やすことである。」(注5)まず、本当にどれくらいのお金(あるいは権力や地位)を必要とするかを決めなさい。もっと小さい住宅でやっていけますか。レストランでの食事を減らせますか。持ち物を減らせますか。もしできそうならば、そういったもののためにこれまでやってきた仕事を減らしなさい。より簡素に生き、そして、人生にゆとりを残すのです。

これらの本は、私にダイエット・プランを思い起こさせる。それらは貪欲さを強迫性過食障害のように見ているからである。買いはしたものの必要のないものというのは、体には吸収されず余分な脂肪細胞となるだけの食物と似ている。家と同じくらい大きくなりたいのでなければ、食べ物を減らし、ダイエットを続けるべきだ。欲望をコントロールしなさい。一二段階のダイエット・プランと同じような生活の簡素化プランさえあり、その生活簡素化の決心を持続させるための援助団体もある。

しかし実際には、どのくらいものを買うかということと、どのくらい食べるかということは同じではない。体が吸収できる量には限りがあるが、商品とサービスを購入することが生活をどれほど良くするかということについて際限はないからだ。自発的簡素化アプローチは「要るもの」と「欲しいもの」、すなわち必要性とぜいたくを容易に区別できるとみなしている。しかし生きるために必要とされるぎりぎり最低限を超えると、必要性も完全に主観的なものとなるのである。

人間が生存するためだけであれば、本当に必要なものはそれほど多くはない。一定のビタミンとミネラルを含む一日およそ一〇〇〇カロリーの食物、一～二リットルの水、体温を華氏九八・六度程度に保持するために必要な衣服、そして若干の運動である。先述したように、生存のためには個人的な気配りも有用である。同じように抗生物質も役に立つ。しかし快適さの度合いはこれを超えたところにある。「最も安く楽しめる人間が最も金持ちだ」と、ヘンリー・デイビッド・ソローは一八五六年に書いた。(注6) 一九世紀の「自発的簡素化」運動の非公式の頭目だったソローは、マサチューセッツ州コンコードに近い森に隠棲し、ウォールデン池のほとりの丸太小屋で、自ら栽培したもの、捕まえた動物だけを食べながら、最低限の暮らしをしていた。「われわれは人生を瑣末なことに無駄に使いすぎている。……簡素化！　簡素化！　簡素化しよう！」と彼は書いている。「私が言っているのは、用事の数を一〇〇や一〇〇〇の単位ではなく、二、三まで減らしなさいということであり、また出費を親指の爪ほどに抑えておきなさいということなのである。(注7)」

ぎりぎり最低限の範囲以上に人々はどんなものを「必要とする」のかは、彼らの社会で大部分の人々が持っていて当然と考えられるものは何かによって異なってくる。必要性というのは、欠乏と同じように、幅のある概念だ。「生活における大部分のぜいたく品、多くのいわゆる快適性といったものは、不可欠なものでないだけでなく人類が高尚になるための障害とさえなるものだ」と、ソローは書いている。(注8) 現代のアメリカで貧しいと思っている（またそう見える）人も、アフリカのサブサハラ地区では裕福であるとみなされるだろう。テレビは必ずしも生きていくうえで不可欠のものではないが、アメリカでは多くの人々がそれを必需品のリストに入れるだろう。自動車は、特にバスや電車がない所に住む多くの家族にとっては必需品である。室内給水配管はどこにでもあるわけではないが、休暇を楽しもうとする金持ちの中には、登山用品業者に多額の金銭を支払ってそれがないところにも配管してもらっている人たちもいる。コンピュータはまだ必需品ではないが、そうなる日は近い。コンピュータなしの家庭で育つ子どもたちはデジタル貧乏になり、経済的にも不利になってしまうだろう。

皮肉なことに、すでに持っているものが多いほど、必要だと思うものも多くなっていく。どのくらい「必要」かという質問を逆にして、どのくらいの追加所得があれば金銭的な心配から自由になれるのかを自問してみよう。その答えはおそらく自分がいくら稼いでいるかに依存する。ＡＯＬの加入者をサンプルにとった最近のある調査によれば、年収一〇万ドル以上の人たちがお金のことを心配しなくてもよくなるために必要だと答えた追加所得額は、年収四万ドル未満の人たちのそれよりもずっと多かった。年に九万ドル以上の追加所得が必要だと答えた人の比率は、高額所得者のサンプルでは低額所得者のそれに比べて五倍以上にのぼったのである。(注9)

『リアル・シンプル』という新しい雑誌（これもまたタイム社の巨大な胃袋から出てきた雑誌である）は、その創刊号編集者によれば「生活のあらゆる側面、すなわち住宅、食品、金銭、衣服、健康、容貌、仕事、家族、そして休暇といったあらゆる側面を簡素化するのを助けるために、捨てられるものととっておくべきものについて」の話題に特化しているという。(注10)創刊号――それはニーマン・マーカスの真珠、デビアスのダイヤモンド宝石、アテンシオの純銀、トッド・アンド・ホランドの紅茶（四分の一ポンド五六ドル）、ラルフ・ローレンのシーツ、そして、キャデラック・カテラのような

「最低限の必需品」の光沢のある広告であふれていたが――ではクレジット・カードの数を減らすとや、三六五ドルのシンプルなウールのTシャツを着るというような、生活を単純化するためのあらゆる種類の便利な提案がなされていた。『リアル・シンプル』誌は結局、何かを取り除くということに関するものではないことが明らかになった。結局それは、お金はたくさん持っているけれど時間のない女性が数少ないとびきりの趣味の一品を買うことで、生活を整頓するのを助けることに関する雑誌であった。

もし生活費を切り詰めることで生活を簡素化できると考えているなら、考え直してほしい。「必要なもの」は何かを決めさえすれば、難しい選択を回避できるわけではない。なぜならその選択は、実際には有給労働とそれ以外の生活との間の選択ではないからだ。それはある種類の忙しさと、別の種類の忙しさとの間の選択なのだ。『リアル・シンプル』の読者は、彼らが好きなように「簡素化」した生活を送ることができるだけの金を持っているが、大部分の人々にはそんなぜいたくはできない。もし少なく働いて稼ぎを減らし、仕事以外の生活のためにより多くの時間とエネルギーを使えるようにしたいのならば、現在の仕事以外の生活をより容易にあるいは楽しくしてくれていたものを放棄しなければならない。なぜなら、それらを買うほどの豊かさはあきらめなければならないからである。ソローにとってのぜいたく品は、私にとっては必需品である。私は森の丸太小屋で生活したくはないし、食べるものを狩りに行ってとってきたくもない。そんな生活はごめんである。

ソローの日誌を読めば、彼がいかに始終忙しかったかがわかる。人に頼ったり物を買ったりせずに、暖かさと適度な栄養を保つようすべて自分自身で行うために、彼はきわめてハードに働かなければならなかった。ソローには丸太小屋に家族はいなかったし、私の知る限り友人もそう多くはない。彼に日誌を書くための時間とエネルギーが残っていたことは驚きでさえある。

簡素化は、単純ではない。何年も前に大学時代のある友人が、簡素な生活を送るために彼女の家族とともにヴァーモントに移り住んだ。午前四時三〇分に起きて仕事を始め、夜遅くに終えるような生活だ。彼女と彼女の夫は生活のやりくりをあまり有給労働に頼らないようにしているが、このことは彼ら自身でほとんどすべてのことをしなければならないということを意味する。

専門分化なくしては、われわれの生活のすべては今よりもはるかに厳しいものとなるだろう。私は教えることと書くことを専門にしている。数日前、私は本書を書いているコンピュータを修理してくれる人に修理代を払うために、私の教育および執筆活動から得た所得の一部を使ったところである。私は食事のための獲物を狩りに行くこともないし、コンピュータを修理したりすることもない。食品加工やコンピュータの修理が専門化されているシステムのほうが、自分で夕食の獲物を狩りに行き、自分のコンピュータを修理するシステムよりもはるかに効率的である。

それが楽しい活動だからパンを焼いたり、小動物を狩るというのと、食事をしたいときにはそうしなければならないというのは別のことである。同じことは、コンピュータの修理についても言えることだ。今自分のために自分よりも効率的に他人がしてくれていることにお金を払っていることを、自分の時間をつぶしてまでやりたいのでない限り、「簡素化」は自分のしたいことをする時間を作るための指針を示してはくれない。手作りを基盤とする簡素な生活は私にとってはあまりに複雑なだけであり、おそらく読者の皆さんにとってもそうだろう。

ぜひ、自分がそうありたいと思っている生活に比べて実際の生活がどうなっているかについて、深く考えるようにしてごらんなさい。そして優先順位をリセットしてごらんなさい。できるならばもっとうまく時間管理もすること。もし望むのであれば、より少ないお金で生活するのもよい。新たな決意をしなさい。配偶者やパートナーに住宅回りの雑用をもっと引き受けてくれるように頼んでみなさい。雨の中を歩きなさい。熱い風呂に入りなさい。テレビを見るのをやめなさい。個人コーチを活用しなさい。鼓舞するような本を買いなさい。このすべてか一部でもやってみれば、もしかしたら人生をつかまえられるかもしれない。しかしそれに賭けてはいけない。

われわれは自分の人生において行った選択に個人的責任を負っている。しかしわれわれは、ある選択をしやすくしたり難しくしたりするような動機づけのシステム内で動いているのである。そうした動機づけを無視して、自分自身だけの「良いバランス」を求めることは、そもそもわれわれがバランスを欠いていることのまさに原因でもある大きな力を見落とすことになる。社会的な選択が個人の選択を形作るのだ。われわれの前にある選択についてすべてを説明するためには、したがって、われわれがともに直面している選択について考えなければならないのである。

PART 3

第12章
社会の選択

この世界の苦労と忙しさは何のためだろう。貪欲と野望の先にあるものは何だろうか。
——アダム・スミス『道徳感情論』（一七五九年）

われわれは未来の形をはっきりと知ることはできないが、その未来の形を規定する多くのトレンドについてはすでに明らかである。今日われわれは、技術革新であふれんばかりの活気に満ちたニューエコノミーの出現を目の当たりにしている。近い将来、消費者は本当に欲しいものをどこからでも、その価値に見合った最も安い価格で手に入れることができるようになるだろう。そしてもっと良い取引があればマウスをクリックするだけで、瞬時にそちらに切り替えることができるようになるだろう。投資家はより良い投資先を求めて、その資金を世界中のどこへでも簡単に移動させられるようになる。またその人の持っているサービスに大きな需要があるような場合、より良い雇用機会に移ることはきわめて容易になるだろう。そうした人々にとって仕事はいくらでもあり、しかもそれらの仕事は面白いものでかつ報酬も高いのである。

こうした構図の中に喜ばしいことはたくさんあるのだが、同時に一度立ち止まって考えなければならないようなことも多くある。われわれの目に明らかになりつつある経済のダイナミズムは、金銭的な不安定さ、仕事により没頭しなければならないこと、所得と富の不平等の拡大、そしてより大きな社会の階層化などをもたらすが、それらすべてが個人、家族、コミュニティの生活をむしばんでいるからだ。今われわれは、自分たちが本当に望んでいる方向に向かっているのかどうかを問う、ちょうどよいときだと思う。つまりわれわれの前にある社会的選択について、よく考えるべきときなのだ。

大きな選択

社会的選択というような言葉は、ニューエコノミーを語るにはふさわしくないと思われるかもしれない。グローバルでハイテクな経済の出現はほとんど誰の手にも負えるものではないように思われるからだ。そしてそのもたらす結果に関してなんら明らかな決定が下されないままに、一つの発展が次の発展の口火となっていくようにみえる。通信、運輸、情報にかかわる技術をできる限り速いスピードで進歩させるなどと、誰も明白に決定などしていない。あるいはこうした技術が、経済を大量生産の経済社会から多種多様で技術革新的な製品やサービスを生み出す経済社会へと変化させ、より良い製品やサービスへの切り替えを簡単にする、といったことを決めたわけでもない。あるいはそのことが次々と競争を激化させ、さらなる技術革新に拍車をかけ、結果として経済成長率を高め、あらゆる種類の買い物に関するよりすばらしい取引を実現させる、といったことを決めてもいないのである。

そしてまたとりわけ、こうしたすべての進歩のマイナス面を甘受するなどということについても、誰も決めてはいないのだ。

何十年か前に、巨大な妖精がアメリカの上空に現れ、国民に大きな選択を迫ったと想像してみよう。「現在のような経済を維持してこれまでと同じように働きつづけるならそれもよし、さもなければ、みなさんと取引しようと思います！ それは次の世紀が始まるころにみなさんのなかでとてつもなく大金持ちになる者が出現し、また購買力という点では、みなさんのほとんどの暮らし向きはよくなり、経済は大きく拡大する、というものです。ただし、取引ですからそれだけではすみません――ここで妖精は甲高く笑う――みなさんに提案する私の取引のもう一方の側面は、雇用保障が減り、収入も不安定になり、所得と富の不平等は広がり、社会はばらばらになる、というものです。もっと一生懸命に働かなければならず、仕事以外の残りの生活部分はものすごく圧迫されるようになります――ここで妖精は再び笑う――さあ選んでください！ 賛成か反対かを一五秒以内に決意し、親指を挙げて賛意を示すか、親指を下げて反対の意思表示をしてください！ 私はみなさん方の多数決に従います！――妖精はまた甲高く笑う。その笑い声と顔はだんだん大きくなり、やがて声は大気中に響き渡り、顔は空をうめつくした。そしてアメリカ中の人々が、賛成か反対かの意思表示をするために空に向かって手を挙げた――」

さてすべてがわかってしまった今現在ならば、あなたはどちらに投票するだろうか。これまでにないアメリカ経済の繁栄はその代償に値するだろうか。アメリカはもちろんそうした選択をしてはこなかった。しかしそれは少なくとも直接的には選択してこなかった、ということであって、間接的にはそうした選択をしているということを理解していなかっただけなのである。

　実際、われわれがそれを認識しようとしまいと、社会はその経済体制についてはっきりと選択を行っているのである。「自由市場」というものは、自然の状態に存在するものではないのだ。市場は天地創造によって創造主が最初の六日間で創ったものでもなければ、神の意思によって維持されているものでもない。それはあくまでも人為的なもので、個人の権利と責任についてのうつろいやすい判断基準の総和なのである。何が自分のもので、何が他人のものか、そして何が自分たちのものなのか。どのようにしてこれらの境界線をおびやかす出来事、すなわち盗み、強奪、詐欺、ゆすり、不注意などを定義し、それに対処すればよいのか。何を取引し、何を取引すべきでないのか（ドラッグやセックスは？　赤ん坊は？　遺伝子は？　そして投票権は？）。

　その答えは論理や分析だけからは得られない。社会が異なれば、あるいは同じ社会でも、時代によって、答えは異なってくるからだ。その答えは、社会が連帯、繁栄、伝統、神を敬うことなどにどのような比重を置いているかに依存しているのである。そして文化はこうした質問に対する答えを蓄積しながら、それぞれのバージョンの市場を作り上げていくのである。政治的なレトリックによってそれがあたかも一つの大きな選択、すなわち政府か市場かという選択の問題にされてしまっている限り、われわれは所有と交換に関するルールを構築するために、無数の手段の中から最も賢明で公正なものを選択しているのだ、ということがわかりにくくなっている。ルールが何もないということは自由市場ではない。それは市場が全くないということなのだ。ロシアの現状を見ればそれがわかる。

　われわれの経済が進化したのは、たくさんの賢い働き者のおかげによるものだけではない。賢い働き者なら世界中どこにでもいる。経済の進化は、そうした賢い働き者に加えて、商取引、金融・証券市場のあり方、何に課税し何に課税しないか、特許および著作権、独占禁止、労働、用途区画、そして国際貿易などに関する無数の意思決定のおかげなのである。これらのどの決定も、政府が市場に「介入」すべきかどうかではなく、市場のあり方がどのようなものであるべきか、に関する決定である。このようなたぐいの決定をしないということは不可能だ。何も決めないということは、以前の取り決めをそのまま適用するということであり、あるいは以前の決定が何らはっきりとしたありかたを示していない領域では、不確実性を生み出すだけである。

そこかしこでの市場決定の選択を規定すべき基準は何だろうか。裁判官、国会議員、論説委員、そして標準的な市民はたいていみな、どの選択肢が最も経済成長を促進し、より安い価格でより良い製品を生産することで消費者の満足を上昇させてくれるだろうか、ということを基礎に、その意見を形成することになるだろう。あるいはまた彼らは、公正ということを基準に意思決定を行う。しかし成長と公正に加えて、そうした選択が自分たちの生活全般に与える結果としてどんなことが起きそうかということについても考慮するだろう。たとえば、どういう経済のあり方が、経済的安定、個人的誠実さ、きずなの強い家族、そして良き市民社会を最も促進するか、といった問いである。

工業化時代における大きな選択

一九世紀後半から二〇世紀はじめにかけてアメリカで工業化の時代が始まったばかりのころ、アメリカ人は今日われわれが直面しているのとほぼ同じようなジレンマに直面していた。新興の工業経済はより安くより良い製品を提供してくれるという意味で、ものすごい長所を持っていた。その時代の最新技術に基づいた大規模生産は、家庭電気製品、自動車、靴、衣類、台所用品、加工食品などさまざまなものを、成長しつつあった中流階層の手の届くものにしたのである。しかしこうした長所は代償を伴うものであった。それ以前には、われわれはそのほとんどが小さな町からなる自己充足的な国家で、その経済は主として農業を基盤としており、その住民は互いによく知った友人や隣人であった。それから半世紀のうちにアメリカは、移民と貧しい人たちであふれる大都市の社会、大企業と企業連合の社会、所得と富の格差の拡大する社会、大工場が何千人もの賃金労働者を雇うような社会へと一変した。

工業化の利益が、代価を支払う価値のあるものかどうかを見極めるようアメリカ人に忠告してくれる妖精はいなかった。その代わり当時のアメリカ人は、新しい産業体制の持つ魅力とそれへの嫌悪感を天秤にかけながら、自らの生活をどうするかについて無数の個人的な選択を行ったのである。(注1)農場を捨てて工場へ、町を捨てて都市へと移動するかどうか。高い生活水準と間違いなくもっと面白いもののために、快適で住み慣れた生活を捨てるかどうか。子どもたちにそうするよう勧めるかどうか。

選択はそこで終わりではない。こうした個人の選択はまた、その時代の社会的選択にも影響を与えた。たとえば、工業技術の発展によって、手先の器用な子どもたちの行うことのできる生産活動の範囲が広がったため、それまで子どもたちが行ってきた仕事が農作業だったときよりもずっと赤裸々な選択を突きつけることになった。すなわち子ども時代は学んだり、遊んだりするためにとっておくべきか、それとも工場生産のために捧げられるべきか、という選択である。その選択は個々の家族にゆだねておくこともできたはずであるし、何十年かの間は実際そうであった。小さな子どもを工場に働きに出す家族もあった。しかしやがて、国民は全体の意思決定として、児童労働を禁止することにしたのである。

また工業労働者がもっと保護されるべきだという考え方も広まってきた。若い男女が危険な環境の下に安い賃金で長時間働かされる搾取工場に国民は嫌悪を感じるようになった。そして最低賃金や労働時間の上限を規定し、労働組合と団体交渉を認め、建築規制、衛生規制、鉱山保安規制など、労働者の安全衛生を守るような法律が成立した。

さらに新しい産業体制によってアメリカの働く人々が新たな経済的不安定性にさらされるようになるにつれて、労働災害、失業、雇用されている夫の早世、そして不十分な退職後の所得などに対する社会保険の必要性が認知されるようになった。

工業化とともに経済的不平等は急激に拡大した。そこで新興工業国としては何をしなければならなかっただろうか。改革者たちの目には、新しい産業体制の中で成功するためには八年間の教育では不十分であることは明らかだった。二〇世紀の最初の数十年にわたる「ハイスクール運動」によって無料の公教育は一二学年にまで拡大し、子どもは一六歳まで学校に行くことを求められるようになった。就学前教育（小学校入学前の一~二年間の教育）も行われるようになった。

一九一三年に連邦政府は所得税を導入し、それはその後数十年にわたって着実に累進度を高めていった。一九五〇年には、証券取引委員会の公式統計史上最高の報酬であった六二万六二〇〇ドル（一九五〇年の名目値）が、ゼネラル・モーターズ（GM）の社長であったチャールズ・E・ウィルソンに支払われた。GMがウィルソンに一時金として支払ったこの金額に対する連邦政府の所得税は四六万二〇〇〇ドルとなり、ウィルソンの手元に残ったのは一六万四三〇〇ドルであった。(注2)

市民の権利を脅かす巨大産業の企業連合からいかに市民生活を保護するかについても熱い議論が闘わされた。ウッドロー・ウィルソンはそうした企業連合を破壊しない限り、巨大企業がアメリカ民主主義の基盤や倫理を侵食してしまう恐れがあると考えた。セオドア・ルーズベルトは大規模企業の利益を維持しながらその危険性を最小限に抑える方法は、大企業を規制することであると論じた。(注3)「企業連合は経済法則の必然的な結果である」とルーズベルトは述べたのである。「すべての企業連合を禁止しようとする努力は事実上失敗に終わった。なすべきことは、そのような企業連合を阻止しようとすることではなく、それを公共福祉の利益のために完全に統御するということなのだ。(注4)」最終的には、たいていの場合そうであるように、国民は妥協したのである。適度な反トラスト法による取り締まりが行われ、規制当局は産業界と相談しながらルールを設定した。他の国々も似たような法律を制定した。

要するにこうした議論はすべて、その行き過ぎや不公正を抑えながら、どうしたら新しい産業体制のメリットを最大限に引き出せるか、ということについてのものであった。すなわち新しい社会のバランスをどのように達成するかということに関する議論であった。

一九世紀の産業化以前の経済に適していた法律やルール、社会の慣習といったものは、賃金労働によって構成され、大企業によって支配されるようになった当時の国民経済の新しい問題に対処するには、その大部分が不適切なものとなってしまっていた。しかしそのとき、産業化が将来たどるであろう道を知ることは不可能であった。国民は手に入る限りでの最良の情報、将来に対する直感、そして自らの不変の価値観をもとに選択しなければならなかったのである。

そして今われわれは、再び選択を迫られている。

ニューエコノミーの大きな選択

われわれは今、ニューエコノミーと、ニューソサエティへと急速に移行しつつあり、工業化の時代に行われた選択の中には時代遅れで、役に立たなくなるものも出てきている。すでに述べてきたように、規模の経済性はもはや必要ではなく、小さな企業でも大企業と対等に競争できるようになってきているので、大企業をコントロールするために作られた規制の多くは無用になりつつある。反独占論者たちも、既存の市場における単なる規模や支配力にはそれほど興味を持たなくなっている。というのは、経済がめまぐるしく変化しておりまた世界的な競争に大きくさらされているので、一国内の静学的な独占概念は無意味になっているからである。むしろ彼らの関心は、マイクロソフト社のOSのように、相互関連性への標準規格によって優位を得るような、「過度の粘着性」のほうに向くようになっている。知的所有権の今後についても、これと関連する論争がいくつかある。遺伝子についての特許は認められるべきか、インターネット上でマウスをクリックするだけで行える商売についてのビジネス特許はどうか、数学の公式についての著作権は認められるべきか、クローン技術についてはどうか、などといったことである。

またすでに述べたように、増えつづけるたくさんの契約社員、臨時社員、フリーランス労働者、e

ランサー（ネット上でサービスを提供する労働者）、委託販売員、管理職や専門家、その他ニューエコノミーに直接サービスを売っている人々にとって、賃金、労働時間、労働環境、団体交渉、その他のさまざまな雇用の側面について雇い主の責任を規定している多くの法律がほとんど役に立たないということも明らかになりつつある。経済の多くの部分において、誰が「雇い主」（雇う側）で誰が「雇用者」（雇われる側）であるかを決めることさえ難しくなってきている。

同様に古い社会保険制度も、自分たちがどんなリスクに直面するかわかっていない大人数の安定的な人々を前提に設計されていた。しかし今や選別メカニズムを通じて、より裕福で健康な人々は、社会保険よりももっと有利な選択肢を持てるようになっている。結果として、多くの裕福で健康な人々は、より貧しく健康に恵まれないような弱者を置き去りにして社会保険制度から離脱しつつある。社会保険を民営化すべきかどうか、高齢者向けの医療保険制度を個々の「医療口座」への払戻しシステムに変えるべきかどうかについて、白熱した議論が展開されている。またグループ健康保険については、どのようにグループが選択され、またそれに参加できない高齢者や病弱者はどうなるのだ、といったことについての議論も盛り上がっている。

アメリカ人が所得によって自らを階層分化していくにしたがって、その選別メカニズムは最終的にコミュニティを傷つけている。主として地方資産税を財源としている学校、公園、公共のレクリエーション施設、図書館、その他の施設は、貧しい労働者階級の居住区では資金不足の問題に直面しやすくなる。地方財源に頼った昔からの財政方式は、裕福な人々と貧しい人々の両方が一緒に住んでいるような町には適切なものであった。しかし今日では不平等が拡大して、金持ちと貧しい人たちはますます分離して住むようになってしまった。これは財政問題だけにとどまらない。子どもたちの将来にとって、どんな学校に通ったか、どんなコミュニティで育ったかは、決定的に重要な要素となる。つまり貧しい人々がたくさん集まって住むということ自体が、彼らにとって乗り越えなければならない障壁となるのである。良い人脈を持つことがかつてないほど重要な意味を持つときに社会的に孤立し、またキャリアの見通しが立ちにくくなり、安定した製造業での雇用が消えつつあるときに経済的に分離され、さらにお手本になる大人たちや社会的サポートを奪われてしまった貧しいコミュニティの若者たちにとって、ニューエコノミーにおいて足がかりを得るための手段は限られてしまう。

こうした現在のわれわれの心配は、工業化時代の初めに浮上してきたいくつもの問題、すなわち新興経済のストレスと不安定性、家族とコミュニティの侵食、所得と富の不平等の拡大、コミュニティの基盤崩壊といったものと、その根本においては異なるものではない。当時の人たちがこうした問題に対処するために考え出した答えは、新しい経済体制のもたらす利益とその代償とをバランスさせるということであり、ただそのときに生み出された制度が、現在われわれの入りつつある経済と社会に適合しなくなっているというだけのことなのだ。

生活の質という点からみたニューエコノミーのもたらすメリットに関する論争が、今や世界中でみられるようになっている。この論争は、ちょうど巨大な氷山の一角のように、時折部分的に表面に頭を出して、あらゆる種類の他のより特定の問題と衝突する。フランスの労働者は週三五時間労働を求めてストライキを行い、経営側はこれに対立している。ドイツの産業人は、ドイツ人労働者の賃金があまりにも高くなり、また解雇や降格が厳しく規制されているため、雇用機会を海外に移転したいと脅しにかかっている。アメリカ人はＷＴＯ（世界貿易機関）に反対してシアトルでデモ行進をする。全国的な世論調査によると、アメリカ人の大多数はグローバル経済が平均的な人々に害を与えると信じている。またアメリカ人の三分の二は、よい雇用機会が海外に移転してしまい、アメリカには収入のよくない仕事しか残らないだろうと考えている。(注5) 一方、小さな国々は、国際的な「短期資金」が突然殺到したり急に引き揚げられたりし、それによって社会的混乱が引き起こされていることに不満を述べている。いくつかの国における右翼運動は移民や外国人、場合によっては内部の貧しい少数民族を猛烈に非難している。他方、左翼運動のほうは、国じゅうあるいは国を越えて飛び回り、タックス・ヘイブンにお金を蓄え、のどかな場所で休暇をすごし、「都会の魅力的一等地」に住んで仕事をするような、世界的なエリートを非難している。(注6) とりわけ貪欲で飽くことを知らぬ経営者に率いられたグローバル企業や、せっせとビジネスの「再構築」を推進する過程でコミュニティを根こそぎ破壊していることに無関心なウォールストリートの大立者を、誰しも好きではないようである。

しかしこうした論争の多くは見当違いなものであり、非難する相手を間違えている。もし目に見える敵がいるのであれば、敵というのは実は自分自身なのだ。われわれのほとんどがニューエコノミーのすばらしい取引を求めているのである。われわれのすべてが消費者であり、また投資家である者たちの数も増えている。急速に進歩する科学技術は世界的ネットワークを築き上げ、自分たちの本当に欲しいものをどこからでも最も安い価格と最良の品質で手に入れることができるようになっている。選択範囲は広く、何でも金で買える。つまり犯人は、グローバル企業、貪欲な経営者、無神経なエリート、移民、貧しいマイノリティといった外部に存在するのではない。それは私たち自身の欲求、すなわちわれわれが買いたいと思うもの、あるいは手に入れたいと思うすばらしい取引の中にこそ存在するのである。アメリカに比べ物質的にまだ恵まれていない土地に住む人々は、衛星放送を通じてアメリカの中流階層の生活における台所用品や装飾品を見てこう言う。「あれが欲しい。すぐにお願いします。」

しかしこうしたことすべてに伴う社会的費用も増えている。もし本当にわれわれが支払っているものが何であるかを理解していれば、いま自分たちが行っている取引に対してもっと冷静になれるはずだ。これは世界中の他の国の人々もまた同様だろう。

ニューエコノミーに賛成か、はたまた反対か、その両極端の場合について考えてみよう。一方の極にあるのは、どの社会も、コンピュータのプラグを抜き、ソフトウェアを燃やし、安価な輸入品を排除する高い関税を設け、国境に金網を張りめぐらせて低賃金の外国人労働者を締め出し、国際資金の流入を阻止し、企業の乗っ取りを禁止し、株主の権利を奪い、極端に長期の特許権を認め、現在あるすべての職をそのままに保障し、近隣を塀で囲うことを禁じ、そしてその場で技術革新を停止させるような法律を通過させるといった、ネオ・ラッダイト（新・機械打ち壊し）運動を信奉しているような状況である。こうしたことをすべて実施して作り上げられた社会は、穏やかで安定しているだろうし、不平等は消滅し、市民は自由に静かな黙想に身をゆだねることもできるだろう。しかしそのような社会は、そうでなければ生み出されたであろう富と比較して物質的には非常に貧しく、またさまざまな意味でものすごく抑圧的なものになるだろう（ちなみに、このグローバル・テクノロジーの時代に、そのようなネオ・ラッダイト戦略など不可能だ、とは思わないでいただきたい。原理主義者たち、ピューリタンたち、熱狂者、狂信者の多くの系統がこれまでにそうした行動を起こしてきた。どこかで、いつか、彼らはまた再びそうした行動をとろうとするだろう)。

もう一方の極は、アクセルを踏みつづけ、飛ばしつづけるという状況である。われわれは最も成長の速い経路、最も幅広い選択、最も容易な切り替えを選択できる。この経路を最後まで突き進めば、われわれはみな巨大なグローバル・ネットワークの中で働くことになる。各自の所得はその提供しうるサービスに対するそのときどきの市場価格に依存する。選別メカニズムが世界規模で効率的になるにつれて、規制、社会保険、共同拠出の給付などすべての政府サポートは解体されていく。それぞれの国における大富豪から大貧民の格差は、世界の中での貧富の最大格差を正確に反映したものとなる。この範囲の中で、自らの位置は、どれだけ一生懸命働き、またどれだけ自分自身を高く売ることができるかによって決まる(そして子どもたちの最終的位置は、やる気と潜在的経済価値を示すためにどれだけ一生懸命勉強するかにかかっている)。物質的豊かさはあふれていても、誰も経済的な安心感を得られない。同時に、社会ははっきりと選別されることで解体し、地球上のどの地域とも区別がつかないようになる。

賛成ですか、反対ですか。何を選択しますか。——ほとんどの人々にとっては、どちらの極端も魅力的ではないだろう。結局残るのは、両極端の間でどのようにバランスをとるかということである。

新しい社会的バランス

両極端の間での最適のバランスとは何だろう。最適な社会的バランスとは何か。経済のダイナミズムと社会的平穏の間の「最適」関係は一つではないのだから、この答えはそれほど単純ではない。正しい答えを求めるためには、一世紀前に当時の新しい産業体制と折り合うことにもがき苦しんでいたアメリカ人と同じ基本的な問いかけを、自分自身にすべきであろう。どうしたらニューエコノミーの行き過ぎを防ぎ、不公正を是正しながら、そのもたらしてくれる恩恵を最大限に享受できるのだろうか、という問いである。

オールドエコノミーの恩恵と負担が、安定的な大量生産から生み出されたことを思い返してみよう。このことこそが、一世紀前の社会改革者たちが労働条件の向上と過度の経済力を制限することに焦点を合わせた理由である。これとは対照的にニューエコノミーの恩恵は、技術革新と、買い手が世界中どこからでも、より良く、より速く、あるいはより安い製品に、またより高い収益率の投資機会に、そしてまた近代的な「コミュニティ」の共同快適性に、簡単に切り替えられることから生じている。これまでに見たように、こうしたニューエコノミーの同じ特徴が、経済的不安定性、仕事への没頭、所得と富の格差の拡大、さらにはかつてないほど効率的な選別メカニズムを生み出し、そして結果的に個人、家族、コミュニティの生活をむしばんでいるのである。

社会的なバランスをとる一つの方法は、偉大な道徳と精神の「再覚醒」であり、その中で人々が過度に貪欲な個人主義を捨て去るべく一緒に立ち上がるということである。こうしたうねりは歴史上しばしば現れる。だがその結果がすべて建設的ではなかったということも、歴史を振り返れば明らかだ。道徳熱はいったん生まれるとそれを統御することは容易でない。もっと中庸の改善手段を探すほうが安全だし、また現実的であるように思われる。その中には政府によって実行されるべきものもあるし、非営利部門、宗教団体、大学、社会事業家などにゆだねるのが適切であるものもある。

突き詰めると、従来型の雇用、古いコミュニティ、そしてこれまでの人間関係を維持しようとするのでもなく、あるいはもう一つの極のようにとにかく変化をただ加速化するのでもない、そういうバランスのとれた社会を作りたければ、いくつかの目標を達成しなければならないだろう。それらは次のような事柄である。

急激な経済的ショックから人々を守る――自分や家族をニューエコノミーの不安定さから守るために、ネオ・ラッダイト的な方法で選択を阻んだり切り替えを禁止しなくても、多くのやり方がありうる。仕事を失うという突然のプレッシャーを緩和する方法の一つは、仕事を必要とする人は必ず仕事を持てるように保証することだ。もし、現在与えられる仕事が何もないならば、公共サービスの仕事によってその不足を埋め合わせる。またこれに加えて、失業保険制度（「雇用」が標準だった産業化時代の遺物）を、突然の所得減少を緩和するように設計された収入保険制度に置き換える。(注7) たとえば収入がある年から次の年にかけて五〇％減ってしまったとしよう。このとき収入保険がその差額の半分を埋め合わせてくれる。逆に収入がある年から次の年にかけて倍増したときには、その増加分の一定割合を収入保険基金に拠出するのである。このような収入保険は、貧しい人だけでなく、突然その経済的基盤を失うことを恐れている中所得者層、高所得者層をも不安から救ってくれることになる。そして、そうした保険はパートタイム労働者を含めたあらゆる人々に拡張して適用することができるだろう。また仕事を持つ人々に最低限のちゃんとした生活ができるだけの所得を保障するというやり方もありうる。週四〇時間以上働く人は誰でも、その収入が国民の中位所得の半分以下であれば、少なくともその水準になるまで所得補塡を受けることができるようにするのである。

ショックに備える緩衝としてはさらに、付加給付を完全に持ち運び可能なものにすることがありうる。つまり、健康保険や企業年金を、医療給付や年金給付の税制優遇措置を通じて特定の企業と結びつける（これもまた工業社会時代のもう一つの痕跡であるが）のではなく、それを特定の企業から切り離し、その代わり個人と結びつけるのである。健康保険や年金保険の税制優遇措置は、どこで働いていたかに関係なく、個人に直接適用されるようにする。低所得者は所得に応じてさらに多くの援助を受けるようにする。すべての市民が手頃な価格の健康保険を得られるようにするのである。

またコミュニティ保険を設立することで、企業や金融資本が急に逃げてしまったときにコミュニティのこうむる著しいショックを和らげることができる。たとえば、あるコミュニティや地方が、もし一年間に五％以上の経済基盤を失うとしたら、転換を円滑にするための資金を自動的に得られるようにする。そしてこの資金を、住民に別の仕事をするための再訓練を受けさせ、地元のサービス提供者の事業縮小を助け、資産価値の低下を和らげることなどに使うのである。そのような保険は、突然に特定のコミュニティや地方から転出する事業や資本への低率の課税によってまかなわれる。こうした考え方は低率の「取引税」、たとえばすべての動きの速い国際金融の取引に〇・一％を課税するといった形で、一国全体に拡張することもできる。そうした低率の税金は、国際金融の投機的動きをけん制するだけでなく、一国通貨の変動をならすための通貨安定基金をまかなうためにも使うことができる。（注8）

さらに輸入の急増に対しては、現在の国際貿易条約のいわゆる免責条項を通して得られるよりももっと大きな救済措置が講じられるように、貿易法を改正することもできる。現在は、国内産業が輸入急増によって競争的打撃を受ける場合に限り、国家がそうした一時的貿易保護を行うことができる。しかし社会的打撃もまた同じように考慮されるべきである。突然の輸入急増が大きな雇用喪失とコミュニティの崩壊を招きそうな場合には、労働者やコミュニティもまた一時的救済措置を請求できるようにすべきである。

繁栄の輪を広げること——所得と富の格差は、一九世紀後半から二〇世紀初期の工業化の黎明期以来かつてないほどに拡大している。これについては何ができるだろうか。後れをとってしまった人々のほとんどは、適切な教育を受けることができなかった人たちであり、教育はニューエコノミーで成功するための必須条件である。したがって彼らの将来の繁栄にとって最高の投資は、自らの「人的資本」の蓄えを充実させることなのである。人的資本投資はすぐにでも増やすべきだ。ただ、教育にはかなりの時間がかかる。またたとえ、貧しい子どもたちが必死になって学んだとしても、大人としての人生をかなり不利な地点から始めることとなるだろう。教育は彼らの社会的不利、孤立、そして人脈の欠如といったことを解決してはくれないからである。それはまた、資本財産の欠如も解決してくれない。

したがって繁栄を拡大させるための他の手段としては、資本財産をもっと手に入れやすくする、ということが考えられる。何年もの間、資本財産というエレベーターはアメリカの富裕層を、彼らが指一本動かすことなく（おそらく、ブローカーの短縮ダイアルを押す以外は）さらに高い位置へと押し上げてきた。一九九〇年代の上昇相場がもたらした最大の帰結は、一九九一年以前に裕福だった人々が、さらに驚くほど裕福になったということである。たとえ株式市場が下落しても、あるいは実際に下落したときでも、資本財産の長期的な見通しは衰えを見せずに輝いている。したがって良い学校に入れるという選択肢に加えて、一八歳の年齢に達したすべてのアメリカの若者に、たとえば六万ドルくらいのお金を金銭的な「準備金」として与えることを考えてもよいのではないだろうか。それを彼らは追加的な教育、起業、株や債券など、あるいはそれらの中のいくつかに再投資できる。そのための基金は、われわれの中のものすごく金持ちの人たちへの低率の資産税によって調達できるだろう。(注9)

最も必要な人に気配りが与えられること――子どもたち、高齢者、障害を持った人たちなどが、必要とする気配りを受けることを、どのように保障すればよいのだろうか。前述したように、看護の提供、在宅医療介護、老人ホームでの介護、育児・保育労働者、学校の先生たち、ソーシャルワーカーといった、気配りを提供することで報酬を得ている人たちは、われわれの社会の中で最も重要で人道的な仕事をしているといえる。社会は全体として彼らにもっと高い報酬を支払い、その仕事の達成水準をより望ましいものにすることもできる。さらに高賃金ということ以上に、こうした仕事をしている労働者は、社会的にもっと高い位置が与えられ、尊敬されてしかるべきである。高賃金と尊敬によってそうした仕事が熟練者にとって魅力的なものとなり、それらの仕事が本当に必要としている技能を人々が獲得する動機づけともなる。

さらにわれわれは、進歩的改革者が一世紀前に就学前教育制度を創設したときにやり残した部分を引き継ぐこともできる。家族に関するニューエコノミーの需要を考えてみれば、学校教育を三、四歳の小さな子どもにまで拡張し、安全でかつ刺激的な就学前プログラムを提供するのは理にかなったことであるように思える。また多くの両親が夕方に仕事を終える時間まで学校の時間を延長し、すべての学齢期の子どもたちが監督の下で遊んだり勉強したりできるようにする、というのも道理にかなっているように思える。

企業は、その従業員が親としての役割を果たせるよう労働時間を弾力的にし、また小さな子どもや年老いた家族の世話をするための有給休暇を与えることが望まれるし、おそらくそうすることを求められることになるだろう。すでに多くの企業がこうした特典を高給のクリエイティブな労働者には提供しているが、こうした特典は低い階層の従業員には適用されにくい。しかも企業は、すでに指摘したように、古い意味での「従業員」をあまり持たない形の契約のネットワークへと自らを急速に変身させつつある。したがってそうした特典を従業員に与えるよう雇い主に求めることは、働く人々に直接、公的な支援を与えることに比べると、長期的にはあまり効果的とはいえないのである。そうした直接的な公的支援の一つは、税制度を通じて行うことができる。育児のコスト（そして年老いた親の介護もたいてい同様であるが）は有給労働をしてなければ生じない文字どおりの「必要経費」であり、そのような費用は所得税から完全に控除されてしかるべきである。

それに加えて、小さな子どもたちに対する気配りを重視する社会は、子育ては私的な役割ではなく社会責任としても重要であるという認識を持つだろう。三歳以下の子どもと一緒に家にいようと決めた親は誰でも、国民の中位所得の半分に匹敵する額を扶助してもらえる資格があるようにしてはどうだろうか。そのような支援は、税額控除という形で実施できるはずだ。

選別メカニズムを逆にする——選別メカニズムは学校に関して最も有害であるといえる。というのは、今や学校の質はその学区に住む世帯の所得水準に大きく依存しているからである。家族は所得階層別に異なる行政区に住むようになっており、にもかかわらず学校への助成金の約半分は今なお地方資産税から出ているため、ニューエコノミーの中でうまくやっていけない危険性のある子どもを持つ家族の大部分は、彼らが最も必要とするような学校に通わせることができないのである。経済的なダイナミズムの恩恵を受けつつその社会的な不公正を最小にしたいと考えるのであれば、学校財政を地方資産税から分離すべきだろう。その一つの選択肢はその財源を地方資産税から、すべての国民の純資産に対する低率の税金でまかなわれる国民教育信託基金に置き換えることである。

学校バウチャーは学校の質を上げるのに役立つかもしれないが、この制度によって、学習や行動に最も大きな問題がある最も貧しい家族の子どもたちが、最も好ましくない学校に寄せ集められてしまう可能性を考えておかなければならない。この問題を回避する一つの方法は、家族の必要性に見合った大きさのバウチャーにするということである。最も貧しい家族の子どもたちが、最も高額で価値のあるバウチャーを持つようにする。そうすれば良い学校にとって彼らは十分に魅力的な存在となり、彼らを争って獲得するようになる。

貧困が極端に集中するのを解消するための一つの方法は、すべての貧しい家族に対して、高所得者層のコミュニティに家を持つことを可能にするような住宅支援バウチャーを与えることである。高所得者層の地域に移動する機会に恵まれた貧しい世帯の子どもは、貧しい地域に残った子どもよりも成績が良くなったというこれまでの研究結果がこうしたバウチャーの有効性を示唆している（注10）。それに加えて、宅地開発業者に対して、高級住宅地を開発するときに、一定の比率で低所得の住人をそこに含めるよう求めることもできる。こうした「包含的用途区画」は全国の特定地域においてすでにかなりの成功を収めている。またわれわれは保険会社に対して、住んでいる場所、収入内容、あるいは遺伝子情報などによって高いリスクプレミアムをつけることを禁止することもできる。

われわれは、人種、所得、世代を異にするコミュニティが相互に関連し合うことのできるような他のさまざまな機会を求めることができるはずだ。実際そのような橋渡しをすることは、地域に密着した非営利団体にとっての大きな目標となっている。信仰を基盤とする団体もまた、そうした分裂を修復する独自の役割を果たしている。大学はその地域の貧しい高校や中学とリンクすることもできる。大学生はそのような学校の生徒に勉強を個別指導できるし、教授陣はときどき高校の授業で教え、そうした学校の教師陣に新しい研究成果を知らせることもできる。そしてまた、有望な高校三年生に大学の奨学金を与えることもできるはずである。

こういった提案は、改革事項の全体像というよりは、むしろその出発点というべきものである。ここで述べたようなことは、できそうなことの事例を並べてみただけであり、これから何をすべきかという議論のための材料である。それらのすべてに共通する基本的な考え方は次のようなものである。

すなわち、古いものを保護したり維持したりするのでもなく、逆に反対の極に走って新しいものをどんどん推し進めるのでもない、バランスのよい社会を作りあげることによって経済的な移行を容易にし、多くの人々がともに変化の恩恵を受けられるようにするということである。これによって国民の生活を物質的に向上させ、社会をより親密で公正なものとし、そして精神的な安定を得ることもできるはずだ。こうした道筋を整備することはそれほど安価ではないが、活力のある経済にはその費用を負担する余裕が十分にある。私はこうした費用は、社会的、個人的な平穏を手に入れるためにそれを引き受ける価値が十分にあるものと信じている。

こうしたたぐいの提案にかかる費用のほとんどを社会の恵まれた構成員に支払わせるべきではなく、またそうした要求がなされれば、彼らはそれを拒否するだろう、と論じる人たちもいる。いざとなれば、オランダ領アンティル諸島や、あるいは世界中にあるその他の逃避地に、自分自身と個人資産を移動することもできる、というわけである。しかしこうした見解は、シニカルにすぎる。選別メカニズムは確かに強力な力ではあるが、経済的に恵まれた国民の圧倒的大多数は、自分たちの社会に忠誠心を感じており、社会がこれ以上砕けてしまったり階層化されたりすることを防ぎたいと思っている。そして実は、選別メカニズムの結果そのものが、より積極的な行動をとろうとする人たちを思いとどまらせてしまうのである。というのは選別されてしまった社会では、経済的に恵まれた人たちにとって、いかなるめざましい犠牲的行為、たとえば良いところに住めるのにもっと貧しいコミュニティに移り住むとか、子どもたちをそうした地区の学校へ通わせるといったことが、初めから金持ちと貧しい人たちがうまく混合していた場合に比べて、より大きな負担となるからである。

選別はまた、恵まれた人たちの目から恵まれない人たちの生活実態を遠ざけることによって、恵まれた人たちに、他人も「自分たちと同じ」だと思い込ませる原因になっているかもしれない。選別メカニズムを逆にすることによって、共通の基盤という感覚を回復させやすくなる。これに加えて、もし恵まれた人たちが、こうしたバランスの取れた社会を実現できないと、最終的には経済のダイナミズムに対する反動が起きること、すなわち保護貿易主義や技術を統御するネオ・ラッダイト運動といった長期的にはるかに費用のかかる結果となることを理解すれば、喜んでより多くの貢献をしたいと考えるようになるはずだ。貧富の格差が大きく開けば、社会の平穏と安定性が脅かされるが、経済的に恵まれた人たちもその社会の一員なのである。さらに言えば、恵まれた人たちのなかにも、自分自身の生活における経済的安定性をもっと望み、また自分たちや家族が経済的基盤を突然失うといったリスクをできるだけ小さくしたいと考える者もいるはずなのである。

三つの会話

われわれは新時代の崖っ淵に立っている。二〇年以上にわたって構築されてきた経済的・技術的な力はほぼ最高水準に達しつつあり、それだけにその力は、かつて持っていた影響力以上にわれわれの個人生活や社会生活を大きく変えている。昔の仕事、昔の安定、昔の家族、そして昔のコミュニティに戻ることはできない。それではわれわれはどこに行くのだろうか。われわれはニューエコノミーのすばらしい取引を喜んでいる。その技術的な見事さに畏敬の念を抱いている。また莫大な富をたちどころにもたらしてくれる機会に目もくらまんばかりだ。しかし、道徳的な錨はどこにあるのだろうか。

何に自分自身の忠誠心や情熱を捧げるべきなのだろうか。友人、家族、コミュニティの入り込む余地はどこにあるのか。われわれの誠実さを何に投資するのか。最終的に、何をもって、われわれ自身とわれわれの社会の成功の尺度とするのか。

人生の成功尺度が、何を獲得できたかとか、純資産がどの程度であるかといったことを超えたところにあることは間違いない。社会の成功を測るものは国民総生産を超えたところにあるはずだ。成功はわれわれの精神基盤の安定性、人間関係の豊かさ、家族の健全性、そしてコミュニティの品性などに依存する。しかしわれわれのほとんどは、消費者や投資家としての役割を超えたところにあるわれわれの人生の意味については、おどろくべき無関心——おそらく無分別——をもってこの新時代を疾走している。

大きな二律背反（トレードオフ）問題について議論するというよりも、われわれは少なくとも三つの異なる会話をしている。最初の会話はニューエコノミーの驚異について、息せき切って熱狂的に語るものである。ニューエコノミーのすばらしい取引はまさに現実のものであり、買えるもので豊かにできる面でのわれわれの生活を著しく向上させてくれる。数年後には、ブロードバンドや無線インターネット接続や分子・遺伝子研究分野での進歩などによって、今日のすばらしい取引もさらに良い取引のために影の薄いものとなってしまうだろう。多くの製品とサービスは、より安く、より速く、よりパワフルなものとなるだろう。そうしたものは、もっと長生きすることを可能にし、もっと簡単に楽しませ、活力を与え、刺激し、そして互いに接続し合うことを可能にしてくれたりするものだ。ニューエコノミーの豊かさに目がくらむのも当然である。しかしただすばらしい取引ができるようになるというだけでは、そのために生活の残りの部分を犠牲にするだけの価値があるという理由にはならない。

二つ目の会話というのは、解き放たれた資本主義の危険性と略奪性、世界的企業や国際金融資本の力と貪欲さ、あるいは移民、外国人、少数民族の侵食などについての怖い話である。それらの懸念はアメリカでも、そして世界中の他の場所でも、左派と右派双方の政治勢力がますます激烈さを増した形で叫んでいることである。ニューエコノミーによって作り出された混乱（しかもその混乱と激動は始まったばかりである）の大きさを考えると、多くの人々がそれに恐れをいだいたり方向を見失ったりし、また他の多くの人々が、不当な負担を負わされていると感じるのは全く理解できるところである。数十年にもわたって、先進諸国の工場労働者は失業と所得低下を経験してきた。多くのホワイトカラー、専門職、サービス労働者が同じことを経験するとき何が起こるのだろうか。しかしこの恐怖の会話は非難すべき相手を間違えている。そうした人たちは、ニューエコノミーによる激動の原因は、企業、グローバリゼーション、国際的な資本の流れ、移民の流入や少数民族にあると見ている。これは原因と結果を混同してしまっているのだ。企業、資本の流れ、そして移民たちは、世界中の消費者と投資家に開かれた選択範囲の拡大、すべての人にとって取引を切り替えることが容易になったこと、そしてその結果としての競争激化に反応しているだけなのである。ニューエコノミーについて最も不平を言う人々が、実は同時にニューエコノミーから最も大きな恩恵を得ている人たちでもあるのだ。

第三の会話は個人的なもので、この新しい時代にバランスのよい生活を達成することの難しさについての話である。われわれがますます一生懸命働き、もっと熱心に自分を売り込み、さらにわれわれの時代の気風である市場指向（「金持ちになる勇気」を持て！）を受け入れるようになればなるほど、自分の家族、友情、幅広いコミュニティ、そして自分自身の深遠な部分がどうなるのかに不安を持つ者も多くなる。しかしわれわれはこの不安を、単なる個人的問題として見る傾向がある。それぞれの領域でうまくやれていないと感じている部分について、われわれは親として、配偶者として、労働者として、友人として、あるいは市民として「十分でなかった」と、自分自身を責めてしまう。それゆえ、そうした「適度なバランス」を達成しようというすべての個人的努力をより難しく複雑なものにしているもっと大きな力を見落してしまうのである。

これら三つの別々の会話は、同じ事象の集合に対する異なる視点からの反応といえる。それらのつながりを見ないで、同時に三つの会話すべてに引き込まれている人もいるだろう。われわれは得ることのできるすばらしい取引を喜ぶ一方で、同時に世界企業、貿易、そして移民などによる侵食のように見える事柄を憂い、また同時に仕事が自分たちの個人生活に及ぼす負担について心配したりしているのである。しかしもしわれわれの直面するより大きな二律背反（トレードオフ）の問題をきちんと考えたいのならば、われわれはこれら三つの会話のつながりを理解しなければならないのである。

われわれは、自分たち自身、家族、そしてわれわれの社会にとって、経済的ダイナミズムと社会的平穏のどのような組合せを望むのかについて、そしてまたそうしたバランスを達成するために必要な社会的選択について、大きな議論をするときにきている。「すばらしい取引の時代」における成功の適切な測定基準は何か。ニューエコノミーは莫大な恩恵や利益を授けてくれるが、同時に社会的な混乱と個人的ストレスをもつくり出す。すべてが激しくなっている。われわれはすぐにとてつもなく良い取引と大きなチャンスを与えられるだろう。けれどもまたわれわれは、そしてまたあらゆる社会は、より大きな社会の激動に対処し、仕事がそれ以外の生活にもたらす負担がますます増加するのに対して、根気強く取り組んでいかなければならない。

これは単に経済的な会話ではありえないし、またそうであってはならない。それはもっと根本的な道徳の問題である。われわれはニューエコノミーの単なる道具ではない。われわれはその技術的トレンドの奴隷でもない。またわれわれは、間違った方向に非難の矢を向けて、より望ましくない、より恐ろしい結果を招くようなことのないようにしなければならない。市民として、われわれはニューエコノミーをわれわれの必要性に合うように整理する力があり、そうすることによって新興文明の形を決めることができるのである。すべての社会には、そうした選択をする能力、というよりもまさに義務、があるのだ。そうした選択によって市場は組み立てられる。家族やコミュニティもその選択に応じて機能する。個人はその中で生活のバランスを取っていくのである。そのような決定を通して、社会はそれ自体を定義するのである。何らかの選択がなされなければならない。それは避けることのできないものだ。問題はわれわれがこうした最も大切な選択を白日の下に一緒に行うのか、それとも暗闇の中で独りこれに取り組むのかということである。

注

序章

(1) このデータについては本文中で詳しく述べられている。

第1章

(1) この解説は、有名な政治経済学者アルバート・ハーシュマンの知的貢献によるものである。

彼はかつて、衰退している企業や団体、行政機関に対する個人による三つの合理的な対応の一つが「退出」であるとした。

「退出」とは別の場所でより良い仕事を得るために、そういった企業、団体、行政機関を辞めることを意味する。彼が挙げた他の二つの対応は、「告発」と「忠誠」である。難しい状況を捨てるのではなく、個人も関心を示すか、交渉・熟考・妥協を通じて改善を求める、あるいは企業、団体、国家への純粋な忠誠心からそこにとどまるというものである。おそらく三つの対応のうち、アメリカ人が好むのは「退出」だろう。アメリカは、生活するのが困難だとわかった土地を去って、より良い仕事を他の地に求める人々によって建国された。これまで述べてきたように、新興経済において「退出」は、衰退したり悪化しつつある組織のためだけに用意されている反応ではない。今後ますます、より良い取引が出現すれば、人々は商業上のあらゆる関係からすばやく退出するようになるだろう。詳しくはAlbert Hirschman, *Exit, Voice, and Loyalty: Responses to Decline in Firms, Organizations, and States*, Cambridge: Harvard University Press, 1970（三浦隆之訳『組織社会の論理構造――退出、告発、ロイヤルティ』ミネルヴァ書房、一九七五年）を参照されたい。

（2） データによるとアメリカ人は絶えず移動しつづけているが、必ずしも三〇年前よりも移動率が高いというわけではない。*Statistical Abstract of the United States*, 1999, Section 1, Table 30を参照されたい。また、Sally Ann Schumaker and Daniel Stokols, "Residential Mobility as a Social and Research Topic," *Journal of Social Issues*, Vol. 38, No. 3, 1982, pp. 1-19も参照されたい。データは*The Economist*, September 20, 1997, p. 27からとった。

（3） 彼の有名なエッセイは、"The Significance of the Frontier in American History," 1893であり、Frederick Jackson Turner, *The Frontier in American History*, New York: Henry Holt, 1920, p. 38（松本政治・嶋忠正訳『アメリカ史における辺境』北星堂書店、一九七三年）に再掲されている。

（4） ホラス・グリーリーは「西に行け、若者よ」というフレーズを大衆化したが、元祖ではない。John Babsone Lane Souleが*Terre Haute (Indiana) Express*, 1851で最初に公にした記事から来ている。またグリーリーはすべての若者に向けてではなく、それ以外の方法がない人々だけに向けて西に行くよう勧めた。彼は「情熱を注ぐべき最高の仕事は、父親の農場や職場で働くことだ」「もし農場もなく援助してくれるような友人もなく、ここで何の見込みもないならば、偉大なる西部へ向かい家や富を築くのだ」とアドバイスしている。"To Aspiring Young Men," quoted in James Parton, *Life of Horace Greeley*, 1855.

（5） 大量生産の計画システムの重要な要素は、John Kenneth Galbraith, *The New Industrial State*, Boston: Houghton Muffin, 1967（都留重人監訳『新しい産業国家』河出書房新社、一九六八年）に記述されている。

（6） 産業の時代の安定した大量生産システムから、情報世代の「高価値」システムへの変遷の詳細はRobert B. Reich, *The Work of Nations*, New York: Alfred A. Knopf, 1991（中谷巌訳『ザ・ワーク・オブ・ネーションズ』ダイヤモンド社、一九九一年）の中でも、特に第七章を参照されたい。

（7） Adam Smith, *The Wealth of Nations*, 1776, Book 1, Chapter III, New York: Modern Library, 1994, p. 19（水田洋監訳『国富論（1～4）』岩波文庫、二〇〇〇～二〇〇一年）を参照されたい。

（8） モノやサービス、人、遠距離通信のコスト低下を示す豊富な情報は、Frances Caincross, *The Death of Distance*, Cambridge: Harvard University Press, 1997を参照されたい。

（9） 広告、マーケティング、法務、金融、コンサルティングのような仕事でさえ、かつては顧客のそばにいてサービスを提供するのが普通であったが、今では遠く離れたところからサービスを提供するケースも増えてきた。Jed Kolko, "Can I Get Some Service Here? Information Technology, Service Industries, and the Future of Cities," unpublished ms., Harvard University, November 1999.

（10） 算出は連邦準備制度理事会議長アラン・グリーンスパンによる。David Wessel, "From Greenspan, a (Truly) Weighty Idea," *Wall Street Journal*, May 20, 1999, p. B1. また、Alan Greenspan, "Goods Shrink and Trade Grows," *Wall Street Journal*, October 24,

1988, p. 21を参照されたい。

(11) たとえ検索エンジンがより速く高性能になっても、ウェブサイトの数はキノコのように増殖しつづける。検索エンジンが、サイトのごく一部ではなく、もっと多くを評価できるようになるとは考えにくい。Lisa Guernsey, "Seek—But on the Web, You Might Not Find," *New York Times*, July 8, 1999, p. B8.

第2章

(1) ラッダイト（機械打ち壊し）運動理論のわかりやすく良い文献の一つに、Jeremy Rifkin, *The End of Work*, New York: Putnam, 1995（松浦雅文訳『大失業時代』TBSブリタニカ、一九九六年）が挙げられる。その中の六頁（原書）で彼は「世界的な競争と労働コストの高まりという苦境と闘うために、多国籍企業は人間の労働を機械に置き換えるのを急ぐことを決意したのだろう」と述べている。

(2) 不安定な市場と企業組織の変化との関連について詳細な議論は Robert B. Reich, *The Next American Frontier*, New York: Times Books, 1983（竹村健一訳『ネクストフロンティア』三笠書房、一九八三年）および M. Piore and C. Sabel, *The Second Industrial Divide*, New York: Basic Books, 1984（山之内靖ほか訳『第二の産業分水嶺』筑摩書房、一九九三年）にある。学術的研究は、Masanao Aoki, "Horizontal and Vertical Information Structure of the Firm," *American Economic Review*, Vol. 76, No. 6, pp. 971-983; D. Thesmar and M. Thoenig, "Creative Destruction and Firm Organization Choice: A New Look into the Growth Inequality Relationship," unpublished ms.,

presented at the National Bureau of Economic Research Summer Institute, Cambridge, Mass., July 19, 1999を参照されたい。

(3) ジョセフ・シュンペーターの詳細については、著名な経済学者の生活に関するロバート・ハイルブローナーの洞察力のある論文Robert Heilbroner, *The Worldly Philosophers*, New York: Simon & Schuster, 1953, p. 238（八木甫監訳『世俗の思想家たち』ＨＢＪ出版局、一九八九年）を参照されたい。

(4) シュンペーターの悲観的な予測は、彼の*Capitalism, Socialism, and Democracy*, New York: Harper & Brothers, 1942（中山伊知郎・東畑精一訳『資本主義・社会主義・民主主義（新装版）』東洋経済新報社、一九九五年）に見られる。

(5) フランクリン・ピアース法律事務所のユージン・クイン・ジュニアによる連邦裁判所の法廷記録によれば、新たな特許関連の訴訟数は一九八〇年の八〇〇件から一九九七年には二一〇〇件以上に急増している。Richard Korman, "Lo! Here Come the Technology Patents. Lo! Here Come the Lawsuits!" *New York Times*, December 27, 1998, Section 3, p. 4.

(6) 従業員一人当たりの企業価値は、企業の総資産価値を従業員数で割ることで簡単に算出できる。この本が出版される頃には算出における分子、分母の値は変わっているかもしれないが、従業員一人当たりの価値はそれほど変わらないであろう。

(7) 南カリフォルニアの小規模企業についての詳細は以下を参照されたい。Joel Kotkin, "The Rise and Fall of the Big Bureaucratic Organization," *American Enterprise*, January 1, 2000, pp. 30–33.

(8) Sam Allis, "Harvard Ponders Marketing on the Net," *Boston Globe*, September 19, 1999, p. A1を参照されたい。

（9）マイクロソフトは、そのOSが標準となったことで、ちょうど「アスピリン」が一般用語となったように、すべての競争相手と商品開発者が無料で利用できるようにすべきであるという議論には全く同意していない。この点について、マイクロソフトがAOLに「インスタント・メッセージ」のコマンド標準化を要求し、それによってマイクロソフト・ユーザーのアクセスが容易になったことは皮肉といわなければならない。
　二〇世紀初頭の一〇年間、産業の標準化と技術革新の重要性が急激に高まっているということは、それほど重要視されていなかった。これを最も良く表すものとしては以下のものがある。Robert H. Wiebe, *The Search for Order 1877-1920*, New York: Hill and Wang, 1967; Louis Galambos and Joseph Pratt, *The Rise of the Corporate Commonwealth*, New York: Basic Books, 1988（小林啓志訳『企業国家アメリカの興亡』新森書房、一九九〇年）; Ellis W. Hawley, *The New Deal and the Problem of Monopoly*, Princeton, N.J.: Princeton University Press, 1966.

第3章

（1）形式的にいえば、ハイ・テクノロジーが比例以上に増加すると、研究開発活動のやり方が変わるため熟練労働者の需要が増加する。Daron Acemoglu, "Why Do New Technologies Complement Skills? Directed Technical Change and Wage Inequality," *The Quarterly Journal of Economics*, Vol. 113, No. 4, 1998, p. 1105.
（2）すばらしいアイデアを拡張し、組織を通じて急速に広め、依頼人や顧客に素早く分配できる情報技術効果については、以下の文献を参照されたい。T. Bresnahan, E. Brynjolfsson, and L. Hitt, "Information Technology, Workplace Organization, and the Demand for Skilled Labor," National Bureau of Economic Research Working Paper No. 7136, May 1999; L. Katz, "Technological Change, Computerization, and the Wage Structure," in E. Brynjolfsson and B. Kahin, eds., *Understanding the Digital Economy*, Cambridge: MIT Press, 2000.

(3) Ellen Langer, *The Power of Mindful Learning*, Reading, Mass.: Perseus Books, 1997, p. 114.

(4) Annie Dillard, *The Writing Life*, New York: Harper Perennial, 1990, p. 56（柳沢由実子訳『本を書く』パピルス、一九九六年）による。

(5) Nina Munk, "The Eminence of Excess," *New York Times Magazine*, August 15, 1999, pp. 47-48.

(6) 調査アナリストは情報収集よりもアドバイスに多くの時間を費やしているが、それは人々が彼らに情報ブローカーであることから、知識ブローカーになることを期待しているからである。一九九〇年代末、ロイター・グループのテンペスト・コンサルタントによって主要投資調査会社の研究が行われ、アナリストにどのような時間配分を行っているのかを尋ねた。会社訪問を含む基礎調査に費やされる時間の総計は着実に減少し、依頼人へのアドバイスに費やす時間は確実に上昇していた。Gretchen Morgenson, "So Many Analysts, So Little Analysis," *New York Times*, July 18, 1999, Section 3, p. 1.

(7) "Ink," *The New Yorker*, April 6, 1998, p. 41.

第4章

（1）「ホームタウン」との関係における、企業本社の重要性の低下についての文献は、以下を参照されたい。Charles H. Heying, "Civic Elites and Corporate Delocalization: An Alternative Explanation for Declining Civic Engagement," *American Behavioral Scientist*, Vol. 40, No. 5, 1998, pp. 657-668.

（2）*Fortune*, October 1951, p. 98.

（3）Ian Somerville and D. Quinn Mills, "Leading in a Leaderless World," *Leader to Leader*, Summer 1999, p. 32.

（4）経営者報酬に関するデータは、証券取引委員会に保存されている資料から類推できる。これらのデータはグレーフ・クリスタルが集め、分析したものであり、彼は長年にわたる研究結果を「クリスタル・レポート」として報告している。本書を執筆中、彼は研究成果をブルームバーグ・ビジネス・ニュースを通じて発信している。Graef Crystal and Brian Rooney, "CEO Pay Soars, Supercharged by Options: Bloomberg Pay Survey," Bloomberg Business News, at Bloomberg. com, April 19, 2000 などを参照されたい。

（5）フォーチュン五〇〇社の役員が辞めたケースを一九八〇年から一九九六年の一三〇〇ケースについて見ると、三分の一は自発的なものではないことが明らかになった。業績水準を考慮しても一九八五年以後に任命された役員は、それ以前の人々に比べて三倍以上解雇されやすい傾向にある。Rakesh Khurana, "Transitions at the Top: CEO Positions as Open and Closed to Competition," Sloan School of Management, Massachusetts Institute of

Technology, Working Paper, 2000; Jay Lorsch and Rakesh Khurana, "Changing Leaders: The Board's Role in CEO Succession," *Harvard Business Review*, Vol. 77, No. 3, 1999, p. 96.

(6) Steve Lohr, "Compaq Computer Ousts Chief Executive," *New York Times*, April 19, 1999, p. A17.

(7) Ellen Schultz and Susan Warren, "Pension System Ousts Company's Board in Big Victory for Institutional Investors," *Wall Street Journal*, May 29, 1998, p. A2.

(8) 敵対的企業買収の恐怖が増大することで、コスト削減による生産性の向上が見込まれる一方、現職の労働者や管理職は賃金カットや工場閉鎖の可能性が高まることで損害を受ける。プリンストン大学のマリアンヌ・バートランド、MITのセンディル・ムライナサンは、企業が直面する買収の脅威の変化について、一九八〇年代の企業買収防止の州法を外生変数として、異なる州で設立した企業が直面する買収の恐怖に関する多くの研究を行った。M. Bertrand and S. Mullainathan, "Micro-evidence of the Effects of Corporate Governance," Massachusetts Institute of Technology, 1999; M. Bertrand and S. Mullainathan, "Executive Compensation and Incentives: The Effect of Takeover Legislation," National Bureau of Economic Research, No. 6830, December 1998; Paul Osterman, "Work Reorganization in an Era of Restructuring: Trends in Diffusion and Effects on Employee Welfare," *Industrial and Labor Relations Review*, Vol. 53, No. 2, January 2000, p. 179.

(9) "Xerox to Cut 9,000 Jobs, Saving $1 Billion," *New York Times*, April 8, 1998, pp. D1-D2.

(10) Constance Hays, "Coca-Cola to Cut 20

Percent of Employees in a Big Pullback," *New York Times*, January 17, 2000, p. A1.

(11) Marcia Stepanek, "How an Intranet Opened the Door to Profits," *Business Week*, July 26, 1999, p. EB32.

(12) Aaron Bernstein, "Welch's March to the South," *Business Week*, December 6, 1999, p. 74.

(13) Commission on the Future of Worker-Management Relations, "Fact Finding Report," Washington, D.C.: U.S. Department of Labor, May 1994.

(14) 労働組合に組織化されていない部門の成長に関する文献は、以下を参照されたい。Henry Farber and Bruce Westera, "Round Up the Usual Suspects: The Decline of Unions in the Private Sector, 1973-1998," Industrial Relations Section, Princeton University, Working Paper No. 437, April, 2000.

(15) ワシントンDCにある証券業協会による分析を参照されたい。この分析はFederal Reserve System, "Ownership of Long-Term Securities Benchmark Survey" をもとにしており、その最新のデータは一九九九年のものである。

(16) Greg Steinmetz and Michael Sesit, "Tighter Ship: U.S. Investors Bring More than Cash on European Tour," *Wall Street Journal Europe*, August 4, 1999, p.A1.

(17) 注（16）に同じ。

(18) Alan Friedman, "Executives in Europe Demand Reforms," *International Herald Tribune*, August 2, 1999, p. 1.

(19) 日産、NEC、ソニーの人員削減規模については、企業報告および概要説明による。

(20) Annalee Saxenian, "Beyond Boundaries: Open Labor Markets and Learning in Silicon Valley," in Michael Arthur and

Denise Rousseau, eds., *The Boundaryless Career*, New York: Oxford University Press, 1996, p. 28.

(21) Heath Row, "This Virtual Company Is Real," *Fast Company*, December-January 1998, P. 48.

第5章

(1) Laurence Zuckerman, "Agent to the Software Stars," *New York Times*, September 8, 1997, p. D1.

(2) Orestes Brownson, "The Laboring Classes," 1840, reprinted in Joseph L. Blau, ed., *Social Theories of Jacksonian Democracy*, Indianapolis: Bobbs-Merrill, 1954, pp. 306-307, 309-310.

(3) Abraham Lincoln, "Speech at Kalamazoo, Michigan," August 27, 1856, in Roy P. Basler, ed., *The Collected Works of Abraham Lincoln*, Vol. II, New Brunswick, N.J.: Rutgers University Press, 1953, p. 364.

(4) 労働騎士団の会長、テレンス・パウダリーは賃金システムの廃止を明確に要求した。Terence Powderly, "Address to the General Assembly of the Knights of Labor," 1880, reprinted in Powderly, *The Path I Trod*, New York: Columbia University Press, 1940, p. 268.

(5) *Historical Statistics of the United States, Colonial Times to 1970*, Vol. 1, Washington, D.C.: U.S. Government Printing Office, U.S. Bureau of the Census, 1975.

(6) "Testimony Before the Industrial Commission," Washington, D.C., April 18, 1899, reprinted in Gompers, *Labor and the*

Employer, New York: E.P. Dutton, 1920, p. 291.

（7） "Labor and Its Attitude Toward Trusts," *American Federationist*, Vol.14, 1907, p. 881.

（8） Woodrow Wilson, *The New Freedom*, ed., William E. Leuchtenburg, Englewood Cliffs, N.J.: Prentice-Hall, 1961, pp. 26-27.

（9） 198 U.S. 45, 61, 1905.

（10） 108 U.S. 412, 418, 1908.

（11） National Conference on Social Welfare, The Report of the Committee on Economic Security of 1935, 50th Anniversary Edition, Washington, D.C., 1985, p. 56.

（12） U.S. Office of Management and Budget, Special Analysis of the Budget of the U.S. Government, Washington, D.C., various issues.

（13） ウィリアム・H・ホワイト・ジュニアは、アメリカで出現したホワイトカラー階級の順応文化に関する彼の著書 *The Organization Man*, New York: Simon & Schuster, 1956（岡部慶三・藤永保・辻村明・佐田一彦『組織のなかの人間』（上・下）東京創元社、一九五九年）が出版されたとき『フォーチュン』誌の編集者であった。

（14） 一九五二年の調査は『フォーチュン』誌から出版された *The Executive Life*, Garden City, N.Y.: Doubleday, 1956, p. 30 に収められている。

（15） 文献は注（13）に同じ。pp. 143, 145.

（16） 文献は注（13）に同じ。p. 146.

（17） Sloan Wilson, *The Man in the Gray Flannel Suit*, Mattituck, N.Y.: Amereon House, 1955（田中融二訳『灰色の服を着た男』早川書房、一九五六年）による。

（18） E.P. Thompson, "Time, Work Discipline, and Industrial Capitalism," Past & Present,

A Journal of Historical Studies, No. 38, December 1967, pp. 56-97.

(19) "Norman Vincent Peale Answers Your Questions," *Look*, March 6, 1955. これは注(13)のp. 282に引用されている。

(20) *Sales Management*, January 15, 1952. これは注(13)のpp. 288n. 3, 394に引用されている。

(21) J. Kahl, *The American Class Structure*, New York: Holt, Rinehart, 1956, pp. 109-110（稲本国雄訳『アメリカの階級構造』時事通信社、一九五八年）。

(22) 収入が不安定になっていることが明らかにされているが、必ずしも仕事が不安定になっているわけではない。研究者は通常、いくつかの変数に注目する。「雇用の安定性」は雇用の継続期間、雇用の継続率、離職率などによって、「雇用保障」は非自発的失業の可能性によって、「収入の安定性」はある期から次の期への収入の変動によって見る。有給労働が主であった産業経済においてはこの三つの指標は通常は一緒に動いたが、近年ではそうではなくなってきている。最近の研究としては、以下を参照されたい。Daniel Aaronson and Daniel G. Sullivan, "The Decline of Job Security in the 1990s:Displacement, Anxiety, and Their Effect on Wage Growth," *Economic Perspectives*, First Quarter 1998, pp. 17-43; Henry Farber, "Trends in Long Term Employment in the United States, 1979-1996," *Industrial Relations Section Working Paper*, No. 384, Princeton, N.J.: Princeton University, July 17, 1997; U.S. Bureau of Labor Statistics, "Employee Tenure in the Mid-1990s," January 30, 1997; Peter Gottschalk and Robert Moffitt, "The Growth of Earnings Instability in the U.S. Labor Market," *Brookings Papers on Economic*

Activity, No. 2, 1994. いくつかの矛盾点を解消する試みとしてはDavid Neumark, "Changes in Job Stability and Job Security: A Collective Effort to Untangle, Reconcile, and Interpret the Evidence," *National Bureau of Economic Research Working Paper*, No. 7472, January 2000がある。

(23) そういった仕事をどう定義するかによって評価は大きく異なる。労働省労働統計局によれば全労働力の八%から一〇%と比較的小さく推定され、その他の機関では三〇%近くであると予測している。Barry Bluestone and Stephen Rose, "Overworked and Underemployed," *The American Prospect*, March-April 1997, p. 60.

(24) 変動的な賃金支払い方法が急速に標準となりつつある。一九九八年八月にアリゾナ州スコッツデールのアメリカ報酬協会によって約三〇〇〇のアメリカ人とカナダ人の雇用主を対象に行われた調査によると、八六%がすでに変動的な方法で賃金を支払っていると答え、三五%が今後、能力給よりもそういった方法に重点を置くことを予定していると答えた。一九九八年夏、イリノイ州リンカンシアのヒューイット協会による一〇六九人の雇用主を対象にした調査によれば、変動的な賃金プランを少なくとも一つは提供している企業は七二%にのぼり(一九九六年の六一%から上昇している)、それが株とストック・オプションによるものだと答えた雇用主は六三%であった。また一九九九年には、五五%がストック・オプションを組織の末端にまで拡大することを予定していると答えた。"Pay Is Rising, Thanks to Sweeteners in a Tight Labor Market," *New York Times*, August 30, 1998, p. B11.

(25) Dale Belman and Erica Goshen, "Small Consolation: The Dubious Benefits of Small Business for Job Growth and Wages,"

Washington, D.C.: Economic Policy Institute, June 30, 1998.

(26) Barry Bearak, "Behind the Wheel: Long Hours and Hard Feelings," *New York Times*, May 15, 1998, p. A1.

(27) 健康保険に入っていないアメリカ人が増加していることには相当な政治的関心が集まりマスコミでも取り沙汰されているが、より多くの保険料、より多くの従業員拠出金、より多くの給与からの控除を求められるようになったアメリカ人もまた増加していることには、それほど多くの関心が集まっていない。このように保険料への支払いが増えてしまった結果、それを支払えない人も出てきて医療サービスの利用が妨げられることもしばしば起きるのである。雇用主から提供される健康保険適用範囲の低下に関するデータについては、以下を参照されたい。Lawrence Mishel, Jared Bernstein, and John Schmitt, *The State of Working America, 1998-99*, Ithaca, N.Y.: Cornell University Press, 1999, pp. 146-147.

(28) 大学が契約による教員へますます頼るようになっているという資料は、以下を参照されたい。Michael S. McPherson and Morton Owen Shapiro, "Tenure Issues in Higher Education," *Journal of Economic Perspectives*, Winter 1999.

(29) David Marcotte, "Evidence of a Fall in the Wage Premium of Job Security," Center for Governmental Studies, Northern Illinois University 1994; Barry Bluestone and Stephen Rose, "Overworked and Underemployed," *The American Prospect*, March-April 1997.

(30) 全米科学財団と国勢調査局によって実施される調査によると、ソフトウェア技術者の消耗率は非常に高い水準にある。Normal Matloft, "Now Hiring! If You're Young," *New York*

Times, January 26, 1998, p. A23.

(31) 失業した中高年労働者がこれまでと同水準の賃金で新しい職を見つけることが困難なのは、企業が投資回収期間の短い中高年労働者に、新しいテクノロジーを使う訓練投資することを避けたがることも一因となっている。William J. Baumol and Edward N. Wolff, "Speed of Technical Progress and Length of the Average Interjob Period," Jerome Levy Economics Institute, Working Paper, No. 237, May 1998, Annandale-on-Hudson, N.Y. またコネティカット州ノーウォークの Exec-U-Net 再就職斡旋サービスによる、新たな職探しをした四〇〇人の管理職についての調査を参照されたい。求職者の年齢が高いほど、面接回数は少なく求職期間も長い。仕事を見つけるまでの期間は三五歳から四〇歳を基準にすると、四一歳から四五歳の求職者で一八%長く、四六歳から五〇歳で二四%、五一歳から五五歳で四四%、五六歳から六〇歳で六六%長くなっている。Daniel M. Gold, "In Executive Job Hunts, Experience Doesn't Matter," *New York Times*, October 25, 1998, Business, p. 10.

(32) 毎年三月、合衆国国勢調査局では、アメリカ人の所得について大規模な調査を実施する。それは経常人口調査（CPS）と呼ばれているものであるが、ここでの所得の定義は、賃金や給料だけでなく、公的扶助やその他の移転所得まで含む実に幅広いものである。しかしキャピタル・ゲインや帰属家賃収入を含んでいないことから、所得をかなり控え目に計上する方法として測られている。したがって、CPSの所得は不平等の測定としてはかなり控え目な尺度であるとみなされている。データは「世帯」（二人以上の縁戚の同居者）について、また「家計」（家族だけでなく、一人暮らしや縁戚でない同居者）について集められる。一人暮らしが平均所得金額を下げることから、世帯についての平均所得は家計についてよりも高い。不平等も同様に家計のほうが明確である。

(33) 詳細なデータによれば、賃金と所得の不平等の増加は、一九九〇年代よりも一九八〇年代のほうが若干大きかったことを示している。それは一九九一年からの持続的な経済の力強い拡大が、労働力需要の大幅な増加と、それによる失業率の低下を必然的に伴うものであったことを考えれば肯首できる。その結果、所得階層の最も貧しい層の労働者は、需要が少ないときよりも高賃金で長時間働く雇用機会に恵まれた。一九九〇年代の比較に関しては、経常人口調査(CPS)の調査方法が一九九四年に変更されて(一九九三年の所得から変更)所得の不平等度が一時的に急上昇したため、歪みがあることに注意されたい。

(34) 合衆国国勢調査局による経常人口調査(CPS)の長期時系列データは、一九九九年九月に補正された。

(35) 一九九〇年代の株式市場の高騰で誰が利益を得たかについて、ニューヨーク大学のエドワード・N・ウォルフ教授が、連邦準備制度理事会による消費者金融についての調査から綿密なデータ分析を行っている。Edward Wolff, "Recent Trends in the Size Distribution of Household Wealth," *The Journal of Economic Perspectives*, Vol. 12, No. 3, 1998, p. 131.

(36) *Report of the 1994-96 Advisory Council on Social Security*, Vol. 2, Washington, D. C., 1997, p. 30.

(37) 不平等の拡大がそれほど問題ではないと考える人々も、経常人口調査(CPS)による不平等度を示すデータが、税と移転による大きな効果を無視していると主張している。しかし税と移転を計算に入れて測定した場合、不平等は一九八〇年から一九九八年にかけていっそう拡大したことが明らかになった。これは国勢調査局のホームページを参照されたい。www.census.gov/hhes/www/income.html, Table RDI-5.

(38) 特定の人口グループを追跡的に調査した研究では、限られた移動性しか見られなかった。低い所得階層から上の階層に移動する世帯は相対的に少なく、一九七〇年代の初めに所得五分位の最下層の世帯で暮らしていた子どものうち、一〇人中約六人が一〇年後もそこに留まっていた。Peter Gottschalk, "Inequality, Income Growth, and Mobility: The Basic Facts," *Journal of Economic Perspectives*, Vol. 11, No. 2, Spring 1997.

(39) Scott Thurm, "Silicon Valley Reveals Signs of Growing Disparity," *Wall Street Journal Europe*, January 11, 2000, p. 6, summarizing a report by joint Venture: Silicon Valley Network, January 2000.

(40) *The Economist*, February 26, 2000, p. 43.

第6章

(1) 平均的な働く成人アメリカ人が給与を得るために働く年間労働時間が二〇〇〇時間をやや下回るという推定は、全経済活動における年間の総労働時間を、雇用量の年間平均で割ることで得られる。しかし年間で労働力に出入りがあるため、働いた人の実際の数は、雇用量の平均水準より多い。つまり、その年に働いた人の年平均労働時間は、それに対応してより低くなるはずであることを意味する。ただしどちらの方法で計算しても、実質的な労働時間は増加している。第一の計算方法によると、年平均時間が一九七九年の一九〇五時間から一九九九年には一九七六時間になり、約二週間分の増加であった。

二番目の方法では年平均時間が一九七九年の一六三七時間から一九九九年には一七七六時間になり、ほぼ三週間半分の増加となっている。*Report on the American Workforce*, Washington, D.C.: U.S. Department of Labor, 1999.

(2) 労働時間の測定方法は国ごとに基準が異なっている。アメリカでは人々が仕事に投入した時間は主観的な評価によるが、ヨーロッパの国々の多くは、雇い主によって報告される「公式な時間」だけを計測している。しかし各国での測定は一貫した方法で継続的に行われていることから、トレンド自体は明らかである。"Key Indicators of the Labor Market, 1999," Geneva, Switzerland: International Labor Organization, September 1999.

(3) 一九九七年時点のデータは、現在利用できる最新のものである。一九六九年から一九九七年まで、配偶者双方が有給労働をしている既婚者比率は、三六%から六八%にまで増大した。このデータおよび関連データは "Families and the Labor Market, 1969-1999: Analyzing the 'Time Crunch,'" A Report of the President's Council of Economic Advisers, Washington, D.C., May 1999 にまとめられている。

(4) 有給労働時間を増やす傾向にあると最初に指摘した研究者の一人がジュリエット・ショアーである。これについてはJuliet Schor, *The Overworked American*, New York: Basic Books, 1991 (森岡孝二ほか訳『働きすぎのアメリカ人』窓社、一九九三年) を参照されたい。彼女の結論についてJohn Robinson and Geoffrey Godbey, *Time for Life*, State College: Pennsylvania State University Press, 1997 が反論している。しかしアメリカ人が正確に有給労働に費やした時間や、誰の労働時間が最も急激に増えたかに関する研究者の間の議論はショアーとロビンソン＝グッドベイの論争を超えてますます広がっている。

（5） 文献は注（4）のロビンソン＝グッドベイを参照のこと。

（6） Alice Walker, *In Search of Our Mothers' Gardens*, New York: Harcourt Brace Jovanovich, 1984, p. 238（荒このみ訳『母の庭をさがして』東京書籍、一九九二年）による。

（7） Lawrence L. Knutson, "Oldest U.S. Worker, at 102, Says His Job Still a 'Pleasure,'" *Boston Globe*, March 13, 1998, p. A3.

（8） Ellen Langer, *The Power of Mindful Learning*, Reading, Mass.: Perseus, 1997, p. 58.

（9） Arlie Russell Hochschild, *The Time Bind: When Work Becomes Home and Home Becomes Work*, New York: Henry Holt and Co., 1997.

（10） Fritz Stern, *Einstein's German World*, Princeton, N.J.: Princeton University Press, 1999.

（11） Henry David Thoreau, *Walden*, conclusion, 1854.

（12） 一九九七年以降のデータは Julia Lawlor, "Minding the Children While on the Road," *New York Times*, July 12, 1998, Business, p. 10による。

（13） データはミーティング・プランナー・インターナショナルの最高経営責任者、エド・グリフィンによるものである。Edwin McDowell, "The Many Amenities of Corporate Retreats," *New York Times*, September 12, 1999, Business, p. 16.

（14） "DDB Needham Life Style Survey," DDB Needham, Inc.; National Opinion Research Center, "General Social Survey," various years.

（15） Norman Nie and Lutz Erbring, "Internet

and Society: A Preliminary Report," February 17, 2000, Stanford Calif.: Stanford Institute for the Quantitative Study of Society, Stanford University. 調査は一九九九年一二月に実施され、サンプルは一八歳以上の成人四一一三人を全国から無作為に抽出したものである。

(16) Christine Temin, "People Who Live in Glass Houses," *Boston Globe*, August 19, 1999, p. F1.

(17) S. Bianchi, G. Weathers, L. Sayer, and J. Robinson, "Are Parents Investing Less in Children? Trends in Mothers' and Fathers' Time with Children," Center on Population, Gender, and Social Inequality, University of Maryland, Working Paper, unpublished, 2000.

(18) 算出にはインフレ率の調整が必要である。しかし長期の所得を比較する場合には注意しなければならないことがある。たとえば現在われわれが暮らしている技術革新の時代には、同じ所得で以前よりも良い商品やサービスを購入することができるからである。通常のインフレ率の尺度ではこの変化をとらえるのは難しい。

(19) U.S. Department of Commerce, Bureau of the Census, Current Population Survey, "Households by Type and Selected Characteristics," various issues.

(20) 夫の給与が安定的でなく失業の可能性が高い場合、妻は仕事に就く可能性が高く、また長時間働く傾向にあることをデータは示している。たとえばJ. Berry Cullen and J. Bruber, "Spousal Labor Supply as Insurance: Does Unemployment Insurance Crowd Out the Added Worker Effect?" National Bureau of Economic Research Working Paper, No. 5608, June 1996を参照のこと。

(21) 多くの労働者が残業を自発的に行う別の一因

は、働く男性のうち結婚している人が少ないため、早く家に帰る理由がないからであろう。

(22) Phillip L. Jones, Jennifer M. Gardner, and Randy Ilg, "Trends in Hours of Work Since the Mid 1970s," *Monthly Labor Review*, Vol. 120, No. 4, April 1997.

(23) Jerry Jacobs and Kathleen Gerson, "Who Are the Overworked Americans?" *Review of Social Economy*, Vol. 56, No. 4, 1998, p. 442.

(24) *Fast Company*, August 1998, p. 158 のインタビューによる。

(25) 一九九〇年代初め、ある大手金融会社で休暇を取った五二三人のフルタイム管理職の昇進を比較したところ、年齢、性別、教育水準をコントロールしてもなお彼らがより責任のあるポジションに昇進する見込みは一八%低く、業績評価、給料増加率も低いことが確認された。また早期に抜擢された管理職ほど出世コースに乗りやすく、より早く昇進する傾向があることを発見している。M. Judiesch and K. Lyness, "Left Behind? The Impact of Leaves of Absence on Managers' Career Success," *Academy of Management Journal*, Vol. 42, No. 6, 1999, p. 641.

(26) 所得の高い男性の妻が労働力化するスピードについては、税制の変化も考慮しなければならない。妻が専業主婦であることを好む社会的保守派の人たちが、裕福で家にいた妻にとっての限界所得税率を下げることで彼女たちの労働力化をそれ以前にも増して加速したのは皮肉なことといわねばならないだろう。

(27) 文献は注（3）に同じ。

(28) "A Nation Prepared: Teachers for the 21st Century," Carnegie Forum on Education and the Economy, New York: The Carnegie Corporation, 1986 およびそれ以降の調査。

(29) 文献は注(3)に同じ。

(30) 以下は、経常人口調査(CPS)データからの算出による。ハーバード大学ジョン・F・ケネディ大学院のジョン・D・ドナヒュー教授よりご協力いただいた。

(31) Linda J. Sax *et al.*, "The American Freshman: National Year Trends, 1966–1995," and "The American Freshman: National Norms" for each year thereafter, Los Angeles: Cooperative Institutional Research Program Survey of American Freshmen, Higher Education Research Institute, University of California at Los Angeles.

(32) Linda Bell and Richard Freeman, "Working Hard," paper presented at the Conference on Changes in Work Time in Canada and the United States, Ottawa, Canada, June 1996.

(33) 国際社会科学プログラム調査による(注(32)のp.3より引用)。

(34) John Maynard Keynes, "Economic Possibilities for Our Grandchildren," *Saturday Evening Post*, Vol. 203, October 11, 1930, p. 27.

(35) 注(32)に同じ。

第7章

(1) William H. Whyte, Jr., *The Organization Man*, New York: Simon & Schuster, 1956, pp. 76, 147, 150(岡部慶三・藤永保・辻村明・佐田一彦訳『組織のなかの人間』東京創元社、一九五九年)。

(2) David Riesman, *The Lonely Crowd: A Study of the Changing American Charac-*

ter, New Haven: Yale University Press, 1950（加藤秀俊訳『孤独な群衆』みすず書房、一九六四年）による。

（3） 注（1）に同じ（p. 448）。

（4） Arthur Miller, *Death of a Salesman*, 1949; London: Penguin, 1998, p. 65（大村敦・菅原卓『セールスマンの死』早川書房、一九五〇年）による。

（5） 一九九七年、アメリカ教育省は一九九二年と一九九三年に大学を卒業しフルタイムの職に就いた若者の調査データを公表した。この調査では、彼らがどのように仕事を見つけたかを尋ねている。個人的人脈による就職は大学の「就職課」や職業斡旋所の紹介の三倍以上であり、また求人広告や求人公示によるものの二倍以上であった。“Early Labor Force Experiences and Debt Burden,” Department of Education, National Center for Education Statistics Report No. 97-286, July 1997; Barber, Daly, Giannatonio, and Phillips, “Job Search Activities: An Examination of Changes over Time,” *Personnel Psychology*, Vol. 747, No. 4, 1994, p. 739.

（6） 新興経済における経済的成功は、エリートという証明書よりもやる気と創造性によってもたらされるという主張は、アラン・クルーガーとステイシー・デールの研究結果と整合的である。彼らはある有名大学（平均的な学生が学力テストで比較的高いスコアを取る）に合格した後辞退した学生の所得を、そのような大学に通った学生と比較することによってこれを明らかにした。卒業した二、三年後、二グループの平均所得はほぼ同額であった。A. Krueger and S. Dale, “Estimating the Payoff to Attending a More Selective College: An Application of Selection on Observables and Unobservables,” *Industrial Relations Section Working Paper*, No. 409, Princeton University,

July 1999.

（7） 注（6）と同じ研究で、クルーガーとデールは、もともと高所得世帯の学生よりも人脈が少ないと考えられる低所得世帯の学生は、名門教育機関で教育を受けることで、高所得世帯の学生よりも大きな恩恵を受けていることを明らかにした。

（8） ミルグラムのこの有名な実験については、Stanley Milgram, "The Small-World Problem," *Psychology Today*, Vol. 2, 1967, pp. 60-67でまとめられている。

（9） 高いレベルでの人脈の重要性については以下を参照されたい。P. Marsden and J. Hurlbert, "Social Resources and Mobility Outcomes," *Social Forces*, Vol. 66, 1988, pp. 1038-1059; Mark S. Granovetter, *Getting a Job*, Cambridge: Harvard University Press, 1974（渡辺深訳『転職』ミネルヴァ書房、一九九八年）。

（10） Charles Babcock, "Clinton Friend Referred Lewinsky for Internship," *Washington Post*, January 1, 1998, p. A12.

（11） Eric Eckholm, "China's Colleges: A Rush to Party, as in Communist," *New York Times*, January 31, 1998, p. A1.

（12） Jill Abramson, "The Business of Persuasion Thrives in Nation's Capital," *New York Times*, September 29, 1998, p. A22.

（13） 注（12）に同じ。

（14） 本書執筆時点において、ラングレンの音楽はwww.tr-i.comで見つけられる。

（15） メアリー・ミーカーの出世はJohn Cassidy, "The Woman in the Bubble," *The New Yorker*, April 26 and May 3, 1999, p. 48に記されている。

（16） 一九九九年のミーカーの申告所得とモルガン・スタンレーの申告所得については以下を参照されたい。Charles Gasparino and Randall Smith, "Wall Street Scores in '99. Now for the Big Bonus Round," *Wall Street Journal*, December 9, 1999, p. C1.

(17) Bernard Weinraub, "Hollywood Raises Curtain on 2000," *New York Times*, February 20, 1999, p. A7.

(18) Alison Leigh Cowan, "Lessons: Questions in a Change of Heart," *New York Times*, February 23, 2000, p. A23.

(19) 一九九九年九月二三日に行われたボストンにあるアイザックソン・ミラー社の社長であるジョン・アイザックソンとのインタビューによる。

(20) *Boston Globe*, November 12, 1998, p. C1.

(21) バローのエピソードは Sylvia Nasar, "New Breed of College All-Star," *New York Times*, April 8, 1998, pp. C1, C3 より引用した。

(22) このテーマについては Robert Frank and Philip Cook, *The Winner-Take-All Society*, New York: Free Press, 1995（香西泰監訳『ウィナー・テーク・オール』日本経済新聞社、一九九八年）がすばらしく詳細に説明してくれている。

(23) Kyle Pope, "For TV's Hottest Item, It's Let's Make a Deal," *Wall Street Journal*, April 5, 1999, p. B1.

(24) Dale Carnegie, *How to Win Friends and Influence People*, New York: Simon & Schuster, 1936（山口博訳『人を動かす（新装版）』創元社、一九九九年）。

(25) 注（4）に同じ (pp. 21, 65-66)。

(26) 注（2）に同じ (pp. 47-49, 83)。

(27) Suze Orman, *The Courage to Be Rich: Creating a Life of Material and Spiritual Abundance*, New York: Doubleday, 1999.

(28) Tom Peters, "The Brand Called You," *Fast Company*, August-September 1997, pp. 83-94.

(29) Bryan Miller, "Serving Chef Under Glass," *New York Times*, October 10, 1998, p. B1.

(30) Tracie Rozhon, "The Agent as Hot Property," *New York Times*, April 19, 1998, p. C1.

(31) Ann Jarrell, "Doctors Who Love Publicity," *New York Times*, July 2, 2000, p. F1; Abigail Zuger, "Doctors' Offices Turn into Salesrooms," *New York Times*, March 30, 1999, p. F1.

(32) 自らを宣伝している歯科医についての詳細は Rick Marin, "Polishing Their Image," *New York Times*, January 31, 1999, Section 9, p. 1を参照されたい。

(33) Bruce Orwall, "Wall Street Bets on Entertainment Idol's Earning Power," *Wall Street Journal*, September 26, 1997, p. B1. マーサ・スチュワート法人化については公示記録による。

第8章

(1) 明記しない限り、アメリカの家族構造変化に関するデータは、"The Changing American Family," in *Economic Report of the President*, Council of Economic Advisers, Washington, D.C., February 2000(『週刊エコノミスト臨時増刊号　米国経済白書』毎日新聞社)による。また次の文献も参照されたい。"Families and the Labor Market, 1969-1999; Analyzing the 'Time Crunch,'" a report of the President's Council of Economic Advisers, Washington, D.C., May 1999.

(2) 夫と妻の間で就業と子育てを交代することが

増えていることについてはNational Study of the Changing Work Force, 1997を参照されたい（三五〇〇人以上の有業男女の調査）。この調査結果についてはJulia Lawlor, "For Many Blue-Collar Fathers, Child Care Is Shift Work, Too," *New York Times*, April 26, 1998, p. 11に掲載されている。このほかにもJacqueline Salmon, "A Tag-Team Approach to Wrestling with Child Care," *Washington Post Weekly Edition*, April 10, 1998, p. 30を参照されたい。

（3）この点に関する資料はRobert Putnam, *Bowling Alone*, New York: Simon & Schuster, 2000, p. 100を参照されたい。

（4）Amy Wilson, "All in the Family," *Fast Company*, March 2000, p. 72.

（5）他の世帯グループの比率は、この間それほど変わっていない。未婚者と子どもからなる世帯の比率は、一〇%から一一%へとわずかに増加しただけだった。既婚者で子どものいない世帯の比率は、三〇%をやや下回るところから、三〇%をわずかに超えた程度までしか増えなかった。これについては以下を参照されたい。U. S. Bureau of the Census, Current Population Reports, pp. 20-509, and earlier reports; unpublished data; Tom W. Smith, "The Emerging 21st Century American Family," National Opinion Research Center, University of Chicago, General Social Survey Report, No. 42, November 24, 1999にあるGeneral Social Survey.

（6）ほとんどの家族構造の変化をピルのせいにするような見方についてはC. Goldin and L. Katz, "Career and Family in the Age of the Pill," *American Economic Review*, May 2000を参照されたい。

（7）注（5）のTom W. Smithの報告書を参照されたい（Table 3, p. 25）。

（8）インフレ率を調整すると、所得五分位の最も下位の男性の平均収入は一九七九年の五八一八ドルから一九九六年の三二八七ドルへと、四四%低下した。下から二番目の所得階層の男性は、二万二二六三ドルから一万六九四九ドルへ二四%の低下、中間の男性は三万三一三三ドルから二万七七六五ドルへ一六%低下、上から二番目の男性は四万四一〇二ドルから四万五六一ドルへ八%低下した。最上位の男性の平均収入だけが伸びを示し、一九七九年の七万三五〇ドルから一九九〇年代後半においては七万二八九三ドルと、四%増加した（サンプルは二五歳から五九歳のアメリカ人男性で何らかの施設に居住する者は除く）。集計は一九八〇年三月と一九九七年三月の経常人口調査（CPS）による。賃金と所得統計はすべて一九九六年基準ドルで測られている。Gary Burtless, "Effects of Growing Wage Disparities and Changing Family Composition on the U.S. Income Distribution," *Center on Social and Economic Dynamics Working Paper No. 4*, July 1999, Table 2.

（9）文献は注（8）に同じ。

（10）分析については、以下を参照されたい。Barbara H. Wootton, "Gender Differences in Occupational Employment," *Monthly Labor Review*, Vol. 120, No. 4, 1997, p. 15.

（11）U.S. Bureau of the Census, Current Population Survey.

（12）文献は注（6）に同じ。

（13）裁判長とヤングのやりとりについては以下を参照されたい。Melody Petersen, "The Short End of Long Hours," *New York Times*, July 18, 1998, p. B1; Margaret Jacobs, "Fathers Winning More Child-Custody Cases," *Orange County Register*, July 19, 1998, p. A25.

（14）調査データは、注（5）の Tom W. Smith

の報告書による（Table 15, p. 38）。

(15) "Births, Marriages, Divorces, and Deaths," historic data, National Vital Statistics Reports, National Center for Health Statistics, Washington, D.C. ここではまた、子どもが欲しいけれども不妊症か、育てる余裕がない人がいることにも言及している。出産が遅れることで、不妊率が増えているのである。

(16) 注（5）の Tom W. Smith の報告書。

(17) 注（5）の Tom W. Smith の報告書。

(18) 家庭内暴力は、経済的なストレスによる多くの結果の一つにすぎず、経済的なストレスが暴力や別の社会的逸脱をもたらすという因果関係なのか、あるいはその逆の因果関係なのかは、完全に明らかになっているわけではない。仕事を失うことと社会的逸脱は、共通の原因によるものだろう。確証はないが、家庭内暴力の発生率は失業の増加に伴って上昇すると指摘されている。概要は以下を参照されたい。Richard Gelles and Murray Straus, *Intimate Violence: The Causes and Consequences of Abuse in the American Family*, New York: Simon & Schuster, 1988; Robert Burgess and Patricia Draper, "The Explanation of Family Violence: The Role of Biological, Behavioral, and Cultural Selection," in Lloyd Ohlin and Michael Tonry, eds., *Family Violence*, Chicago: University of Chicago Press, 1989, pp. 59–116.

(19) Kathryn Edin, "Few Good Men," *The American Prospect*, January 3, 2000, p. 26.

(20) イギリスの婚外出生に関するデータは以下を参照されたい。"Key Population and Vital Statistics," Her Majesty's Office for National Statistics, London, December 1997, and subsequent series.

(21) 注（5）の Tom W. Smith の報告書。

(22) 文献は注（15）に同じ。データのいくつかは、Steven Holmes, "In Climb up the Ladder, Married Blacks Are Choosing Small Families," *New York Times*, July 21, 1998, p. A10 に集計されている。

(23) 赤ちゃんを持つ経済的コストが大きい未婚女性の出生率が、既婚女性の出生率より速く低下しない原因はいまだ解明されていない。

(24) U.S. Bureau of the Census, *Educational Attainment in the United States*, Washington, D.C.: U.S. Department of Commerce, Economics and Statistics Administration, March 1998, from Current Population Reports, Population Characteristics, Report pp. 20-513, Table 1.

(25) "Twelfth Annual Report on Eating Patterns in America," Port Washington, N. Y.: NPD Group, August 1997. また、補足資料として以下も参照されたい。*The Economist*, September 26, 1998, pp. 68-69.

(26) *The Economist*, September 26, 1998.

(27) *New York* magazine, September 28, 1998.

(28) Monee Fields White and Liz Enochs, "Working Women Spur Economy," *Salt Lake Tribune*, October 26, 1999, p. C6.

(29) U.S. Bureau of the Census, Current Population Reports, pp. 62-70, November 1997, Table A: "Primary Child Care Arrangements Used for Preschoolers by Families with Employed Mothers: Selected Years."

(30) 注（5）の Tom W. Smith の報告書にある General Social Survey を参照（Table 14）。

第9章

(1) René Spitz, "Hospitalism: An Inquiry Into the Genesis of Psychiatric Conditions in Early Childhood," 1945, reprinted in R. Emde, ed., *The Psychoanalytic Study of the Child*, Vol. 12, New York: International Universities Press, 1983, pp. 53-74.

(2) Mary Carlson *et al.*, "Psychological and Neuroendocrinological Sequelae of Early Social Deprivation in Institutionalized Children in Romania," *Annals of the New York Academy of Sciences*, Vol. 807, 1997, pp. 419-428.

(3) T. Field *et al.*, "Tactile/Kinesthetic Stimulation Effects on Preterm Neonates," *Pediatrics*, Vol. 77, 1986, pp. 654-658; F. Scafidi *et al.*, "Massage Stimulates Growth in Preterm Infants: A Replication," *Infant Behavior and Development*, Vol. 31, 1990, pp. 167-188.

(4) Lisa F. Berkman and S. Leonard Syme, "Social Networks, Host Resistance, and Mortality: A Nine-Year Follow-Up Study of Alameda County Residents," *American Journal of Epidemiology*, Vol. 109, No. 2, 1979, pp. 186-204.

(5) この研究についてはJohn Rowe and Robert Kahne, *Successful Aging*, New York: Random House, 1998, p. 229を参照されたい。

(6) Teresa Seeman *et al.*, "Behavioral and Psychosocial Predictors of Physical Performance: MacArthur Studies of Successful Aging," *Journal of Gerontology*, Vol. 50,

1995, pp.177-183.

(7) Robert Kraut *et al.*, "Internet Paradox: A Social Technology That Reduces Social Involvement and Psychological Well-Being," *American Psychologist*, September 1998, pp.1017-1031.

(8) 参加者は調査の始めと終わりに精神状態を測るための標準テストを受け、「すべてが大変だと感じる」「人生は楽しい」というような記述に賛成か否かを尋ねられる。また、心理的な健康を判定するのに使われる標準的なアンケートも行われた。もともと孤独であったり憂鬱な人々のほうが、幸福で忙しい人々よりもインターネットに引き込まれる傾向にある。

(9) Amy Harmon, "Sad, Lonely World Discovered in Cyberspace," *New York Times*, August 30, 1998, p.A1.

(10) T. Field *et al.*, "Massage Therapy for Infants of Depressed Mothers," *Infant Behavior and Development*, Vol.19, 1996, pp.109-114.

(11) T.E. Seeman *et al.*, "Social Ties and Support as Modifiers of Neuroendocrine Function," *Annals of Behavioral Medicine*, Vol.16, 1994, pp.95-106.

(12) Louis Uchitelle, "Gains in Employment, but Not in Productivity," *New York Times*, March 8, 1999, Business, p.1.

(13) メリルリンチは単に限られた顧客に、特別な気配りで金融サービスを提供する会社ではない。チャールズ・シュワブはウェブ上に素人でもできる株取引システムを作り、口座に五〇万ドル以上の資産を持つ顧客には、フルタイムで口座を監視し継続的にアドバイスを提供する、株のディスカウント・ブローカーである。Joseph Kahn, "Schwab Lands Feet First on the Net," *New York Times*, February 10, 1999, p.C1.

(14) Charles Gasparino, "Wall Street Has Less and Less Time for Small Investors," *Wall Street Journal*, October 5, 1999, p. C1.

(15) Thorstein Veblen, *The Theory of the Leisure Class*, New York: Macmillan, 1899（小原敬士訳『有閑階級の理論』岩波文庫、一九六一年）。

(16) Nancy Keates, "Coffee, Tea or Massage?" *Wall Street Journal*, November 6, 1998, p. W1.

(17) Laurence Zuckerman, "Airlines Coddle the High Fliers at Expense of the Coach Class," *New York Times*, April 1, 1998, p. A1.

(18) Elizabeth Hayt, "A High Fashion Destination Worth a Detour," *New York Times*, August 23, 1998, Section 9, p. 3.

(19) Thomas J. Leonard, "Coaching Q&A: What Is Coaching All About?" Coach U. Web site (www.coachu.com/qagrpa.htm), retrieved June 6, 2000.

(20) Lynette Lamb, "Team Me," *Utne Reader*, January-February 1999, p. 82.

(21) Todd Purdum, "Where Everyone Drives, Few Deign to Park," *New York Times*, November 28, 1999, p. A1.

(22) Natalie Angier, "Among Doctors, Pay for Women Still Lags," *New York Times*, January 12, 1999, p. D7.

(23) Timothy Diamond, *Making Gray Gold: Narratives of Nursing Home Care*, Chicago: University of Chicago Press, 1995. 詳しい解説は以下を参照されたい。Deborah A. Stone, "Care As We Give It, Work As We Know It," unpublished paper, Radcliffe Center on Public Policy, December 1998.

(24) この制度による影響の詳細については、以下を参照されたい。Deborah A. Stone, "Care and Trembling," *The American Prospect* 43, March-April 1999, p.61.

(25) 保育の量と質、そして一貫性のあるなしの差が、将来の子どものために重大な影響を与えることが、多くの研究から明らかになっている。Ellen Peisner-Feinberg *et al.*, "The Children of the Cost, Quality and Outcomes Study Go to School," Chapel Hill: University of North Carolina at Chapel Hill, FPG Child Development Center, June 1999; H. Goelman and A. R. Pence, "Effects of Child Care, Family, and Individual Characteristics on Children's Language Development: The Victoria Day Care Research Project," in D. A. Phillips, ed., *Quality in Child Care: What Does Research Tell Us?* Washington, D.C.: National Association for the Education of Young Children, 1987; Cheryl D. Hayes *et al.*, eds., *Who Cares for America's Children? Child Care Policy for the 1990s*, Washington, D.C.: National Academy Press, 1990.

こういった研究は、保育の質と量を測るために二つの尺度をよく使う。一つは保育者の感受性を測るアーネット・スケールである。どのくらい保育者が温かく、思いやりがあり、熱心であるかを、批判的か、脅迫的か、懲罰的か、無関心かとの対比で測定するものである。J. Arnett, "Caregivers in Day Care Centers: Does Training Matter?" *Journal of Applied Developmental Psychology*, Vol. 10, 1989, pp. 541-552. 第二のスケールは、保育の程度と種類を見るアダルト・インボルブメント・スケールである。子どもを無視していないか、日常的な世話をしているか（たとえば鼻をかむときに手伝うかなど）、しつけのために会話をしているか、直接的な要求に答えているか、子どもの疑問に対し肯定的にかつ簡明に反応しているか、またその疑問をより広く詳細にとらえているか、そして最終的に子どもを会話に引き込み、双方向の遊びをしているか、抱いたり抱えたりして安心感を提供しているかなどを測定するものである。C. Howes and P. Stewart, "Child's Play with Adults, Toys and Peers: An Examination of Family and Child Care Influences," *Developmental Psychology*, Vol. 12, No. 3, 1987, pp. 423-430.

(26) 研究の詳細については以下を参照されたい。"Early Learning, Later Success: The Abecedarian Project," Chapel Hill: University of North Carolina at Chapel Hill, February 28, 2000. ただし本書執筆時点では、専門誌には掲載されていない。

(27) 医者や教授も一対一で、または小グループで仕事をする傾向があるが、給料は今なお比較的よい。だが彼らの定型業務のうち多くが低賃金の臨床看護婦、インターン、大学院生または非常勤講師によって行われていることには注意すべきである。

(28) Arlie Russell Hochschild, *The Managed Heart: The Commercialization of Human Feeling*, Berkeley: University of California Press, 1985（石川准・室伏亜希訳『管理される心——感情が商品になるとき』世界思想社、二〇〇〇年）は、伝統的に多くの女性によって提供されてきた気配りというものが、いかに商品化されたかの研究である。

(29) U.S. Department of Labor, Bureau of Labor Statistics, *Occupational Outlook Handbook*, 2000-01 Edition, Bulletin 2520, Washington, D.C.: U.S. Government Printing Office, January 2000.

(30) Leslie Eaton, "Tourism Is Helping Put Some Back on the Job," *New York Times*, August 30, 1998, p. A29.

(31) 注(21)に同じ。

(32) James Brooke, "Cry of Wealthy in Vail: Not in Our Playground!" *New York Times*, November 5, 1998, p. A18.

第10章

(1) アメリカ人の結束が弱まったということを示す文献としては Robert Putnam, *Bowling Alone*, New York: Simon & Schuster, 2000 を参照されたい。

(2) アメリカで所得による分離が拡大していることを示す文献としては Paul Jargowsky, *Poverty and Place: Ghettos, Barrios, and the American City*, New York: Russell Sage, 1997 を参照されたい。

(3) James Brooke, "Cry of Wealthy in Vail: Not in Our Playground!" *New York Times*, November 5, 1998, p. A18.

(4) すでに起こったことの1例としては、以下を参照されたい。Laurie Flynn, "Georgia City Putting Entire Community Online," *New York Times*, March 17, 2000, p. C4.

(5) "Policing for Profit: Welcome to the New World of Private Security," *The Economist*, April 19, 1997, pp. 21-24.

(6) シカゴの状況に関しては、以下を参照されたい。Bill Dedman, "For Black Home Buyers, a Boomerang," *New York Times*, February 13, 1999, p. A15.

(7) Xianglei Chen, "Students' Peer Groups in High School: The Pattern and Relationship to Educational Outcomes," U.S. Department of Education, Office of Educational Research and Improvement, National Center for Educational Statistics, 1997, 1998. 教

育に関連した経済的流動性については、以下を参照されたい。George J. Orjas, "Intellectual Capital and Intergenerational Mobility," *Quarterly Journal of Economics*, 1992, Vol. 1, p. 107.

(8) D. J. Robertson and J. S. V. Symons, "Do Peer Groups Matter?" Centre for Economic Performance, London School of Economics, Discussion Paper, 1996.

(9) L. Katz, J. Kling, and J. Liebman, "Moving Opportunity in Boston: Early Impacts of a Housing Mobility Program," Harvard University, September 1999.

(10) Tamar Lewin, "In Michigan, School Choice Weeds Out Costlier Students," *New York Times*, October 26, 1999, p. A14.

(11) 私的財団によって一部助成されている学区に関するデータは、アメリカ教育省の教育研究改善課事務局（Office of Educational Research and Improvement)、全国教育統計センター (National Center for Educational Statistics) から入手できる。

(12) "Highlights," Newton Schools Foundation, Vol. 13, No. 1, Fall 1999.

(13) *Wall Street Journal*, August 24, 1998, p. A12, editorial page.

(14) 多くの州で学校財源をより平等にする努力が行われているにもかかわらず、格差は今もなお存在する。一九九六年の実質ドル価値でみた公立学校の生徒一人当たりの支出を、入手可能な最新データの一九九二―九三年度でみると、世帯収入の中位額が二万ドル未満の学区で四二三七ドル、三万五〇〇〇ドル以上であった学区では六六六一ドルであった。最も裕福な学区では、生徒一人当たりの支出は九万五〇〇〇ドルに及ぶ。これについては以下を参照されたい。U. S. Department of Education, National Center for Education Statistics, "National

"Public Education Financial Survey," yearly issues; U.S. Department of Education, National Center for Education Statistics, *The Condition of Education*, 1997.

(15) Michael Janofsky, "Financial Aid Bargaining Drives Admissions Frenzy," *New York Times*, April 5, 1999, p. A12.

(16) Caroline Hoxby and B. Terry, "Explaining Rising Income and Wage Inequality Among the College-Educated," Cambridge, Mass.: National Bureau of Economic Research, Working Paper Series, No. 6873, 1999.

(17) Frances Perkins, *The Roosevelt I Knew*, New York: Viking, 1946, pp. 282–283.

(18) 調査は医療制度変革調査センター（Center for Studying Health System Change）によって実施された。一九九六年と一九九七年に無作為に選ばれた六〇のコミュニティには一万八八一人の内科医がいた。このうち所得の八五％以上をマネージド・ケアに依存している医者が貧しい患者の治療に費やす時間は月平均五・二時間、マネージド・ケアから所得を得ていない医者が費やす時間は月平均一〇時間で、約二倍となっていた。この研究は、Sheryl Gay Stolberg, "Managed Care Squeezes Research Funds and Charity Health Aid, Studies Find," *New York Times*, March 24, 1999, p. A20 によって報告されている。また、次の文献も参照されたい。Diane Rowland, Barbara Lyons, Alma Salganicoff, and Peter Long, "A Profile of the Uninsured in America," *Health Affairs*, Vol. 13, No. 2, Spring II, 1994.

(19) Laurence Zuckerman, "Developer of Notes Program to Focus on New Venture," *New York Times*, October 1, 1997, p. D2.

(20) Deborah Solomon, "As Art Museums

Thrive, Their Directors Decamp," *New York Times*, August 18, 1998, Section 3, p. 1.

(21) David Greenberg, "Small Men on Campus," *The New Republic*, June 1, 1998, p. 19.

(22) 注（21）に同じ。

(23) これらの平均値は以下の文献によるものである。U.S. Bureau of the Census, Current Population Survey, P-20 series, various issues.

(24) この計算は予算および政策優先順位センター（Center on Budget and Policy Priorities）のニコラス・ジョンソンとイリス・ラブが、全米州議会議員連盟（National Conference of State Legislatures）のデータをもとに計算したものである。これはインターネット上で公表されている（www.cbpp.org/930sttzx.htm.）。

(25) Pam Belluck, "Please Stay, We'll Pay You, Nebraska Begs Its Brightest," *New York Times*, February 18, 1998, p. A1.

(26) *New York Times*, November 30, 1998, p. A22, editorial page.

(27) U.S. Bureau of the Census, Annual Survey of Government Finances; National Center for Education Statistics, *Digest of Education Statistics for 1999*; David Minge, "The New War Between the States," *The New Democrat*, May-June 1999, p. 27.

(28) Steve Lopez, "Money for Stadiums but Not for Schools," *Time*, June 12, 1999, p. 54.

(29) クリーブランドにおける同じような例は、以下を参照されたい。Melvin Burstein and Arthur Rolnick, "Congress Should End the Economic War for Sports and Other Businesses," *Region*, Federal Reserve Bank of Minneapolis, June 1996, p. 5.

(30) Emma Lazarus, "The New Colossus: Inscription for the Statue of Liberty, New

York Harbor," 1883.

(31) Judith Miller and William Broad, "Iranians, Bioweapons in Mind, Lure Needy Ex-Soviet Scientists," *New York Times*, December 8, 1998, p. A1.

(32) Larry Greenberg, "'Canadian Professionals' Compensation Trails That of Their U.S. Counterparts," *Wall Street Journal*, December 23, 1998, p. A4.

第11章

(1) フロイトの "Lieben und arbeiten" はErik H. Erikson, *Childhood and Society*, New York: W.W. Norton, 1950, p. 229（仁科弥生訳『幼児期と社会（1、2）』みすず書房、一九七七、一九八〇年）に見られる。

(2) 『ニューヨーク・タイムズ』とCBSによる、一九九九年一〇月に行われた世論調査結果による。この調査は一〇三八人の若者を対象に行われた。七万五〇〇〇ドル以上の所得がある世帯に属する若者の五〇％が、両親世代よりも生活が大変でストレスが多いと答えた。所得が三万ドル未満の世帯に属する若者で、そう答えた割合は三八％であった。

(3) General Social Survey, cited in Tom W. Smith, "The Emerging 21st Century American Family," National Opinion Research Center, General Social Survey Report, No. 42, November 24, 1999, Table 11.

(4) Arlie Russell Hochschild, *The Second Shift*, New York: Avon Books, 1989.

(5) Cecile Andrews, *The Circle of Simplicity: Return to the Good Life*, New York: Harper Collins, 1997.

(6) Thoreau's journal, March 11, 1856.

(7) Thoreau, *Walden*, "Where I Lived, and What I Lived For," 1854; New York: Signet, 1949, p.66（酒本雅文訳『ウォールデン』筑摩書房（ちくま学芸文庫）、二〇〇〇年）による。

(8) 注（7）に同じ（"Economy," p. 14）。

(9) 世論調査は一九九九年四月九日から一二日に、AOLの「意見の広場」にアクセスしたビジターから無作為に抽出された一〇九六人を対象に、ローパー・スターチ・ワールドワイドによって行われた。"How Much Is Enough?" *Fast Company*, No. 26, July-August 1999, p. 108に報告されている。

(10) 『リアル・シンプル』の編集者は、新しい雑誌の創刊号（二〇〇〇年四月）でその主旨をこのように述べている。

第12章

(1) 工業化時代の大きな選択については、ロバート・H・ウィーブによって克明に記録されている。Robert H. Wiebe, *The Search for Order 1877-1920*, New York: Hill & Wang, 1967. またこの時代の歴史を知る有用なものとしては、以下も参照されたい。Morton Keller, *Regulating a New Economy: Public Policy and Economic Change in America, 1900-1913*, Cambridge: Harvard University Press, 1990; Samuel P. Hayes, *The Response to Industrialism 1885-1914*, Chicago: University of Chicago Press, 1957; Richard Hofstadter, *The Age of Reform: From Bryan to FDR*, New York: Random

House, 1960（清水知久ほか訳『改革の時代——農民神話からニューディールへ』みすず書房、一九八八年）; Steven J. Diner, *A Very Different Age: Americans of the Progressive Era*, New York: Hill & Wang, 1997.

（2） Frederick Lewis Allen, *The Big Change: America Transforms Itself, 1900-1950*, New York: Harper Perennial, 1969, p. 215（河村厚訳『ザ ビッグ チェンジ——アメリカ社会の変貌一九〇〇－一九五〇年』光和堂、一九七九年）。

（3） Michael Sandel, *Democracy's Discontent*, Cambridge: Harvard University Press, 1996.

（4） 一九一〇年八月、カンザス州オサワトミーでのルーズベルトのスピーチ。

（5） Princeton Survey Research Associates, "People and the Press: 1999 Millennium Survey," Washington, D.C.: Pew Research Center, conducted April 6 to May 6, 1999, released October 24, 1999; International Communications Research, "The Nation's Worries," Washington, D.C.: *Washington Post*, conducted October 27 to October 31, 1999, released November 7, 1999.

（6） この言い方はSaskia Sassen, *Globalization and Its Discontents*, New York: New Press, 1998によるものである。

（7） 収入保険についてのより詳細な議論は、以下を参照されたい。Gary Burtless, Robert Lawrence, Robert Litan, and Robert Shapiro, *Globaphobia: Confronting Fears About Open Trade*, Washington, D.C.: The Brookings Institution Press, Twentieth Century Fund, and Progressive Policy Institute, 1998.

（8） 金融取引に対する低率の「取引税」のアイデアは、経済学者ジェームズ・トービンによって提案された。James Tobin, "A Proposal for International Monetary Reform," *Eastern Economic Journal*, Vol. 4, 1978, pp. 153-159. そしてこのアイデアは、ローレンスとビッキー・サマーによって、より完全な形になった。Lawrence and Vicki Summers, "When Financial Markets Work Too Well: A Cautious Case for a Securities Transactions Tax," *Journal of Financial Services Research*, Vol. 3, 1989, pp. 261-286.

(9) 年齢が一八歳に達したすべてのアメリカ人に「準備金」を与えるという提案についてより厳密に分析すると、その額は私が提案したものよりもさらに大きなものとなる。Bruce Ackerman and Anne Alstott, *The Stakeholder Society*, New Haven: Yale University Press, 1999.

(10) L. Katz, J. Kling, and J. Liebman, "Moving to Opportunity in Boston: Early Impacts of a Housing Mobility Program," Harvard University, September 1999.

訳者あとがき

われわれは今、かつてないほど便利で豊かな社会に生きている。同時にこの社会はかつてないほど不安定で連帯感の持ちにくい社会でもある。ライシュのこの本は、そうした中で、われわれはどのような選択をすべきかを問いかけている。

ライシュはこのような現代の経済社会を、従来の大量生産型工業社会（オールドエコノミー）に対して、「ニューエコノミー」と表現している。これを出現させたのは技術革新である。インターネットに代表される技術革新が、モノやサービスの生産・流通コストを大きく低下させ、消費者の選択肢を格段に増やした。これはまさにわれわれの今享受しているところである。

しかし同時にそれは、モノやサービスを生産し売っている生産者（企業）にとって、ますます容易に消費者から選択され、競争に勝ち残るための高い付加価値作りと、コスト削減を迫られるようになっていることを意味する。

問題は、個人は消費者でありかつ生産者（たいていは生産者である企業のもとで働く労働者）ということであり、消費者としてより豊かで便利になればなるほど、生産者・労働者としてより不安定になるということなのだ。そこが、消費者にとって本質的選択肢は少なかったけれども、生産者にとって安定的であり、したがってそこで働く労働者にとっても安定的な生活が保障されたオールドエコノミーと最も異なる点だ。市場における競争が厳しくなれば、需要の多い才能を持った者はより多くの報酬を得、需要の少ない定型労働を行う者はより少ない報酬しか得られなくなるから、所得格差もますます拡大する。またその中で勝者となってもそれは一時的なものであり、勝ちつづけるためには個人生活をさらに犠牲にして懸命に働きつづけなければならず、家庭やコミュニティはばらばらになっていく。

本書はこうしたニューエコノミーの光と陰を、アメリカの実態に即してきわめて明快に描写している。実際、この本の翻訳中、知らず知らずに自分もその激動の中に巻き込まれて翻弄されているような錯覚を持つほど、つい夢中になって読みふけったほどだ。

こうしたニューエコノミーの矛盾に対してわれわれのとりうる選択肢を、ライシュは三つ示している。一つはこうした社会的副作用を生み出している技術革新や市場経済化を止めるということで、著者の言葉でいえば「ネオ・ラッダイト（新・機械打ち壊し）運動」というものだ。ただしそうなると経済的な豊かさや現在享受している便利さは失われる。二つ目は現在進行している変化を行くところまで突っ走らせるということである。経済的にはますます豊かに、便利になるが、私生活はさらに犠牲となり、社会的分断も拡大する。そして三つ目がその両者のバランスをとるということで、ライシュはこの方向をめざすべきだといっているわけである。

日本も今、本書でライシュの描いたアメリカの姿と同じような道をたどりつつある。実際、新しい技術や市場経済の進展による生活の便利さは、そうでなかった時代にはもう戻れそうもないほど生活の中に浸透しており、またそうした変化はますます加速しそうな状況だ。

政策的にも技術革新の推進、あるいは規制緩和による市場経済化の推進は国是のようにさえなっている。たしかに、より豊かで便利な経済社会をめざすならそれは当然といえよう。こうした観点に立てば、それを妨げる「抵抗勢力」はとんでもないということになる。

しかしライシュの言うように、それはニューエコノミーの光の部分を見ているだけであり、その陰の部分も見れば、話はそんなに単純ではなくなってくる。現在の経済社会の変化の方向に反対する人たちの意見にも十分耳を傾けるべき根拠はあるのだ。光の部分をとって陰を無視するのか、それとも陰の部分を重視して光の部分までも捨て去るのか、それとも、その両者のバランスをとるのか、はたまたバランスをとるとしたらどのあたりでとるのか。日本人もまた、こうした選択を迫られているのである。

ライシュのこの本は、その意味で日本の読者にも大きな示唆を与えてくれると思う。ただしその際に、本書は主としてアメリカの実態に即した記述になっていることに留意しなくてはならない。一つの例を挙げれば、アメリカには全国民をカバーするような公的な健康保険制度はなく、この点で国民皆保険制度の日本とは大きく異なっているので、健康保険制度にかかわる議論からの含意を汲み取る際には注意を要するといったことである。

またライシュは、ニューエコノミーという言葉を前述のように産業革命以降の、規模の経済性が支配する工業社会、すなわち彼のいうオールドエコノミーとの対比概念として用いていることにも留意すべきであろう。というのは、ニューエコノミーという言葉はしばしばネットバブルに踊った時代のアメリカを象徴するより狭義の意味で使われることがあるからだ。本書でライシュ自身が言っているように、ここでいうニューエコノミーは、たとえネットバブルは弾けたとしても、もう後戻りできないような大きな流れを示しているのである。つまり一時の流行ではなく、より構造的なトレンドとしてニューエコノミーをとらえているということだ。

本書の翻訳には多くの方々の助力を得た。とくに慶應義塾大学大学院経済学研究科博士課程の小林淑恵さんには、翻訳作業全般にわたるアシスタントをお願いしたうえに、注についてはそのすべての翻訳を分担していただいた。小林さんの助けなしに、時間的制約の中で本書を訳出することは困難であったと思う。記して感謝したい。

また本書はアメリカの現状に基づく記述であり、しかもライシュは有名な名文家である。そのため翻訳中しばしばアメリカ人の知人を質問責めにすることになった。とくに同僚のマシュー・M・ハンリー氏、デビッド・シェイ氏、ロバート・I・トービン氏、それに私の義弟であるW・テンプル・ジョーデンに感謝したい。なお文中に例示された人名、書物、戯曲などについて、定訳などがあるかどうかをすべて完璧にチェックできたわけではないので、名前やタイトル、台詞などは、訳者の責任で仮においたものであるものも多いことをお断りしておきたい。

私の翻訳作業の大幅遅延で、東洋経済新報社の茅根恭子さんには多大の御迷惑をおかけした。それにもかかわらず、同氏にはいつもながらのすばらしい編集作業をしていただき、怠惰な訳者を助けていただいた。また研究室秘書の岡澤京子さんも、効率的に仕事を助けて下さった。このお二人にも甚大な感謝の気持ちをささげたい。

本書の序章にあるように、ライシュは家族との時間を大切にするために、クリントン政権の労働長官を辞任したといっている。しかし私はそのライシュの著作を訳すために家族との時間を少なからず犠牲にしてしまった。これは、この本の内容に深く共鳴し、多くの読者に読んでもらう価値のあるものと考えて、翻訳作業をあえて引き受けた本人にとっては文句をいう筋合いのものではない。しかし何度もの週末を、家族とともにではなく本書とともにすごすことになった私を、それにもかかわらずいつも支えてくれた家族、とくに妻の京子には心から感謝したいと思う。

二〇〇二年六月　三田山上にて

清家　篤

訳者紹介

清家　篤　（せいけ　あつし）

慶應義塾大学商学部教授．博士（商学）．専攻は労働経済学．

1978年，慶應義塾大学経済学部卒業後，同大学大学院商学研究科博士課程修了．同大学商学部助手，助教授を経て，1992年より現職．

この間，カリフォルニア大学訪問研究員，米国ランド研究所研究員，日本労働研究機構特別研究員，経済企画庁経済研究所客員主任研究官等を歴任．現在，年齢にかかわりなく働ける社会にする有識者会議委員（厚生労働省），社会保障審議会委員（厚生労働省），総合規制改革会議委員（内閣府），未来生活懇談会座長（内閣府）などを兼務．

著書に『高齢者の労働経済学』日本経済新聞社，1992年；『仕事と暮らしの経済学』（共著），岩波書店，1992年；『高齢化社会の労働市場』東洋経済新報社，1993年；『生涯現役社会の条件』中公新書，1998年；『定年破壊』講談社，2000年；『労働経済（やさしい経済学シリーズ）』東洋経済新報社，2002年，などがある．

勝者の代償

2002年8月1日　発行

訳　者　清家　篤
発行者　高橋　宏
発行所　〒103-8345 東京都中央区日本橋本石町1-2-1　東洋経済新報社
電話　編集03(3246)5661・販売03(3246)5467　振替00130-5-6518
印刷・製本　東洋経済印刷

Printed in Japan　ISBN 4-492-22223-5　http://www.toyokeizai.co.jp/